能源企业
海外业务融资管理

蔡安辉　蔡　勇　周建明◎编著

中国金融出版社

责任编辑：王雪珂
责任校对：孙　蕊
责任印制：陈晓川

图书在版编目（CIP）数据

能源企业海外业务融资管理/蔡安辉，蔡勇，周建明编著.—北京：中国金融出版社，2023.10

ISBN 978-7-5220-1980-2

Ⅰ.①能…　Ⅱ.①蔡…②蔡…③周…　Ⅲ.①能源工业—工业企业—企业融资—中国　Ⅳ.①F426.2

中国国家版本馆CIP数据核字（2023）第064049号

能源企业海外业务融资管理
NENGYUAN QIYE HAIWAI YEWU RONGZI GUANLI

出版发行　中国金融出版社
社址　北京市丰台区益泽路2号
市场开发部　（010）66024766，63805472，63439533（传真）
网上书店　www.cfph.cn
（010）66024766，63372837（传真）
读者服务部　（010）66070833，62568380
邮编　100071
经销　新华书店
印刷　北京九州迅驰传媒文化有限公司
尺寸　185毫米×260毫米
印张　28
字数　533千
版次　2023年10月第1版
印次　2023年10月第1次印刷
定价　89.00元
ISBN 978-7-5220-1980-2

目录 Contents

前言

习近平总书记指出，要发展实体经济，能源的饭碗必须端在自己手里。能源行业是国家的支柱性行业，更是国民经济的基础行业，为更好地端牢能源的饭碗，必须加强国内国际合作，有效统筹能源资源。

作为重资产行业，能源行业业务链条涵盖开采和加工转换，具有投资大、价值量高、金融属性强、ESG（环境、社会责任、治理）标准严、地域性强等显著特点，如何有效利用融资杠杆促进能源企业的高效可持续发展至关重要。近年来，全球气候变化与双碳目标使能源行业融资面临新的挑战，较其他企业而言，能源企业实施海外融资所面临的环境更为复杂，商务条件与融资条件相互交织，企业在融资模式的选择与融资结构的设计方面更加需要深入思考、提前谋划。

项目融资作为一种较复杂的融资模式，起源于美国得克萨斯油田开发项目，随着金融市场的不断发展和完善，适用范围不断扩展，目前被广泛应用于大型的海内外建设及运营项目，特别是在能源领域的运用最为典型。中国石油是最早走出去的央企之一，自1993年秘鲁项目开始，历时30年，充分利用“两种资源、两个市场”，形成了“五大油气合作区域、四大油气战略通道、三大国际油气运营中心”，在这期间，合理选择并灵活运用了公司融资、项目借款、储量融资、预付款融资、项目融资等多种融资模式，实施了多个结构复杂、规模庞大的跨国油气业务融资，年融资规模峰值近百亿美元，为海外业务高质量发展提供了强有力地保障。中国石油在融资领域具有经验丰富的团队，总结了多年来项目运营及融资管理的经验，制定了一套符合实际及国际惯例的海外融资指引，对于各行业规范、高效、安全地开展融资工作具有重要的借鉴意义。

本书按照由浅入深、由理论到实践的思路，总结并提炼了一套融资工作开展及融资业务管理的方法论，包括四篇11节内容及附录。具体来讲，第一篇融资概述，共2节，分别为融资的概念、债权融资的分类，该篇从理论层面介绍了融资的定义、股权融资与债权融资的区别，总结了债权融资的意义与优势以及按不同标准划分的各种债权融资的类型、特点、应用场景及利弊分析。第二篇融资筹划与尽调，共2节，分别为债权融资环境与风险考量、项目自身因素与风险考量，该篇着重阐述了企业如何从政治环境、法律环境、经济与金融环境、融资需求、时间计划、商务安排、财税架构安排多角度科学、全面地评估融资风险，合理进行融资筹划。第三篇融资方案设计，共3节，分别为融资相关主体、主要贷款融资条件、融资方案评价，该篇从借款人、担保人、贷款方、贷款金额、币种、价格、期限、提款、还款计划、担保与其他信用支持等方面，逐一剖析各要素在融资方案中的作用以及内在逻辑，并说明如何从经济性、流动性与安全性的角度对融资方案进行评价。第四篇主要具体贷款融资产品，共4节，介绍了企业常用的公司融资、项目借款、项目融资、贸易融资四种融资模式在概念、应用场景、主要授信渠道、主要风险因素和特殊融资条件等方面的不同之处，并提供了不同融资模式下的操作流程示意图。附录部分收录了公司中长期融资、并购融资、特定项目借款与项目融资的案例，简版主要贷款条件书（以项目融资为例）以及融资专用术语目录，便于企业对融资业务有更加感性的认识。

本书旨在提高读者对国际融资理论与市场惯例的认识，为融资环境分析、融资方案设计提供方法论，促进融资管理的科学化、系统化、标准化。同时，本书兼具中、英文双语版，具备较强的现实意义和学术价值，可作为有关企业开展融资工作的操作指引，也可作为院校开展财务、金融等相关专业的教学和学习参考。

在本书的编写过程中，高伟、吴立群、韩宇、焦素洁、吴盛龙、孙傲雪、纪伟钰、郑骎、姬寒冰、朱晶付出了大量的精力，参与了资料整理、案例收集、企业访谈、部分章节编写及中英文版本的校对工作，另外，本书也得到了英国安理国际律所和部分金融机构的帮助，在此对大家表示衷心的感谢。

2023年8月1日

2 融资概述

2.1 融资的概念

2.1.1 融资的定义

所谓融资，是指企业根据自身的经营和资产状况、业务及投资计划以及对未来对资金的需求，从第三方筹集资金的行为与过程。

融资可采用多种形式，常见的企业融资形式包括以债权形式的融资和以股权形式的融资。根据投资者对风险回报的偏好不同，市场上也有许多结合股权融资特征与债权融资特征的混合型融资产品。企业在选择具体的融资形式时需要考虑多方面的因素，如具体业务状况、市场环境、投资者偏好、对企业负债和每股收益的影响、资金的用途、税收影响、法律限制、时间限制、融资条件等。本节中对常见的股权融资和债权融资进行了一般性的阐述和比较。

2.1.2 股权融资与债权融资

2.1.2.1 股权融资与债权融资的概念

股权融资与债权融资是目前企业进行融资的常见形式，两种融资形式分别以“股”和“债”作为基本工具。

股权融资，一般指企业通过发股增资的形式引进股东注资，以股换资。企业通过向股东发行股票，让渡企业的一定所有权益（股权），并向持有该等股权的股东以派发股息的形式分享企业收益（即通常所指的分红），股东亦可通过出售企业股票获取股票增值带来的收益。

企业分红与否与分红多少是企业的决策行为。根据企业的经营状况，企业对是否分红有着一定自主权，投资者对获取股息亦无绝对的主张权。虽然不同类型的股权融资产品在具体收益安排上不尽相同，但可概括地认为，企业在业绩良好时，可选择将收益盈余用来分红，也可选择将盈余留存，并用于企业再投资和扩大再生产而不进行分红；在企业运营不善时，则可能无可分红盈余。若进入破产清算，企业有义务优先清偿债权人，股东仅在债权人全部获偿后方可分享剩余资产。换言之，若企业无剩余资产或剩余资产不足以偿还股东初始投资时，企业亦无义务补偿股东的损失。

简言之，企业进行股权融资，一方面，没有如债权融资下的固定还本付息义务、可自主决定股息的派发、财务压力较小；另一方面，股权融资（尤其是通过具有投票权的普通股，见 2.1.2.2 节）可能伴随着企业股权稀释和控制权的分散，甚至可能导致股东面临失去控制权的风险。企业如不再需要该等股东投资，减资和回购通常需要经过较为复杂的法定程序（出于对外部债权人对企业自有资本的信赖保护），这一点在债权融资上则可能相对灵活（如通过提前还款）。股本的增加也会降低企业的资本收益率，可能影响企业整体财务表现。

债权融资，一般指企业通过借贷的形式获得资金。企业通过借入资金向债权投资人承担债务，根据约定条件还本付息。企业的还本付息义务以合同约定为准，与企业业绩表现无关，其不会因企业业绩良好而增加，但也不会由于企业效益不佳而减缓。选择债权融资需要企业具有稳定的现金流和持续还本付息的能力，该能力也影响着债权人对其债权的风险评估和定价。

此外，借款企业通常还需就其债务向债权投资者提供不同形式的资产担保或公司担保。当借款企业在其债务下出现违约时，债权投资者可以执行担保，并从执行担保物所产生的收益中获偿，或要求担保人代为偿还贷款。在企业破产清算程序中，债权投资者享有优先获偿权（有担保的或无担保的，见 2.2.3 节），企业以其全部资产为限，向债权人承担偿付义务。

简言之，企业进行债权融资，无论盈亏，融资成本均以合同事先约定之利息和费用为限。债权融资通常不会削减股东对企业的控制权；企业若希望提前偿还贷款，通常也比较灵活。

实践中还存在多种混合型融资形式（见 2.1.2.2 节），其同时具备股权和债权融资的某些特征，有时也可根据企业和投资者的需求量身定制。

2.1.2.2 股权与债权融资常见形式

表 2-1 概括列举了股权融资和债权融资的常见形式。

表 2-1 股权融资和债权融资的常见形式

融资形式	简述
普通股	普通股附带表决权、于末位分红，企业与普通股股东共担风险、共享收益。 普通股为一家企业最为基本的所有权形式。企业按照普通股股东的持股比例，赋予普通股股东表决权和分红权。 表决权：普通股股东往往参与企业经营管理等重大决策。企业发行普通股，需考虑控制权稀释的风险。 分红权：在企业业绩优异、盈余充沛时，普通股股东可在优先股股东取得其固定分红后，参与剩余收益的分配。 破产清算时的顺位：企业若进入破产清算，普通股股东在债权人和所有优先顺位的股东（如优先股股东）均获得清偿之后，方对剩余资产（如有）享有分配权。 共担风险、共享收益：相较于优先股股东，普通股股东的风险与收益同企业业绩更加息息相关，与企业更为紧密地共担风险、共享收益。当企业业绩良好，盈余充沛时，普通股股东可通过分红分享收益或通过转让市值上涨的股份获得收益，而优先股股东的分红则通常以事先约定的为限。当企业经营不善，盈余不足，普通股股东由于其末位的分红顺位可能无法获得任何分红。企业如进入破产清算，普通股股东最后对公司的剩余资产享有分配权。通常情况下，企业进入破产清算是由于资不抵债，这也意味着在公司清偿完债权人和优先股股东后，可能没有或仅余少许剩余资产留给普通股股东，因此，在企业破产的情况下，较优先股股东而言，普通股股东需要承担其投入企业的资本损失的风险更大。 相较于优先股，普通股基于其表决权和与企业共担风险共享收益的特性，更具有“公司治理”的功能。
优先股	优先股不附表决权或附有限表决权，分红顺位于普通股之上但股息通常设有上限。 无表决权：企业一般不给予优先股股东表决权或仅给予其有限的表决权。企业发行优先股，可更好地避免控制权稀释的风险。 优先分红顺位：优先股股东将优先于普通股获得分红（故名优先股）。优先股的股息通常设有上限，企业在给予优先股股东固定分红后，如仍有盈余，方可派发给普通股股东。 破产清算时的顺位：在破产清算时，优先股股东也优先于普通股股东（但劣后于债权人），以固定比率为限，参与分配剩余资产（如有）。 相比普通股，企业能够更好地限制优先股股东对企业经营的干预。从股东角度，优先股的收益也更加稳定，优先股因而更具有“公司融资”的功能。
股东债、次级债	股东债、次级债通常指企业从其股东或关联公司处取得的贷款，它通常在受偿顺序上劣后于其他贷款。 股东债、次级债，指企业从其股东或关联公司处取得的债权融资（通常以贷款的形式）。虽然称之为债，但该等资金从性质上与股本金更为接近。当企业同时存在外部债务和股东债、次级债时，可以通过合同上的安排使股东债、次级债在受偿顺序上劣后于高级债和夹层债债权人，而与无担保的普通债权人平级受偿，该等债权故在结构性融资交易中通常被视为“股”。 实践中，企业可能基于多种动因而选择以股东债、次级债（而非发行股份）的形式从股东处获得资金，如（1）为避免控制权的进一步分散；（2）出于税务、财会方面的考量（贷款利息可以从应纳税额中扣除）；以及（3）出于资金流动性的考虑——股权融资后撤资减资时限制较多。而如采取股东债、次级债的形式，企业偿还股东资金则更为方便灵活。
可转换债券、可交换债券	企业赋予该种债券持有人按照事先约定的价格将所持有的债券转换为股份的选择权，作为该选择权的对价，通常企业可用低于普通债券的利息发行可转换和可交换债券。 可转换和可交换债券，指可以转换成新股或换取现有股份（一般为优先股）的债券，乃一种介于股与债之间的融资形式。企业赋予该债券持有人按照一定价格将所持有的债券转换成股份的选择权。投资者在购买债券后，可根据发债企业实际运营情况处置其债券。如企业连年不分红，投资者可选择持续收取债券上的固定利息，而若企业利好股价上升，则可选择将其债券转换为股票，收取股息或将其在市场上变现。 从企业角度，发行可转换和可交换债券允许其以较低利息获得债权融资，并享受债权融资较好的可预见性，而当企业业绩上升时，持有者可通过执行其选择权分享企业收益。

续表

融资形式	简述
夹层债	夹层债在受偿顺序上劣后于高级债，优先于股东债、次级债和各类股权，作为受偿顺位劣后的对价，其利息通常高于高级债。 夹层债，指处于高级债与次级债之间的“夹层”债务。其从获偿顺序上，劣后于高级债、优先于股东债、次级债。在破产清算时，一般享有劣后于高级债债权人的“第二顺位”担保，在第一顺位债权人获得清偿后，方享有受偿权。夹层债从性质上属于“债”，在清算时顺位仍优先于股东债、次级债（如有）和股权。 夹层债的劣后顺位意味着其相较高级债更高的受偿风险，其融资成本亦通常较高。从企业角度，夹层债故常用于弥补融资能力较弱的企业的资金缺口。 金融机构贷款或资本市场债券均可能以夹层债的形式存在。
高级债	高级债受偿顺位优先，企业多数情形下需提供一定增信。 高级债，指在获偿顺位上优先于其他债权的债。高级债的第一顺位，在企业正常存续时一般通过合同条款约定来实现，而在破产清算时，往往通过对企业资产享有“第一顺位”担保加以确保。有效设立的担保权在许多法域中被视为物权的一种，故担保权人将优先于一般债权人就担保物享有处置权。 从企业角度，高级债融资成本相对夹层债较低，根据融资金额、期限、借款人和担保人的资信情况等因素的不同，融资成本和条件亦不相同，本指引对具体融资方案和贷款融资业务的介绍将主要从高级债的角度展开（见下文第 4 章与第 5 章）。金融机构贷款或资本市场债券均可能以高级债的形式存在。

图 2–1 从投资者风险与回报的角度，将前述几种常见融资形式加以归纳。

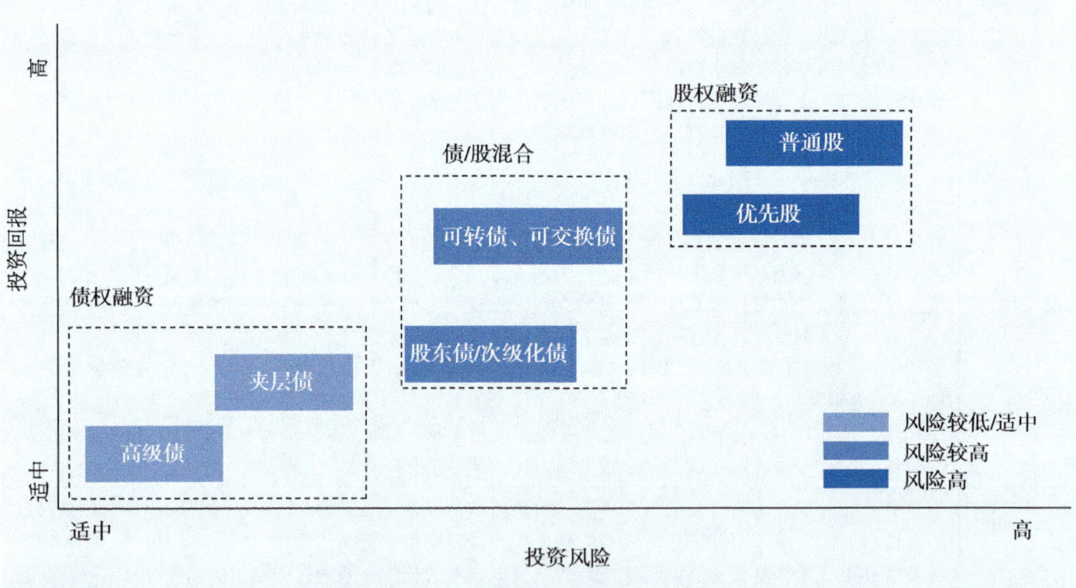

图 2–1 常见股权融资与债权融资投资风险回报分析

2.1.2.3 股权与债权融资渠道

表 2–2 概括了股权融资与债权融资的常见融资渠道。

表 2-2 股权融资与债权融资的常见融资渠道

分类	融资方式	融资渠道
股权融资	一般企业发行股份（创设之初或运营过程中的一般增资需求）	个人、企业、母公司或关联企业
	私募发行股份（也称定向增发，在资本市场上面向特定投资者、具有一定规模的股权融资）	基金、金融机构等机构投资者
	公开发行股份（在资本市场上面向不特定投资者、具有一定规模的股权融资）	公众投资者、基金、金融机构等机构投资者
债权融资	贷款，指债务人（或借款人）按一定利率和必须偿还等条件获取债权人（或贷款人）让渡资金使用权的一种金融融资行为	商业银行、出口信贷机构、多边机构等金融机构，保险公司、基金等机构投资者，个人、企业、母公司或关联企业
	私募发行债券（在资本市场上面向特定投资者、具有一定规模的债权融资），本指引所称债券，指借款人（发行人）为筹集资金而发行并向债权人承诺于指定日期还本付息的可转让的债务凭证，包括短期融资券，中期票据，公司债券，可转化债券，资产抵押债券等	基金、金融机构等机构投资者
	公开发行债券（在资本市场上面向不特定投资者、具有一定规模的债权融资）	公众投资者、基金、金融机构等机构投资者

2.1.2.4 股权融资与债权融资的利弊分析

股权融资和债权融资各有利弊，企业在权衡融资方式时一般需要考量如表 2-3 所示的几个方面。

表 2-3 影响融资方式选择的主要因素

考虑因素	股权融资	债权融资
融资成本和对企业未来效益的影响	企业可根据经营状况自行决定是否进行分红 企业根据其收益盈余，自行决定是否留存收益或进行分红，相较利息，企业没有必须支付股息的义务。因此一个企业在成立之初，或对未来现金流无充分把握时，往往会选择依赖自有资金（股东出资），并将外部债务控制在较低程度。企业在无良好资信的情况下，举债成本也可能相应较高（银行可能要求通过提高利率平衡风险），这种情况下股东出资（如可行）可能是更优选择。	企业须按合同约定支付本息 当企业信誉良好、现金流稳定，可以以较低成本获得贷款或发行债券时，可以考虑举债以增加杠杆、提高企业资本回报率。然而伴随贷款或债券发行随之而来的则是企业还本付息的义务。若企业现金流出现问题导致其在债权文件下违约，将可能面临被执行资产、破产清算等不良后果。
对企业治理的干预程度	发行附表决权的股份可能稀释公司控制权 企业发行新股，尤其是普通股或其他附有表决权的股票，需考虑其对企业股东构成和未来决策的影响。根据其所在地法律和公司章程，企业在特定事项上需要经过股东会表决。需要股东会表决的特定事项往往为对企业经营和股东权利产生重大影响的决定，企业日常经营中的决定则通常由董事会和管理层作出。	债权文件可能对企业行为进行约束 不论贷款或是债券，债权人通常会在其贷款协议或债券契约中，对债务人的行为进行一定的约束。贷款中，根据贷款的类型和具体涉及的风险不同，融资方对借款人的约束程度也有着很大差异。单一银行面对一个资质良好并给出母公司担保的具有常年合作关系的借款人，约束条件可能十分宽松。而一个跨国银团面对一个在发展中国家设立的特殊目的项目公司给出的约束条件，则可能非常严苛（具体见 4.2 节）。

续表

考虑因素	股权融资	债权融资
对企业治理的干预程度	增发新股，可能导致对现有股东表决权的稀释或造成权利分配上的不均。不具表决权的优先股可在一定程度上缓解企业在这方面的顾虑。 此外，企业若选择在资本市场上公开发行股份，还需根据相关法域针对上市公司的法律法规，满足如重大信息披露、公司治理机构设置和调整等方面的监管要求。	至于债券，能够公开发行债券的企业往往具有一定的信用资质，债券投资人可根据自身风险偏好进行选择，且考虑债券投资人一般人数众多，难以作出统一决策，公开发行的债券契约一般对发行企业的约束较为灵活。与之相比，面向特定投资人非公开发行的债券则可能在合同文书上更接近银团贷款。投资者可根据企业的具体情况要求其作出特定承诺。
时间周期	股权融资时间周期受拟融资规模与方式影响 企业日常运营过程中小规模的新股发行，一般仅需遵循其章程中的流程，或由现有股东认购，或取得现有股东对优先购买权的放弃后由新股东认购。如果企业希望公开发行上市，则需要充分提前着手满足各项上市规则和合规要求，整个准备周期根据上市所在地的监管法规而定，可能长达数年。	债权融资时间周期受拟融资规模与方式影响 短期的流动资金贷款可能非常便捷，尤其在企业信誉良好或者和银行有着长期合作关系的情况下。而一个由多国银行参与、东道国政治环境复杂、涉及技术新颖的绿地项目融资，从筹划到融资关闭耗时数年也是有可能的。与公开发行股票类似，在资本市场上公开发行债券通常也需要满足严格的公开发行要求，因此整个准备周期可能较长。
对资金用途的限制	资金用途一般无特殊约定 股权融资筹集来的资金也称为企业的自有资金，多数情况下在募资用途和使用期限上除法律规定的情形外不受限制——所募资金既可用于解决企业资金缺口、满足日常经营需求，亦可根据企业决策用于企业的再投资或扩张。	资金用途一般受债权文件约束 一般的公司融资和公司债券对资金用途的约束可能相对宽泛，而特定目的的贷款则可能对资金用途的要求相对严格。如项目借款或项目融资所得资金，需严格运用于贷款项目之中。企业需根据其资金需求，选择适合的融资方式。
财务上处置的灵活性	不可折价发行：企业回购、减资受法定程序限制，灵活性较低 为保护外部债权人，确保公司股本金足额缴付（以在清算时起到为外部债权人消化损失的作用），股票允许按照票面价格或溢价发行，但不得折价发行。 在股份发行后，企业若希望减少或回购其股本，在许多法域中也受到“资本维持”原则的限制，确保减资不会导致企业资不抵债，企业需要遵守严格的减资回购程序。	可折价发行：企业清偿债务除受债权文件约束外，灵活性较高 与股票不同，债券允许折价发行。 此外，企业若希望提前偿还债务，也比较灵活。法律在确保资本维持原则的基础上，对企业债务的处置则不过为干涉。在企业有能力降低其债务水平时，债权文件通常允许企业提前偿还其债务。
税务	股息无法从应纳税额中扣除 股息的支付出自企业的税后利润，因此在计算应纳税收入时，股息部分也是计入在内的。	贷款利息可以从应纳税额中扣除 利息的支付则可从应纳税收入中扣除，较之股息更具税务效益。
企业是否有需要提供增信	无须提供增信 股东根据其对公司业绩和股价的评估，及其对未来收益的期待，选择是否购买并持有一家企业的股份。股权融资因此不涉及公司给出额外资产担保或公司担保。	通常需提供一定形式的增信 除非企业自身有着良好的信用，债权投资人通常会要求借款企业提供一定形式的增信以缓释偿债风险。企业如无法提供令债权人满意的母公司担保，或不愿将关键资产抵押给债权投资人，则可能需要支付较高的融资成本，甚至无法成功融资（有关增信方式，具体见 4.2 节）。
信息披露	企业向股东承担法定、章程约定和上市规则规定的信息披露义务 企业根据注册地法律、章程约定和上市规则的规定，对股东承担一定信息披露的义务，包括定期或不定期的提供公司内部决议记录、财务会计报告和会计账簿等信息，以让股东了解企业的财务和经营状况。	企业向债权投资人承担债权文件约定的信息披露义务 企业根据债权文件向债权投资人承担一定信息披露义务，通常包括年度或半年度财务报表、合规证明书、违约通知、潜在的或者已进行的（重大）诉讼等相关信息，以让债权投资人了解企业的财务状况和潜在的违约风险。

2.2 债权融资的分类

债权融资可以从其业务种类、有无担保和追索、放贷和偿债方式、贷款期限、受偿顺序、双边或多边、是否有出口信贷机构参与等维度进行分类，下文将就各分类方式中主要贷款类型作概括介绍。

2.2.1 债权融资的意义与优势

对于具有一定规模和资信条件的大型企业而言，债权融资有着诸多方面的意义和优势。

便捷性方面，良好的企业资信允许企业以低廉成本在短时间内筹集资金，以满足企业短期资金需求。

效益方面，债权融资可以通过增加杠杆，提高企业资本回报率，项目融资中（见 2.2.2 节）亦可通过特殊目的公司举债，在一定情形下优化企业资产负债表。

资金规模性方面，在大规模跨国合资项目中，企业可通过借款等债权融资方式为项目筹集大规模资金，而无须全部使用自有资金，由此可将企业自有资金释放出来，以备未来其他资金所需。此外，并非所有的合资伙伴都具有足够的资信和财务实力允许其以自有资金向项目出资，而多种债权融资的组合则可以帮助解决此类大规模资金需求。

灵活性方面，企业可通过公司融资（见 2.2.2 节）筹集用途灵活的资金，并根据企业运营状况有效控制自身债务水平。

安全性方面，企业可通过金融机构的参与来分摊商业风险，项目融资上（见 2.2.2 节）更可以通过引入出口信贷机构或多边机构，分摊一定的政治风险。

公司治理方面，企业无须让渡表决权，并可基于自身谈判实力控制银行的干预程度，合理的银行控制和干预也可在一定程度上促进企业内部治理的优化。

对外投资方面，债权融资可以帮助提高企业整体商务条件，如在竞标中优先实现外部资金的到位，在项目开发中展现出更强的自身实力和项目运营能力等。

企业整体商誉方面，债权融资可帮助企业更有效地参与国际资本市场，提升企业资本运作实力和在国际市场中的商誉。

2.2.2 按业务种类划分

根据具体应用业务，债权融资可包括公司融资、项目借款、项目融资、储量融资、贸易融资等多种类型。

表 2–4 按业务种类分类的债权融资的主要类型

业务种类	概述	分类	应用场景
公司融资	公司融资是债权融资中较为常见的融资形式。企业融资成本（即贷款人对融资的定价）主要取决于借款企业自身和其公司担保人的资质及运营状况。除非借款企业自身信誉良好，为降低融资成本，一般会依贷款人要求以集团里信用条件较好的母公司或关联企业作为担保人，就债务提供公司担保，和 / 或其他形式的增信（如将现金流账户抵押给贷款人）。企业所融得的款项一般将投入企业日常经营活动中，不受具体贷款目的的约束。	公司流动资金融资	流动资金融资主要为不超过一年的短期公司融资，主要用于解决公司短期和日常资金需求。
		公司中长期融资	中长期公司融资则允许公司在较长的贷款期限内使用贷款款项、偿还本息，中期贷款一般在 2 至 5 年，长期贷款则一般在 5 至 7 年。
项目借款	项目借款，是指针对某一特定项目（包括并购交易项目）的借款，该特定项目或并购交易目标企业未来的现金流收益和资产将成为项目借款的主要还款来源。类似于公司融资，项目借款通常亦有借款企业的母公司或关联公司提供公司担保。不同的是，与公司融资相比，项目借款中，贷款人对被融资项目或交易更为关注，对借款用途通常也有一定限制。 本指引中，对母公司不享有追索权，而仅针对项目公司和项目资产享有追索权的融资形式称为项目融资（见下文关于项目融资的具体介绍）。	特定项目借款	特定项目借款，即以某一“项目”为被融资对象的借款，如企业在某上游开采项目上出现资金需求，可针对该需求向金融机构提供公司担保，并申请特定项目借款。项目本身可能是借款企业自身开发或经营的项目，亦可能是借款企业与其他发起人共同开发的合资项目。合资项目里，企业在共同开发协议下常常有定期或不定期的出资义务，而企业则可以通过项目借款的方式，为该等出资义务筹措资金。虽对公司担保有完全追索，提供项目借款的金融机构就被融资的项目和该项目未来现金流承担一定风险，亦有较高的尽调需求。
		并购融资	并购融资，即以某一“并购交易”为被融资对象的项目借款，如企业拟收购某业务或公司，为确保收购资金到位，可向金融机构提供公司担保，申请并购融资。并购交易中，卖方为确保交易的顺利交割，通常会要求买方证明其有足额的可用资金以完成交易。买方（借款企业）会在并购交涉过程中事先获得金融机构的贷款承诺，在并购条件成熟时，除非发生重大违约或重大不利变更外，金融机构将如约放款[①]。虽对公司担保有完全追索，提供并购融资的金融机构就被融资的并购交易和并购后企业的未来现金流承担一定风险，亦有较高的尽调需求。

① Philip Wood. International Loans, Bonds, Guarantees, Legal Opinions. Third Edition. Sweet & Maxwell, 2018: pages 47.

续表

业务种类	概述	分类	应用场景
项目融资	项目融资，指以特定项目为融资对象，并通常以为该项目专门设立的特殊目的的项目公司作为借款人，金融机构仅对项目的资产、未来收益和项目公司股权有追索，对项目公司的股东和母公司仅享有有限追索甚至无追索的融资形式。	可根据融资结构（一体化、非一体化）、项目领域（油气、新能源、基建）、追索方式（有、无、有限追索）、绿地项目 / 项目并购等不同角度进行不同层面的分类	项目融资在油气领域可应用于上游开采、中游炼化、LNG液化、下游运输、管道等各个产业链环节，且通常资金规模需求较大。对于此类项目，企业即使在合资情况下可能都无法通过自有资金（即股本金）满足全部资金需求；而公司融资或项目借款（见上）则受到企业举债能力的限制（如杠杆率），并且可能为企业的资产负债表带来相当大的负担。项目融资，一可协助企业满足资金需求，二则可凭借其有限追索的特性优化发起人企业的财务报表[即当项目公司由多家发起人共同出资，单一发起人无独立的控制权且不为项目公司债务提供追索时（如公司担保），项目公司债务通常可不合并至发起人企业报表]。 金融机构在开展项目融资时，承担着项目从建设到运营各阶段的风险。与一笔只关注母公司担保质量的公司融资相比，项目融资的融资方可能需要对被融资项目开展从技术、商务、法律、税务到保险、市场甚至安保等全方面的尽职调查，更要在政府、各业主方、各项目文件方之间进行多层面的商务谈判。从时间周期到融资成本，以及对发起人企业相关经验的要求，项目融资与其他融资种类相比可能都更为严苛。
贸易融资	贸易融资所涵盖的范围相对较广，广义上的贸易融资指在商品的买卖过程中，金融机构为商品的采购、生产或销售等不同阶段提供资金的融资形式。	预付款融资、买断交易、存货融资、票据融资	常见的贸易融资包括预付款融资，即买方基于买卖合同产生的预付账款向金融机构融资，以交易协议下未来应收账款为主要还款来源的融资方式。①

表 2–4 所列举的业务种类当然并不穷尽，常见的债权融资还包括为购置飞机、船舶等资产筹措资金的资产融资，也有为房地产交易筹措资金的房地产融资等，该等其他融

① Lexis PSL. Banking & Finance: Introduction to Trade Finance, https: //www. lexisnexis. com/uk/lexispsl/bankingandfinance/document/391290/5G8K-R321-F185-S2JM-00000-00?utm_source=psl_da_mkt&utm_medium=referral&utm_campaign=introduction-to-trade-finance.

资业务由于不在本指引范围内而不做赘述。就上表所列举的各具体融资业务，本指引将在第 5 章展开详述。

2.2.3 按有无担保或追索划分

在 2.2.2 节对公司融资、项目借款和项目融资的描述中，提及了“担保”和“追索”的概念。简言之，通过判断就某一债权，债权人是否享受借款企业或其母公司或关联企业提供的资产担保或公司担保，（具体见 4.1.2 节），可将债权融资划分为有担保融资和无担保融资。类似地，通过判断就某一债权，债权人是否除了对借款人自身资产、现金流和合同承诺的追索，还具有对其母公司或关联公司的追索，可将债权融资划分为有追索融资、无追索融资和介于其间的有限追索融资。

表 2–5 概括了该等划分的一般概念、常见形式和利弊分析。

2.2.3.1 有担保融资与无担保融资

表 2–5 有担保融资与无担保融资的对比分析

项目	有担保融资	无担保融资
概念	上文在介绍债权的概念时(见前文2.1.2.2节)，曾提到高级债债权人可基于其担保权益（通常被视为一种“物权”），在借款企业发生违约事件时，选择执行担保品，从执行收益中获偿。在借款企业清算时，有担保权益的高级债债权人将优先于无担保权益的、基于“债权”的一般债权人率先获偿。担保权益故为债权人缓释偿债风险的重要手段之一。有担保融资相较于无担保融资对债权人而言风险相对较低，对借款企业而言成本亦相对较低。	无担保融资，是指企业不提供资产担保或公司担保，仅凭企业的信用向债权人借款的融资形式。如果企业无法偿还贷款，债权人没有可执行的担保品或其他可以追偿的公司担保人。考虑到无担保融资对于债权人的风险较大，在其他贷款条件一致的情况下，无担保融资往往成本（利率）较高。并且，除非企业具有稳定的业务、良好的盈利状况与信用基础，否则很难在无担保的基础上获得大规模的贷款。
利弊分析（以借款企业视角）	企业自身资质不足时，可协助企业实现较高的杠杆和 / 或降低融资成本； 资产处置受制约； 高级债债权人可能就企业全部资产设置浮动抵押（见 4.1.2 节），限制企业未来举债能力； 登记、管理、维续担保存在成本。	可自由处置资产； 对借款企业资信状况要求较高； 金融机构可能要求收取较高利息以平衡风险。

2.2.3.2 有追索权融资与无追索权 / 有限追索权融资

依据借款人无法偿还贷款时，贷款人向作为担保人的母公司、发起人或关联公司是否享有追索权可以作以下分类。

表 2-6 有追索权融资与无追索权或有限追索权融资的对比分析

项目	有追索融资	无追索融资、有限追索融资
概念	有追索融资，指在借款企业自身不具备足够的偿债能力、亦无法提供充分的资产担保的情况下，债权人要求借款企业提供母公司、发起人或其他关联企业的公司担保或资产担保，从而在借款人无法偿还贷款时，可向该等担保人进行追索的融资形式。故“有追索”的融资，相较“无”或“有限追索”的融资，对债权人而言，风险相对较低，对借款企业而言成本亦相对较低。	无追索融资，指贷款的还款来源仅限于项目本身的收益和项目资产，项目公司无法偿还贷款时，债权人仅对项目自身资产有追索，而对其母公司、发起人或关联公司不存在追索的融资形式。 有限追索融资，一般指除项目本身收益和项目资产外，母公司、发起人或关联公司在一定时间段内（如一个绿地项目的建设期）或以一定金额或触发事件为限，补充提供资产担保或公司担保的融资形式。具体见 5.3 节。
利弊分析（以借款企业视角）	企业自身资质不足时可协助企业实现融资和 / 或降低融资成本； 公司担保人最终承担借款企业的偿债风险； 财务上增加公司担保人的或有负债； 公司担保人资信状况受债权人监控和债权文件制约。	借款企业母公司或关联公司不承担（或不完全承担）借款企业违约风险； 财务上对公司担保人的负担可能较轻（或不予体现）； 融资成本往往较高，落实周期较长； 在油气领域的项目中，绝对的无追索融资一般较难实现，或会大幅度提高融资成本。

2.2.4 按放贷与偿债方式划分

贷款形式的债权融资按放贷与偿债方式进行划分，可以分为具有固定放款与还款期限的定期贷款与可循环放款反复借取的循环贷款，表 2–7 试图将二者作简要比较。

表 2-7 定期贷款与循环贷款的对比分析

项目	定期贷款	循环贷款
一般用途	企业期限明确、数额相对较大的资金需求。	短期流动资金需求、调配短期资金波动。
承诺期	可在承诺期间以授信额度为限申请提款，借款偿还后不可再次借取。	可在承诺期间以授信额度为限循环申请提款，每笔借款偿还后，授信额度恢复至可再次借取的状态。
还款期限	相对较长，中长期公司融资可能在二至七年，项目融资可长达二十年以上。	还款期限适用于循环贷款中的各单笔借款（即整体在承诺期之内），一般为一月、三月或六月。
还款方式	按照约定的还款计划分期偿付或在还款期限末一次性偿还。	各单笔借款一般一次性偿付。到期时若资金需求尚在（且无违约情形），可将一笔借款视同经偿付后立即被重新借取（即所谓的“借新还旧”）。
确定性、可预测性	相对较强，有助企业对未来提款、还款现金流的预判。	相对较弱，通常以企业自身需求为准。

2.2.5 按贷款期限划分

贷款形式的债权融资以贷款期限为标准，可划分为短期贷款和中长期贷款。表 2–8

试图将二者作简要比较。

表 2-8 中长期贷款和短期贷款的对比分析

项目	中长期贷款	短期贷款
贷款期限	一般在一年以上。	一般在一年以内。
贷款方式	多为定期贷款（见 2.2.4 节）。	可为定期贷款，亦可为循环贷款（见 2.2.4 节）。
利率浮动	对于期限较长的贷款，企业可能考虑利用利率对冲产品人为固定利率，控制贷款期内的利率波动风险。	一般为浮动利率。
对借款企业的合同约束	相对严格，可能包括监控财务指标、约束一定经营行为、限制资产处置等。	相对宽松。
一般用途	企业中长期、数额较大、产生收益的回报期较长的资金需求，如并购融资、项目借款、项目融资。	短期流动资金需求、调配短期资金波动、过桥资金（如长期贷款到位前满足过渡期间资金需求的贷款）。

2.2.6 按受偿顺序划分

按照受偿顺序，债权融资可以分为高级债、夹层债和次级债。高级债优先于夹层债受偿，同时夹层债优先于次级债受偿。高级债和夹层债多为金融机构贷款或债券，次级债则多为股东或关联公司贷款。这几种债权的概念在前文 2.1.2.2 节中已予介绍，在此不再赘述。关于该等优先与劣后的受偿顺序可以通过合同约定、结构上的安排以及担保权益的顺位实现，具体方式请参见 4.2.5.3 节。

2.2.7 按双边或银团贷款划分

贷款形式的债权融资根据一笔贷款中金融机构的数目，可分为双边贷款和银团贷款。

双边贷款指单个借款人（或隶属于同一集团的多个借款人）和一家金融机构之间形成的贷款。在企业拟贷款金额较大时，单家金融机构可能无法或不愿承担全部额度，可能会联合其他金融机构，以银团形式提供贷款。

在银团贷款中，同等顺位的金融机构享受平等、按比例的受偿顺序，共享借款企业作出的陈述、承诺与保证，共享借款企业提供的资产担保和或公司担保。各银行就彼此的义务互不承担连带责任。银团中通常设代理行一职，代理行收取代理费，代表银团成员处理共同事务性事宜（如收发款项、通知等）。

与银团贷款相比，双边贷款落实起来较为便捷，在借款人资信实力允许的情况下，可更具针对性地与贷款银行开展谈判，以达成更有利于借款企业的贷款条件。单笔双边贷款下可融得的资金相对有限，故一般仅适用于中小型交易或用于满足企业日常营运资金需求。而当企业资金需求较大时，则可能需要考虑银团贷款或多个双边贷款的方式来满足。银团贷款由于有多家金融机构的同时参与，涉及各金融机构间的调和，金融机构联合起来作为银团的谈判地位也会有所增强，故谈判周期可能较长，最终条款可能也更倾向于保护银团利益。有一定实力的企业故可能考虑同时安排多个双边贷款以满足较大的资金需求。分别与不同金融机构开展谈判有助于避免金融机构形成共同立场，最大限度上争取有利于借款企业的条款。

2.2.8　其他债权融资类型

2.2.8.1　债券

除贷款外，债权融资的另一主要途径便是发行债券。一方面，与贷款比较，债券融资具有利率固定、风险较小、易于吸引投资者等优点，且债券作为一种可交易的证券产品具有简易性和标准化的特点。另一方面，债券作为一种要式证券，其制作和发行均需要遵守相关法律法规，合规成本较高。①

债券投资市场上，发行人（借款企业）的信用评级尤为重要。信用评级机构，作为投融资双方的信息不对称的缓解渠道，对企业的盈利能力和违约风险进行全面评价。信用评级的高低直接影响着企业的融资成本。良好的信用评级意味着企业发展前景明朗、违约风险较低，更能够获得投资者的信任，而信用评级较低的发行人则往往需要以高额的利息吸引投资者。

债券与贷款的主要差异可参见表 2–9。

表 2–9　债券与贷款的对比分析

项目	债券	贷款
可转让性	债券通常采用不记名的形式，通过交付即可实现转让，可转让性较强。	贷款的转让受贷款协议约束，一般需取得借款人同意。
偿还方式	债券须在指定日期赎回，即“期末一次性偿还”，特殊情况下允许发行人进行提前偿还。	定期偿还、期末一次性偿还、循环偿还等（见 2.2.4 节）。
对借款人 / 发行人的约束	债券契约中的陈述、保证相对较为简略。	贷款协议根据业务种类不同可能对借款人有非常广泛且严苛的约束（如项目融资）。

① Practical Law Finance. Practical Law UK:Debt Finance: Debt Securities Versus Syndicated Loans, https: //uk.practicallaw. thomsonreuters. com/2–501–0352?transitionType=Default&contextData=(sc. Default) & firstPage=true.

续表

项目	债券	贷款
违约事件	债券契约中的违约事件相对较少。	贷款协议根据业务种类不同违约事件可能非常详细（如项目融资）。
修订	债券文件的修订一般要求持有人或受托人的同意。	贷款协议中重要条款在银团贷款中可能需要全体银行同意。

2.2.8.2 融资租赁

融资租赁，是指出租人根据承租人（使用者）的需求，出资向供应商购买将用于租赁的资产并出租给承租人使用，承租人分期向出租人支付租金并拥有该资产的使用权，在租期届满、租金全额支付完毕且承租人已依据融资租赁合同履行其全部义务后，该资产的所有权即转移给承租人所有。[①] 在融资租赁中，与占有和使用资产相关的所有风险和利益几乎全部转嫁给了承租人，而出租人仅承担财务相关的风险和利益。承租人将在资产的大部分寿命期间使用该资产并负责维护资产、缴纳税款并获取必要的保险，且最终获得资产的所有权。

回购式融资租赁类似于前述融资租赁，指承租人购买资产、随即出售给出租人、再从出租人处租回该等资产的融资行为。承租人将资产出售给出租人时，可以获得出租人支付的一次性付款（如果承租人此时刚刚获得资产，则可将该笔金额用于支付购买该等资产的价款）。承租人出售后，回租的经济效果与其通过抵押该资产获得贷款的经济效果基本相同，但在财务报表中对待不同。这种回购式融资租赁通常用于土地、建筑物、飞机、工业厂房和机械的购买[②]。

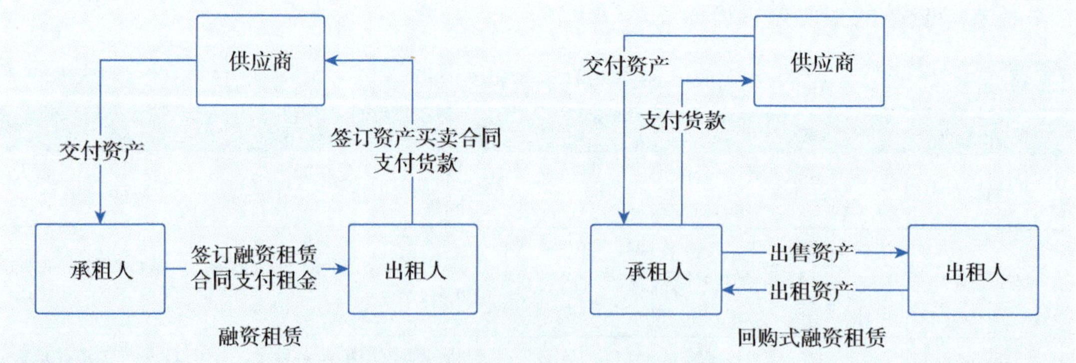

图 2-2 融资租赁和回购式融资租赁模式图

① Philip Wood.Comparative Law of Security Interests and Title Finance.Third Edition.Sweet &Maxwell, 2018:page 535.

② Practical Law Finance.Practial Law UK:Leasing as A Financing Technique: Overview, https: //uk. practicallaw. thomsonreuters. com/1-202-1444?transitionType=Default&contextData=(sc. Default).

融资租赁与贷款的比较可参见表 2–10。

表 2–10 融资租赁与贷款的对比分析

考虑因素	融资租赁	贷款
获得信贷的难易	租赁可以帮助承租人获得信贷，弱化承租人在财务和过往记录上的不利，降低其融资成本。例如，承租人可以利用供应商的良好信用等级获得较自己直接借款而言成本更低的资金。	借款人在申请信贷时能否获得贷款及所能获得的贷款额度和条件将受限于自身信用等级，信用等级较低的企业获得信贷较为困难且获得的贷款条件也会相对苛刻。
资产的所有权	融资租赁中在租赁期内或直到承租人完全支付资产相应的全部款项之前，承租人无法享有资产的所有权。	在有担保贷款中，作为担保品的资产所有权仍归属于借款人或担保人。
违约后果	融资租赁中由于出租人已享有资产的所有权，在承租人未能按期付款或发生其他违约事件的情况下，出租人执行或收回资产更为容易。	贷款中若借款人发生违约，则可能面临贷款的加速到期，在有担保贷款的情况下，借款人还可能被贷款人执行担保财产，但由于资产的所有权仍属于借款人或担保人，故贷款人执行担保财产相对困难。
成本	融资租赁的成本主要包括租金、租赁利率、保证金和服务费。 融资租赁中由于承租人并不享有资产的所有权，其失去了资产所有权人可享有的特定税收优惠（如承租人无法享受折旧所对应的税收扣除）。 融资租赁中承租人虽不享有资产的所有权，但仍需承担与资产有关的大部分风险，包括负责资产的维护和保险购买，并需要对资产的任何损失或毁坏承担责任，故承租人可能需承担与资产维护相关的额外成本支出。	贷款成本一般由贷款利息和费用组成，费用具体包括安排费、承诺费和代理费（具体见 4.2.3.2 节）。
会计处理	融资租赁通常作为使用权资产和租赁负债处理。①	贷款通常根据期限不同，作为短期或长期债务处理。

2.2.9 债权融资分类小结

债权融资的不同分类方式如图 2–3 所示。

① IFRS 16 Leases, https: //www. ifrs. org/issued–standards/list–of–standards/ifrs–16–leases/#standard ASC 842 Leases, https: //asc. fasb. org/section&trid=77888294.

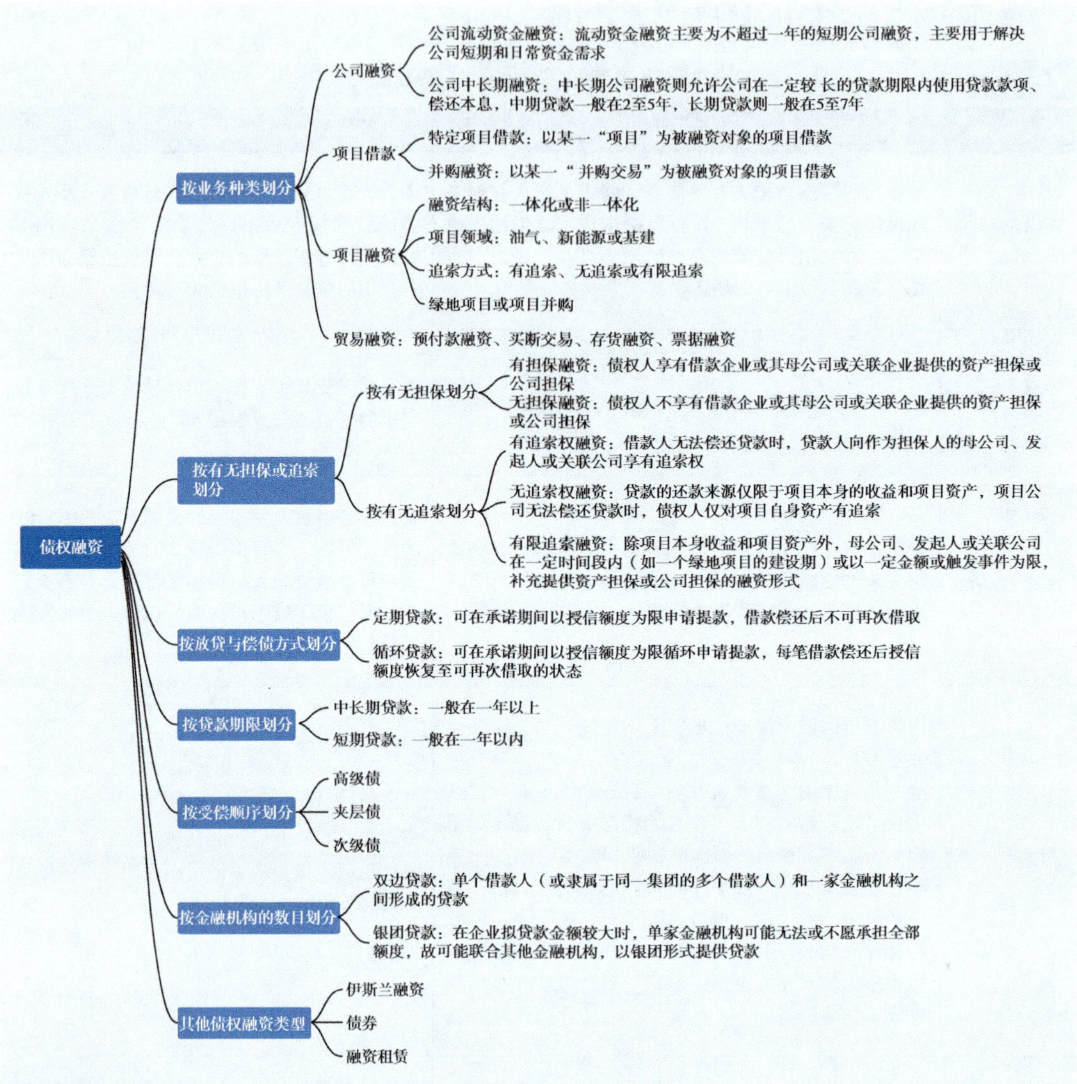

图 2-3 债权融资分类思维导图

3 融资筹划与尽调

企业在开展海外债权融资工作时，可从“债权融资环境”和“项目自身因素”两个角度着手评估融资风险，合理安排融资前期筹划与尽调工作。

3.1　债权融资环境与风险考量

企业开展海外投融资或贸易业务，或将面临的外部风险多种多样，难以穷尽地概括。企业可从政治、法律和经济环境三个方面入手，分析评估直接关系借款企业资信（即其还本付息能力），或间接影响其举债能力的外部环境因素（如制裁等政治性因素）。应注意的是，下文提示的并非某一具体国家或地区的国别风险分析方法。针对具体国别的风险评估专业且复杂，企业应视需考虑参考专业机构出具的国别风险分析。

3.1.1　政治环境

债权融资是否可行、成本是否可控、条件是否可为借款企业所接受，均在不同程度上受政治环境因素影响。政治环境因素一般包括：相关国家政局（稳定性、连续性、国际评级机构主权评级）、外交（与中国、融资相关参与国间政治关系）、主权财务与负债状况（如是否受制于国际多边机构对举债方面的限制）、信用状况、战争、征收、外汇限制风险、制裁风险、反腐败反贿赂风险、是否存在歧视性政策先例及政府征收先例等。对于借款企业而言，一笔融资所涉及的政治风险越高，融资成本往往越高，故在其筹划融资时，需充分、全面地衡量可能影响该笔融资的政治环境因素，包括：

- 借款企业自身、标的项目、公司担保人、担保财产所在国政治环境；
- 融资涉及第三国政治环境，如合资项目中合作方所在国、被融资项目中供应商、承销商所在国等；

➢ 影响上述国家间关系的国际政治环境；

➢ 债权投资人 / 贷款人与前述国家间的国际关系，等等。

借款企业在筹划融资时，应首先甄别具体哪些国家和国家间关系将影响其拟融资的可行性、成本和条款安排，并对该等国家的国内、国际政治环境因素分别展开分析与评估。例如，前述第一项中涉及的国家政治环境将从根本上影响着一笔融资的可行性，以及未来融资方对该笔融资的信用评估；第二至第三项所涉及的考量可能并不直接影响一笔融资的定价，但将在不同程度上影响着融资的可行性和未来的稳定性。企业若在尽调过程中甄别出较高的政治风险，则应考虑通过调整融资方案、购买出口信贷机构政治保险、购买商业保险（如可行）等方式缓释该等风险，以尽可能地降低融资成本、优化融资条件（具体见 3.1.1.3 节）。

3.1.1.1 国内政治环境

一国的政治环境因素包括该国的政治制度、政权稳定性、外交政策、国家信用评级、国家经济稳定性和财政情况、战争和政治动荡风险、征收风险、外汇管制以及法律变更风险等。这些因素直接作用于一国的国别风险，也直接关系着位于该国的借款企业和 / 或目标项目的资信以及未来融资方对融资的信用评估。

例如，某中国企业拟就其位于某发展中国家 × 国的中游天然气业务开展项目融资。在前期尽调筹划阶段，可以考虑从以下方面评估 × 国的国内政治环境。

➢ × 国的政治、政党制度如何，政权是否稳定，政党更迭是否影响拟融资项目？

➢ × 国的外交政策如何、与周边国家、所在区域关系如何？

➢ × 国是否存在战争、恐怖袭击、种族问题、社会动乱、大规模罢工等风险？

➢ × 国是否存在征收先例？

➢ × 国是否存在汇兑限制等风险？

➢ × 国政府信用如何？是否存在政府违约先例？

➢ × 国的贪污、贿赂问题是否严重？

➢ × 国法律环境是否稳定？是否有法律频繁变更的先例？是否有出台歧视性政策或法规的先例？

本指引将在第 5 章中对项目融资的风险分配展开详述，但可概括理解为，该项目未来的运营收益将是其还款的主要甚至唯一来源。项目能否顺利完工、稳定运营，将是借款企业和贷款人共同关注的根本性问题。如果项目存在上述政治风险或隐患，威胁着项目的顺利完工和 / 或运营，融资方将在不同程度上与借款企业分担该等风险，并将通过其对贷款的定价和愿意承受的贷款额度反应其对该等政治风险的判断。如果政治风险过高，借款企业甚至可能无法寻得愿提供融资或愿以借款企业可承受的价格提供融资的融资方。借款企业如仍希望推进融资、优化成本，则需在融资筹划阶段将政治风险缓释方案充分纳入考量（见 3.1.1.3 节）。

3.1.1.2 国际政治环境

如 3.1.1 节开篇所述，在高度全球化的油气领域，政治环境因素不仅指一国国内的政治环境，亦包含该国与其他融资相关国之间的国际关系。所谓其他融资相关国，应根据具体融资架构予以明确，可包括如借款企业公司担保人所在国、借款企业资产所在国、合资项目中其他合资方所在国、借款企业供应商、承销商所在国（如与借款企业还款来源相关）以及主要融资方和 / 或相关出口信贷机构、多边机构所在国等的国家。

国家间的政治环境因素包括国与国之间的外交关系、是否存在战略性合作、是否签署有双边贸易协定和 / 或双边、多边或国际投资条约、是否存在贸易摩擦、是否存在其他历史性、政治性摩擦等。

同样拟以就其位于某发展中国家 X 国的中游天然气业务开展项目融资的某中国企业为例，假设该中游业务将由该中国企业与某 Y 国企业合资成立的子公司运营，并由位于中国和 Y 国的关联公司实体分别承销项目公司未来将开发加工的天然气。主要融资方分别来自中国、Y 国和项目设备供应方所在国 Z 国。在前提尽调筹划阶段，可以考虑从以下方面评估该项目融资的国际环境因素。

- 东道国 X 国与中国的外交关系如何，是否有战略性政府合作（如国际产能合作、能源合作）、贸易和 / 或税收协定（如避免双重征税、预提税减免等安排，见 3.1.2 节）、谅解备忘录等（如《“一带一路”倡议》），贸易与投资往来如何，是否签署有双边、多边或国际投资条约（如约定确保中国投资者和债权人可以得到与其他国家投资者和债权人至少同等的待遇）？
- 东道国 X 国与合资方 Y 国的外交关系、政府合作、贸易和 / 或税收协定以及投资往来等情况如何，是否签署有双边、多边或国际投资条约？
- 中国与合资方 Y 国的外交关系、政府合作、贸易和 / 或税收协定以及投资往来等情况如何？是否存在贸易摩擦或其他历史性、政治性摩擦？是否有相互制裁的风险？
- 中国、东道国 X 国、合资方 Y 国分别与融资方之一所在国 Z 国的外交、政府间关系，是否有影响 Z 国融资方持续参与项目的政治风险？

3.1.1.3 政治风险缓释方案

为了以可控成本获得足额融资，借款企业可考虑通过以下方式降低、缓释借款企业 / 目标项目所在地的政治风险。

- 通过公司担保为借款企业增信：如由设立在政治风险较低国家的借款企业母公司或关联公司提供公司担保，从而将融资方信用评估的重点从借款企业 / 目标项目所在国的政治风险转移至该公司担保的可靠性；

- 将政治风险转嫁给第三方：如为融资方购买出口信贷机构的政治风险保险、在市场条件允许的范围内购买覆盖一定政治风险的商业保险（如恐怖袭击与动乱险）；
- 通过融资方案的设计规避政治风险：如通过项目账户的架构设计和现金流的安排（具体见 5.3.7 节），要求项目收益以美元支付并直接汇入海外还款账户，以避免项目所在地的汇兑限制风险，等等。

从另一个角度来看，企业也可以通过寻求可接受政治风险的融资方有效地融资结构搭建，以一定成本将政治风险分摊给融资方，如利用由多边机构、开发性和政治性组织、出口信贷机构等融资方参与的有限追索项目融资。

3.1.1.4 政治环境分析思维导图

结合前述中国与 Y 国合资借款人于 X 国的融资案例，图 3–1 试以思维导图的形式概括阐释如何在融资筹划阶段分析评估政治环境风险。

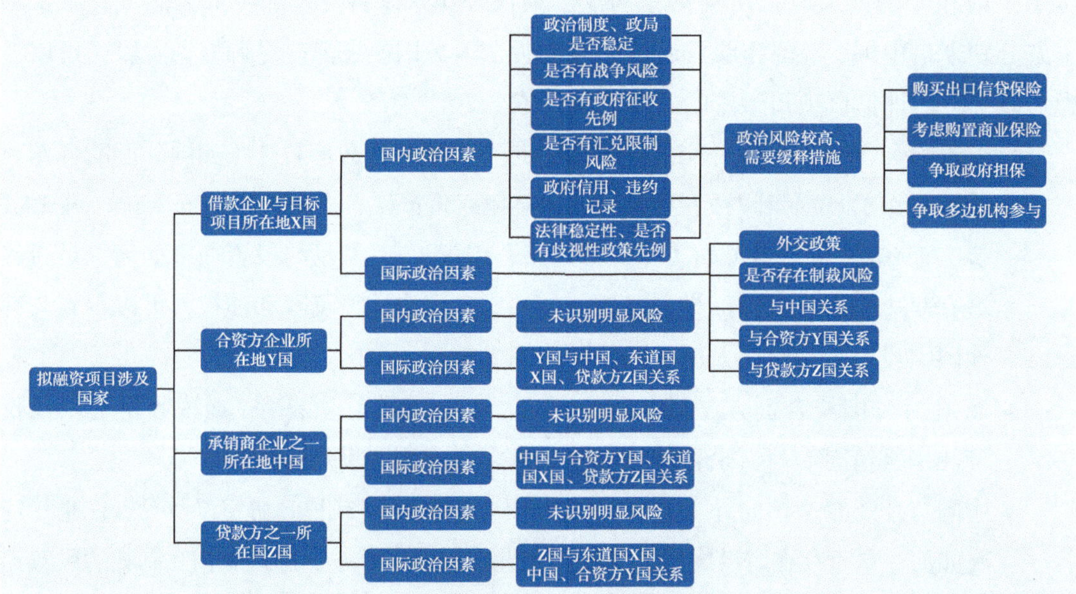

本思维导图中，“未识别明显风险”指仅就本案例而言，假设未就相关国家识别出明显政治风险。企业在评估分析具体海外融资业务时，应根据具体情况作具体分析。

图 3–1 政治环境分析思维导图

3.1.2 法律环境

筹划债权融资，亦需充分了解融资相关国家的法律环境。与前述政治环境分析类似，对法律环境的分析也不应仅考虑借款企业自身和标的项目所在国的法律环境，亦应考虑公司担保人及担保财产所在国的相关法律法规、融资方与借款方所在国之间在投融资及税务方面的法律法规、融资和商务文件的准据法和管辖权法，以及融资可能涉及的其他第三国法律环境。

借款企业在筹划海外融资时，应首先甄别哪些国家的哪些法律法规可能影响其拟融资的可行性、成本和条款安排，并对该等法律环境因素分别展开分析与评估，过程中应及时征询公司内部法律部门意见，必要时寻求外部律师意见。法律环境的分析评估难以做到穷尽，但可以考虑从以下法律环境核心要素着手。

- 投融资法律框架：如借款企业、标的项目所在国是否与中国存在双边投资协议、针对跨境融资是否存在特殊限制、在外汇管制方面是否有特殊限制、就相关行业或项目是否有出台特殊法律法规、政府针对法律变更、外汇稳定等方面作出的支持等（见 3.1.2.1 节）；
- 融资、商务文件的准据法、管辖权，判决 / 裁决的承认与执行安排：如标的项目所在国法院是否承认管辖机构的判决或仲裁裁决（见 3.1.2.2 节）；
- 借款企业、标的项目所在国和 / 或担保财产所在国有关担保的设立、完善和执行的法律法规：如对可设立担保的资产有无限制（如土地、不动产）、浮动抵押是否得到承认、担保信托是否得到承认、担保登记手续等（见 3.1.2.3 节）；
- 拟融资所涉国家及国家间有关税务方面的法律法规：如借款企业所在国对印花税、增值税、企业所得税等税务方面的规定、融资方和借款方所在国之间是否有税务协定减免利息预提税等（见 3.1.2.4 节）；
- 借款企业和 / 或担保人企业所在国的适用于一般公司的法律法规：如对公司分红、关联交易、资本弱化限制、转移定价等方面作出的限制，再如破产法及破产程序对债权人的保护等（见 3.1.2.5 节）；
- 借款企业和 / 或担保人企业所在国、标的项目所在国有关环境、社会和治理合规方面的法律法规（见 3.1.2.6 节）；
- 具有长臂管辖权的特殊法律法规：如美英等国的反腐败法律法规、联合国、欧盟、美英等国的制裁制度（见 3.1.2.7 节）。

下文将就前述几种法律环境主要考量因素作简要展开。

3.1.2.1 投融资法律框架

许多国家对跨境投融资，尤其是油气、能源领域的投融资有专门出台的法律法规，抑或受益于国际多边或双边投资协定。有着良好跨境融资法律框架的法域更有助于借款企业以较低成本获得债权融资，相反，不成熟、不健全的投融资法律环境可能意味着企业需要考虑通过其他路径满足当地企业或项目的资金需求，如在其他法域以公司融资方式融得资金后再以股权或股东债的形式提供给当地企业。以下问题清单为评估借款企业或项目所在国投融资法律框架提供一定参考。

表 3-1 评估国家投融资法律框架的问题清单

法律法规类型	涉及方面	具体考量
双边及多边投资协定 / 税收协定	与中国或融资方所在国是否签有任何双边合作协议、贸易协议、投资保护协议，或是否隶属任何多边国际投资协定，或是否存在双边税收协定。	该等双边或多边协议是否存续有效、是否得到有效执行？对于多边国际投资协定而言，中国或融资方所在国是否享受该等协定保护，是否可享受最惠国[①]或国民待遇[②]？ 该等协议是否适用于拟融资业务或项目？是否同样适用于债权投资人 / 融资方（而非仅限于股权投资人）？ 该等协议所赋予的保护是否充分？ 该等协议下的争议解决机制是否可靠可行、是否有东道国违约、诉诸争议解决的先例？ 该等协议下，是否享有优惠税率或免税等规定？
投融资法律法规	对跨境融资是否存在特殊限制	借款企业可否向海外金融机构举借外债、是否需要经过特殊登记或备案？ 借款企业可否向海外金融机构提供财产或公司担保、担保合同是否需要特殊登记或备案？ 外债融得的资金在使用用途上是否受到干预或限制？ 对借款企业开立海外账户或外币账户是否有所限制？
	在外汇管制[③]方面是否存在特殊限制	借款企业从海外金融机构贷款是否需向当地外汇管理部门登记备案、对贷款币种是否有限制？ 借款企业将境内收入兑换外币偿还海外金融机构贷款是否需要特殊登记批准？金额上是否有所限制？ 公司担保人以外币偿付海外金融机构是否需要特殊登记批准？

① 投资领域的最惠国待遇是指东道国给予缔约对方的投资者和投资的待遇不低于给予任何其他缔约方的投资和投资者已经享有和将要享有的待遇。

② 国民待遇，指给予外国投资的待遇“等同于”给予本国投资者的待遇，包括“超国民待遇”，即给予外国投资的待遇“不低于”给予本国投资的待遇，以示东道国对某些投资的额外支持；及“次国民待遇”，即基于外资准入、国家安全和公共秩序等方面原因予以低于国民待遇的合理例外。

③ 外汇管制，指一国政府对本国居民购买或出售外币，非本国居民购买或出售本国货币或任何的货币跨境转移所实施的限制性规定，包括对可以进出口的货币数量的限制，对外币使用的限制或禁止以及对汇率的政府干预等。

续表

法律法规类型	涉及方面	具体考量
针对相关行业或项目特殊法律法规	对拟融资业务的所在行业领域（如基建、能源领域）或项目本身是否出台有特殊法律法规	东道国有时会就某区域自然资源的开采或基础设施建设等出台具有针对性的法律法规，如针对油气资源开采、公私合伙制（PPP）、政府采购等领域的专门法律法规。该等法律法规往往决定着拟融资业务的商务结构，进而影响着其融资结构，其中关系融资的主要因素包括： 拟融资的业务或项目是否受惠于或受制于该等法律法规？ 是否对拟融资业务的融资结构、投资者和/或金融机构准入、招投标程序、政府收益分成作出具体要求？ 东道国政府是否在征收、法律变更、外汇方面给予一定保护？ 政府赔偿机制是否充分、可靠？就政府履约和/或违约赔偿义务是否提供主权担保？ 对拟融资项目各项审批备案方面是否有特殊要求？ 对环评、社会和治理合规方面是否有特殊要求？ 对拟融资项目从实施开发到完工运营是否有时间方面的限制？ 对融资文件的准据法和管辖机构选择是否作出限制（见 3.1.2.2 节）？ 对金融机构行使其担保权益和/或其他介入权是否有所限制？

评估投融资法律框架，除需关注借款企业和项目所在国法律环境，亦应考虑如公司担保人所在国等相关国家的法律环境。表 3–2 以在本指引编写时的我国现行法律法规为例①，阐述了海外借款企业拟开展境外融资时，位于中国境内的母公司或关联公司或将需要考虑的法律环境问题。

表 3–2 位于中国境内母公司或关联企业需考虑的法律问题清单

相关要求	具体事项
境外投资核准与备案	发改委《企业境外投资管理办法》（国家发展和改革委员会令 2017 年第 11 号）要求投资主体开展境外投融资活动，应当履行境外投资项目核准、备案、变更等手续。
企业发行外债的备案登记	发改委《关于推进企业发行外债备案登记制管理改革的通知》（发改外资〔2015〕2044 号）规定了在中国注册成立的公司发行中长期外债的备案和登记制度。境内企业及其控制的境外企业或分支机构向境外举借的、以本币或外币计价、按约定还本付息的 1 年期以上债务工具，包括境外发行债券、中长期国际商业贷款等，须事前向国家发改委申请办理备案登记手续。
对外担保批准和登记	《跨境担保外汇管理规定》（汇发〔2014〕第 29 号）要求“内保外贷”在外汇管理局登记。内保外贷指担保人注册地在境内、债务人和债权人注册地均在境外的跨境担保。对外担保登记或备案手续不再是担保合同生效的强制性要件。
对外担保对外债的偿还	《外债管理暂行办法》规定在担保人需要按照担保合同规定履行对外代偿义务时，应当到外汇管理部门办理对外担保履约核准手续。
借款主体限制	《境内机构借用国际商业贷款管理办法》规定，中资企业在境外设立的非经营性质的办事处或者代表处等机构不得在境外融资。

① 具体参见《企业境外投资管理办法》（国家发展和改革委员会令 2017 年第 11 号）、《外债管理暂行办法》（国家发展和改革委员会、财政部、国家外汇管理局令 2003 年第 28 号）和《境内机构借用国际商业贷款管理办法》[（97）汇政发字第 06 号]。

3.1.2.2 准据法、管辖权、判决 / 裁决的承认与执行

筹划融资时，借款企业需要考虑拟融资架构所涉及的法域，尤其是东道国 / 借款企业所在国、项目资产所在国和担保人所在国的司法体系。对准据法和管辖法域的选择不当，可能减损业务本身的可融资性，抬升融资成本，更有可能危害借款企业自身权益。

3.1.2.2.1 准据法

准据法，指一个协议所适用的法律，即该协议各条款的解读、效力、争议的解决等各方面事宜均将适用的法律。选择准据法通常会考虑到一个法律体系的稳定性和可预测性、对商务合意的尊重程度、对债权人的保护力度、争端解决管辖机构对其熟悉程度以及与项目所在国法律的隔离程度（以避免诸如对项目所在地东道国政府的保护）等因素。

国际融资合同中，以英国法或美国纽约州法律作为准据法最为普遍，在亚洲融资市场上，新加坡法和香港法也是相对常见的选择。形成这一惯例主要由于上述法律体系具有尊重当事人意思自治、鲜少以公平原则为由推翻合同约定的普通法传统，故有着较强的稳定性和可预测性，该等法域司法系统也较为成熟，且有着丰富的金融法律实务经验。伦敦贷款市场公会（Loan Market Association，LMA）和亚太区贷款市场公会（Asia Pacific Loan Market Association，APLMA）范例文本选择上述法域作为准据法的实践故被市场所普遍接受。

担保协议由于涉及担保财产的登记与执行等问题，其准据法的选择也需要考虑担保财产所在地、担保物适用法律等因素。一般而言，拟在不动产上设立担保权益的协议，通常选择该不动产所在地的法律为准据法；拟在合同权益上设立担保权益的协议通常选择与担保标的合同相同的准据法（有关担保的法律法规见 3.1.2.3 节）。公司担保作为一般协议（而非担保法、物权法意义上的合同）则一般遵照合同当事人的意愿，以英国法或美国纽约州法律为准据法。

3.1.2.2.2 管辖权

管辖权，也称争端解决机制，指协议各方就由哪个机构管辖与该协议有关的争端所作出的约定。管辖机构可以是一国法院（通常与准据法法域一致），也可以是仲裁机构。选择管辖机构一般考虑的因素包括：该管辖机构的中立性（如是否存在地方保护风险）、其诉讼和裁决程序的时间周期、诉讼成本、私密性（一般法院要求公开审理，而仲裁程序无须公开从而具有更好的私密性）、相关实务处理经验，以及其判决或裁决能否在借款人企业、担保财产和 / 或担保人所在国被承认与执行等。

3.1.2.2.3 判决 / 裁决的承认与执行

跨境融资中，有权管辖机构作出的法院判决或仲裁裁决往往需要在异国申请执行（如借款企业所在国、项目资产所在国和担保人所在国等）。一国法院判决能否在另一国

获得承认与执行，一般取决于两国之间是否存在双边司法协助条约或互惠政策。一国仲裁机构裁决能否在另一国获得承认与执行，一般取决于该两国是否同为《承认及执行外国仲裁裁决公约》(《纽约公约》)的成员国，成员国之间除特定例外情形互予承认并执行仲裁裁决。

结合上述介绍，假设在案例A中，借款企业与主要资产位于某《纽约公约》成员国X，融资文件选择英国法为准据法，伦敦国际仲裁院（London Court of International Arbitration，LCIA）为管辖机构。而在案例B中，借款企业与主要资产位于某非《纽约公约》成员国Y，融资文件选择英国法为准据法，英国法院为管辖机构，Y国司法程序冗长且与英国法之间不存在司法协助条约或互惠政策。不难看出，当融资文件发生违约时，案例A中的融资方可在LCIA获得仲裁裁决后直接申请X国法院予以执行；而案例B中的融资方需要首先在英国拿到法院判决，再将该法院判决提至Y国申请执行，Y国由于不存在与英国的双边司法互助条约，可能需再度对英国法院判决作实质性审理，致使融资方迟迟无法获偿。虽然从借款企业的角度，案例B的设计可能对其资产有一定保护作用，但也明显存在着可融资性瑕疵。有经验的融资方很可能拒绝承担此类执行风险，或至少要求借款企业提供公司担保或更具有执行性的资产担保。

3.1.2.3 有关担保的法律法规

在跨境融资业务中，严谨、合理的担保结构不仅有利于融资方，于借款企业也有诸多益处。担保结构越完善，项目的可融资性越强，越有助于优化融资成本（有关担保结构的设计见下文4.2.6节）。从法律环境的角度，设计担保结构需考虑以下主要因素。

- 有关担保设立的法律法规：担保财产所在国对于在该类资产上设立担保权，包括为海外融资机构设立该担保权，是否存在限制性规定？对土地、不动产、知识产权等特殊资产类别是否存在有特殊规定？是否承认浮动抵押[①]？是否承认担保信托的概念？
- 有关担保登记、备案的法律法规：设立担保权益需要履行哪些登记与备案手续，需要在哪些政府机关办理？印花税和登记费用如何计算？土地和不动产的担保登记手续是否有特殊程序规定？股权质押是否既需要满足借款企业当地的登记备案手续，亦需要满足股东所在地的登记备案手续？
- 有关担保执行的法律法规：担保财产所在国法律所允许的执行方式对担保人能否

① 浮动抵押是企业对其正在经营的企业财产上设立的抵押，抵押人在抵押期间可以在正常经营范围内处置财产，当担保人开始清算或担保权人执行担保或担保合同中约定的其他情形发生时，浮动抵押将依附于企业该时点的所有财产，变为固定抵押。某些国家以该种抵押形式过于概括为由不承认浮动抵押，而有些国家则认为浮动抵押不包括设立浮动抵押时企业尚未拥有的财产。

起到一定保护（如是否要求执行必须经过法院公开拍卖）抑或相对倾向于债权人利益的保护（如是否赋予接管人直接非公开出售的权力）?

3.1.2.4 有关税务的法律法规

LMA 通用贷款文本通常要求借款企业通过税收补足和补偿义务（即所谓的“包税”义务）承担所有与该融资交易相关的税收风险，企业因此需要关注税收对融资文件项下付款的影响。在实践中，也存在借款企业要求银行以“完全成本”的方式报价的操作，即将银行将要承担的全部税费包括在其拟向借款人收取的利息中。以“完全成本”方式定价的贷款，将不再在贷款协议中要求借款企业承担包税义务。尽管如此，鉴于借款企业的包税义务实质已转嫁至贷款成本中，借款企业仍需了解相关税务安排以衡量贷款定价的合理性。在议价能力相对较强的情况下，借款企业也可要求与融资方采取各付各税的原则，由借款企业和融资方分别承担其应当支付的与贷款有关的相关税费。

3.1.2.4.1 预提税

跨境融资交易中关注的预提税，主要指借款企业需要从其向海外融资方支付的款项中预扣并直接支付给借款企业所在国相关税务机关的款项，以覆盖该等融资方在融资交易中需要向借款企业所在国支付的税费。LMA 通用贷款文本中，一般要求借款人向相关贷款人补足其应支付的金额（即要求借款人支付更多的金额以确保贷款人实际收到的金额与没有代扣代缴预提税情况下应收到的金额相同）。故借款企业所在国与潜在融资方国家之间是否存在双边税收协定对预提税予以优惠或减免，则成为设计融资路径、选择借款主体时的重要考量之一，必要时应咨询相关税务顾问。

3.1.2.4.2 印花税

在某些国家，签署贷款文件和 / 或担保协议需向当地有关机构缴纳印花税。LMA 通用贷款文本一般要求由借款企业承担缴纳印花税的义务。是否需要支付印花税，各国法律要求不一，一般需要考虑借款企业注册地、合同准据法、合同签订地以及合同执行地（如担保财产所在地）等法域的相关要求。金额计算方面，有的法域以融资金额为基准收取一定比例的印花税，金额可能巨大。有的法域允许担保文件被视为融资文件的附属文件，从而仅对担保文件收取名义上的印花税。筹划融资时，借款企业有必要提早了解有关法域在印花税征收方面的要求，必要时应咨询相关税务顾问。在议价能力相对较强的情况下，借款企业也可要求与融资方采取各付各税的原则，融资方为其自身需求（如为确保协议在某法域的可执行性）承担印花税的支付义务，或要求融资方将印花税纳入“完全成本”报价中。

3.1.2.4.3 增值税

增值税是基于商品或服务的增值而征收的一种税款，在融资交易中，借款企业通常需向融资方支付利息、安排费（也称前端费）和/或代理费等费用，而该等费用可能被认为是金融机构提供融资的对价从而涉及增值税的缴纳。LMA 通用贷款文本一般要求由借款企业承担缴纳增值税的义务，故借款企业对所涉法域增值税的征收安排应有所了解，必要时应咨询相关税务顾问。

3.1.2.4.4 其他税收

LMA 通用贷款文本通常要求借款企业承担所有与该融资交易相关的税费支付义务，债权人在其注册地所需缴纳的企业所得税除外。借款企业应咨询相关税务顾问以理解其他潜在的纳税义务。

3.1.2.4.5 FATCA

FATCA 是指美国财政部和国家税务局联合颁布的《海外账户纳税法案》，该法旨在加强对美国纳税人（包括美国公民和绿卡持有者）的海外投资的税收征管，防止美国纳税人通过海外账户逃避纳税。FATCA 要求外国金融机构向美国国税局披露美国人设立的账户信息，外国金融机构涵盖银行、保险公司、信托公司、各类对冲基金、私募基金、交易所等。如果外国金融机构未遵守相关规定，其来自美国的收入将需缴纳 30% 的预提税。贷款协议中通常会包含 FATCA 条款，借款人需要与融资方谈判确定，因未遵守 FATCA 导致预提税扣缴的风险由哪一方承担。LMA 通用贷款文本较为普遍由市场接受的方案乃是由金融机构自己承担 FATCA 风险，借款人有义务即时披露其 FATCA 身份信息，但不对因未遵守 FATCA 而导致的预提税承担包税义务。

3.1.2.5 适用于一般公司的法律法规

借款企业所在国的一般公司法也直接影响着位于该国企业的融资能力，健全、成熟的公司法体系通常伴随有对债权人利益的合理保护，故有助于吸引融资。然而当法律过分偏向于保护债权人利益时，受到限缩的则可能是借款企业和其母公司或关联企业的整体灵活性与效益。分析法律环境、选择借款企业时，可以考虑以下一般公司法因素，以期在借款企业利益和债权人利益之间达到最优平衡。

- 有关限制公司分红和其他资本弱化的法律法规：如相关法域对最低法定资本的要求以及对公司分红、减资方面的强制性限制，如只可就公司盈余进行分红，不得在公司法定资本之下分红，且须满足严格程序方可将资本减资或回购至法定资本之下；再如欧洲一些法域要求一家公司在净资产降至其法定资本以下一定程度时须强制注入新股本金或申请破产，等等。筹划融资时若选择将借款企业设于此类限制较强的法域，则应考虑到设立借款企业之初的成本以及借款企业资金未来的灵活性。此外，有关资本弱化方面的规定在一定程度上亦取决于相关法域所采用的会计准则对企业净资产和法定资本的判定方式（如是否随市值实时调整企业法定资本等），在评估该等法律法规时企业亦应考虑征询会计师意见。[①]

- 有关破产法及破产程序的法律法规：如 2.1.2.2 节与 2.2.3.1 节中所述，在破产程序中受偿顺位优先的债权相对其他债权而言风险较低、成本亦相应较低。这一原则在具体法域中则受制于该法域的破产制度。借款企业应对相关制度有所了解，方可预判债权人对不同融资结构的风险偏好。不同法域对破产财产的先后分配顺序的规定各不相同，但一般而言可概括为：

（1）有担保的债权人、享有抵销权的债权人“优先”债权人；

（2）法定前置的特殊债权人，包括破产管理人费用、税款和员工工资等；

（3）浮动抵押债权人；

（4）无担保的普通债权人；

（5）股东。

如果一个法域倾向保护债权人而将一部分债权法定前置[即上述第（2）项部分]，则可能变相激励债权人尽可能以有固定抵押权的形式[②]提供融资，以通过行使担保权（一般被认为是物权而非单纯的债权）而优先于法定债权人和其余债权人受偿，这也意味着无担保融资的融资成本可能相对较高。再如，以合意方式约定的债权劣后如果在某法域破产制度中无明确判例或法律支持（换言之，优先级债权人能否顺利在破产程序中优先获偿方面存疑），那么优先级债权人则可能对借款企业举借夹层债或次级债采取更为谨慎的态度。破产制度也影响着不同担保方式在破产程序中的对待，具体见 4.2.6.2 节有关浮动抵押内容的介绍。

- 有关关联交易的法律法规：相关法域对关联交易是否有强制性规定，是否有强制性信息披露要求，关联交易是否须经董事会决议通过或其他非关联股东决议通过，是否直接受到禁止，等等。
- 有关转移定价方面的法律法规：如相关法域就转移定价的合规要求及限制，如未能有效按相关法域规定管理转移定价可能导致关联企业间的交易被定义为逃税行为受到税务部门惩罚或导致多个法域双重征税等后果。

① Reinier Kraakman et al. The Anatomy of Corporate Law:A Comparative and Functional Approach.Second Edition. Oxford University Press, 2009.

② “固定抵押”，与浮动抵押相对，原则上区分固定抵押和浮动抵押的标准在于，抵押设立后，抵押人是否有权自由处分抵押物。固定抵押执行时效力一般优先于浮动抵押权。

3.1.2.6 环境、社会和治理合规性（简称 ESG）

借款企业开展海外融资时，不仅需要考虑目标项目所在地是否有 ESG 方面的法律法规，亦应将融资方需要满足的国际 ESG 标准纳入考量。借款企业若拟从欧洲和美国金融机构融资，除应满足项目当地 ESG 法律法规外，通常也需要确保目标项目在赤道原则（Equator Principles）①、世界银行（World Bank）和国际金融公司（IFC）的健康与安全指引②、国际金融公司（IFC）行为准则③、国际经合组织（Organization for Economic Cooperation and Development，OECD）有关出口信贷和环社尽调的建议④等。个别多边机构和出口信贷机构也有着自己的环社标准。

如果借款企业拟从国际金融机构、多边机构和 / 或出口信贷机构融资，在融资筹划的初始阶段就应当对这些国际上相对严格的 ESG 标准有所了解，以确保项目在未来有合规能力。例如，某一项目用地在项目初始阶段曾被政府以当地 ESG 标准征用，但并未满足相关国际要求，即使项目在当时并无满足该等国际要求的义务，该等不合规亦可能导致项目在未来无法成功取得相应的国际融资。

随着国际社会对气候变化、社会问题以及公司治理问题认知的不断深化，各国政府近年来对 ESG 合规问题的关注也在持续升温，监管渐趋强制化，各领域的 ESG 标准也日渐严格。油气行业在 ESG 方面尤其受到来自监管机关乃至全社会的关注。实时掌握 ESG 领域的监管动态、方针政策和市场态度，对于油气领域中跨国融资业务的开展至关重要。

图 3-2 概括了借款企业在 ESG 方面应考虑的主要因素。

---

① “赤道原则”（Equator Principles）指由世界主要金融机构根据国际金融公司和世界银行的政策和指南建立的，一套用于决定、衡量和管理项目融资环境和社会风险的风险管理框架，旨在为尽职调查提供最低标准，以作出负责任的风险决策。赤道原则最初在 2003 年由荷兰银行、花旗银行、巴克莱银行等共十个国际银行采用，截至 2021 年 3 月，赤道原则已经被全球 37 个国家的 116 家金融机构正式采纳，涵盖了新兴市场和发达市场中大部分的跨境项目融资贷款。

② The World Bank Group/International Fiance Corporation.Environmental,Health,and Safety (EHS) Guidelines (April 2007).

③ The World Bank Group/International Fiance Corporation.IFC Performance Standards on Environmental and Social Sustainability (January 2012)and related EHS Guidelines.

④ Organisation for Economic Cooperation and Development,Revised Council Recommendations on Common Approaches for Officially Supported Export Credits and Environmental and Social Due Diligence (June 2012).

图 3-2 借款企业在 ESG 方面应考虑的主要因素

3.1.2.7 经济制裁、反贿赂与反腐败、反洗钱与反恐怖融资等合规制度

经济制裁、反贿赂与反腐败、反洗钱与反恐怖融资等合规性制度日渐复杂，适用对象、范畴及违规后果逐步升级。开展海外融资业务的企业和金融机构均面临着不断提高的合规性要求，跨境融资交易文件中也普遍包含有针对合规性方面的融资方保护条款。了解国际主流合规性制度，并能够结合企业与项目自身情况评估相关合规性风险，对于企业开展海外融资业务、设计海外融资方案，至关重要。

3.1.2.7.1 经济制裁

3.1.2.7.1.1 经济制裁概述

经济制裁，指一国或多国政府机构，通过在经济、金融、贸易等领域采取某些限制性手段（而非通过武力等强制性手段），实现特定政治目标的行为。

所谓经济制裁制度，则是不同国际、地区和国家机构以单边或多边决议、法律、法规、法令等不同形式出台的有关经济制裁制度的统称。不同跨境融资交易根据所涉借款企业及目标项目所在地、融资方所在地、贷款与还款币种、融资文件准据法、项目产业链上下游参与方等诸多因素的不同，具体涉及哪些经济制裁制度也需要做具体分析。企业违反适用于自身的制裁法律法规，可能需要承担民事甚至刑事责任。

开展海外融资业务需要着重关注的制裁制度包括联合国安理会制裁制度、欧盟制裁制度，以及如美国、英国、中国等具体国家的制裁制度。该等制度中有很多具有长臂/域外管辖权（即在特定情形下，可适用于发生在世界任何地方的“可被制裁行为”或适用于非本国的公民或实体）。这意味着，违反外国制裁制度的个人或实体（比如从事“可被制裁行为”）也将可能成为该等外国制裁制度的制裁对象。

经济制裁的对象可以为特定个人或实体（个体类制裁）、某个别行业领域（行业类制裁），乃至整个国家（国别类制裁或称全面制裁）。

经济制裁的主要手段包括：资产冻结（包括禁止以任何直接或间接方式向目标人员提供资金）、旅行禁令、贸易制裁（即限制与被制裁区域或行业特定商品或服务的往来）、对特定商品或服务的进出口限制，乃至全面性的经济封锁（以及前述不同制裁手段的组合）。

表 3–3 试图概括前述主要国际制裁制度及其制裁对象、主要手段以及适用范围。[①]表内随附相关制裁制度的主要制裁清单网址，以便企业查阅。需提请注意的是，制裁措施多变且难以准确预测，本表格所列制裁制度并不穷尽，其制裁清单的内容和网址亦可能随时更新。企业如需对制裁问题进行详细筛查（尤其当拟融资业务涉及敏感性地域或行业时），建议选择专业第三方制裁筛查服务和 / 或征询相关法域律师。

表 3–3 主要国际制裁制度概述

制裁制度	制裁主体	制裁对象	主要手段	适用主体	主要制裁清单
联合国安理会制裁制度	基于联合国安理会决议 决议要求成员国出台国内法律执行决议内容而不直接应用于具体个人或 成员国负责执行该等决议，但安理会对成员国执行与否无强制约束力	个体类制裁	资产冻结、旅行禁令，限制成员国国内主体与被制裁对象的经济往来等其他定向措施	选择在其国内承认并执行联合国制裁制度的各联合国安理会成员国	“联合国安全理事会综合名单”[②]
欧盟制裁制度	欧盟制裁或为执行联合国安理会制裁决议（通常较安理会要求更为严格），或为欧盟自主颁布的制裁措施 欧盟制裁一般通过颁布欧盟委员会决议、通过欧盟委员会条例在各成员国内部生效 欧盟成员国通过国内立法就欧盟制裁的具体违规后果作出补充规定 成员国亦可能出台有高于欧盟要求的本国制裁制度	行业类制裁（如欧盟对俄罗斯油气勘探领域的制裁；此外，欧盟对某些敏感商品和服务的制裁虽不构成国别类制裁，但也可能十分广泛） 个体类制裁	针对特定商品或服务的贸易制裁措施等 资产冻结、限制成员国主体与被制裁对象的经济往来等其他定向措施	欧盟成员国公民或注册企业，或在欧盟成员国境内开展活动的个人或企业	欧洲委员会“受欧盟金融制裁的个人、团体和实体的综合清单”[③]

① 表格内容以本指引撰写时的情况为限。

② United Nations Security Council.United Nations Security Council Consolidated List:https://www.un.org/securitycouncil/content/un-sc-consolidated-listhttps://www.un.org/securitycouncil/content/un-sc-consolidated-list.

③ The European Commission.Restrictive measures (sanctions):https://ec.europa.eu/info/business-economy-euro/banking-and-finance/international-relations/restrictive-measures-sanctions_en#list.

续表

制裁制度	制裁主体	制裁对象	主要手段	适用主体	主要制裁清单
美国制裁制度	美国制裁一般以联邦法律、总统行政令和法规等形式在联邦范围内颁布并执行。 个别州也颁布有州层面的限制特定海外投资的法律。 大部分制裁措施由美国财政部海外资产控制办公室（OFAC）和美国国务院负责管理与执行，并可能涉及多个监管机构的参与（如司法部等） 贸易管制措施（与制裁措施或有重合）由美国商务部负责执行 除一般意义上的一级制裁，美国对与被制裁对象有交易往来的非美国人员或实体也进行所谓的“二级制裁”	国别类 / 全面制裁 行业类制裁 个体类制裁（通常被制裁对象列入特别指定国民名单（SDN））	一级制裁包括：全面经济封锁（经 OFAC 颁发通用或个案许可的除外[①]）、行业类制裁、SDN 资产冻结、限制适用主体与被制裁对象的某些交易（如不允许美国实体交易被制裁对象的股票）等其他定向措施等 二级制裁为对从事“可被制裁行为”（如从事美国认为威胁其国家安全的行为）的非美国实体的制裁，包括将该实体列入 SDN 名单中、驱逐其在美高层人员、冻结位于美国的资产等	一级制裁概括而言适用于美国公民、在美国注册的实体（有时包括其海外分支机构）、位于美国境内的个人或实体（包括海外企业在美国的分支机构）等（以下简称美国实体）。一级制裁禁止美国实体与被制裁对象进行交易，同时也禁止美国实体协助或支持非美国实体与被制裁对象开展交易。 二级制裁概括而言适用于任何“可被制裁的活动”，可简单理解为任何与被美国制裁的对象有交易往来的非美国人员或实体均可能成为二级制裁的对象，但见下文有关阻断法令部分。	OFAC“特别指定国民和被禁止人员名单”（SDN List）[②]、“行业制裁被指定名单”（主要制裁对象为在俄罗斯经营业务的实体）[③] 其他制裁清单还包括 OFAC 实施推行的 CCMC 清单[④]、商务部实施推行的实体清单[⑤]、中共军事企业名单等。

① Department of the Treasury.Specially Designated Nationals And Blocked Persons List (SDN)Human Readable Lists:https://home.treasury.gov/policy-issues/financial-sanctions/specially-designated-nationals-and-blocked-persons-list-sdn-human-readable-lists.

② U.S.Department of the Treasury.Specially Designated Nationals And Blocked Persons List (SDN)Human Readable Lists:https://home.treasury.gov/policy-issues/financial-sanctions/specially-designated-nationals-and-blocked-persons-list-sdn-human-readable-lists.

③ U.S.Department of the Treasury.Sectoral Sanctions Identifications (SSI)List:https://home.treasury.gov/policy-issues/financial-sanctions/consolidated-sanctions-list/sectoral-sanctions-identifications-ssi-list.

④ U.S.Department of the Treasury.Non-SDN Chinese Military-Industrial Complex Companies List (NS-CMIC List):https://home.treasury.gov/policy-issues/financial-sanctions/consolidated-sanctions-list/ns-ccmc-list.

⑤ U.S.Department of Commerce.Entity List:https://www.bis.doc.gov/index.php/policy-guidance/lists-of-parties-of-concern/entity-list.

续表

制裁制度	制裁主体	制裁对象	主要手段	适用主体	主要制裁清单
英国制裁制度	英国脱欧过渡期结束后，英国于格林尼治标准时间2020年12月31日晚上11点建立了独立的制裁制度。欧盟的制裁制度不再适用于英国。 英国的制裁制度由联合国安理会决议衍生的制裁和英国政府自主实施的制裁组成。英国制裁制度主要依据《2018年制裁和反洗钱法》和根据该法授权制定的一系列次级立法实施。 英国的制裁措施由多个不同的政府机构执行和实施。例如，对于违反英国金融制裁的行为，英国财政部为主管政府部门，主要由英国金融制裁执行办公室和英国国家打击犯罪调查局具体负责执行。对于违反贸易制裁的行为，英国国际贸易部为主管政府部门，主要由英国税务海关总署具体负责执行。	行业类和贸易制裁（对某些敏感服务/贸易行业的制裁虽不构成国别类制裁，也相当广泛） 个体类制裁	对特定商品或服务的贸易制裁 冻结资产、限制适用主体与被制裁对象的经济往来等其他定向措施①	英国国民或注册企业，或在英国境内开展活动的个人或企业；亦可适用于英属海外领土（包括开曼群岛和英属维尔京群岛）	英国财政部“英国金融制裁对象综合名单”②

① U.K.Office of Financial Sanctions Implementation HM Treasury.UK Financial Sanctions –General guidance for financial sanctions under the Sanctions and Anti–Money Laundering Act 2018(December 2020).

② U.K.Office of Financial Sanctions Implementation HM Treasury.Financial sanctions targets:list of all asset freeze targets:https://www.gov.uk/government/publications/financial–sanctions–consolidated–list–of–targets/consolidated–list–of–targets.

续表

制裁制度	制裁主体	制裁对象	主要手段	适用主体	主要制裁清单
中国制裁制度	中国商务部于2020年9月19日发布了《不可靠实体清单规定》，对于中断与中国企业正常交易，或者对中国企业采取歧视性措施的外国主体实施反制裁措施[①] 针对我国企业遭受的不当域外制裁措施，中国商务部于2021年1月9日出台了《阻断外国法律与措施不当域外适用办法》[②]，具体见下文。	个体类制裁（针对配合他国对我国企业进行制裁、损害我国企业合法权益的外国企业、组织或个人）	限制被列入清单的外国实体从事与中国有关进出口活动、限制其在中国境内投资、限制其相关人员/交通运输工具等入境、取消其相关人员在中国境内工作许可/停留/居留资格、罚款等	危害中国国家主权、安全、发展利益的外国企业、组织或个人；违反正常的市场交易原则，中断与中国企业、其他组织或者个人的正常交易，或者对中国企业、其他组织或者个人采取歧视性措施，严重损害中国企业、其他组织或者个人合法权益的外国企业、组织或个人	第一批不可靠实体清单尚未发布[③]

3.1.2.7.1.2　“阻断”法规

随着制裁措施在全球范围越发广泛的应用，一些地区或国家也相应出台了所谓的“阻断”法律，即为保护本国企业免受其他国家制裁措施的限制，而“阻断”该等制裁措施在本国发生效力的法律。如欧盟于2018年修订的《欧盟阻断法案》[④]（以下简称EU Blocking Regulations），则阻断美国某些针对古巴和伊朗的美国二级制裁作用于欧盟实体。英国脱欧后，也实施了适用于英国公民/实体的类似于欧盟阻断法案的本国阻断法。

2021年1月9日，中国商务部出台了《阻断外国法律与措施不当域外适用办法》[⑤]，旨在阻断外国（尤其是美国）法律对我国企业实施的不当经济制裁。受影响的中国企业可根据该办法向商务主管部门报告情况，有关部门将综合评估该外国法律或措施是否存在不当域外适用情形，如存在，则可由商务主管部门发布不得承认、不得执行、不得遵守的禁令。

3.1.2.7.1.3　在融资文件中的体现

制裁制度不仅适用于借款企业，亦适用于提供海外融资的金融机构。较具规模的国

① 《不可靠实体清单规定》（中华人民共和国商务部令2020年第4号）第二条和第十条。

② 《阻断外国法律与措施不当域外适用办法》（中华人民共和国商务部令2021年第1号）。

③ 商务部条约法律司负责人就《不可靠实体清单规定》答记者问：http://www.mofcom.gov.cn/article/ae/sjjd/202009/20200903002631.shtml。

④ European Union’s blocking statute (Council Regulation (EC)No 2271/96)and Commission Delegated Regulation (EU)2018/1100of 6June 2018.

⑤ 《阻断外国法律与措施不当域外适用办法》（中华人民共和国商务部令2021年第1号）。

际金融机构，业务往往分布于全球多个法域，一笔较具规模的融资亦可能涉及多家国际金融机构。这意味着，筹划海外融资业务，借款企业不仅需要评估适用于其自身的制裁制度，很可能还需要应融资方的要求，满足适用于该等金融机构的制裁制度，从而确保融资方自身的合规。

- 制裁会限制借款人的融资来源：一个所在受到制裁的国家、从事被制裁的行业、或与被制裁的实体或个人有交易的借款人或许无法从商业银行获得融资。因为尽管不严格受法律方面的限制，大多数银行会考虑为制裁风险较高的项目或借款人提供融资是否会带来声誉，及合规风险方面的风险。例如，美国银行，以及大多数在美国有分支机构和业务的银行，不会为与受到美国一级制裁的实体或个人关联的项目提供融资；或即使融资本身没有受到制裁的限制，借款人也需要注意融资文件的签署人不能是被制裁的个人，比如需要注意签署人是否在美国的 SDN 名单上。
- 制裁会影响贷款币种：对于受到美国制裁的实体，即使贷款人为非美国银行，受到制裁的实体也会因被限制直接或间接使用美元的清算系统而无法获得美元贷款。
- 制裁会影响贷款用途和还款来源：银行通常希望确保其贷款资金不会被用于资助受制裁的活动或实体，并且银行也不会接受或处理由受制裁的活动或实体产生的资金。

此类为保护融资方制裁合规的条款在融资文件中通常体现为借款企业作出的：

（1）陈述与保证，如借款企业（及其董事、管理人员、员工、有时亦包括关联公司等）：

- 未违反任何“制裁”（其中“制裁”的定义通常包括前述联合国安理会、欧盟、美国和英国的制裁制度，以及直接适用于借款企业和各融资方的制裁制度）；
- 未曾与任何“制裁”对象开展过任何业务；
- 未曾从事过任何可能导致融资方成为“制裁”对象的业务；
- 已制定企业在制裁方面的内部合规程序与政策等。

（2）承诺，如借款企业（及其董事、管理人员、员工、有时亦包括关联公司等）将：

- 遵守“制裁”制度；
- 不以违反“制裁”或可能导致融资方违反“制裁”的方式使用贷款款项；
- 不将以违反“制裁”的方式所获得的资金用于偿还贷款等。

在具体融资交易中，“制裁”这一定义的范围、上述陈述保证与承诺的内容与适用范围，以及违反该等融资条款的后果（如是否触发违约事件或强制性提前还款），常常需要经过大量谈判。

3.1.2.7.2 反贿赂与反腐败

3.1.2.7.2.1 反贿赂与反腐败制度概述

所谓反贿赂与反腐败制度，是指各个国家或地区，为打击贿赂与腐败行为指定的法律法规的统称。各个国家均有各国国内有关反贿赂与反腐败的规定，其中美国的《反海外腐败法》（U.S.Foreign Corrupt Practices Act，FCPA）和英国的《反贿赂法》（U.K.Bribery Act）具有广泛的长臂 / 域外管辖权，对于开展跨境融资业务的企业而言尤为重要。

借款企业在反腐败、反贿赂方面的合规与否，不论在尽调阶段还是贷款存续期间，均是金融机构十分关注的问题之一。从金融机构的角度来看，如果其参与的融资如果涉及贿赂、腐败行为，金融机构可能自身被认定为违规，即使不存在法律上的违规，从名誉上多数金融机构也会选择避免与涉嫌贿赂的企业或项目有商业往来。

借款企业评估反贿赂与反腐败方面的合规风险，要切合拟融资项目情况和所在地，了解所涉国家和地区在这方面的规定，同时也要评估美国《反海外腐败法》和英国《反贿赂法》对其是否适用。对于可能适用的反腐败与反贿赂制度，需考虑的问题包括但不限于：

- 构成违反相关法律的情形（如是否禁止私人企业之间的商业贿赂、是否涵盖第三方代理人实施的贿赂行为）；
- 法律允许的抗辩事由（如已采取充分防范措施）；
- 相关法律责任（民事或刑事、企业管理人员是否可能为企业犯罪承担个人责任），等等。

表 3-4 试对美国《反海外腐败法》和英国《反贿赂法》的适用范围做简要概述：

表 3-4 美国《反海外腐败法》和英国《反贿赂法》的适用范围

反贿赂与反腐败制度	管辖范围	违法情形
美国《反海外腐败法》	任何美国公民或在美国注册的公司； 在美国证券交易所挂牌的上市企业、发行人； 任何在美国境内有腐败行为的人员； 前述主体的代理人、职员、管理人员、董事等。	管辖范围内的主体，出于贿赂之目的，直接或间接地向任何外国公职人员提供、允诺、支付或授权支付金钱或其他利益，以获取某笔交易或商业利益的行为。 美国《反海外腐败法》不适用于： 对本国公职人员的贿赂行为[①]； 私法主体之间的商业贿赂行为。

① 有关禁止贿赂美国联邦官员的规定见《美国法典》第 18 卷第 201 节。

续表

反贿赂与反腐败制度	管辖范围	违法情形
英国《反贿赂法》	在英国境内发生的贿赂行为； 在英国境外发生、但如若发生在英国境内则将构成违反本法的行为，且行为主体"与英国有紧密联系"，即为英国公民、英国常住人员、在英注册的企业或苏格兰合伙企业等。 对于企业未能阻止贿赂的行为，任何在英国境内成立或注册，以及任何在英国境外成立或注册但在英国境内开展任何业务的企业，不论该贿赂行为本身是否"与英国有紧密联系"。	主要情形包括管辖范围内的主体： 向任何人提供、允诺、支付任何金钱或其他利益，以换取对方不正当行使其职责的行为； 索贿、受贿和同意受贿的行为； 直接或间接以前述方式贿赂外国公职人员； 企业未能阻止其关联人员（及为其提供服务或代理其行事的人员）实施贿赂的不作为行为（允许企业以已落实充分防范措施为理由进行抗辩）。 与美国《反海外腐败法》不同，英国《反贿赂法》同样适用于： 索贿、受贿和同意受贿的行为； 企业未能阻止贿赂的不作为行为； 向本国公职官员作出的贿赂行为； 私法主体间的商业贿赂行为。

此外，国际经合组织（OECD）成员国曾在 1997 年签署《关于打击国际商业交易中行贿外国公职人员行为的公约》(以下简称《OECD 公约》)，要求各缔约国出台打击行贿外国公职人员行为相关法律并予以其他缔约国相应的法律协助。

世界银行集团也建立了针对其资助的项目中从事了腐败行为的实体或个人进行打击的制裁制度[①]。世界银行反腐败制度适用的主体是世界银行参与的贷款项目的借款人、所有接收/使用贷款资金的个人或实体，以及负责保管资金或转账的代理人，具体可能包括：世界银行资助项目中的建设工程的投标人、采购合同的供应商、建设工程的承包商、分包商、服务提供商及其代理人等[②]。

世界银行对实施了腐败、欺诈、胁迫、共谋、妨碍等行为的贷款资金接收者的制裁措施包括：公开斥责信、永远或在一定期限内取消被制裁方参与世界银行项目的资格；要求被制裁主体采取行动保证欺诈和腐败行为不会再次发生；要求被制裁主体赔偿因其腐败行为造成的损害、退还其通过腐败行为获得的利润等[③]。

此外，世界银行与其他多边国际金融机构（如亚洲开发银行、非洲开发银行、美洲开发银行和欧洲复兴开发银行等）成立了打击腐败的国际金融机构联合工作小组，各机

① The World Bank.The World Bank's Anti-Corruption Guidelines and Sanctions Reform:A User's Guide (October 2006).

② The World Bank.Guidelines on Preventing and Combating Corruption in Projects Financed by IBRD Loans and IDA Credits and Grants (October 2006):paragraph 5.

③ The World Bank.The World Bank's Anti-Corruption Guidelines and Sanctions Reform:A User's Guide (October 2006):page 14.

构之间共享信息[①]，被世界银行取消参与项目资格超过一年以上也会引起被其他国际金融机构取消参与项目资格的联合制裁[②]。

3.1.2.7.2.2　在融资文件中的体现

针对反贿赂与反腐败方面的融资方保护条款，在融资文件中一般体现为借款企业作出的。

（1）陈述与保证，如借款企业（及其董事、管理人员、员工、有时亦包括关联公司等）：

- 未有任何“贿赂”行为，其中“贿赂”往往被概括地定义为任何为索取交易或利益的金钱、礼物、好处费以及任何适用的“反贿赂与反腐败法律”中所规定的情形；而其中“反贿赂与反腐败法律”则往往被概况地定义为美国《反海外腐败法》、英国《反贿赂法》，以及其他适用的（不论是否是基于《OECD 公约》而出台的）有关反贿赂与反腐败的法律；
- 已制定企业在反贿赂与反腐败方面的内部合规程序与政策等。

（2）承诺，如借款企业（及其董事、管理人员、员工、有时亦包括关联公司等）将：

- 不会作出、协助、批准、索取、接受任何与借款项目有关的“贿赂”行为；
- 及时通知融资方任何与借款项目有关的“贿赂”行为的发生等。

3.1.2.7.3　反洗钱与反恐怖主义融资

3.1.2.7.3.1　概述

洗钱，是指某个人或实体为掩盖非法所得的存在、性质或来源，通过存放、掩藏与整合等一系列看似合法的手段，将非法所得伪装成为合法收入的过程。

恐怖主义融资，是指出于恐怖主义之目的或为支持恐怖主义的活动，提供资金或其他形式的金钱资助行为，不论该等资金乃合法收入或非法所得。

金融系统是不法分子实施洗钱和恐怖主义融资活动的重要渠道，其存储、金融产品买卖、跨境转移等服务常被不法分子利用，以实现其洗钱或恐怖主义资助之目的。各国金融监管机关也纷纷通过法律法规，要求金融机构承担起一定预防洗钱、打击恐怖主义融资的职责，如要求各金融机构建立完善的反洗钱、反恐怖主义融资的内控制度和“了解你的客户”（KYC）等客户身份识别制度、及时上报涉嫌犯罪的交易、积极配合执法人员打击违反活动等。金融机构违反相关规定可能面临巨额罚款甚至个人刑事责任，故在跨境融资业务中对借款企业在该方面的合规往往也会提出较高要求。即使不存在直接责任，金融机构

---

① The World Bank.The World Bank's Anti-Corruption Guidelines and Sanctions Reform:A User's Guide (October 2006):page 18.

② The Asian Development Bank.Agreement for Mutual Enforcement of Debarment Decisions (April 2010).

从名誉上也会选择避免与涉嫌洗钱、恐怖主义融资的企业或项目有商业往来。

对于借款企业而言，即使其认为自身触犯反洗钱、反恐怖主义融资方面法律的风险很低，也应对适用于拟融资业务的该方面法律法规有所了解，以评估相关风险。一旦发生违规，企业不仅可能面临相关法律法规下的刑事或行政责任，也很可能触发融资文件下的违约。如企业拟在某些敏感地区或国家开展融资业务，则也需要全面衡量随之而来的更为严苛的金融机构客户尽调（KYC）以及融资文件中的合规要求，乃至融资的整体可行性。

金融行动特别工作组（FATF）是目前国际上最权威的政府间反洗钱组织，主要负责制定反洗钱、反恐怖主义融资国际标准并在全球范围内推动实施，目前有 37 个成员国，覆盖大多数国际主要金融中心。FATF 对全球具有高风险的区域[①]和需要重点监督的区域[②]作出认定（相应称为"黑名单"与"灰名单"）。被认定为高风险区域的国家或地区在反洗钱、反恐怖主义融资方面存在重大战略性缺陷。FATF 呼吁所有成员国并敦促所有国家或地区对该等黑名单区域加强尽职调查工作，在最严重的情况下，呼吁各国采取应对措施保护国际金融体系免受源自这些地区的洗钱与恐怖主义融资风险的侵害。被认定为重点监督区域的国家或地区相应地亦存在同类风险，但程度不及黑名单地区，FATF 呼吁该等地区积极配合改善其制度缺陷。欧盟也根据（EU）2015/849 号指令公布在反洗钱 / 反恐怖融资制度方面存在制度性战略缺陷的国家或地区名单[③]。借款企业在评估拟融资业务在反洗钱、反恐怖主义融资方面的风险时，可参考前述国际权威指引和名单，此类国际标准也是融资方开展尽调时的重要参考依据。

3.1.2.7.3.2　在融资文件中的体现

针对反洗钱、反恐怖主义融资方面的融资方保护条款，在融资文件中一般体现为借款企业作出的。

（1）陈述与保证，如借款企业（及其董事、管理人员、员工、有时亦包括关联公司等）：

- 未有任何违反适用的"反洗钱、反恐怖主义融资法律"的情形（其中"反洗钱、反恐怖主义融资法律"往往被概括地定义为任何有关反洗钱、反恐怖主义融资的法律）；
- 已制定企业在反洗钱、反恐怖主义融资方面的内部合规程序与政策等。

---

① Financial Action Task Force.High–Risk Jurisdictions subject to a Call for Action –21February 2020:https://www.fatf–gafi.org/publications/high–risk–and–other–monitored–jurisdictions/documents/call–for–action–february–2020.html.

② Financial Action Task Force.Jurisdictions under Increased Monitoring –February 2021:https://www.fatf–gafi.org/publications/high–risk–and–other–monitored–jurisdictions/documents/increased–monitoring–february–2021.html.

③ Financial Action Task Force.Topic:High–risk and other monitored jurisdictions:http://www.fatf–gafi.org/publications/high–risk–and–other–monitored–jurisdictions/?hf=10&b=0&s=desc(fatf_releasedate).

（2）承诺，如借款企业（及其董事、管理人员、员工、有时亦包括关联公司等）将：
- 遵守适用的“反洗钱、反恐怖主义融资法律”；
- 及时通知融资方任何违反“反洗钱、反恐怖主义融资法律”的情形或发生相关调查、诉讼等。

3.1.3 经济与金融环境

与政治风险类似，借款企业需要考虑借款企业所在国和 / 或目标项目所在国的宏观经济状况，即宏观经济状况，作为融资方评估“国别风险”的有机组成，它影响着借款企业能够获得的融资额度与成本。当东道国政府将在拟融资的业务中承担一定支付或增信义务（如特许经营协议下的支付与终止赔偿义务以及对该等义务的担保、对政府方发起人资本金支付的担保等），也即拟融资业务将在一定程度上承担该国的主权信用风险时，对该国经济能力的分析则更加重要。

3.1.3.1 宏观经济风险

东道国政府偿还外部债务的能力受其整体经济健康状况的影响。一国的宏观经济因素主要涉及其 GDP 水平、进出口总额、通胀率、失业率、外汇储备、外债状况、财政政策、国际经济环境等诸多方面。该等因素将在多大程度上影响拟融资业务，需具体问题具体分析，不过对于牵涉东道国主权信用风险的融资业务而言，自然尤为重要。下文试图列举宏观经济因素作用于具体跨境融资业务的几种情形，具体国别经济分析方法当然要复杂得多，亦并非本指引的覆盖范畴，建议借款企业在必要时，参考专业第三方出具的相关分析或征询咨询机构的意见。

- 宏观经济走势：例如，某东道国的宏观经济状况良好，GDP 增速快，贸易顺差连年稳定、外汇储备充沛、外债水平可控亦不存在政府债务违约的情况，基本预示着该国较为明朗的经济前景和较低的政府资信风险。相反，若一国常年处在贸易逆差中，或背负着高额外债，外汇储备吃紧，而拟融资业务依靠着该国政府在终止特许经营协议时作出的美元赔偿，借款企业（以及融资方）则可能需要考虑这一风险是否可以承担。
- 货币政策与通胀率：例如，某国为降低债务负担连年上调通货量、通货膨胀率不断攀升，而拟融资业务赚取的是以当地货币计价的销售收入，但融资需以美元偿还，当地货币的贬值将直接影响借款企业的偿债能力。借款企业（以及融资方）此时则可能需要考虑与当地政府谈判要求收入以美元计价、或由当地政府给就汇率损失给出补偿保障、或购买商业汇率对冲产品等缓释方案。
- 外债水平：一国的外债水平尤其影响着该国自身，以及以该国主权信用为支撑的项目在国际上的融资能力。具体见 3.1.3.2 节的介绍。

- 特殊经济政策：例如，某国可能为改善环境推动国内经济转型，重点扶持特定绿色行业和绿色基建项目，在这些领域为投资者提供优惠的投资环境；再如，某国失业率较高，政府可能要求海外企业在当地开展项目时必须聘用一定比例的当地员工，企业则需要在筹划时充分考虑到对当地员工的培训、安置等一系列问题。
- 国际经济环境：一国经济状况自然离不开国际经济整体环境。以石油天然气产业为核心产业的国家尤其受到国际油价波动、OPEC+ 减产协议等因素的影响。

3.1.3.2 世界银行、国际货币基金组织、经济合作与发展组织的可持续借贷政策

对于低收入、高外债的国家，即使借款企业可以接受其主权信用风险，也需要考虑国际金融机构是否有能力为该国或该国项目提供融资。世界银行、国际货币基金组织、经济合作与发展组织（OECD）从债务可持续性的角度出发，对于特定低收入高外债国家政府的举债行为施加有一定的限制与约束：

- 世界银行和国际货币基金组织，从债务可持续的角度出发，制定了《世界银行与国际货币基金组织共同针对低收入国家的债务可持续性框架》（*Joint World Bank-IMF Debt Sustainability Framework for Low-Income Countries*）。该框架旨在提高发展中国家持续承受债务的能力，降低低收入国家过度举债的可能性。国际货币基金组织根据债务可持续性框架项下的评估结果，确定相关借款人是否能够获得国际货币基金组织提供的融资，并为国际货币基金组织支持的项目设定债务限额[①]。同时，国际开发协会（International Development Association）——世界银行下设的、帮助世界上最不发达国家发展的机构——根据债务可持续性框架项下的评估结果，设定有资格获得国际开发协会支持的国家须遵守的非优惠借贷限额[②]。另外，已获得世界银行贷款的国家需要遵守与世界银行的贷款协议中的消极承诺。消极承诺限制借款国政府及该国的国有企业向第三方提供担保的能力，从而影响着该国未来的融资能力，且若项目的借款企业有政府或国有企业股东，亦可限制项目可提供的担保及其融资能力。
- OECD 也发布有《委员会关于可持续债务和官方支持的出口信贷机构的建议》（*Recommendation of the Council on Sustainable Lending Practices and Officially Supported Exports Credits*），目的与世界银行和国际货币基金组织的可持续借贷政

---

① The World Bank and the International Monetary Fund.World Bank–IMF Debt Sustainability Framework for Low–Income Countries (April 2005).

② The World Bank and the International Monetary Fund.World Bank–IMF Debt Sustainability Framework for Low–Income Countries (April 2005).

策类似，旨在向发展中国家提供支持其经济社会进步的贷款（如针对基础设施建设项目提供贷款），减少低收入国家因过度举债影响国民生活水平的情况。其主要约束各国的出口信贷机构，建议成员国与遵守该等建议的非成员国的出口信贷机构遵守世界银行和国际货币基金组织发布的债务可持续性政策，不向举债已经超过债务限额的低收入国家政府提供贷款或提供其他信贷支持，向低收入国家政府提供超过一定限额的贷款或信贷支持前先向世界银行和国际货币基金组织报告等。

东道国基于主权信用，为融资项目提供政府担保的情形（如向金融机构担保特许经营协议终止赔偿款的支付义务）可能被认定为对该国债务的增加，从而受限于前述国际金融机构对举债的限制，进而影响项目自身的可融资性。借款企业若拟融资位于此类国家并涉及该国主权担保的项目，需要在融资筹划阶段充分了解上述限制是否适用。如适用，则需进一步考虑如何通过调整融资架构改善项目的可融资性。

3.1.3.3 汇率风险

一国货币汇率的稳定与否，不仅影响着该国整体经济健康，也会直接影响涉及该货币的跨境融资。例如，在许多项目融资中，借款企业的收入均来自以当地币计价的销售收入（典型的如电力项目中，当地政府向借款企业支付的电费），而绝大多数融资却来源于国际融资机构并以美元计价（如当地银行无法以当地币满足全部融资需求）。汇率的突然不利波动，很可能直接作用于企业的偿债能力。

汇率是多重政治、经济因素相互作用的产物，难以准确预测。从借款企业角度判断汇率风险，可以从了解该国的外汇储备、利率、通胀率以及汇率制度入手。其中，汇率制度主要指该国在挂钩汇率与浮动汇率之间的选择。所谓挂钩汇率，是指一国将本国货币与另一种货币（通常为美元、黄金或一篮子货币[①]）之间的汇率保持固定（故也称“固定汇率”），或将波动控制在一定范围内。浮动汇率，则指一国货币的汇率由市场决定，随供需变化而波动。一般而言，采取挂钩汇率政策的国家汇率风险相对较小，也更便于借款企业吸引融资。另外，采取挂钩汇率的国家在出现国内或国际经济危机时，往往也更为脆弱，政府也很可能选择放弃“挂钩”，从而引发汇率波动。

3.1.3.4 外汇管制风险

外汇管制风险，指一国政府对本国企业交易或转移本国或外国货币作出的各种形式的管制。通常一国的外汇管制政策体现在成文的法律法规中，借款企业和融资方可以对其作出充分的预判和应对，但也不乏在某些特殊情况下，东道国政府为维护国内经济秩

① 一揽子货币，是将现有的一组货币按照一定方法和比重组合而成的复合货币，作为一些国家汇率管理的参考机制。

序或出于其他政治、经济目的，实施特殊外汇管制的风险。例如，某一国家正处于经济危机之中，外汇储备不足，于是决定限制该国企业以本国货币购买美元，或限制其将在该国持有的美元转移出境。此等限制，对于一个需要将资金兑换为美元并转移出境用以偿还其国际融资的借款企业而言，无疑有着直接影响。若东道国被认为在这方面存在较高风险（如政策模糊多变、有不良先例等），而拟融资项目又依赖着稳定、持续的外汇政策时，借款企业和融资方则需要考虑相应的缓释措施，如通过谈判要求政府作出相关承诺，或购买覆盖汇兑风险的政治保险等。

3.1.3.5 当地金融市场

如果借款企业的贷款多使用当地货币，如当地建设费用、政府特许经营权费、日常运营费等，其最直接的融资渠道便是当地金融市场。决定是向当地金融机构还是向海外金融机构借款，以及在设计融资交易结构时，借款人应当考虑以下因素。

- 金融市场的发展程度：如果借款企业所在地或目标项目所在地金融市场尚不成熟，对风险的承受能力有限，借款企业可能无法通过当地金融市场满足其全部资金需求。金融机构的稳定性和破产风险，也是借款企业为避免出现资金断裂需要考虑的因素。
- 货币市场的流动性：若当地货币市场深度不足、流动性有限，借款企业可能无法在市场上融得足够的当地币，或由于对当地币需求金额过大而直接导致货币市场和融资成本的不利变化。
- 货币政策的保守程度：中央银行推行较低的基准利率可以刺激金融机构将更多的资金投入市场，金融市场内充足的资金也意味着借款企业可以以较低的利率获得融资。相反，保守的货币政策则可能意味着过高的当地融资成本。
- 当地市场惯例的贷款利率和当地法对最高贷款利率的规定等。

3.2 项目自身因素与风险考量

科学、全面地评估融资风险，筹划融资方案，除应当考虑 3.1 节中提及的外部环境风险，也需要综合考量项目自身的因素。不同融资业务需要结合实际作具体分析，下文试从融资需求、时间计划以及商务安排三个角度，概括融资业务中一些普遍应予考虑的项目自身因素。

3.2.1 融资需求

筹划融资首先应当明确融资需求。

- 明确具有融资需求的实体——通常，具有融资需求、实际使用资金的实体应当作为借款主体（以简化融资路径），但不同因素可能左右着借款主体的选择（见4.1.1节）。
- 明确融资需求的规模——小规模的资金需求或可灵活操作，甚至通过集团内部关联公司之间的头寸调整得到满足，较大规模的资金需求则需要谨慎安排。
- 明确融资需求的目的——融资用途可能左右整个融资的架构。例如，以上游开采为目的的融资鉴于其底层资产价值本身的不确定性，多采取公司融资的方式；大型绿地基建项目为减小业主的风险敞口，可架构为有限追索的项目融资；而并购融资，可基于并购资产的特征，搭建相应的并购或杠杆融资。
- 明确融资需求的期限——短期资金需求可选择的融资方式也相对灵活多样，而长期的资金需求在融资安排上则需要更谨慎的筹划。例如，大规模的绿地能源项目建设期可能长达3到5年，期间项目没有收入还本付息，成功的项目融资需通过一系列风险分配和缓释措施使得融资方接受建设期风险。
- 明确融资需求的币种——被融资业务所使用的币种和/或还款来源所采用的币种通常应作为融资币种，以最低限度地降低外汇和汇率风险。然而实操中，融资需求的币种与未来还款的币种可能无法完全匹配——如并购项目中收购价款需以当地货币支付，而收购后企业未来收入即还款来源以美元计价；再或项目融资中建设合同价款需以当地货币支付，而项目运营收益即还款来源则以美元计价。币种不匹配时，如何选择融资币种、搭建汇兑风险缓释机制等，则需结合外汇市场环境等因素予以谨慎考量（见4.2.2节）。

3.2.2 时间计划

企业在融资安排上的灵活性，在相当大的程度上受到时间安排的影响。在筹划融资时，应明确以下因素。

- 企业在多长时间内需要融得所需资金，是否有明确的时间进度要求，时间安排上是否存在灵活性。例如，在政府特许经营协议下开展的绿地项目可能需要在一定年限内筹集资金、启动建设，否则将或丧失特许经营权；再如，并购项目或需要竞投标的项目中，出售方可能对竞购方资金筹集有时间要求，或仅与资金到位的竞购方进行下一轮谈判等，而企业日常的运营资金需求则或许可以通过财务规划和预算有所预判，时间安排上相对灵活。
- 在有限的时间内何种融资形式最为可行，或为满足融资需求应如何协调时间安排。如果留给企业筹融资金的时间有限，企业可考虑以母公司担保的短期过桥融资确保一定资金的率先到位，再在过桥融资存续期间落实中长期融资的到位，最终置换掉过桥融资；如果企业已明确启动了项目融资的谈判落实工作，则也需考虑如何协调政府和其他商务第三方，确保如特许经营协议下设立的时间节点和建设工程工期安排等与落实融资的时间安排向协调。

3.2.3　商务安排

被融资业务的整体商务安排是筹划融资时必不可少的考量因素。企业在落实商务安排的同时也应当对融资金融机构一般将会关注的风险有一定认识。油气领域中的商务安排可根据拟融资的具体实体业务粗略概括如下。商务安排和可融资性问题，根据业务种类、商务结构的不同（如一体化、非一体化、服务费式结构、市场销售式结构、混合型项目等），风险分析的角度与重点也有所不同。有关项目融资中的具体商务安排与风险分配考量，见 5.3.1.2 节。

表 3–5　项目融资中的具体商务安排与风险点

项目	实体业务	组织形式	常见商务安排	影响可融资性的常见风险点	一般融资形式
上游勘探开采业务	主要指油气资源储量勘探、钻井开采具备商业可行性的油气资源、初步处理上游油气产出等业务。	上游业务通常由多个业主联合开发，常见的组织形式为非法人型合资企业，各业主通过签署联合开发协议（*Joint Operating Agreement*，*JOA*），共同享有政府赋予的开发权；并按照事先约定的比例对产出直接享有权益。	特许经营协议 联合开发协议 开采协议（如业主自身不具备开采能力） 生产分成协议（*Production Sharing Contract*，*PSC*） 销售协议	储量风险：是否有充足、可靠的储量以支持项目可通过开采销售获得稳定可持续的收入以用于偿债 建设风险：钻井、开采等资本开销、技术、时间安排 运营风险：运营商（通常在 JOA 下委任业主之一担任）是否具备相关资质、技术与经验 价格风险：油气价格波动造成的风险 联合运营伙伴间风险：联合运营伙伴资质（如满足注资需求的能力）、注资机制和惩罚机制是否合理，参与权是否可转让等 环境与社会风险：项目是否对环境造成负担、是否存在缓释或替代方案	鉴于在上游开采阶段对未来收益的产生时间、商业性、稳定性均难以准确判断，上游业务一般考虑采取以下融资方式： 业主自有资金 业主以自身或母公司资质通过公司融资或项目借款获得资金 项目以可靠的储量预测进行储量融资 项目通过预售开采产出进行预收款融资 项目融资（但较为少见）

续表

项目	实体业务	组织形式	常见商务安排	影响可融资性的常见风险点	一般融资形式
中游加工和运输基础设施（一体化）业务	主要指对上游开采出的油气资源进行加工（如液化天然气、原油加工冶炼）、运输、存储、销售等环节的业务。	中游加工和运输基础设施业务组织形式相对灵活，可由多个业主(鉴于一般较大的资本开销）通过法人型合资企业的形式成立特殊目的公司，以特殊目的公司的名义签署项目文件和融资安排，建设、运营中下游资产。	EPC合同 运维合同 与上游的服务加工合同 燃料供应合同 运输合同 销售合同 股东协议	建设风险：项目无法完工而无法进入运营期产生收入的风险、完工不达标的风险、与上游建设和进度的匹配风险等 运营风险：运营商（通常在服务加工合同中委任业主之一担任）是否具备相关资质、技术与经验 收入风险：项目收入是否依赖稳定的承购方、是否受到市场价格波动的影响、服务式项目是否有可靠的服务费支付机制 技术风险：项目所采用的技术是否新颖、难度大、缺乏融资先例 供应链风险：中游项目开发加工油气是否有稳定的上游供给、是否需要其他燃料 储存、运输风险：是否有足够的存储能力、稳定的运输渠道 合作方风险：股东协议中是否有合理有效的注资和惩罚机制、与上游参与方利益是否挂钩、合作方资质 环境与社会风险：项目是否对环境造成负担、是否存在缓释或替代方案	油气领域中下游或一体化业务通常资本开销巨大，业主资产负债表难以全部消化。以特殊目的项目公司为借款主体的有限追索项目融资故较为常见，且多涉及一家或多家出口信贷机构的参与（见4.1.3.6节）。 项目融资有限追索的特性使其对商务安排的可融资性有很高要求。发起人应在项目文件谈判过程中充分考虑到项目的可融资性，尽可能关闭明显的风险敞口；对于无法通过商务安排分摊的风险（如较高的技术和完工风险），业主需有为融资方提供相应业主支持的预期（如完工担保）。

3.2.4 财税架构安排

在筹划融资时也需要考虑融资过程中可能涉及的税务成本，如 3.1.2.4 节中关于税务的法律法规所介绍，跨境融资交易中可能会涉及预提税、印花税和增值税等税收成本，从税务优化角度，可以在筹划融资时通过对借款主体的选择、资金路径的优化等途径降低可能的税务成本，必要时可以咨询专业税务顾问。

4 融资方案设计

4.1 相关主体

4.1.1 借款人

借款人，指贷款融资交易中，以一定对价（利息和费用）和条件（陈述、保证、违约事项等），按一定还款安排（分期、一次性等），从融资方融取资金的一方。借款人可以是个人、公司、政府、合伙或以其他形式存续的、具有法律主体资质的组织或机构。借款主体的选择是融资方案设计中最为核心的环节之一，需根据融资业务的实际情况和具体需求进行具体分析。一般而言，借款人通常是具有实际融资需求的主体（比如具体开展项目的项目公司、并购项目中作为收购方的公司等），但许多情况下，基于对融资成本、融资环境和项目自身因素等多方面因素的考量，为融资选择甚至设立另一实体作为借款人可能更具优势，但也需要辩证地分析。例如，选择资信实力雄厚的集团母公司作为借款人，可能有助于较为快捷地融得较大金额的资金，但同时可能为母公司整体财务表现带来负担；如果集团为上市公司或有公开发行的公司债券，负债的增加也可能影响其股票或债券在二级市场上的表现。再如，企业在海外有开展具体业务并持有资产的子公司，选择该子公司作为借款人可能更有助于获得当地银行贷款，以及企业对该笔融资业务的日常管理。再如，企业可以选择设立特殊目的公司，并以其作为借款主体融资，从而尽可能地实现被融资业务与母公司集团其他业务的风险隔离，然而此类设计可能伴随有较为复杂的尽调环节、严格的贷款条件和较高的融资成本，在有限追索的资产融资[①]和项目融资中较为常见。

---

① “资产融资”指为购置飞机、船舶等资产筹措资金而进行的融资，以特定资产为融资对象，金融机构仅对特定资产享有追索，对项目公司的股东和母公司仅享有有限追索甚至无追索的融资形式。

企业选择借款人，可以从以下角度予以考虑。

（1）借款企业的主体资质

在选择借款人时，首先需要考虑相关实体是否具有借款的资质，即该主体在相关法律法规、公司章程以及其与第三方之间的协议项下是否拥有借款的资质、能力和权限。例如，借款主体所在地的法律法规是否要求企业开展借款，须事先在当地工商机关取得营业许可或满足其他资质要求。再如，借款主体的公司章程是否对其可借贷的金额、是否可提供担保以及可提供担保的类型作出限制、是否要求就拟借款事项取得董事会或股东大会决议批准等。

作为提款先决条件，融资方一般会要求借款企业出具有关其主体适格性的证明文件（如工商许可、公司决议等）和法律意见，并要求借款企业在融资文件中就其主体适格性做重复性的陈述（见 4.2.8.1 节）。

（2）借款人的财务与资信状况

借款企业的财务与资信状况是决定其融资能力和融资成本最为核心的要素之一。总体来说，一个借款企业的整体财务和资信状况越好，其偿债能力也一般相应越佳，换言之，其在融资文件下违约的风险也就越低，这样的企业往往可以以更低的成本吸引到金融机构贷款。相反，借款企业的财务和资信状况越差，其违约风险越高，金融机构则也会考虑通过收取更高的利息和费用来平衡其将承担的信用风险。

一般而言，企业的财务和资信状况可通过其历年来的财务报表得以体现。具有一定规模的企业也可享有专业评级机构出具的信用评级。金融机构尽调借款主体资信时，通常也会要求企业提供该等信息。企业提供未经公开的财务信息（如中期、季度报表等），应注意要求金融机构承担相应保密义务。

企业的财务和资信状况，对于信用评估基于企业财务和资信状况的公司融资等融资形式而言，至关重要；相比之下，对于以未来现金流为主要还款来源的结构性融资而言，则并非融资方信用评估的核心因素。例如，绿地项目融资中，借款企业往往是初设立的特殊目的公司，并没有财务历史和信用评级，融资方对融资业务作出信用评估，关注的是项目整体风险和在未来产生现金流的能力，而非借款企业当下的财务和资信情况。

在设计融资方案时，对于资信状况欠佳的借款主体，企业可考虑通过提供母公司担保或资产担保等增信方式，缓释融资方的信用风险，降低融资成本（具体见下文 4.2.6 节）。

（3）所在地融资环境

借款企业所在地的政治、法律、经济与金融环境也将在很大程度上影响着一个借款企业的资质和资信能力。该等环境因素如何作用于借款企业和融资交易，在前文 3.1 节中已做展开，此处不再详述。

简单从借款人选择的角度举例，假设在法律环境分析过程中甄别出项目所在地 X 国与多数融资方所在国 Y 国无双边税收协定，如果以在 X 国设立的项目公司作为借款企业，将产生高额的预提税。而 Z 国与 Y 国和 X 国分别签署有双边税收协议，可享受预提税减免等待遇。此时企业则可考虑利用其在 Z 国设立的子公司作为借款人，再将该 Z 国借款人融得的资金转贷给位于 X 国的项目主体。

（4）贷款发放与回笼路径

借款企业的选择，还需考虑贷款资金发放与回笼的路径是否便捷，即贷款资金如何从融资方转移至最终用款实体，而还款收入又如何从其来源地最终以还本付息的方式回笼至融资方的路径设计问题。原则上，贷款放款和还款的路径越为直接则越为便捷，但路径中每个环节的设计（如融资方所在地、借款企业所在地、融资款项实际使用地、还款收入来源地等），也需要综合考虑相关地域及其之间的税务、外汇、跨境支付等问题，并在适当时对资金路径作出有针对性的调整。

举例而言，假设企业拟为位于 X 国的绿地项目筹措资金，并以未来该项目产生的收入作为主要还款来源。从资金路径的角度来看，选择在 X 国设立的子公司或特殊目的公司作为借款人，从 X 国当地金融机构筹措贷款，理论上最为便捷。但若 X 国经济体量较小，无法支持项目的大规模资金需求时，则可能需要考虑 X 国以外的融资方。再如前述第（3）段中提及的有关预提税的案例，在项目所在地 X 国与多数融资方所在国 Y 国无双边税收协定的情况下，选择在与前述两个国家都签署了双边税收协定的 Z 国的子公司作为借款人，可以从税收成本上优化融资方案，虽然资金路径并非最为便捷之选，但综合而言起到了对融资方案整体优化的效果。

（5）陈述、承诺和保证

借款企业作为还款主体，需要就其主体资质、财务状况、业务经营、资产处置等事项向融资方作出一系列信息披露、陈述、承诺与保证（具体见 4.2.8 节）。该等控制性条款的范围与力度将根据借款主体自身资质好坏、融资形式复杂程度和被融资业务的风险高低等因素而有所不同，也需与融资方谈判协商方能达成一致。尽管如此，企业也应在融资方案设计之初对融资方未来可能提出的控制要求有所预判。例如，在依托于借款企业资信状况的公司融资中，融资方通常会要求借款企业及其公司担保人（如适用）的财务状况满足一定指标（如净资产保持在一定水平之上、资产负债率控制在一定水平之下等，具体见 4.2.7 节）。如此时企业对该借款主体的未来经营状况并不具备信心或已有其他规划，选择将该实体作为借款实体则可能不尽适宜。

再如，项目融资下金融机构往往会要求借款企业不得将贷款资金用于特定目的之外、不得开展与被融资项目无关的业务、不得未经许可处置其所持有的资产等。如果此时作为借款主体的企业同时开展有多项其他业务、持有财产也相对广泛，则可能不适宜作为此类承诺和保证的主体，企业可能需要考虑设立特殊目的公司作为借款主体，或将其他业务事先从拟借款主体中剥离等方案，提高借款主体的适格性。

此外，拟借款企业是否涉及敏感资产或敏感业务（如涉及国家安全、国有资产、涉密业务、可能涉及制裁的资产或业务等），也是需要纳入考量的因素。此类主体是否适宜作为“了解你的客户（KYC）”的审查对象（见下文第（7）段），是否适宜给出融资文件下的一系列信息披露、承诺、陈述与保证，均需进行谨慎评估。

（6）担保

一般而言在有担保融资中，选择可将自身持有资产和该公司股份作为担保品的企业作为借款主体最为理想。第三方担保人（如由母公司或关联企业提供担保的情形）往往涉及所谓是否促进“公司利益”的问题①；融资方也需要尽调第三方担保人、承担对其的执行风险。故第三方担保人的参与往往会增加融资的复杂程度、管理与合规成本，也会在一定程度上影响融资落实时间和融资成本。

一个企业是否具备提供担保或者在其股份上创设担保的能力，需考虑其此等行为是否受限于任何法律或合同上的限制。拟借款实体自身并不持有足够价值的资产，或已在其他协议中作出消极担保或限制转让等承诺，抑或所持有的资产关系到其他业务的正常运营，均有可能影响其提供担保的能力和价值，进而影响其所能获得的融资条件。

（7）“了解你的客户（KYC）”审查

作为合规义务的一部分，大部分法域的融资方均须建立一定的客户识别程序，也称为“了解你的客户（KYC）”审查制度，以确保其了解将要与之建立交易关系的客户的真实身份，识别制裁、洗钱、恐怖主义融资、贿赂等风险。不同金融机构的 KYC 程序与范围有所不同，一般将要求提供借款主体、担保主体以及该等主体控制人的以下资料。

➢ 证照许可、章程性文件；

➢ 董事、有权签字人和管理层主要人员的身份信息、内部授权文件、签字样本；

➢ 财务报表、信用评级报告；

➢ 税务身份识别；

➢ 制裁和合规审核；

① 所谓“公司利益”，指许多法域出于对股东的保护，要求企业作出的决策应能够促进其自身利益。这方面存疑的决策可能受到股东的挑战，对融资方而言存在一定风险，进而可能影响融资条件。如果同为关联公司，担保提供方可论证，其提供担保的行为将促进借款企业的业务，从而有助于促进集团和担保提供企业自身的利益。

➢ 集团股权结构图等。

此外，涉及敏感性地域、行业或资产的企业，作为借款主体可能会面临更多挑战。例如，涉及制裁风险的企业可能需要接受来自金融机构更为深入的调查和更为严格的合规要求，对融资时间和成本而言均可能形成负担，在选择借款主体时需予以考虑。

4.1.2 公司担保人、担保标的物提供人

4.1.2.1 增信方式的种类与常见担保人 / 担保提供人

贷款融资中常见的增信方式及提供方可简单概括如下。

➢ 公司担保：公司担保根据被担保义务的不同，可以分为支付义务担保、履约担保和完工担保（具体介绍见 4.2.6.1 节），提供公司担保的公司担保人一般应具有一定的资信资质（特别如拥有评级机构评级），具体见 4.1.2.2 节。

➢ 以具体资产或权益提供抵质押：抵质押标的物可包括动产、不动产、合同权益、股权等（具体介绍见 4.2.6.2 节），提供该等担保的资产担保提供方（如动产和不动产的所有权人、持有借款企业股份的股东、享有被转让合同权益的权益人等）一般基于其与担保标的物的权属关系，而非其自身资信资质，具体考虑因素见 4.1.2.3 节。

➢ 维好、安慰等其他业主支持：除上述传统意义上的公司担保和资产或权益担保外，维好协议、业主支持、安慰函、现金流支持等（具体介绍见 4.2.6.3 节）在融资交易中也是常见的增信方式，该等增信方式的提供方的选择类似于公司担保人，通常为有一定资信资质的借款企业的股东或母公司。

4.1.2.2 公司担保人

企业选择公司担保人，可以从以下角度予以考虑。

（1）公司担保人的主体资质

具体考量某一实体是否适宜作为融资交易的担保人，首先需要考虑其是否具备提供公司担保的资质，即该主体在相关法律法规、公司章程，以及其与第三方之间的协议项下是否拥有提供公司担保的资质、能力和权限。常见的考虑因素包括：拟作为担保方的公司章程对其是否可提供担保、对可担保的债务金额以及可提供担保的类型作出限制，是否必须获得董事会或股东大会决议，上市公司作为担保方时，是否遵守了相关证券交易机构的监管和信息披露要求，公司提供公司担保是否会构成其在股东协议或其他融资文件下作出的消极抵押承诺或财务指标的违约，等等。

同样，作为提款的先决条件，融资方往往会要求担保方提供其公司章程性文件、公司决议等，也会要求担保方就其具有提供公司担保的资质等作出相应的陈述与保证。

（2）公司担保人的财务与资信状况

公司担保人以其自身资质担保借款企业的支付和 / 或履行义务，其财务与资信状况是核心考量要素。总体而言，公司担保人的整体财务和资信状况越好，更有助于缓释融资方的偿债风险，以起到降低融资成本、优化融资条件的作用。因此，公司担保人通常是借款企业集团中资信较好的母公司或关联公司。具有评级机构信用评级的公司更方便融资方对其财务资质作出判断和监控，通常也是集团中作为公司担保人的优先选择。

（3）公司担保人所在地关于担保的法律环境

企业选择公司担保人，也需考虑担保人所在地有关担保设立、登记与备案、完善、执行等事宜的法律法规（见 3.1.2.3 节）。提供公司担保，应尤其考虑以下法律因素。

- 跨境担保：担保方能否为海外关联公司或向海外金融机构提供公司担保？外汇管制方面是否有特殊审批备案要求（如中国境内实体作为担保方时需考虑是否涉及国家外汇管理局“内保外贷”登记[①]），有关担保对象、担保数额等是否有特殊限制等。
- 关联担保：关联担保主要包括母公司为子公司提供担保、子公司为母公司提供担保以及关联公司之间的相互担保，后两种形式的关联担保由于存在公司变相减资的风险（如子公司就某第三方为收购其母公司而融资给出公司担保），在一些法域中受到一定限制，需在相关法下作具体分析。
- 所在地执行因素：担保协议在公司担保人所在地法院能否得到承认或执行，是否存在法律障碍或不确定性，也会影响某一实体作为公司担保人的适格性。

（4）陈述、承诺和保证

公司担保人作为融资文件项下的义务人之一，与借款人类似，需就其主体资质、财务状况、资产权益、同等地位等基本事项作出信息披露、陈述、承诺和保证（具体见 4.2.8 节）。与借款人相比，担保人所需要披露的财务信息和需要作出的陈述、承诺与保证，基于筹融资双方谈判，在范围、频率和形式上均有一定谈判空间。

企业在选择公司担保人时也需要考虑该等实体是否适宜作出融资文件项下要求的信息披露、陈述、承诺与保证，以及该等合同承诺若经作出，是否会对融资条件的谈判起到积极作用。例如，业务较广的母公司可能无法给出融资方要求的宽泛的承诺；涉及较

① 内保外贷，指的是注册地在中国境内的担保方为注册地在境外的债务人和债权人提供跨境担保的情形，在非银行金融机构或企业作为担保人的情况下，需要在相关融资文件签订后 15 个工作日内前往国家外汇管理局办理登记。

敏感业务的关联公司可能不希望作出较为深入的信息披露，等等。

（5）“了解你的客户（KYC）”审查

此外，公司担保人一般情况下也需要配合融资方的KYC审查，其需要提交的资料与4.1.1节第（7）段所提及的关于借款主体的KYC审查资料相似。在选择公司担保人的主体时，应对该等主体能否满足金融机构的审查要求予以提前自主评估。此外，在设计融资方案时，也需要考虑拟作为公司担保人的主体是否涉及敏感地域或敏感业务（如涉及国家安全、国有资产、涉密业务、可能涉及制裁的资产或业务等）。鉴于其敏感性，该等企业能否全面满足金融机构KYC审查要求、披露相关信息，作出该等披露是否会带来其他不良后果等，均需纳入考量范围。该等实体作为公司担保人，可能会受制于融资方更为深入和严格的KYC审查以及信息披露和合规要求，进而影响融资整体的时间安排与成本。

4.1.2.3 担保标的物提供人

企业选择担保标的物提供人，可以从以下角度予以考虑。

（1）担保标的物提供人的主体资质

选择担保标的物提供人，主要基于对担保标的物的选择。如决定将借款企业股份抵押给融资方，持有借款企业股份的股东便是担保标的物的提供人。再如决定将拟融资业务涉及的某设备作为抵押品提供给融资方，该设备的所有权人（假设并非借款企业自身）则将作为担保标的物的提供人。

明确担保标的物范围时，应确保相关担保标的物提供人具备提供资产担保的主体资质，即该主体在相关法律法规、公司章程以及其与第三方之间的协议项下是否拥有提供资产担保的资质、能力和权限。常见的考虑因素包括：该主体对拟担保标的物是否享有所有权、使用权、处置权等权利；其在该等资产上设立担保是否需要取得股东协议或其他贷款协议下的同意、是否会导致其违反“消极担保”等合同约定，是否遵循了企业内部管理和风控制度等。

（2）担保标的物提供人的财务与资信状况

担保标的物提供人以其资产或合同权益提供担保，其自身的财务与资信情况并非融资方衡量该担保价值的核心考量因素，即使担保标的物提供人进入破产程序，融资方基于其对担保标的物享有的担保权（物权），原则上应能够优先从破产收益中获偿。尽管如此，由于融资方一般而言会尽量避免承担任何破产风险，担保标的物提供人的存续和资质有时也需要满足融资方所提出的要求。

（3）担保标的物提供人、担保资产所在地的关于担保的法律环境

在选择担保资产和担保标的物提供人时同样需要考虑4.1.2.2节第（3）段中提及的

该等主体所在地关于担保设立、登记备案、完善、跨境担保、关联担保、担保文件承认与执行等法律环境因素，且在担保资产与担保人位于不同法域时，还需要进一步考虑担保资产所在地的法律环境。企业设计担保标的物范围，应尤其考虑担保资产所在地关于在该等资产上设立担保权（包括设立跨境担保）是否有限制性规定或特殊登记、备案、完善等程序要求。在管辖法方面，一般会选择担保资产所在地法（或以合同权益为标的时，该等合同的管辖法）作为担保合同的管辖法，并以当地法院作为争议解决地。担保合同管辖法与资产所在地法不一致或争议解决非当地法院时，还需进一步分析担保在当地的执行问题。

（4）“了解你的客户（KYC）”审查

同样，在选择担保标的物提供人时，需要考虑拟设立担保的资产是否为敏感资产、拟提供担保的主体是否位于敏感地域或涉及敏感业务（如涉及国家安全、国有资产、涉密业务、可能涉及制裁的资产或业务等）。担保标的物提供人是否需要接受融资方的 KYC 审查，要根据融资交易的类型和结构等具体情况逐案分析，但凡涉及敏感性地域、行业或资产的实体为担保标的物提供人，则可能会受制于融资方更为深入和严格的 KYC 审查、信息披露以及合规要求，进而影响融资整体的时间安排与成本。

4.1.3 融资方及其代理人

4.1.3.1 牵头行或安排行

牵头行（也称安排行），指受借款企业委托，根据与借款企业已初步达成的信息备忘录和/或概括性条款安排，吸引并协助其他参贷行参与融资的金融机构。[①] 借款企业委任牵头行，一般将列明初步拟定的贷款核心财务条款，如贷款额度、贷款期限、还款计划、利率、费用等[②]。规模较大、结构较复杂的银团融资可能涉及多家银行作为共同牵头行。牵头行的职能包括：

- 协助借款人准备信息备忘录、完善融资方案；
- 向潜在参贷行提供拟贷款交易信息、吸引参贷行参与；
- 组建银团、参与融资文件谈判与草拟。

牵头行通过出售“牵头”贷款的服务收取费用，在这一职能上有着独立的合同当事人的地位，而非借款人或参贷行的代理人或受托人。在牵头行委任书中，牵头行可以在

---

① Philip Wood.Law and Practice of International Finance.Sweet &Maxwell,2007:pages 93–94.

② Philip Wood.Law and Practice of International Finance.Sweet &Maxwell,2007:page 94.

没有其他银行参加银团的情况下承诺未认购部分贷款金额的发放。但是，这一“承诺”通常没有法律约束力，并且会附带一定条件，如正式签订贷款协议前无重大不利变化、融资文件满意签署、提款先决条件的满足，等等。

借款企业选择牵头行，也需从多个角度予以考量。例如，该牵头行（和其拟吸引的参贷行）与借款企业是否存在良好的商务关系、是否熟悉借款企业的偏好与惯例、是否具备一定的资质资信（即可靠的放款能力）、在拟采取的融资方式上和被融资的业务领域中是否具备一定经验、与借款企业所在地或项目还款来源地之间是否存在税收优惠、外汇限制等。

4.1.3.2 贷款行

贷款行即承诺并发放贷款的银行。贷款行通常为商业银行，但也可能是非银行的金融机构，如多边机构、出口信贷机构、基金、其他机构投资人等。贷款行的选择与4.1.3.1节的一段中对牵头行（如有）的选择所述考量类似。贷款人承诺在满足放款条件时放款，即意味着借款企业在一定意义上也承担着贷款人的资信风险。资信较差的融资方如发生破产等类似事件，致其无法及时放款，将可能造成借款人企业资金断裂等不利后果。当贷款人中有非银行的金融机构时，需特别注意该等机构是否具备必要的监管许可、拥有发放贷款的资格资质等。

4.1.3.3 代理行

贷款协议中通常会指派一家或多家银行作为代理行，协调融资文件下各类信息的收集与交流、资金的收支分配、担保物的贷后管理与执行等事务性工作。规模较大的银团贷款可能涉及以下代理行职务（较小规模或结构较为简单的融资亦可能由单家银行负责代理事务，单边或参贷行数量较小的多边贷款也可能不设代理行一职）。

- 负责与贷款相关一般事务性事宜的贷款代理人（如审查提款申请、放款条件、计算利息、通知银团放贷金额、流转放款还款资金、收取借款企业提供的信息、监督借款企业财务等指标、处理豁免或同意申请、处理违约事件、其他一般贷后管理等）。
- 当银团涉及优先级不同的多层贷款时（见2.2.6节）或涉及对冲交易时（见4.1.3.5节），负责处理银行间事务的银行间代理人（如组织银行间会议、主持银行间投票、计算银行间事务投票比例、传达银行间决定等）。
- 和/或负责担保物的登记、贷后监管、执行、执行收益分配等事宜的担保物代理人，等等。

代理行行使其职责一般基于贷款行的指示，指示不明时可不予作为，根据指示行事可享受较为宽泛的免责保护（除非代理行存在故意、欺诈或重大过失等情形）。

4.1.3.4 账户行

账户行，指借款企业以及担保人（如适用）开设账户所在的银行。在公司融资、项目借款、项目融资等融资形式中，借款企业涉及还款的资金往来一般会受到融资方一定程度上的监控。基于项目未来现金的较为典型的项目融资，对项目公司所开设的账户会有更为严格的监控和担保要求，以确保项目能够将收益用于项目运营的同时保障还本付息。账户行的职责包括开设维续项目账户、知悉借款企业与融资方就相关账户的商务安排、同意借款企业在账户上创设担保、按照借款企业或融资方代理行的指示划拨账户款项，等等。与前述代理行类似，账户行依据指示行事，配合贷款行对账户行使监控，但一般无主动监控借款人资金活动的作为义务，并享受较为宽泛的免责保护（除非账户行存在故意、欺诈或重大过失等情形）。

4.1.3.5 对冲交易对手方

在某些融资交易中，借款企业会为了缓释金融市场利率、汇率、大宗商品价格的波动所带来的交易风险，引入对冲交易。与借款企业进行对冲交易的银行通常便被称为对冲交易对手方，一般也是融资交易中的贷款人之一。伴随融资常见的对冲交易有：

- 利率对冲：中长期贷款的利息通常按浮动利率计算（见 4.2.3.1 节），借款人承担一定利率波动的风险。利率对冲通常由借款人与对冲交易对手方签订利率对冲协议，在协议期间内由借款人向对冲交易对手方按照固定利率进行支付，而对冲交易对手方则以浮动利率向借款人进行支付，从而借款人虽以浮动利率向银行借款，其实际支付却是以固定利率进行。
- 汇率对冲：贷款货币与还款货币不匹配时，借款人将面临一定汇率波动的风险。汇率对冲中借款人则与对冲交易对手方签订货币互换协议，在协议期间由借款人向对冲交易对手方按照事先约定好的汇率机制以本币购买外币，而对冲交易对手方则向借款人以事先约定好的汇率机制出售外币，因此借款人虽以外币进行借贷，但实际由于其通过向对冲交易对手方支付本币换取外币而缓释了潜在汇率波动风险。
- 商品对冲：在涉及石油、天然气、金属等大宗商品的融资中借款人可能会面临商品市场价格波动的风险，商品价格对冲则是由借款人与对冲交易对手方签订商品掉期协议，在协议期间借款人周期性地以确定数量的某种商品为基础支付固定价格，而对冲交易对手方则相应的按同样的数量向借款人支付该商品的浮动价格，从而借款人在协议期间锁定了商品价格、缓释商品价格波动风险。

对冲交易对手方与融资方所承担的风险和关注的利益并不相同。以一笔长期的项目融资为例，当项目出现短期的资金周转问题，无法在约定时间向融资方还本付息，同时无法向对冲交易对手方支付按期掉期费用。从融资方的角度来看，予以借款企业一定缓冲期，使得项目得以存续，更符合融资方长远的商业利益，而单纯从对冲交易对手方的角度，若当时市场对其有利，立即平仓、终止对冲交易可能更为有利。这种潜在的利益分歧，在融资方与对冲交易对手方由不同金融机构担任时尤为明显。借款企业和融资方此时一般会通过通用条款或银行间协议，协调、限制对冲交易对手方的特定权利，如要求其在借款人支付违约时给予借款人更长的缓释期、限制其在特定事项上的终止权等。

4.1.3.6 出口信贷机构

出口信贷机构（Export Credit Agency，ECA），为一国的政策性信贷机构，旨在通过分摊商业银行政治风险和商业风险，促进一国商品和服务出口和海外投资。

4.1.3.6.1 世界主要出口信贷机构

截至 2020 年末，中国出口信用保险公司累计支持的国内外贸易和投资规模超过 5.3 万亿美元，累计带动近 300 家银行为出口企业提供保单融资支持超过 3.9 万亿元人民币，业务总规模在全球官方出口信用保险机构中排名第 1 位。基于我国积极寻求长期石油和其他矿产等自然资源供给的战略政策，我国的出口信贷机构也积极为能源企业提供着信贷额度以支持其海外勘探、生产或收购自然资源等活动[①]。

4.1.3.6.2 OECD 出口信贷指导原则

经济合作与发展组织（OECD）成员国的大多数出口信贷机构同意受到《官方支持的出口信贷指导原则协定》（*Arrangement on Guidelines for Officially Supported Export Credits*）[②]之约束。协定旨在避免出口信贷市场出现过度竞争，保证市场的良好运转。根据这一协定，出口信贷机构所提供的出口信贷支持条件需受限于国际贸易公平竞争的准则，在贷款利率、期限、条件上均受到一定约束。

① 中国信保官网：https://www.sinosure.com.cn/gywm/gsjj/gsjj.shtml。

② The Organisation for Economic Co-operation and Development.Arrangement on Officially Supported Export Credits:https://www.oecd.org/trade/topics/export-credits/arrangement-and-sector-understandings/。截至本指引日期，该协定的最新版本为 2020 年 1 月版，2021 年 4 月 20 日 OEC 规范公布了对该协定的修订，修订后的协定将在 2021 年 7 月发表。

4.1.3.6.3 出口信贷机构支持的形式与种类

（1）挂钩出口信贷与脱钩出口信贷

不同国家出口信贷机构政策不同，但通常要求被支持的交易或项目或有利于促进本国商品或服务的出口，或能够为本国经济创造一定整体效益。根据是否与本国商品或服务的出口相捆绑，出口信贷机构信贷可分为挂钩出口信贷（Tied ECA Financing）和脱钩出口信贷（Untied ECA Financing）。

挂钩出口信贷要求出口信贷机构提供的信贷支持与其本国商品或服务的出口相关联。中国进出口银行和中国出口信用保险公司提供的信贷支持多为挂钩出口信贷。

脱钩出口信贷则与本国商品或服务的出口无直接捆绑，但被支持的交易或项目应能够为本国经济创造一定正面效益。脱钩出口信贷常用于支持 ECA 本国企业的海外股权投资、支持该国实施海外能源战略部署等。中国出口信用保险公司的中长期海外投资股权与债权险便可认为是脱钩出口信贷产品的一种。

（2）直接或间接贷款、保证 / 担保、保险

按信贷支持形式的不同，可将出口信贷产品归纳为以下常见类型。

表 4–1 出口信贷产品常见类型

出口信贷产品	介绍
ECA 直接或间接贷款	ECA 直接贷款，指出口信贷机构直接向项目公司或其母公司提供贷款。 ECA 间接贷款，指出口信贷机构向某企业或金融机构提供贷款，由该企业或金融机构将资金以股权或债权的形式提供给项目公司。
ECA 担保支持	ECA 担保支持，指出口信贷机构按照一定费用，向某金融机构提供保证 / 担保，约定在该金融机构为项目公司提供的贷款下发生违约时，出口信贷机构将替代项目公司偿还其债务。不同出口信贷机构覆盖的风险范围不同，通常包含战争、征收、汇兑、政府违约等政治风险，有的出口信贷机构亦覆盖一般商业风险。
ECA 保险支持	ECA 保险支持，指出口信贷机构按照一定费用，向某金融机构提供保险，当在该金融机构为项目公司提供的贷款下发生由被保险风险引发的违约时，该金融机构可依据保单要求出口信贷机构作出赔付。类似地，被保险风险的范围通常包含战争、征收、汇兑、政府违约等政治风险，有的出口信贷机构提供的保险亦覆盖一般商业风险。

（3）买方信贷与卖方信贷

从出口信贷机构支持的受益方角度来看，也可将出口信贷机构的支持划分为买方信贷和卖方信贷。买方信贷指出口信贷机构向外国进口商提供的信贷支持，而卖方信贷则指出口信贷机构向本国出口企业提供的信贷支持（见图 4–1 结构示意）。出口企业为避免增加企业债务负担，更倾向于使用买方信贷。具体产品的选择还需考虑到进出口双方的市场与谈判地位。

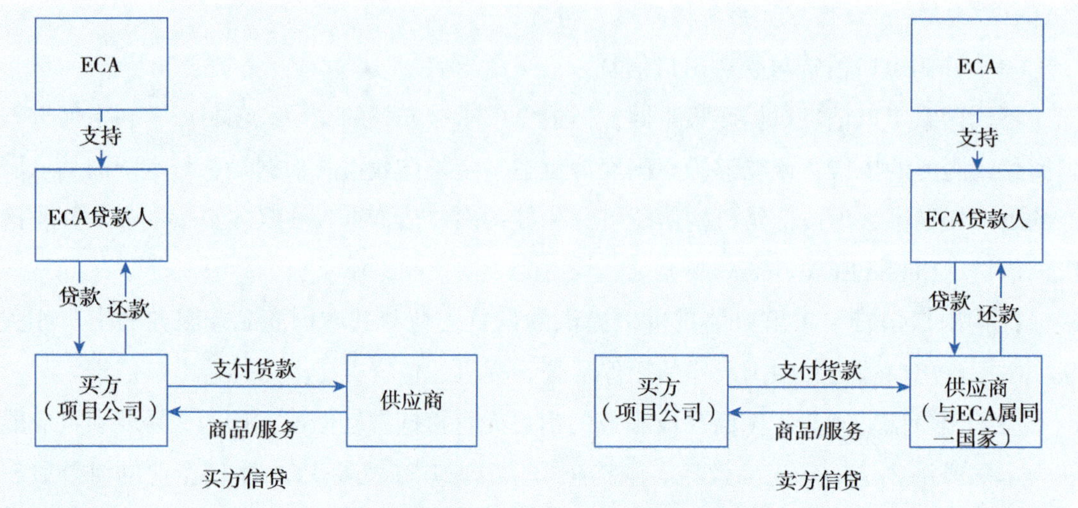

图 4-1　买方信贷与卖方信贷业务模式图

4.2　主要贷款融资条件

4.2.1　贷款金额

贷款金额的确定需要关注多方面因素。借款企业在确定贷款金额时，首先需考虑自身的资金需求，无论是一般公司融资中基于资金用途的考量，或是项目融资中针对特定项目所需资金和杠杆率、回报率的测算，借款企业均需从自身资金需求出发。其次需考虑企业的现金流，融资有借也有还，企业现金流的来源以及现金流是否稳定等均对企业后续还款具有重要影响，因而在确定贷款金额时，需要充分考虑企业未来现金流能否承担企业还款义务，能否依照约定按期还本付息等。企业同时还需评估自身财务指标，财务指标是企业总结和评价自身财务状况和经营成果的相对指标，包括债股比、偿债覆盖率、贷款期覆盖率、最低净资产值、杠杆率、现金流率、利息覆盖率等多方面指标，这些指标可以帮助企业对自身偿债能力、营运能力、盈利能力以及发展能力予以评估，从而帮助企业判断其资金需求和还款能力，进而确定贷款金额。另外，在并购融资和项目融资中，往往需要借款人建立财务模型，从而对当下和未来的资金需求与还款来源等进行估算和规划，帮助确定贷款金额。

另外，贷款金额的确定还需考虑融资方的意愿。借款企业可以贷得的金额取决于项目自身的总体债务能力，债务能力本质上是贷款人愿意借给项目的金额，而这一金额取决于融资方对拟融资业务的综合考量。类似于借款企业需要从融资环境和项目自身因素等不同角度判断融资风险，融资方同样将根据其自身风险偏好、市场流动性以及贷方市场的竞争状况，对某一企业可承受的债务水平进行综合评估，包括对借款企业现金流、财务指标、财务模型的评估。

根据借款企业具体贷款需求，贷款协议中可同时约定多笔不同类型、不同利率、不同期限或不同货币的信贷（一般称为一个“Facility”）。例如，伦敦贷款市场公会的投资等级贷款协议模板（以下简称 LMA 模板）即同时涵盖定期贷款和循环贷款的发放和还款机制。在贷款协议中，“信贷”条款会列出在贷款协议项下融资方同意提供的信贷类型与金额。此外，贷款协议中常见的与贷款金额有关的概念包括：

- 信贷，指融资方根据贷款协议向借款企业提供的具体类型、币种、金额、利率的贷款。
- 贷款，指融资方在一个信贷下不时发放的贷款，亦指在某一时点该信贷下未偿还的贷款本金总额。
- 承诺额，指贷款人在特定贷款协议下承诺发放的贷款金额；随着贷款金额的一次性或逐步发放，以“可使用的承诺额”指代承诺额中尚未提取的部分。所谓“承诺”，指借款人凡满足了贷款协议项下就提款设立的前提要件（详见 4.2.4.2.3 节）和其他形式上的要求，贷款人则有放款的义务。贷款人一般将就其可使用的承诺额，按照一定百分比，收取“承诺费”，详见 4.2.3.2 节。

4.2.2 贷款币种

一般而言，借款企业贷款币种与未来还款来源币种一致时，可最低限度地避免汇率风险和因换汇产生的成本。如借款企业可预计未来收入将主要以美元计价（如其所从事的贸易有以美元结算、计价的市场惯例，如石油现货交易），其在洽谈供应商、承包商时，则可考虑要求成本货币同样以美元计价，并以美元作为融资币种。

然而，币种的匹配在融资实践中并非一定能够实现。例如，借款企业拟用美元收购一家位于新加坡的目标企业（贷款用途），而该企业未来主要收入（还款来源）却将以新加坡元计价。再如，借款企业拟在巴西开发油田，其开发和建设成本的很大一部分可能以巴西雷亚尔计价（贷款用途），但其石油销售收入（还款来源）却将以美元计价。因贷款用途与未来还款来源币种不一致而产生的相关外汇与汇率风险，则借款企业需通过其他方式缓释，如：

- 当借款企业贷款需求涉及多种货币，可考虑选择“多种货币贷款”，LMA 模板中也有多种货币贷款的选择。所谓“多种货币贷款”，指借款企业与融资方以本币约定贷款金额，提款时可根据企业资金需求，要求融资方以借款企业指定的其他货币放款。此类贷款对于业务覆盖多个国家的跨国企业调配资金需求、控制汇率风险，尤为有益。

- 当成本中存在小部分贷款货币以外的币种（如项目所在地货币）时，可考虑举借与该小部分金额相匹配的以该货币计价的贷款，结合项目未来或将产生的以该货币计价的相应收入（如有），尽可能实现自然对冲。
- 引入 4.1.3.5 节所提及的汇率对冲产品，根据成本货币和收益货币分别与贷款货币的匹配程度，形成最优对冲方案。如某项目收益货币和成本中大部分款项均以美元计价，但存在部分欧元成本，选择美元贷款并购买相应欧元部分的汇率掉期，相较选择欧元贷款应更优。

是否进行当地货币融资或货币对冲交易，应在形成融资方案时一并予以考虑。该等交易将对整体融资结构、融资成本带来影响。当地币融资方和对冲交易对手方通常将要求分享贷款交易下的担保包，[①] 而贷款行往往也会要求从银行间的角度对该等金融机构的权利进行一定限制（如限制其银行间投票权、可宣布违约、要求执行的权利等）。此类事宜应在组织银团、落实融资文件时，予以考量和协商。

在贷款协议中，“币种”一般会在信贷的定义或信贷条款中予以明确。同样地，贷款协议中可同时约定多个不同货币的信贷，或一个“多种货币”信贷。

4.2.3 贷款价格

4.2.3.1 贷款利息

利息即借款企业为所筹措贷款支付的对价，表述为在某一期间内贷款本金的一定百分比。利息在贷款协议中一般有单独条款约定，包括利息如何计算、利息期、支付日、逾期利息等条款。利息的计算方式可分为浮动利率与固定利率。

（1）浮动利率：浮动利率由基准利率和利差两部分组成，随基准利率的变化而“浮动”。

- 基准利率：即对银行自身筹措资金将产生的成本的反应，一般为市场所公认的银行间同业拆借利率，随市场变化而波动。贷款协议中将约定基准利率的确定方式。LIBOR（伦敦银行间同业拆借利率）曾是基准利率的常见选择，但由于银行间交易量减少，LIBOR 缺少足够的交易数据来确保其稳定性和独立性，LIBOR 将逐步停止发布和使用，一周及两个月期的美元 LIBOR 将于 2021 年 12 月 31 日

① Graham Vinter,Gareth Price,and David Lee.Project Finance:A Legal Guide.Fourth Edition.Sweet & Maxwell,2013:page 46.

退场，其他期限的美元 LIBOR 也将于 2023 年 6 月 30 日起停用，利率基准将转换为各币种相应的无风险利率（Risk Free Rates，RFRs），例如，英镑 LIBOR 和美元LIBOR将分别被SONIA（Sterling Overnight Index Average，英镑隔夜指数均值）和 SOFR（Secured Overnight Financing Rate，担保隔夜融资利率）所取代。

- 利差：即对银行利润的反应，银行根据其对不同融资交易的信用评估设定可补偿其风险敞口的利差。利差以基准点（Basis points，bp）为单位，一个 bp 相当于 0.01%。利差可以在贷款存续期间保持不变，也可以随着贷款期间的推移逐步递增（以反映银行在贷款存续后期逐渐增加的风险）或随着借款企业财务健康（基于对财务指标的监控）而调整（以反映银行在借款企业财务状况不佳时面临的更高的偿债风险）。该等利差调整称为“Margin Ratchet”。
- 利率对冲：如 4.1.3.5 节所述，浮动利率下借款人承担利率波动的风险，为更有效的预测、控制融资成本，借款人可选择进行利率对冲交易，以固定利率对冲其浮动利率风险。利率对冲交易也伴随一定交易成本，且对冲交易对手方往往会要求分享贷款交易担保包。是否购买利率对冲产品故需结合融资整体的经济性，在形成融资方案时一并予以考量。

（2）固定利率：固定利率在融资交易中较为罕见，一般出现在短期贷款或小规模商业贷款中，某些政策性银行或政府金融机构也可能为大规模的贷款提供固定利率的贷款产品。由于银行自身筹措资金的成本（即基准利率）是浮动的，为确保整个贷款期间银行的成本不会超出其收取的固定利率，固定利率定价一般较高，寻求成本控制和可预见性的借款企业往往考虑前述利率对冲产品而非固定利率贷款。

此外，贷款协议中一般还会就市场中断、基准利率替换等情况予以约定：

- 市场中断条款：指的是在市场出现变动导致屏显利率不可用，进而导致贷款行无法以选定的基准利率提供其参贷资金时，依据融资方的实际融资成本等替代方式计算利息的条款。
- 基准利率更换条款：指基准利率发生重大变更、停用或无法再作为准确计算贷款利率的基准时，贷款人如何与借款人确定、实施替代基准利率的条款。

4.2.3.2 贷款费用

融资方通常会就其组织、安排、参与贷款，以及提供承诺额收取一定费用。常见的贷款费用包括：

- 安排费，指安排行为其组建银团、规划贷款安排所收取的费用，有时也称前端费，一般按照贷款金额的一定百分比计算或某具体金额，由借款人与安排行通过费用函约定，通常一次性支付。

- 承诺费，指贷款人为补偿其提供承诺额所产生的成本而收取的费用，一般按照可使用的承诺额的一定百分比计算，约定于贷款协议或单独费用函中，通常在利息支付日与当期利息一并支付或资本化入贷款本金。
- 代理费，指代理行履行其代理职责所收取的费用，一般为某具体金额，由借款人与代理行通过费用函约定，通常按年支付。

4.2.4 贷款期限、提款

4.2.4.1 贷款期限

如 2.2.5 节中提及的，贷款可根据期限分为短期贷款和中长期贷款。如何设计贷款期限，需借款企业综合考量多方因素。

- 资金需求周期：借款企业需明确其拟应对的资金需求周期。短期的现金流缺口可通过短期流动资金贷款解决；较大规模的公司融资需考虑企业产生足够收入、偿还贷款可能需要的时间；绿地项目融资则需要考虑项目建设期长短，以及进入运营期后，项目运营收入可支撑的偿债速度。
- 资金需求的紧迫性：如果资金需求较为紧迫，在短时间内落实较为复杂的中长期贷款并实现财务关闭可能有一定难度，企业可考虑通过短期过桥贷款，满足当前的融资需求，同时为落实中长期贷款争取更多时间。
- 再融资等优化方案：中长期贷款通常意味着相对较高融资成本。企业在资金充裕且市场条件对其有利时，可考虑提前偿还一部分债务或通过成本较低的债务替换现有融资。在绿地项目融资中，由于融资方承担着一定项目建设期风险，以及可能由 ECA 或多边机构的参与，融资成本一般较高。融资市场也发展出了不同再融资模式以帮助借款企业优化融资成本。较为常见的有所谓的 Mini-Perm 模式，即借款企业在项目进入运营期一定年数后（如 4 至 5 年），通过融资成本较低的再融资（鉴于届时项目已可独立运营）替换长期项目融资。作为其再融资的经济激励，借款企业一般会在融资文件中承诺，从其拟组织再融资的时点起，将项目盈余资金用于提前偿还现有债务，并同意支付更高的利息（见 4.2.3.1 节有关利差调整的部分）。对于此类 Mini-Perm 的贷款人而言，其签订的虽为长期项目融资文件，但实际可以期待在运营期后几年内通过再融资获得清偿，故也可能接受更高的项目风险或在定价上反应其实际的风险曝露。在某些市场上，尤其当项目进入运营阶段后，通过发行债券替换现有项目融资也是再融资的途径之一。

4.2.4.2 提款

4.2.4.2.1 提款期

定期贷款[①]中一般规定有提款期，指贷款人承诺额有效存续的期间，也即借款人可以就可用承诺额申请提款的期间，该期间有时也称为承诺期。提款期结束后，借款人便不得再申请提取可用承诺额（如有），尚未提取的可用承诺额将于提款期截至日自动取消。提款期内，借款人一般仅需付息，而无还本义务；提款期结束后进入还款期，方开始产生还本义务。故提款期的长短亦应反映借款人整体提款、用款安排，以及其对具备还本能力的时点的预估。例如，在项目融资中，提款期通常与项目的建设期相重叠（即借款人具有支付项目建设款的资金需求，但无产生项目运营收入、具备还本能力的期间）。

国内许多金融机构有时也就所谓“宽限期”作出一定要求。宽限期的概念类似于提款期，统指借款人无还本义务的期间，一般从贷款协议签订之日起算（相比之下，提款期一般从融资关闭即先决条件满足时起算）至首次还款日为止。

此外，许多融资交易中亦允许对利息（有时也包括承诺费）的资本化，即允许借款人选择在提款期内，将利息与承诺费（如有）计入贷款本金，而不作出实际支付，以赋予借款人更大的资金安排灵活性。

4.2.4.2.2 提款计划

借款人在提款期内可就可用的承诺额部分申请提款。提款可一次性或分期进行[②]，分期提款通常设最低提款金额和每月最高提款次数。提款灵活性基于借款人用款需求与贷款人商议而定，循环贷款提款灵活性一般相对较高。贷款协议对提款计划一般不作明确要求，但项目融资中要求借款人根据项目建设计划或按照经政府批准的报告制订提款计划，并根据提款计划提款的情形也时有存在。

4.2.4.2.3 提款先决条件

贷款人的放款义务通常仅在其收到形式和内容均令其满意的特定文件和/或证明的情况下方产生，该等文件和/或证明即所谓的“先决条件”（Condition Precedent，CP）。从借款人的角度，具体先决条件的提交和满足预计可能花费的时间与成本，以及是否存在借款人自身无法控制的困难或无法取得的风险，都需要在筹划融资方案和设计提款安排时，尽可能在早期予以综合考量。对于或将影响提款进度的无法满足的先决条件，应及早甄别并与贷款人达成应对方案，如商议适当的延期或豁免等。

---

① 循环贷款的整个贷款期间一般均可提款。

② Philip Wood.International Loans,Bonds,Guarantees and Legal Opinions.Third Edition.Sweet & Maxwell, 2018:page 42.

先决条件一般分为针对首次提款的“首次提款先决条件”以及针对每一笔提款的“各次提款先决条件”。首次提款先决条件的具体范畴应根据具体融资交易中的具体关注点来设计，且一般反映贷款人信贷审查后同意放款所依赖的核心条件。表 4-2 概括了融资交易中最为基本也最为普遍的首次提款先决条件。不同融资方式（如项目融资、并购融资等）对首次提款先决条件亦有针对该融资方式的特殊要求（详见 5.2.2 节和 5.3.7 节）。

表 4-2 融资交易中首次提款先决条件

文件类型	先决条件要求
义务人内部文件 （借款人、公司担保人、担保标的物提供人）	公司章程性文件 公司内部决策性文件（如股东会决议、董事会决议等） 董事和 / 或有权签字人的签字样本 确认文件的真实性和有效性的董事和 / 或有权签字人证明书
融资文件	妥善签署的贷款协议、担保协议等核心融资文件 担保协议所创设的担保权益已妥善完善、落实（如相关注册、备案、通知、登记等手续已妥善落实的证明）
审批、许可文件	交易所需的政府审批、许可等手续已落实
财务文件 （借款人、公司担保人）	义务人（经审计的）财务报表
法律意见书	义务人主体资质法律意见书 融资文件的合法有效性法律意见书

各次提款先决条件则是首次提款以及后续每一笔提款时借款人需要满足的先决条件。同样地，各次提款先决条件也应根据贷款人在具体融资交易中的需求加以定制。常见的各次提款先决条件包括：

- 未发生任何违约事件或经救济期届满后可能构成违约事件的情况；
- 借款人未违背其所作出的重复性陈述，该等陈述内容真实准确；
- 借款人已提交妥善填写的提款申请，等等。

4.2.4.2.4 提款程序

为满足首次先决条件，借款人需将提款先决条件的相关证明与文件提交给代理行，由其转交各贷款人进行审阅。提款先决条件经各贷款人确认满足后（若有必要，经银团律师确认），代理行方可通知借款人首次先决条件已满足。借款人仅在收到该通知后方可提交提款申请。借款人的提款申请需明确提款金额、时间、币种（如可选），且需于申请放款日前的某特定时点前提交给代理行；代理行接收提款申请后转交至各贷款人，同时告知各贷款人其在该笔提款中的承贷比例和金额。

在满足全部先决条件（除非豁免）的前提下，各贷款人有义务于申请放款日放款。

4.2.4.2.5 贷款用途

贷款协议中通常会就该贷款资金的用途作出约定，一般公司融资中常见的贷款用途包括公司流动资金需求、再融资等，并购融资中的贷款则一般是用于资产的并购或公司的兼并收购，项目融资中的贷款用途则用于特定项目的开发、建设等。

4.2.5 还款计划

4.2.5.1 常见还款安排

在跨境融资交易中，常见的还款方式有：

- 到期一次性还本付息：此种还款方式主要适用于金额相对较小、贷款期限相对较短的贷款；
- 分期、按揭还款：根据事先约定的还款计划按期分期还本付息（注宽限期只付息、不还本），此种还款方式多用于贷款金额较大、期限较长的贷款；分期还款根据每笔按揭金额的设计，还可分为等额按揭、根据偿债覆盖率倒推法、大额尾款还款（通常用于拟再融资的贷款）；
- 循环贷款中的借新还旧：循环贷款可随时还款，借款人也可选择借新还旧，即名义上于一笔循环贷款的最后日偿还并立即提取一笔新的循环贷款，而实际上并无现金的流转。借款人就循环贷款借新还旧一般需满足一定条件（类似于4.2.4.2.3 节中提及的各次提款先决条件）。

借款人设计、协商还款计划，一方面将基于其预期现金流和对股本回报最大化的考量；另一方面，也需平衡融资成本和贷款人方面愿意承担的风险。

4.2.5.2 提前还款和取消

4.2.5.2.1 强制提前还款和强制取消

强制提前还款，指发生某特定事件后，借款人需根据强制提前还款条款的安排，强制性提前偿还本息的义务。强制性提前还款触发事件不同于违约事件，其发生通常不在借款人控制范围内或并不因借款人的过错而起，故该等事件的发生本身并不触发贷款协议项下的违约和在借款人其他融资文件下的交叉违约，也不会赋予贷款人在发生违约事件后的救济（如执行借款人担保的权利）。然而融资惯例逐渐发展形成的风险分配，仍要求借款人就该部分事件承担一定风险，故在不触发违约的情形下，要求借款人提前偿还贷款。如若借款人无法根据约定完成强制性提前还款，方才触发还款违约。谈判中，借款人有时会要求将某些不在其控制范围内的事件，从“违约事件”重新定性为“强制性提前还款触发事件”，从而避免触发违约和 / 或交叉违约的后果。

提前还款根据具体触发事件的性质不同，对借款人偿还方式、时间、金额的要求也可能有所不同。最为典型的提前还款事件即通常所称的“Illegality”或“违法性事件”，指不论出于何种原因若某贷款人无法再合法地持续提供贷款或参与交易的情形。发生此类事件后，该贷款人一般可要求提前加速到期全部未偿债务，并要求借款人于指定日期或下一个利息日 / 还款日一次性提前支付对其的全部债务。此类提前还款在银团贷款中，通常为单独贷款人可启动的权利，作为其单独的退出机制，而不影响其他贷款人与借款人之间贷款交易的存续。另外，在某贷款人提供贷款或参与交易构成违法性事件的情况下，借款人通常也有权利主动要求通过提前偿还该贷款人债务，替换该贷款人。

还有的提前还款，以所谓的“cash sweep”或称现金归纳方式进行，即在发生某特定事件后，要求借款人自该事件发生之日起，将现金流瀑布某一层级的存余现金全部或部分用于提前还款。此类强制还款以借款人在该现金流瀑布层级的可用现金为限，故不会因借款人无法一次性提前还款而触发还款违约。

强制取消承贷额则通常适用于融资目的无法实现的情况，如公司并购失败、并购交易被反垄断机构否决等，借款人则必须取消贷款协议项下的承贷额。强制提前还款事件如发生于提款期结束前，相应也将强制取消剩余的可用承贷额。

4.2.5.2.2 自愿提前还款、自愿取消承贷额

自愿提前还款，指借款人自主选择提前偿还全部或部分未偿本息的权利。为协助借款人优化资金成本，该等权利在一般融资文件下均予保留，但一般要求借款人需在利息日 / 还款日进行提前支付，否则需承担贷款人因借款人打破利息期而需在银行间市场上承担的费用或损失，即一般所称的“资金中断成本”。一般而言，贷款人要会要求借款人就其自愿提前还款支付一定补偿金或额外费用，以在一定程度上弥补贷款人因提前还款而遭受的利息收入损失。自愿提前还款一般设有最低还款限额。此外，银团贷款中除基于下述原因提前偿还某单独贷款人的情况外，自愿提前还款通常应向所有贷款人按比例进行。类似地，借款人可以通过给出提前通知，在提款期间，自愿取消不需要的可用承诺额，以免支付不必要的承诺费。

银团贷款中，自愿提前还款和自愿取消，也可作为借款人替换某单独贷款人的机制。贷款协议中一般允许借款人在某贷款人因违约不予放款、某贷款人放款或参贷构成违法性事件、或因有关法律法规的变更导致借款人需要增加支付给某贷款人的税务或合规成本时，通过提前自愿还款或自愿取消承贷额，清偿、替换该贷款人。

4.2.5.3 受偿顺位

2.2.6 节中，对不同优先级贷款的受偿顺位有所提及。所谓受偿顺位，指同一笔融资交易中，不同优先级的贷款人之间，以及该等贷款人与借款人之间，就孰先孰后获得受偿上的安排。实现该等安排的方式主要包括以下几种。

4.2.5.3.1　基于合同上的约定

为实现夹层债或次级债相较高级债的劣后，借款企业可以在融资文件中对高级债债权人就偿债顺序作出类似以下的承诺：在企业资可抵债时，承诺优先偿还高级债债权人，在当期现金流不足以足额偿还高级债务时，不对夹层或次级债务作出偿还；在企业资不抵债进入破产清算时，承诺清算收益优先用于对高级债的偿还，在清算收益不足以清偿高级债务时，不对夹层或次级债务作出偿还。

顺位的劣后也可通过夹层债 / 次级债债权人在“债权人间协议”（Intercreditor Agreement ）或“从属协议”（Subordination Agreement）中，对高级债债权人作出类似以下承诺来实现：若夹层债 / 次级债债权人从借款人处获得任何违反受偿顺序的偿付，须立刻将该等偿付转交与高级债债权人；除非在借款人出现严重逾期或重大违约时，不得向借款人主张强制还款；夹层债 / 次级债债权人在高级债全额受偿前，不得接受借款人任何“可分红款项”以外的偿付等。

4.2.5.3.2　基于结构上的安排

结构性的劣后略为复杂，简言之，企业可以通过设置以下贷款结构达成夹层债 / 次级债的劣后受偿：即持有资产的借款企业向高级债债权人借款，而借款企业的持股公司向夹层债 / 次级债债权人借款（见图 4–2），持股公司取得夹层债 / 次级债的资金后会将该笔资金以股本金的形式注入借款企业。通过该结构，在持有资产的借款企业进入破产清算程序时，根据破产清算时债权优先于股权受偿这一原则，高级债债权人将自动获得优先受偿。高级债清偿完毕后，借款企业的剩余资产才会流向持股公司，持股公司亦才有资金偿还夹层债 / 次级债。

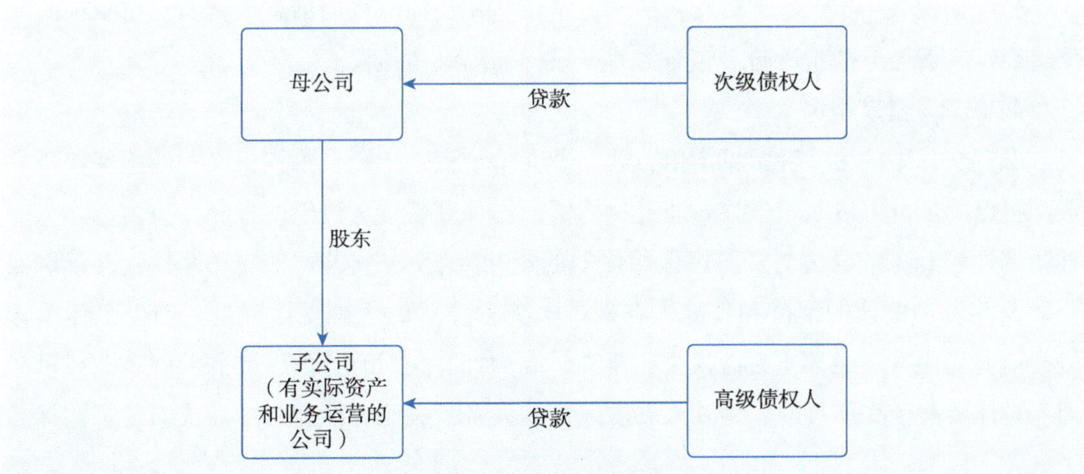

图 4–2　结构性的劣后受偿示意图

4.2.5.3.3 基于担保权益的顺位

借款人通常会与高级债债权人在高级债的担保文件中约定高级债债权人享有第一顺位担保。借款人破产清算时，高级债债权人可基于其优先级担保权益首先从清算收益中受偿，而夹层债 / 次级债债权人或不享有担保权益、或仅享有第二顺位的担保权益，因而仅能在高级债债权人获得全部清偿后，从清算收益的剩余部分中受偿。

4.2.6 担保与其他信用支持

4.2.6.1 公司担保

公司担保在融资交易中较为常见，指公司担保人向贷款人保证借款人将履行其在融资文件下的特定义务，并在借款人未能如期履行其义务时，替代其履行该等义务的一种信用担保形式。公司担保并不在财产上创设物权法意义上的担保权，而仅为合同上的安排，因此也被归类为“准担保”①。

公司担保通常仅覆盖借款人的支付义务，但也可经协商覆盖借款人的特定履约义务。公司担保通常由借款人所在集团中资信较好的母公司或关联公司提供，公司担保一般具有从属性，保证债务的发生需以主债务的存在为前提，并以主债务的范围为限。因此，若借款人所负有的底层义务归于无效、不可执行、非法、已解除或不再存在、减少或被抵销，则公司担保人的责任也会相应取消或减少。在英国法下，若借款人和贷款人之间的协议在缺乏公司担保人同意的情况下发生了实质性变更，公司担保人则可抗辩其对变更后的底层义务不再承担担保责任。故有经验的贷款人对公司担保的格式通常有所要求，确保其不因底层债务归于无效或发生变更、减损等情形而存在相应减免义务的抗辩。

公司担保人于担保下进行支付后，通常依适用法律取得向借款人就所支付款项的代位追偿权。该等追偿权，通常亦需劣后于银行的高级债债权。

4.2.6.2 资产担保

融资交易中的另一种常见增信方式，即在特定资产上创设物权意义上的担保权益。资产担保的创设可以赋予贷款人通过执行资产担保获得债务清偿的权利，也可以作为一种防御性权利（如通过与资产担保相伴随的资产处置或二次担保方面的限制），以确保公司及其资产价值的维持和贷款人在破产清算程序中的优先受偿顺位。创设主体也称资产担保提供方，通常或为借款企业自身，或为拥有相对有价值资产的关联企业或母公司；具体资产依交易目的、贷款人诉求、借款人及其关联方能力具体商议而定。担保品

① Lexis PSL.Banking &Finance:Guarantees—Overview,https://www.lexisnexis.com/uk/lexispsl/bankingandfinance/document/391289/55KB-65S1-F185-X16G-00000-00/Guarantees_overview.

的担保价值、完善手续（即该等担保可以对抗善意第三人所需完成的登记备案手续）、执行难度（即当地法院是否支持海外判决或仲裁裁决，以及具体执行实操上的问题），以及具体可创设的担保权益（如抵押权、质押权、合同利益转让、留置权等法律上的区分），均应结合适用于拟担保品的法律法规作具体分析。

资产担保根据资产所在地法域的不同，形式上也有所不同，借款企业应视需征询当地法律师意见。在英国法下，常见的资产担保形式可概括为[①]：

表 4-3 英国法下常见的资产担保形式

担保形式	留置（Lien）	质押（Pledge）	押记（Charge）	抵押（Mortgage）
担保标的物	货物、契据等	货物（如贵金属或其他商品等有形动产）或其他动产的权利凭证）	股权、可交易股票、现金、设备等	土地、船舶、飞机、合同权利、知识产权等
要素	债权人需占有相关资产	质押人创设质押的意图和相关资产的交付	衡平法上的担保，通过支付对价或契据设立	基于提供担保而转移法定所有权或实益所有权
相关资产是否需转移占有	是（债权人有权在获得清偿前占有该等资产）	是	否	否
所有权是否发生转移	所有权不发生转移，担保权人无权出售被留置资产； 债务人无法履行其义务时，担保权人有权出售该等资产获得清偿。			（法定或实益）所有权发生转移； 若债务获得清偿则被抵押资产的所有权重新归于资产担保提供方

其中，押记涉及两种常见形式[②]。

- 固定抵押：指在现在或将来的特定财产上设定抵押，固定抵押一经设立即依附于特定抵押物上，抵押权人取得抵押物上的权利，享有对抵押物的一定程度上的控制权，抵押人通常会在设立固定抵押的文书中作出特定承诺以确保抵押权人的特定控制权（例如，抵押人未经抵押权人同意不得处分受固定抵押约束的资产、抵押人须为抵押权人的利益使抵押物保持良好状态等）。
- 浮动抵押：指在现有和将来的不断变化的财产上设定的抵押，浮动抵押不依附于特定财产，而仅指出用于抵押的财产范围，“浮动”指的便是抵押物在担保期间一直处于流动状态，抵押权人并不对某一固定的抵押财产直接享有权利，而是

① Lexis PSL.Banking &Finance:Types of Security—Overview,https://www.lexisnexis.com/uk/lexispsl/bankingandfinance/document/391289/55KB-65S1-F185-X1PM-00000-00/Types_of_security_overview.

② Lexis PSL.Practice Notes:Fixed and Floating Charges,https://www.lexisnexis.co.uk/legal/guidance/fixed-floating-charges.

对用于抵押的不断变化的财产整体享有权利。因此，抵押人在担保期间仍可以处置抵押财产，而浮动抵押会在特定事项发生时（通常包括借款人违约、破产或停业清算等）发生“冻结”，即浮动抵押变为固定抵押。

4.2.6.3　其他公司增信方式

除前述提及的公司担保和资产担保外，融资交易中常见的增信方式还包括 3.1.1 节中提及的政治保险和商务保险，以及维好协议、安慰函、流动性支持函等其他公司增信方式，具体而言：

- 维好协议，指关联公司或母公司就借款人在融资文件下的特定或不定义务，提供未达到完全的公司保证程度的“维好”性支持：例如，承诺针对借款人在某些特定情形下无法履约时，以较为灵活的方式确保借款人有充足的资金按时履约[①]；或更为松散地承诺其将持续作为借款人的控股公司或确保借款人某程度内的财务健康等。该等协议有时也采取所谓流动性支持函的形式，即由借款人的母公司或关联方承诺在借款人出现无法按期还本付息或流动资金断裂的情形时，在一定范围内为借款人提供资金以维持其还本付息义务或正常经营。
- 安慰函，指通常由借款企业母公司作出的、一般不具备法律约束力或强制执行力的一种更为松散的安慰性函件，内容通常包括母公司对其子公司作为借款人在融资文件项下承担有一定义务的知悉和确认、或有意愿支持其子公司履行还款义务的确认。安慰函通常为母公司因其自身消极担保义务或出于对财务报表影响的顾虑，无法给出公司担保时的补充性增信方式。
- 银行信用证，乃由金融机构开立的、有条件的付款承诺。金融机构依申请人要求，在约定期间内根据相应凭证向受益人支付特定金额。

4.2.7　财务指标

贷款人为充分控制其资信风险，可设立一系列财务指标以监控借款人财务健康。贷款人在对某融资交易进行信贷审查后，会将其拟接受的偿债风险体现在其利差报价中，此时贷款人的财务尽调乃基于借款人在该时点的财务水平。比照该基准财务水平，贷款人可要求在借款人财务健康指标下滑至一定水平时，对彼此风险分配重新进行调整，如通过获得停止放贷、限制借款人分红、强迫借款人提前还款、触发违约事件等权利。不同类型的融资对财务指标的关注不尽相同：公司融资一般更加关注企业的资产负债率，而项目融资则可能更侧重于测量现金流健康的偿债覆盖率，具体将在本指引 5.3.8.1 节

① Fuller,Geoffrey.Corporate Borrowing :Law and Practice.Fifth edition.Bristol:Jordans,2016,p198.

中予以展开。

融资文件中常见的财务指标可以概括如下[1]。

表 4-4 贷款协议中常见的财务指标

财务指标	条款规定[3]
最低财产净值	借款人有形资产净值不得低于 X
杠杆比率	借款人债务总额不得超过有形资产价值的 X 倍
收益（EBITDA）与利息的比率	借款人 EBITDA （Earnings Before Interest, Taxes, Depreciation, and Amortization，扣除利息、税收、折旧和分期摊销之前的净利润）与融资成本之比不得少于 X ：1
债务与收益的比率	借款人净债务不得超过 EBITDA 的 X 倍
股息限制	借款人拟派发的股息以及次级债务的偿还，仅限于净利润的一定比例之内，即股票的股息 + 权益分配 + 次级债务 <(合并报税后净利润 – 特殊项目 – 少数股权) × X%
流动性标准	借款人的流动资金不得低于规定数额；或 流动资产与流动负债不得低于一定比率
债股比（D ：E Ratio）	借款人债务与股本金的比率不得低于 X
偿债覆盖率（DSCR）	同一计算期内，借款人净现金流与该期间内计划偿债金额之比不高于 X
贷款期覆盖率（LLCR）	贷款剩余期限内，借款人未来净现金流的净现值与未偿还债务总额之比不高于 X
项目期覆盖率（PLCR）	项目剩余期限内未来净现金流的净现值与未偿还债务总额之比不高于 X

4.2.8 陈述与承诺

4.2.8.1 陈述

陈述，指借款人就其“当下”的状况与实际情况，对特定事宜作出的陈述。如若陈述不真实、准确或存在重大误导，则可能触发“虚假陈述”的违约事件，进而导致借款人不得提款、不得分红等后果。陈述基于其时间上的局限性，分为签约时的陈述和重复性陈述。陈述仅在作出时有真伪之分，故签约时的陈述一般较为广泛，以充分检验借款人在签约时的资质、合法、合规等事宜；相较来说，重复性陈述则起持续性的监控效果、履约成本较高，而从借款人角度而言，应争取限缩重复性陈述的范畴。

就针对陈述的谈判，借款企业除对其所能真实陈述的事实应有所判断外，还应考虑前述提及的陈述是否属重复性陈述、重复的时间点(如每个提款日、利息日、还款日)、

① Philip R.Wood: International Loans,Bonds,Guarantees and Legal Opinions 3rd Ed,p106–118.

② 表中所援引的会计术语需以所适用的会计准则为基础，如国际财务报告准则 IFRS 或相关国家的公认会计准则 GAAP。

适用的实体范围（如代表借款人自身，而或由借款人代表其公司担保人和 / 或资产担保提供方等义务人方作出）、是否应以“据借款人所知”“具有重大不利影响”“合理性”等条件加以限缩等。

实践中，融资交易中的保证可以区分为法律保证和商业保证。法律保证关注融资文件的法律有效性，通常包括借款人的法律地位、资质和权限、借款人的内部授权以及借款人借贷的合法有效性；商业保证则关注借款人的财务状况和运营状况，通常包括不存在对借款人产生重大影响的诉讼、借款人最新的会计报表基本正确无误且从最新财务报表制定之日起公司财务状况没有发生重大的不利变化、借款人的信息备忘录基本正确无误且没有误导性陈述和重大遗漏、借款人在合同或其他债务项下没有重大违约的情形等[①]。表 4–5 列举贷款协议中常见的陈述（其中常见的重复性陈述条款以“*”标注）[②]。

表 4–5 贷款协议中常见的陈述

法律上	商业上	担保相关
身份* 约束性义务* 不与其他义务相冲突* 权力及授权* 协议有效性 管辖法律及强制执行* 税项扣减 无须登记或缴印花税 授权签署人 制裁、反贿赂与反腐败、反洗钱与反恐怖融资*	财务状况 无重大不利变化 无诉讼 无违约* 无资不抵债 无误导性资料*	无抵质押 良好的资产所有权 抵质押的顺位 法律上和实益上的所有权人

4.2.8.2 承诺

陈述乃对于当下状况与实际情况的复述，与之相比，承诺乃借款人对其未来行为的持续性的应允，可分为积极承诺与消极承诺。其中，积极承诺下借款人承诺将积极履行某义务或采取某行动；消极承诺下借款人则应允无贷款人同意时不予从事某些行为或采取某行动。借款人凡在贷款期间违反了其所作出的承诺，均将根据相应的救济期触发相应的违约事件（而非如陈述般仅在作出或重复作出时方可触发虚假陈述），进而导致借款人不得提款、不得分红等后果。

常见的承诺可分为三类：

➢ 信息承诺：借款人承诺提供一定的财务、运营、预算、报告、交叉违约、保险事

① Philip Wood.Law and Practice of International Finance.Sweet &Maxwell,2007:pages 107–108.

② David Adams.CLPLegal Practice Guides:Banking and Capital Markets 2008.College of Law Publishing,2008.

件、重大诉讼等信息；

➢ 财务承诺：借款人承诺维持一定的财务指标；

➢ 一般承诺：可涉及借款人的商业行为、资产处置、合法合规、合约履行等多方面内容。

就针对承诺的谈判，借款企业除对其所能承诺的事宜应有所判断外，还应考虑承诺适用的实体范围（如代表借款人自身，而或由借款人代表其公司担保人和/或资产担保提供方等义务人方作出）、是否应以“据借款人所能”“具有重大不利影响”“合理性”“阈值的设定”“乃一般经营所需”等条件加以限缩等。

表4–6列举了贷款协议中常见的承诺事项。

表4–6 贷款协议中常见的承诺事项

商业控制	资产控制	资金控制	优先级控制
授权及合法合规 无业务变更 不收购、合并其他实体 不予其他实体合资、联营 对财务负债的限制 制裁、反贿赂与反腐败、反洗钱与反恐怖融资	消极抵押 对资产处置的限制 公允交易 保存资产 保险 知识产权	不予提供贷款或授信 无担保或赔偿 对分红和回购的限制 对对冲交易的限制 对财务负债的限制 对增发股份的限制	同等地位 担保完善承诺 消极抵押

4.2.9 违约事件及融资方的救济与执行

4.2.9.1 违约事件

由于贷款人往往不会选择依赖合同法中的一般条款来保护自己在借款人违反贷款协议时获得救济的权利，大部分贷款协议中均会设置赋予贷款人在特定情形下采取特定救济方式的机制，而该等特定情形便是在贷款协议中明确规定的“违约事件”。贷款协议中规定的大多数违约事件涉及所有借款人和担保人（统称为义务人），而并不仅仅是借款人，而如破产清算、交叉违约等事件可能涉及整个集团（包括既非借款人也非担保人的非义务人）。

对于借款人而言，违约事件的关键在于不应对借款人的日常经营形成过度干预，例如，借款人日常经营中某些非实质性或暂时性的违约行为，不应直接构成违约事件而导致对借款人更为不利的后果发生（如无法提款、交叉违约等）。持续性的就其行为寻求贷款人豁免或同意，对于借款人企业而言也是管理、运营上的负担。

就违约事件较为常见的谈判点包括：

- 救济期：即赋予借款人（或义务人）救济特定事件的期限，该等事件仅在借款人（或义务人）未采取救济措施或在救济期满后仍持续的情况下方构成违约事件。
- 设定阈值、重大性、重大不利影响等门槛：例如，针对交叉违约，可约定交叉违约的金额低于某门槛金额时，不构成违约事件；再如针对无违约、无诉讼等，可约定该等违约或诉讼非重大时，或未造成重大不利影响时，不构成违约事件。
- 排除管理上的或技术上的错误：通常针对付款逾期而言，各方约定若付款逾期如若由管理或技术上的错误而导致，则在一定期间内不构成违约事件。
- 排除恶意小额诉讼：通常针对诉讼或破产程序而言，各方约定若诉讼或破产程序的出现乃基于第三人恶意诉讼或不足一定金额的小额诉讼，则不构成违约事件。

常见的违约事件如表 4-7 所示。

表 4-7 贷款事项中常见的违约事件

融资文件相关事件	信用事件	义务人一般业务事件	外部事件
付款逾期 违反财务承诺 违反其他义务 失实陈述 不合法 拒绝履约	交叉违约 资不抵债 破产程序 债权人程序	集团结构 业务结束 重大不利变化	控制权变更 外债延期偿付 没收财产 诉讼 股票暂停交易或退市 信用等级降级

4.2.9.2 救济和执行方式

在违约事件发生且持续时，贷款人通常可以采取以下任一或全部救济[①]：

- 取消可用承贷额；
- 加速到期：贷款人可以宣布全部未清偿本息立即到期（即所谓的“加速到期”）、并取消全部可用承贷额（如有）；
- 执行担保：在有担保贷款中，贷款人可以通过执行担保的形式获得救济，具体处置方式因担保品管辖法而异，在英国法下常见的方式包括[②]：

  —将抵押财产无条件转让给担保债权人（即贷款人）；

  —通过接管人处置担保品；

  —法院公开拍卖担保品；

① Philip Wood.International Loans,Bonds,Guarantees and Legal Opinions.Third Edition.Sweet & Maxwell,2018:pages 140–145.

② Philip Wood.International Loans,Bonds,Guarantees and Legal Opinions.Third Edition.Sweet & Maxwell,2018:page 546.

—非公开出售担保品。

4.2.9.3 准据法与管辖权条款

有关准据法与管辖权的介绍，详见 3.1.2.2 节。

针对管辖权选择条款，跨境贷款协议中常见三种约定方式，即：

- 排他性管辖权条款：纠纷发生后，协议任何一方均只能在约定的管辖法院起诉或仲裁机构仲裁；
- 非排他性管辖权条款：纠纷发生后，协议任何一方均可选择在约定的管辖法院起诉或仲裁机构仲裁，亦可自行选择其他的争议解决地。非排他性的管辖权条款在看似给予协议方更多选择的同时，在许多法域面临着判决 / 裁决可执行性方面的挑战，亦通常不被国际融资方所接受；
- 不对称管辖权条款：纠纷发生后，借款人只能在协议约定的管辖机构提起诉讼或仲裁，而贷款人可以任意选择法院起诉或仲裁机构仲裁；类似地，该等条款并非在所有法域均可获支持，对于借款企业亦较为不利。

4.3 融资方案评价

融资方案应从国际实践的角度与维度，构建科学的评价体系。针对评价过程中甄别出的不足，应考虑是否可以通过对融资方案的进一步优化予以缓释。

宏观而言，融资方案可从其经济性、流动性与安全性的角度进行评价。

- 经济性：如融资方案是否允许借款人以尽可能低的成本筹集融资，融资金额是否能够满足借款企业的融资需求与目的，融资条件是否在商务上对借款企业充分有利、满足相关业务的运营灵活性等商务需求，整体而言借款企业是否可以通过融资获得更好的商业回报，等等。
- 流动性：如融资方案是否允许所需资金的及时到位（如 5.2.2.5.1 节中介绍的并购项目借款中的融资确定性问题），融资路径和还款路径是否充分便捷高效，如还款所需资金是否可自由兑换、汇出，是否受到外汇兑换和跨境汇款方面的限制（详见 3.1.3.4 节、4.1.1 节、4.2.2 节对外汇问题以及贷款发放与回笼路径的介绍），是否受制于有关法域的预提税或其他税务（见 3.1.2.4 节）等。
- 安全性：如融资方案是否合法合规、遵循项目所在国和相关国家的法律法规、企业相关规定以及业务合同约定，是否在环境社会标准、制裁、反腐败、反洗钱等领域做到了充分合规、并制定有确保项目和借款企业持续合规的相应方案（如制订有可靠环境社会行动方案、制裁、反腐败、反洗钱等合规监控方案等）；是否具备充分的抗风险性、对于融资筹划过程中甄别出的各类风险是否作出了充分的应对或缓释方案，对于融资和还款路径所涉及的国家和相关风险是否存在有效机制确保该等路径的可靠性，等等。

5 主要具体贷款融资产品

5.1 公司融资

公司融资（有关公司融资的概念，见 2.2.2 节）在实践中可划分为公司流动资金融资与公司中长期融资。表 5–1 就二者的概念、特点、应用场景、主要渠道与授信方式、主要风险因素、特殊融资条件以及操作流程作概括比较。

表 5–1 公司流动资金融资与公司中长期融资对比分析

项目	公司流动资金融资	公司中长期融资
概念	指为应对企业日常经营过程中流动资金需求、确保企业生产经营活动得以正常进行，以公司融资的形式进行的融资。	指为应对企业相对可预见的、中长期的、规模较大的资金需求，以公司融资的形式进行的融资。
特点	贷款期限较短、融资成本较低、手续相对简便、还款方式相对灵活。	贷款期限相对较长、确定性和可预测性较强、便于企业优化预算和财务规划。
应用场景	企业日常经营过程中临时性的、短期的资金需求，如租金、工资、货款等支付需求。	企业中长期、数额较大、产生收益的回报期较长的资金需求，如支持企业在某业务投产、盈利前的资金过渡、业务扩张需求、中长期财务优化等。
主要渠道与授信方式	短期定期贷款：即贷款期限通常不超过一年的短期、有固定还款期限的贷款（有关短期贷款，见 2.2.5 节；有关定期贷款，见 2.2.4 节）； 循环贷款（见 2.2.4 节）：即在特定贷款承诺期间内以授信额度为限可循环进行提款和还款的贷款； 信用证授信：即在一定期间内以信用证形式进行提款的短期融资产品，常用于企业运营过程中向商务对手方直接进行支付的情形。	中长期定期贷款：即贷款期限通常在一年以上、有固定还款期限的贷款（有关中长期贷款，见 2.2.5 节；有关定期贷款，见 2.2.4 节）。
主要风险因素	借款企业应着重评估自身短期现金流状况、回流资金与还款的能力。融资方亦将重点关注借款企业的运营、盈利能力和短期现金流水平，必要时要求借款企业提供一定公司担保或其他增信（有关担保人的选择，见 4.1.2 节；有关担保与增信，见 4.2.6 节）。	借款企业应着重考量自身信用资质、现金流现状及拟贷款期间的前景、集团中是否有适当的关联企业可提供公司担保或其他增信等（有关担保人的选择，见 4.1.2 节；有关担保与增信，见 4.2.6 节）。鉴于公司中长期贷款金额相对较大、期限相对较长，融资方对借款企业的信用资质、还款能力的评估相较流动资金融资将更为谨慎。贷款存续期间，借款企业通常需要满足一定持续性的财务指标，并在业务经营方面受到融资方一定程度上的监管和限制。

续表

<table>
<tr><th>项目</th><th>公司流动资金融资</th><th>公司中长期融资</th></tr>
<tr><td rowspan="2">特殊融资条件</td><td>贷款期限：
—定期贷款期限一般不超过一年，循环贷款下各笔借款期限及其对应的利息期一般为1个月、2个月、3个月或6个月；
—短期定期贷款中有时附“展期”选项，即借款人可在一定期间内申请延长贷款期限（6个月、一年等），融资方可视情形同意或拒绝提供展期。展期与否多基于金融机构与借款企业之间的客户关系，故在实力较强的大型企业的流动资金贷款中更为常见①；
贷款目的：流动资金融资通常概括地用于企业流动资金缺口，在贷款协议中通常不就贷款目的作更为具体的要求；
提款机制：针对流动资金循环贷款，借款人借新还旧时需满足的各次提款先决条件中，一般仅要求无“违约事件”，而不要求不存在“潜在违约事件”（有关借新还旧，见2.2.4节与4.2.5.1节）；
还款机制：
—短期定期贷款通常为期末一次性还款，还款后不得再次提取贷款；
—循环贷款通常要求各笔借款于其利息期最末日一次性偿付，一般允许借新还旧（rollover）；
—信用证授信一般没有固定的还款期，借款人的还款取决于信用证受益人申请发证行兑付信用证的时间，借款人应在银行兑付信用用证后一定期限内进行还款；
增信机制：基于借款企业资质、贷款金额等考量，流动资金融资可能不涉及额外的担保文件。</td><td>贷款期限：中期贷款一般在一至五年，长期贷款一般在五至七年；
贷款目的：公司中长期贷款的贷款目的往往与公司自身的业务发展相关，贷款协议中就贷款目的一般不作约束或仅对相关业务作以概括的描述；
提款机制：公司中长期贷款中规定的提款期相对较短（常见的提款期为3个月、6个月或9个月）；
还款机制：公司中长期贷款通常选择分期、按揭还款，借款企业实力较强时也可能约定到期一次性还款（有关还款安排，见4.2.5.1节）；提前还款方面一般较流动资金贷款限制较多（如在次数、时间、最低还款金额、提前还款费等方面，具体见4.2.5.2.2节）。
增信机制：中长期公司贷款通常涉及一定形式的增信，如集团内的母公司或关联公司担保和/或担保品的提供（有关担保人的选择，见4.1.2节；有关担保与增信，见4.2.6节）。</td></tr>
<tr><td colspan="2">陈述、承诺与违约事件
公司融资的核心在于借款企业和所在集团的信用资质与财务表现，故相较其他形式的融资，融资方更加关注对借款人集团的财务、业务、资产、股权结构等方面监控，大体可作如下归纳：
—财务表现：在有母公司担保的公司融资中，通常对借款人和其所在集团的EBITDA与利息比率、最低财产净值、杠杆比率等设定财务指标（有关财务指标，见4.2.7节）。资质较好的借款企业可尝试争取更为宽松的财务指标或减少测试的频率，可争取对不达标指标的一定救济余地（如在一定期间内由股东提供流动性支持），亦可争取将财务指标不达标作为某些对行为的限制（如分红、资产处置等），而非对违约事件的触发。
—业务经营：通常体现为对维持现有业务作出的积极承诺；对进行收购并购作出的消极承诺等。
—资产维持：通常体现为对创设担保、资产处置作出的消极承诺；对完成相关审批备案作出的积极承诺等。
—股权结构：通常体现为就借款人股权所有权、集团股权结构作出的陈述；就集团内某些企业最低持股要求作出的积极承诺；由借款人所有权变更触发的强制性提前还款事件或违约事件等。
—现金流：通常体现为就举借外债、为其他企业提供贷款、进行分红作出的消极承诺等。</td></tr>
</table>

① The Associate of Corporate Treasurers.The ACT Borrower's Guide to the LMA's Investment Grade Documents (May 2017):pages 10–11.

续表

项目	公司流动资金融资	公司中长期融资
特殊融资条件	—贷款人优先性：通常体现为就贷款人债务优先性作出的陈述；就举借外债、创设担保作出的消极承诺；由其他债务违约、破产事件触发的违约事件等。 鉴于公司融资一般应用于企业一般资金需求，还款来源一般基于企业整体的运营收入，在谈判中，借款企业应尤其关注其在日常经营和未来发展中需保有的灵活性，避免贷款人对其业务的过度干预。具体谈判点包括前述约束的：适用实体（如是否针对借款企业、担保人抑或将适用于整个集团）、适用门槛（如是否仅当某事件“具有重大不利影响”或超过某阈值方触发违约）、救济期、就某些已知事件的除外（如借款时已知的未来并购、上市计划、举债）等。议价能力较好的借款主体可考虑拒绝或限缩上述约束。	
操作流程	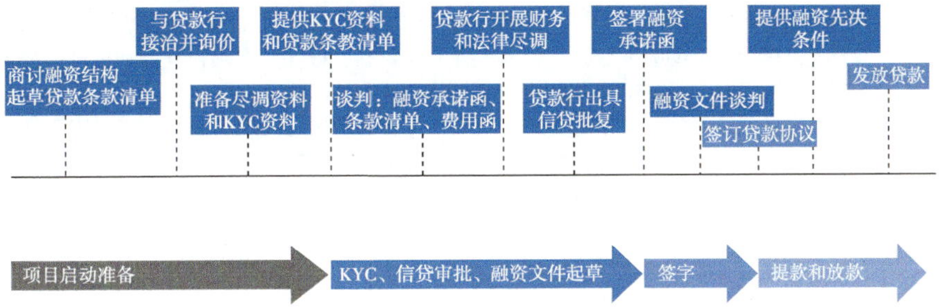	

5.2 项目借款

5.2.1 特定项目借款

表 5–2 特定项目借款概述

项目	特定项目借款
概念	指为应对某一特定新建、在建、运营期项目的资金需求的项目借款（有关项目借款，见 2.2.2 节）。
特点	针对特定项目的借款，主要依赖项目未来现金流作为还款来源，以项目资产和 / 或项目公司股份作为担保，但尚不具备实现典型有限追索的可融资性，因而常伴随有资信条件较好的母公司或关联公司担保（有关有 / 无追索融资，见 2.2.3.2 节）。融资方对母公司或关联公司担保有完全追索（此点类似于公司融资，而区别于项目融资），与此同时对被融资项目未来产生收益的能力亦有较高尽调要求。贷款期限取决于项目具体资金需求，一般期限超过 1 年。
应用场景	以某一自营或合资“项目”为被融资对象，如就企业于某合资上游开采项目进行的融资。
主要渠道与授信方式	一般为定期贷款（有关定期贷款，见 2.2.4 节），期限依项目具体资金需求而定，一般超过 1 年。
主要风险因素	借款企业需着重评估被融资项目的未来收益产生能力和收益的稳定性，应在可研阶段充分考量项目的融资需求、项目的可行性和可融资性问题（如项目所在地的国家和政治风险、项目建设和运营安排、项目的主要收益安排、项目的合法性等）。特定项目借款通常对借款企业以外的母公司或关联公司担保有追索，因此亦应评估集团中是否有适当的关联企业可提供公司担保或其他增信（有关担保人的选择，见 4.1.2 节；有关担保与增信，见 4.2.6 节）。融资方亦将重点评估项目财务模型、现金流预测，以及拟提供的公司担保和其他增信的资质资信。

续表

<table>
<tr><th>项目</th><th>特定项目借款</th></tr>
<tr><td>特殊融资条件</td><td>贷款期限：一般为 1 年以上。
贷款目的：贷款协议通常明确限制贷款目的，要求所融款项需用于被融资项目的开支、或有关该项目的出资义务等。
有关特定项目的陈述、承诺与违约事件：基于对项目的尽职调查，融资方很可能在贷款协议里对被融资的项目做出某些限制或要求，以确保项目的可行性和现金流健康（如项目基础商务协议的合法可执行性、项目按时完工、针对项目的环境社会指标、项目被征收、项目出现制裁与反腐败等合规问题等），并在合理范围尽可能要求项目留存有一定现金储备以确保当现金流出现问题时项目仍可如期偿债（如现金流控制、偿债储备、财务指标、分红限制等）。此类风险考量类似于项目融资，故将在 5.3 节中展开阐述。借款企业基于项目借款有追索的性质和公司担保人的资质，则应在最大限度上争取让贷款人放宽上述限制，以保留在项目建设和运营上最大限度的灵活性，避免过多的、不必要的违约事件。
增信机制：借款企业拟提供的公司担保（和其他增信方案）的质量将很大程度上影响借款人在谈判过程中可争取到的灵活性，对整体融资成本也将产生影响（有关担保人的选择，见 4.1.2 节；有关担保与增信，见 4.2.6 节）。</td></tr>
<tr><td>操作流程</td><td>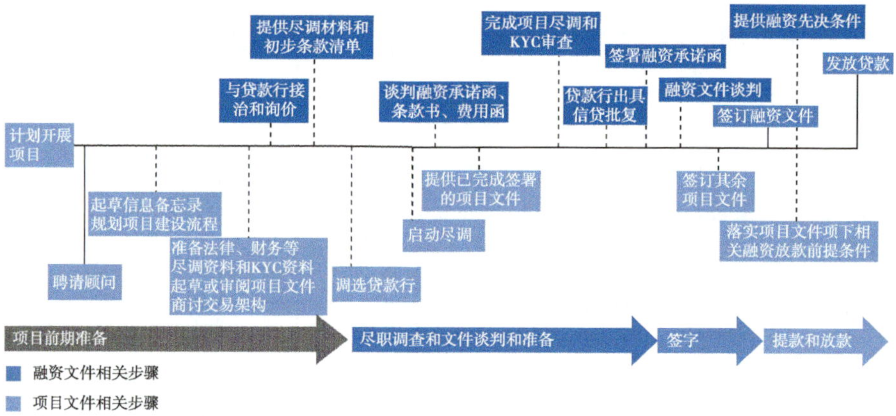
</td></tr>
</table>

5.2.2 并购项目借款（或称并购融资）

5.2.2.1 概念与特点

并购融资，是指一家公司（即收购要约方或并购方）为计划收购另一家公司（即标的公司）或特定项目或资产（即被收购项目或资产）而筹集款项，并以标的公司或被收购项目或资产的未来收益为追索的特殊融资产品，其应用场景包括对特定公司（包括上市公司和非上市公司）、特定项目或资产等的收购或兼并。

因涉及资金数额较大，并购融资通常采用银团贷款的方式，并可能引入特定金融机构提供的夹层贷款以增加可贷资金额度。一方面，并购融资需要遵守有关收购和兼并的法律规定；另一方面，并购融资的贷款成本与贷款人的承贷可靠性将影响并购竞标的成败。

并购融资中的一个重要问题是“融资确定性”要求，即确保并购方具有足够的资金完成并购。融资确定性要求最初仅适用于上市公司的并购交易，由交易所或监管机构提出，用以确保上市公司的所有股东均可以收到收购款项。随着市场的发展，如今，在一般非上市公司并购中，交易方也会约定并购融资需满足融资确定性要求。融资确定性条款旨在保护卖方，确保融资来源的确定性，即确保并购方可以从融资方处获得足够的并购资金，从而提升卖方对并购资金充足的信心。实践中，一般将融资确定性要求作为条款写入交易文件和融资文件。交易文件中关于融资确定性的要求一般体现在交割前提条件、分手费触发条件、陈述与保证、交割前承诺等条款中。而融资文件中该要求则可能体现在融资意向函、融资承诺函或贷款协议的规定中。融资确定性条款的具体内容取决于并购交易的性质和交易方的约定，一般可能涉及融资确定期、提款先决条件等（具体见 5.2.2.5 节关于特殊融资条件的介绍）。

5.2.2.2　主要渠道和授信方式

并购融资的资金来源包括：银行或其他金融机构提供的贷款、股权融资、发行高利率高风险债券等。基于标的公司或被收购项目或资产的特点、投资方或并购方的商业考量及其所受监管的影响，融资结构可能采取不同的形式。并购融资的主要结构类型包括有发起人担保的并购融资、杠杆收购（leveraged buy-outs，LBO）以及其他融合多种授信方式的混合型并购融资结构。

有发起人担保的并购融资，是指在发起人提供公司担保的情况下，向银行或其他金融机构贷款的融资方式。因提供担保的发起人实力较强，银行或其他金融机构的尽职调查流程和内容会相对简单，项目的保密性也会更强。这种并购融资方式更加适合并购时间紧张、涉及敏感资产的项目，同时，采用这种融资方式也可以有效避免其他竞争者中途参与竞争，从而保护发起人和并购方的商业利益。有发起人担保的并购融资结构如图 5–1 所示。

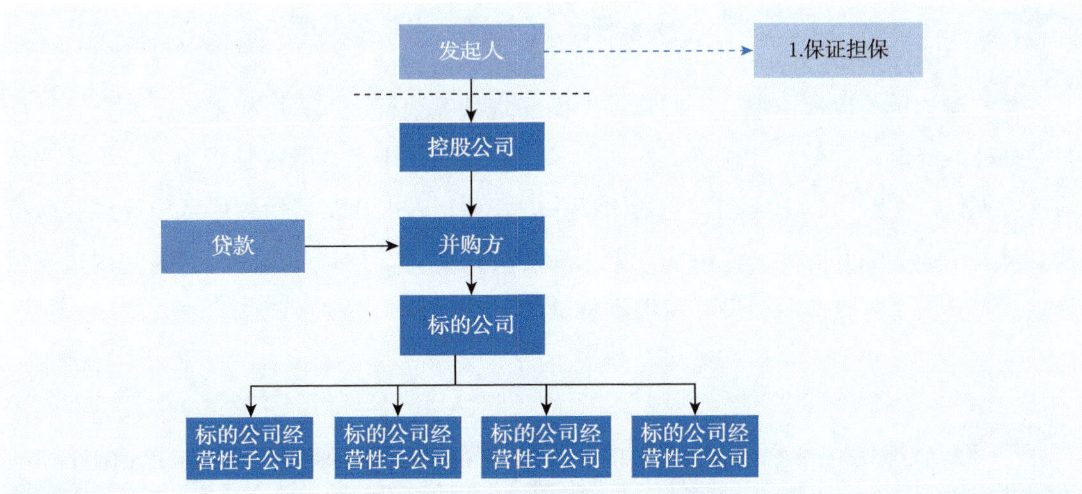

图 5–1　融资种类 1：有发起人担保的融资

杠杆收购，是指通过债权融资（包括银行贷款、发行债券等多种方式）筹措绝大部分的并购资金，并通过私募基金等专业金融投资公司提供的股权融资[①]筹集剩余部分资金的融资方式。杠杆收购是并购融资中最为典型的融资类型，其特点在于发起人仅投入少量的股权投资成本，而更多地借助债权融资，运用财务杠杆效应筹集收购标的公司所需的资金。同时，贷款人通常会从持股公司、并购方和标的公司集团内的重要公司获得公司担保和资产担保（具体担保形式和提供时间见 5.2.2.3 节）；贷款的最终还款来源大部分是标的公司及其子公司的未来收益现金流，融资方不会对并购发起人享有任何追索权，这种有限追索的融资方式在一定程度上类似于项目融资。因此，杠杆收购所涉及的风险因素会更加复杂，融资方对杠杆收购的尽调要求也会更为严格。其常见融资结构如图 5–2 所示。

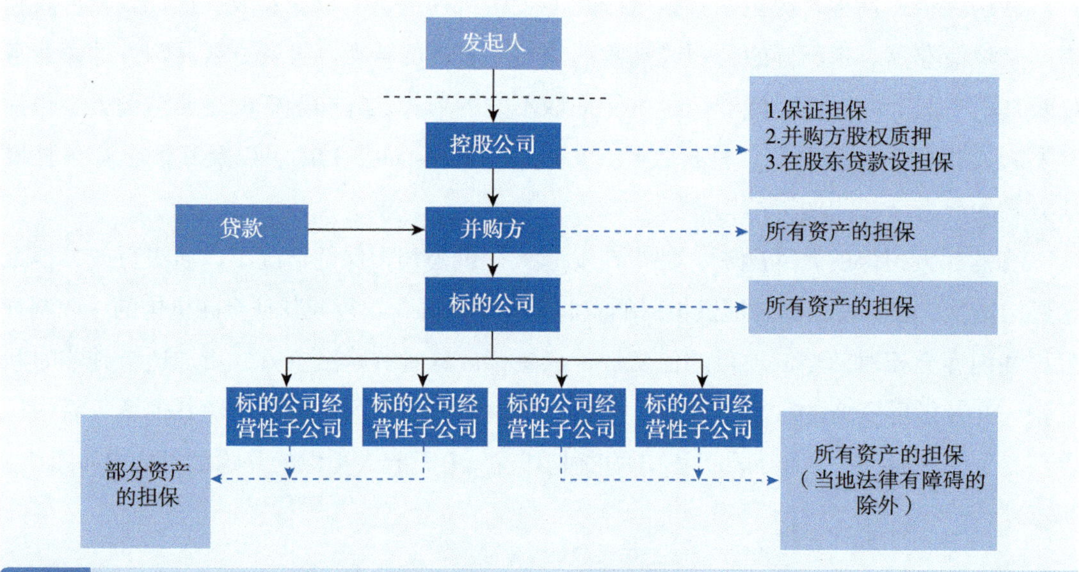

图 5–2 融资种类 2：LBO 杠杆融资

并购融资也可以使用综合定期贷款、循环贷款等银行贷款，股权融资，发行高息债券等多种融资形式进行，其融资结构如图 5–3 所示。其中卖方融资是指卖方允许并购价款延后支付。实践中，卖方融资的具体操作方式包括在股权买卖协议中约定允许并购价款支付方（通常为并购方，亦可能约定由新设公司支付）在并购后的一段时间内再支付价款，或是由卖方直接向新设公司提供贷款等[②]。

① Lexis PSL.Practice Notes:Acquisition Finance—Introductory Guide,https://www.lexisnexis.co.uk/legal/guidance/acquisition-finance-introductory-guide.

② 将卖方融资设在新设公司层级的主要原因是，确保卖方就此所享有的债权劣后于并购融资的融资方所享有的债权，即通过结构上的安排，且基于破产清算中股权劣后于债权受偿的规定，确保融资方的债权可以优先于该等卖方融资受偿。

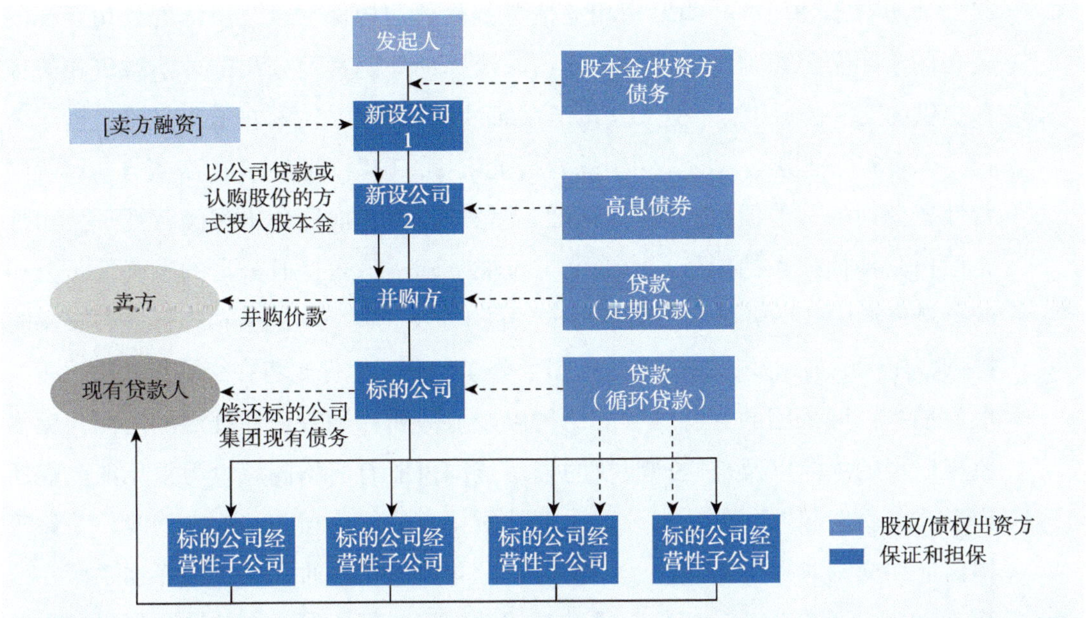

图 5-3 其他融资种类：混合型、夹层贷款等

5.2.2.3 增信安排

并购融资中，融资方通常会要求取得资产担保和 / 或公司担保等增信安排。资产担保有助于融资方取得对担保资产的优先权，得以对抗第三方，并在借款人出现违约时享有占有并出售担保资产以获得清偿的权利。资产担保通常包括并购前提供的资产担保和并购后提供的资产担保。

- 关于并购前提供的资产担保，股权买卖协议项下的并购交易交割日和融资文件的提款日一般安排在同一个工作日，若并购交易未能成功而并购方已完成提款，则并购方需先行完成向融资方的还款方能要求融资方解除已提供的担保；若尚未提款，则可以直接取消承贷额并要求融资方解除已提供的担保。
- 并购完成后提供的资产担保通常是在标的公司及标的公司子公司的股权和资产上设立的担保。考虑到标的公司及标的公司子公司所在国家法律法规对于担保设立和担保登记的要求可能不同，该等担保提供的时间需要根据具体情况进行协商和约定。此外，对于并购时间紧张、保密要求高而资产尽调无法及时完成的项目，可以考虑由实力较强的发起人提供公司担保，同时在融资文件中约定消极担保条款，以此给予融资方一定的风险缓释和安慰，从而延后该等资产担保提供的时间。

并购融资中常见的增信方式包括：

- 公司担保：由并购方、新设公司及（仅在有发起人担保的并购融资的情况下）发起人为所有子公司的并购融资相关债务提供公司担保，以及由标的公司及标的公司的集团子公司为母公司、子公司以及标的集团其他公司的并购融资相关债务提供的交叉公司担保 [交叉公司担保通过赋予融资方对标的公司的经营性子公司（即有实际业务运营的公司）的直接追索权，确保并购融资的融资方与该等经营性子公司的其他债权人享有同等的受偿地位，从而避免出现经营性子公司优先偿付其他债权人的债务，而融资方仅能从随后流入持股公司的经营性子公司的剩余资产中获得劣后清偿的情形]。并购方及新设公司的公司担保应在交割时提供，而标的公司及标的公司的集团子公司的公司担保则将在交割后提供。

- 股权质押：因采用的并购融资的结构以及业务所在国家法律规定的不同，提供股权质押的主体以及被质押股权的公司范围可能有所不同。最为常见的股权质押形式即由发起人和母公司分别质押其所持有的母公司和并购方的股权，该等担保应在交割时提供。同时，在股权上设立担保权益通常需要选择物之所在地法（*lex situs*）作为相应担保文件的准据法，以确保担保的有效性和促进潜在的担保执行。此外，若并购方所在法域不承认浮动抵押的有效性（如中国、印度等国家），则在交割完成后需要还需要就并购方所持有的标的公司的股权设立质押担保。
- 所有资产的固定和浮动抵押[①]：通常由并购方、标的公司以及标的公司的集团子公司以其所有资产提供固定和浮动抵押担保。并购方的所有资产担保应在交割时提供，而标的公司以及标的公司的集团子公司的所有资产担保则一般在交割后提供。
- 特定资产的抵押担保：通常由标的公司的经营性子公司提供。
- 股东贷款 / 集团内贷款的担保：根据并购融资具体交易中的现金流设计，若母公司向子公司提供了股东贷款或存在其他集团内贷款的情况，则通常需要就该等贷款设立担保。

典型的增信安排如图 5–4 所示。

① 受限于不同国家当地法的法律规定，部分公司可能无法提供浮动抵押。

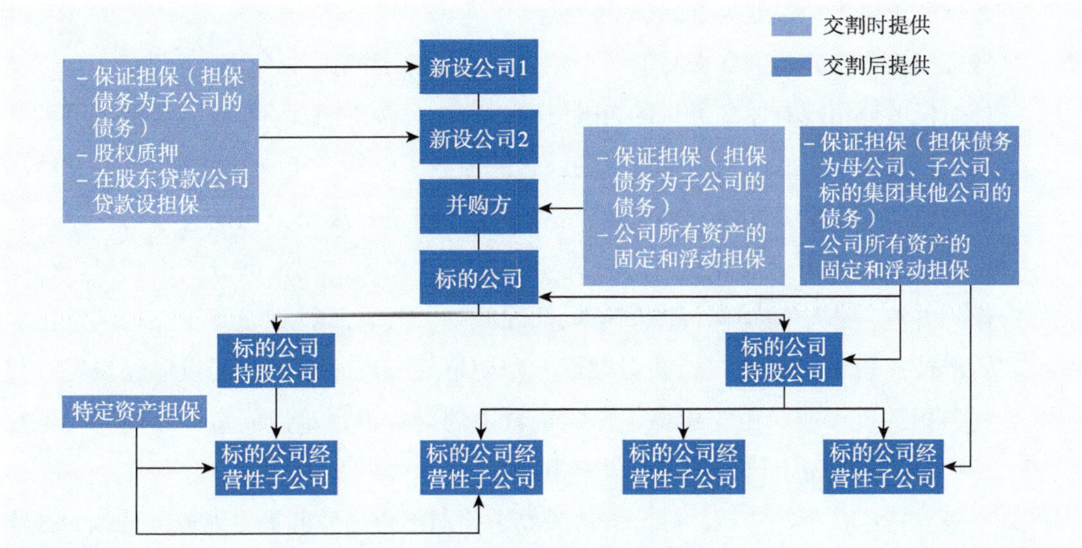

图 5-4 并购融资中典型的增新安排

5.2.2.4 主要风险因素考量

在设计并购融资方案时须予以考虑的主要风险因素包括：

- 融资确定性：并购交易的卖方和标的公司通常需要并购方提供一定的证据，以证明并购方在股权买卖协议签署后有足够的资金来完成项目的交割。融资确定性也会影响并购方的竞标成败。在并购竞标过程中，卖方可能要求并购方提供银行贷款承诺函，并通过该等承诺函评估并购方的实力以及并购方获得融资的确定性。此外，在股权买卖协议签订后，即使并购方未能成功获得融资也仍旧需要支付并购款项，因此即便大部分并购项目的股权买卖协议并不会将并购方获得融资作为一项交割先决条件，并购方仍应当在贷款协议等融资文件中确保其融资来源具有很强的资金确定性。如果并购方无法提取贷款款项，则必须在非常短的时间内寻得替代的融资，否则可能在股权买卖协议下构成违约。
- 标的企业集团公司的承诺事项：即便是在有担保的并购融资交易中，融资方除要求发起人给予承诺之外，通常还会要求标的公司的集团公司给予并遵守相关的承诺事项。因此，标的公司的集团公司如果出现不良财务表现或其他违反承诺事项的事件，均有可能构成并购融资项下的违约。针对该等潜在风险，可以考虑的风险缓释措施包括对标的公司进行仔细的尽调，在融资文件中约定清扫期条款；标的公司也可以主动参与到相关承诺事项的谈判中，并查看标的公司现有融资文件项下的承诺事项以避免交叉违约的出现等（关于并购融资中的清扫期条款和承诺事项条款见 5.2.2.5 节）。

- 融资用途：在并购融资交易的资金用途方面，除了涵盖并购所需支付的对价以及针对标的公司现有债务进行的再融资（该等被再融资的现有债务主要是指并购导致的控制权变更而触发的强制提前还款的债务）以外，还应考虑是否应在并购融资中涵盖用于营运资金的子贷款，从而为标的企业集团公司的日常营运以及日后的贸易提供资金。这是因为，鉴于标的企业集团公司大部分资产和股份已经作为并购贷款中的担保标的物被抵押或质押，其日后将难以基于无权利负担的资产或股份再从第三方处获得融资。即使第三方同意标的公司以已经设定了权利负担的资产或股份为担保，并购贷款中的融资方也难以同意在其享有担保权益的资产或股份上再为第三方设定担保权益。
- 财务支持：在某些法域，标的公司或其子公司不得为并购提供财务支持或为并购融资提供担保。因此，并购方和融资方在设计融资结构时需要和标的公司所在法域的律师进行沟通和讨论，以避免因并购融资的担保安排违法或导致并购方或集团承担法律责任。一般而言，对财务支持的限制可以通过相关洗白程序来规避。

5.2.2.5 特殊融资条件

在 4.2 节融资文件中的一般条款的基础上，基于并购融资与并购交易的紧密性和风险考量，在筹划并购融资和文本谈判时，发起人和并购方应特别考虑以下特殊条款的要求。

5.2.2.5.1 融资确定性条款

如 5.2.2.1 节和 5.2.2.4 节所述，是否满足融资确定性是并购融资中应当考量的风险因素之一。然而，相比于一般公司融资，并购融资对首次提款条件的规定更加宽松。一般公司融资中，首次提款应满足无违约事件和未违反陈述的要求。而在并购融资中，首次提款仅需满足无重大违约事件和未违反重大陈述的要求；同时，该要求的适用范围排除了标的公司及其集团公司。

具体而言，并购融资中的融资确定性条款规定融资方在提款期内不得随意取消或终止放款；在满足特定先决条件的前提下，融资方必须提供资金。并购融资的一般贷款文本中，融资确定性条款一般包含以下几方面的内容：

- 融资确定期：融资确定期内的提款，是指融资确定期内为并购之目的所提取的定期贷款[①]。一般而言，在融资确定期内，融资方仅在极少数情形下有权拒绝或终止借款人的提款。

—融资方有权在融资确定期内拒绝或终止借款人提款的极少数情况，包括：该等贷

① 本定义是 LMA 杠杆融资文本中建议的定义，具体交易中仍须就交易各方的协商进行调整。

款构成违法性事件、首次提款先决条件未获满足、存在重大违约事件或提款将构成重大违约事件、存在对重大陈述的违反等。其中，重大违约事件和重大陈述的范围取决于市场惯例及交易特点等多种因素。对于借款人而言，在谈判中应尽可能限缩重大违约事件和重大陈述以及所涵盖的义务人的范围（见下文）。

—融资确定期的长短同样取决于市场惯例及交易特点等多种因素。借款人（即交易的并购方）一般倾向于获得更长的融资确定期——该等期限至少应当覆盖到约定的并购交易最终完成日以及满足法规要求的强行买断小股东股权所需的时间，保证融资确定期和提款期相加足以覆盖股权买卖协议中的交割期。

➢ 首次提款先决条件：并购融资贷款协议文本中对首次提款前需提供的文件应是一个清晰且明确的要求。对于所需文件的规定不应当存在兜底条款，以避免文件要求不明确，融资确定性难以保证。

➢ 影响融资方在融资确定期内放款的违约事件，仅限于重大违约事件：重大违约事件应仅覆盖发起人、持股公司和并购方，而不应覆盖标的公司及其集团公司，具体事件的范围通常包括：

—付款逾期（有时仅针对首次提款后的付款逾期事件）；

—借款人和母公司可控的重要承诺的违反（如对创设担保的限制、并购和资产处置的限制、财务负债、同等地位等承诺）；

—在公开收购中违反特定收购要约或收购计划相关的承诺；

—特定破产相关的违约事件；

—不合法和无效性等违约事件。

➢ 影响融资方在融资确定期内放款的陈述条款，仅限于重大陈述：重大陈述同样不应覆盖标的公司及其集团公司，重大陈述的范围通常包括：

—法人地位；

—权力及授权；

—约束性义务；

—不与其他义务相冲突；

—协议有效性。[①]

➢ 不规定重大不利变更条款：并购融资的融资文本中通常要求义务人就无重大不利变更做出陈述与保证。基于并购融资与并购交易本身的紧密性，融资方应当依

① The Associate of Corporate Treasurers.The ACT Borrower's Guide to the LMA Facilities Agreement for Leveraged Transactions (September 2008):pages 45–48.

赖于股权买卖协议中对无重大不利变更的陈述与保证条款。

5.2.2.5.2 先决条件条款

在先决条件方面，基于上文提及的对融资确定性的考量，对于发起人和借款人而言，先决条件条款旨在确保该等协议签署前应提供的文件是清晰且明确的，以保证融资确定性。[①] 同时，相较于一般公司融资，并购融资放宽了对首次放款前提条件的要求。

区别于一般公司融资中的提款先决条件，并购融资中须注意以下关于股权收购或资产收购的先决条件。

- （现有债权人和相关合同第三方的）关于公司控制权变更的同意；
- 监管机构的许可和批准；
- 股东的许可和批准；
- 无重大违约的保证；
- 股权买卖协议项下的交割先决条件已得到满足等。

5.2.2.5.3 陈述与承诺条款

在 4.2.8 节一般融资文件中的陈述与承诺条款的基础上，并购融资中需注意的特别陈述与承诺条款包括：

- 借款人应告知贷款人有关收购要约的所有信息（如要约邀请、接受、条件的满足等）；
- 除非事先获得许可，否则借款人不得随意更改收购要约；
- 借款人应尽快开展收购小股东持有的股份的程序，并在程序开展后的 x 周内尽其合理努力实现 100% 的完全收购；
- 借款人将遵守收购相关的法律法规以及其他有关公司和金融服务的法律法规等。[②]

同样，发起人和并购方在交易协商过程中应对陈述与承诺条款覆盖的对象范围予以重点考虑。注意到某些做出陈述与承诺的义务人并不愿意就其子公司的行为与活动做出陈述，发起人或并购方在谈判中需要对陈述与承诺是否仅适用于义务人还是扩大适用于义务人的子公司甚至进一步扩大适用于集团内其他成员的问题与贷款人达成合意。此外，关于陈述与承诺的内容，是否需要就“重大不利影响”“合理性”以及“公司是否知情”等方面做出限制也是交易中可以考虑的谈判切入点。

---

① The Associate of Corporate Treasurers.The ACT Borrower's Guide to the LMA Facilities Agreement for Leveraged Transactions (September 2008):pages 43–44.

② Philip Wood.International Loans,Bonds,Guarantees and Legal Opinions.Third Edition.Sweet &Maxwell,2018:pages 187–188.

5.2.2.5.4 违约事件与清扫期条款

在 4.2.9.1 节违约事件条款的基础上，市场上的并购融资文本通常还会规定“清扫期”条款。这一条款旨在保护并购方，虽然并购交易中并购方会开展尽职调查以确保拟收购的标的公司没有重大问题，但直到交割完成前投资者和发起人等仍无法对标的公司及其资产实现完全掌控，因而无法确保标的公司在此期间内不会出现可构成违约事件的情形。因此，为了保护并购方，融资文件中通常会约定一个清扫期，在清扫期内借款人也即并购方可以就标的公司及其资产相关的错误或不实的陈述与保证加以纠正，或对标的公司相关的违约予以补救。如果在清扫期内并购方完成对相关的不实陈述与保证的纠正，或对该等违约的补救，则不会构成贷款协议项下的违约事件。清扫期通常是交割后的 3 到 6 个月。同时需要注意，清扫期条款一般针对违约事件的补救规定了特定的条件。

- 仅适用于标的公司集团相关的违约；
- 在清扫期内；
- 是对清扫期陈述、清扫期承诺的违反或构成清扫期违约的事件；
- 该等违约事件不是由并购方造成的；
- 该等违约事件可以被补救且采取了合理的补救措施；
- 该等违约事件没有构成重大不利影响。[①]

5.2.2.6 操作流程和示范案例

并购融资的常见操作流程如图 5-5 所示。

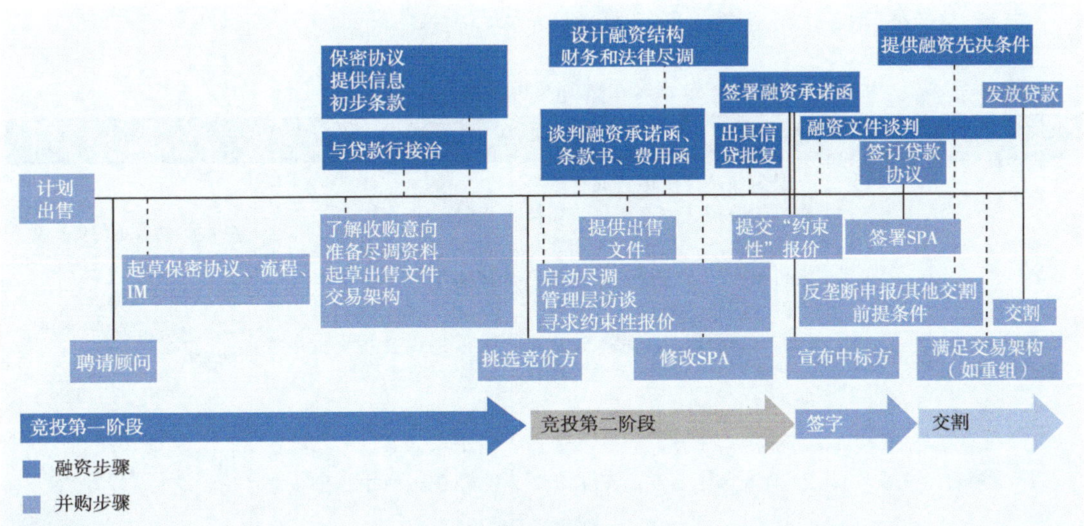

图 5-5 并购融资的常见操作流程

① The Associate of Corporate Treasurers.The ACT Borrower's Guide to the LMA Facilities Agreement for Leveraged Transactions (September 2008):pages 177–179.

5.3 项目融资

5.3.1 项目融资概述

5.3.1.1 项目融资的概念和特点

项目融资，通常指有限追索项目融资，即为开发、建设、运营某特定项目筹措的融资，其中融资方的追索通常仅限于项目资产和项目公司股权，对发起人/股东则无追索或仅有有限追索。

发起人为开发或利用自然资源、某经营权益或其他资产，一般利用成立特殊项目公司（即项目公司），以股本金的注入支付部分项目开支，并通过项目公司向金融机构举借外债支付其余项目开支的融资形式。在项目建设期间，发起人股本金与外部贷款以一定比例、一定顺序，注入项目公司，用于项目建设、支付项目开支。项目实现完工、进入运营期后，以自身产生的收益作为贷款本息的还款来源。发起人在建设期间可能就项目的完工提供一定支持（以缓释融资方在建设期无还款来源、无建成资产等建设期风险），而项目进入运营期后通常仅就特定事项和/或资产（如在项目公司中的股权）提供追索。融资方在贷款存续期间，一般就项目公司资产、土地权益、合同及保险权益、股权、账户等资产与权益享有担保权益，并对项目收益现金流进行一定监控，以确保在项目支付必要运营开支和税费后得以将收益用于当期还本付息，一般也会要求就未来偿债作出一定储备。

其区别于公司融资和特定项目借款的核心特点有：

表 5-3 项目融资、公司融资及特定项目借款的对比

项目	项目融资	公司融资	特定项目借款
借款企业	一般为项目建设运营成立的特殊目的公司，由该项目公司持有项目资产，与第三方建立与项目相关的特许经营、土地、建设、运营、销售、融资等合同关系，可以是发起人独资子公司或与其他发起人合资成立的合资子公司	一般为具有资金需求的集团所属企业或资信较好的母公司或关联公司（从而以较好条件获得贷款再将资金转贷予最终用款企业）	一般为持有项目资产和/或权益的集团所属企业，如与其他发起人共同参与某上游联合开采的实体
贷款目的	用于特定项目开支的支付	用于企业非特定的一般流动资金或中长期资金需求	用于特定项目开支的支付
还款来源	项目运营期现金流收益	企业非特定的运营收益	项目运营期现金流收益（但一般有资信条件较好的母公司或关联公司担保支持）

续表

项目	项目融资	公司融资	特定项目借款
担保与增信	项目公司资产、土地权益、合同及保险权益、股权、账户等资产与权益	一般由资信条件较好的母公司或关联公司担保支持	项目资产和/或项目公司股份，且一般由资信条件较好的母公司或关联公司担保支持
追索性	融资方对担保包中资产权益有完全追索，而对母公司、发起人或关联公司仅在一定时间段内（如一个绿地项目的建设期）或以一定金额或触发事件为限，享有有限追索	融资方对母公司或关联公司担保有完全追索	融资方对母公司或关联公司担保有完全追索
对被融资项目的尽调需求	高	不适用	较高
贷款期限	一般较长（10年以上）	不定	视用款需求，一般超过1年
融资成本	高，以补偿融资方在项目融资中承担的一般相对较高的风险（如由于其有限追索性、国别风险、较长的贷款期、相对较高的杠杆率），出口信贷机构和多边机构的引入或可在一定程度上降低商业银行为弥补政治风险需收取的利息	不定，但较项目融资相对较低	不定，但较项目融资相对较低

5.3.1.2 “可融资性”与风险分配

“可融资性”，简言之，即指一个项目是否可被融资，即其所涉及的各类风险和项目整体的经济性是否通过合理的商务安排，达到了可以让融资方愿意以项目融资的有限追索形式为其提供贷款的水平。换言之，从发起人的角度，实现一个项目的融资性，便是一个全面、综合评估项目风险，并通过有效的融资结构搭建、商务安排及谈判，对所甄别的风险实施合理分配的过程。

宏观环境上，如何就一个项目所涉及的政治、法律、经济与金融环境风险进行分析，在3.1节中已作阐述，3.2节亦提供了分析项目自身因素与风险的思路。具体到项目融资的可融资性问题上，针对某一个特定项目所涉及的风险，可从以下角度进行剖析（具体见5.3.5节）。

- 政治与特许经营权风险
- 建设与完工风险
- 运营风险
- 商务与市场风险

➢ 法律与合规（环境与社会、制裁、反腐败反洗钱等）风险

➢ 项目间风险

经过对前述风险的尽调与分析，下一步便是判断并改善该等风险在不同主体之间的分配。风险分配是否合理，大体可以遵循由以下相关主体承担相应风险的原则。

➢ 某风险是否为该主体可控的事项？

➢ 某风险是否为该主体可转移给第三方的事项？

➢ 该主体是否从商业利益上有承担或控制某风险的利益驱使？

➢ 若令该主体承担该风险，是否可以实现最大的经济效益，或从规划、创新、激励等角度有积极意义？

➢ 若该主体试图将某风险转嫁给其他主体，是否不甚现实或合理？

将项目风险控制在最低限度是融资方关注的核心，而发起人则往往更注重在风险与成本间寻求经济上的平衡。对于无法关闭的风险敞口，考虑到项目融资的有限追索性，融资方往往会要求最终由项目公司承担（如将某事项约定为项目公司给出的陈述、承诺或具体违约事件），甚至要求由发起人给出一定有限追索的支持。

5.3.1.3 主要参与方和一般商业架构

项目融资的参与方较多，尤其一般认为的项目文件对手方（如承包商、运维商、采购方）对于融资架构的搭建和可融资性的实现都起着十分重要的作用。图 5–6 为典型的项目融资商业架构示意。

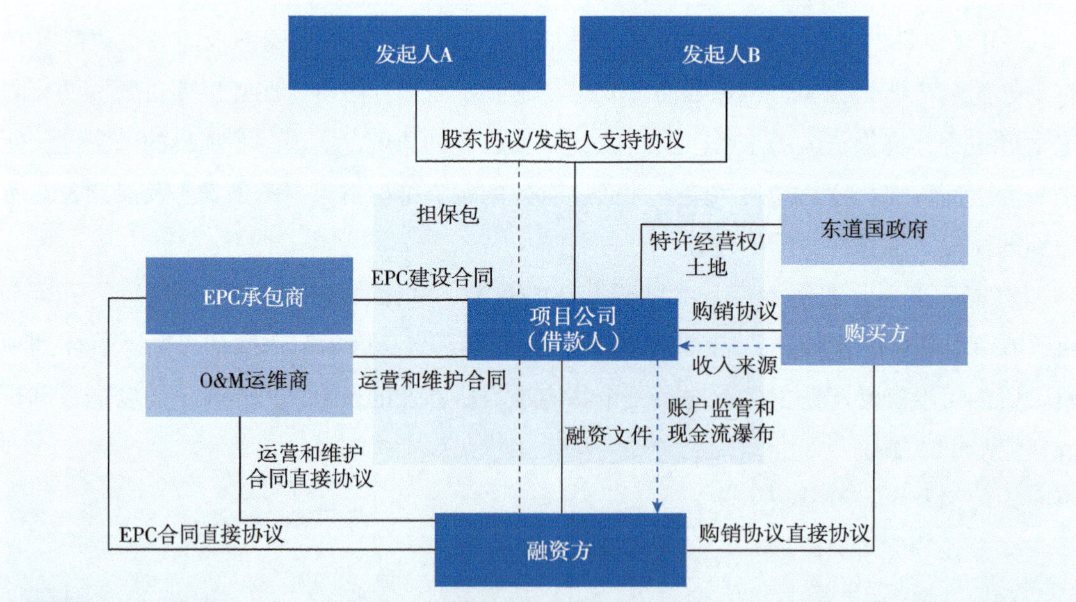

图 5–6 项目融资的典型商业架构和参与方

（1）发起人

发起人指实际负责项目推动与发展的投资人。在典型的项目融资商业结构中，一般由项目发起人出资（包括通过关联子公司作为持股股东）设立项目公司，以股本金的形式为项目公司提供一部分资金用于项目开支的支付。发起人可以为一家企业，亦可以为多个合资方。大型油气项目融资中，通常有多家国际石油公司及东道国国家石油公司的参与。

发起人的身份和相关商务安排，对于一个项目的成败尤为重要，也是其他合作发起人和融资方融资筹划、尽调与谈判过程中尤为关注的事项，主要包括以下方面。

- 发起人财务状况：信用资质、评级（如有）等。
- 发起人身份：行业业绩、经验、名誉、制裁合规状况、所在国国内及国际政治环境等。
- 发起人股本金注资安排：股本金占预计总项目开支比例、债股比、股本金总金额，包括基本股本金与备用股本金（各自金额安排）、股本金投入时间（先于、按比例同时、或后置于高级债）、股本金资金来源（是否有股东过桥贷款安排，如有，相关劣后性问题）、股本金组成（是否包括发起人前期投入）、完工前收入等。
- 发起人及其关联股东的持股安排：初始持股比例、（对于非一体化项目）上中游持股一致性问题、持股锁定期和锁定期后的最低持股要求、出让持股 / 项目权益的条件和被转让方的资质要求等。
- 发起人求偿权劣后性安排：发起人对项目公司所享有的任何求偿权（除发起人同时作为项目文件对手方对项目公司享有的项目文件所允许的求偿权外，如某发起人同时也是项目上的承包商，基于 EPC 合同可向项目公司主张到期建设款的支付），原则上应劣后于融资方。
- 对于资质较弱发起人的支持机制：一些项目无法避免地会有资质较弱的发起人的参与，如资质较弱的东道国政府关联方或当地国家石油公司。该等发起人若承担有一定面向融资方的支付义务，如股本金注资、完工担保或偿债承诺下的支付义务等，其资信问题便是融资方需要承担的风险之一。这种情况下，融资方可能要求资信较强的发起人向较弱的发起人提供一定增信，以缓释该风险，如通过向其提供垫资支持或 back-up 担保。

融资方一般通过直接与各发起人及其关联股东订立的发起人支持协议（名称在具体项目中有所不同）就上述核心事项予以约定（见 5.3.4 节）。

（2）项目公司

即项目借款人，是由发起人为开发、建设、融资、运营某特定项目而成立的特殊目的公司。在绿地项目发起之初，项目公司亦刚刚设立，无经营历史和除初始资产外的其他资产。成立后，项目公司将以自身名义订立（或在发起人已先前签署过相关协议的情况下，由发起人向其转让）项目文件（EPC、运维、承销、供给合同等）、购买项目保险、签署项目融资文件和担保文件。在建设期间，项目公司将通过获得的股本金和项目融资款项，支付项目开支；运营期间，将利用项目自身产生的收益维持项目运营，并偿还项目融资贷款。有关成立特殊目的公司作为项目公司的利弊，见 5.3.1.4 节。

（3）融资方 [项目融资融资方（包括 ECA/MLA 或高级债提供方）]

商业银行、出口信贷机构以及国际金融多边机构，是项目融资资金来源的主要提供者。项目融资资金规模一般较大，发起人、承包商等商业参与方亦可能来自多个国家，故在项目融资中，多见由多家银行组成的银团融资，有时涉及由多个出口信贷机构和其各自覆盖的商业银行所组成的多银团结构，有时亦涉及发起人的关系银行等。位于国别风险较高地区的项目更可能涉及出口信贷机构和 / 或国际多边机构的参与，以分摊商业银行自身或无法承担的政治风险（有关出口信贷机构，见上文 4.1.3.6 节）。

（4）政府方、特许经营权提供方

作为任何项目融资都不可或缺的一环，东道国政府（或有关代理部门、国有企业）在被融资项目上的参与和支持程度亦是项目顺利开展的关键要素之一（尤其在油气项目上）。除需从东道国政府处依法取得项目的特许经营权，该国政府对被融资项目所在行业领域是否有特殊立法、对项目公司所在地是否设立有特殊经济区和 / 或其他特殊税收待遇，对油气产品如何分成，对项目在当地的采购和用人安排是否有最低要求，对项目在政府许可、注册、备案等环节给予何种支持，均是发起人与融资方在前期尽调和商务谈判中应予关注的问题。

（5）项目建设的工程承包商以及运营和维护商

项目工程的承包商，取决于项目选择的承包方案，可能是一家总承包商，亦可能由多个分承包商和一名承包商间管理人组成。承包商通过与项目公司订立项目工程建设合同，承担项目的设计、建设和施工工作。可融资性较高的工程安排一般为有总包承包商的固定价格交钥匙模式并对总工期和里程碑时间表有较为明确的约定。

项目运维商，指通过与项目公司订立项目运营与维护合同，以相对固定的服务费为项目提供运营与维护服务的合同对手方。某些依赖核心项目设备的项目（如风电项目）也可能通过与各核心设备供应商签订长期设备运维合同实现项目整体的运维安排。

在对承包商和运维商的尽调问题上，发起人和融资方一般核心关注的问题有：

- 技术资质：技术经验、行业地位、历史业绩、区域优势等。
- 财务资质：具备可融资性的项目文件，对于应由承包商或运维商承担的风险，应规定有相应的损失赔偿机制（如承包商因其自身原因导致工期延迟，应支付延工赔偿）。对于该等支付义务，发起人和融资方需评估该等对手方是否具备相应的信用资质和支付能力，和/或其所提供的增信支持(如母公司担保、银行保函)是否充分。

（6）项目设施使用方或项目产品的购买方

项目设施使用方或项目产品的购买方，一般即项目主要收入合同的对手方，也是项目未来收益（即还款来源）赖以存续的核心项目参与方。不同行业的项目融资结构和收入模式有所不同（具体见 5.3.2 节）。

- 以典型的商业式（即非纯服务费式）的油气融资模式为例，长期承购协议的签订，包括其对手方各自的信用资质、长期承购协议对其支付义务的约定（如承购方是否接受照付不议义务）、该等对手方在购销协议下对项目违约的求偿权等追索（如当项目未如期足额交付时应承担的赔偿义务）、是否与项目发起人有关联和/或其他利益绑定等均将构成发起人和融资方判断项目在收入方面可融资性的核心。
- 相比，纯服务费式的项目，则可能更为关注服务费支付方的信用资质和服务合同对于服务费计算和构成方面的安排（如是否足额覆盖项目公司偿债和运营开支、是否充分转移支付浮动运营开支等）。

5.3.1.4 项目融资的利弊

项目融资的优劣势可概括分析如下。

表 5-4 项目融资的优劣势分析

优点	弊处
通过杠杆，最低限度地降低发起人在项目上股本金的投入与风险曝露；如在所适用的会计准则下无须并表，亦可避免高额的项目融资贷款出现于发起人的报表中，避免发起人违反其现有借款下的借贷限制，更为有效地实现发起人与项目本身的风险隔离等①。 自身信用资质不足的发起人，可通过项目融资，承接其自身财务报表所无法支持的规模的项目。 对于必须与信用资质欠佳的发起人合作的项目，项目融资（基于发起人之间不连带的原则）可避免在项目出现问题时，资质较强的发起人不得不为资质弱的发起人买单的风险。 出口信贷机构和多边机构的参与，可有效缓释发起人方需要承担的政治风险。 相较普通中长期公司融资市场，项目融资一般更长的贷款期和更高的杠杆率意味着发起人可获得更高的投资回报。 发起人或可受益于随着第三方金融机构的参与而展开的更为严格的尽调和风险分配谈判。	时间与成本：项目融资与普通公司融资相比，涉及更多参与方、更多顾问、更为严格的尽调流程、更长的谈判周期，故一般时间成本与融资成本也更高。 复杂性：项目融资从可研、尽调、项目文件谈判到融资文件谈判等每个环节均在专业性和复杂性上，相较普通公司融资，提出更高要求②。 灵活性：项目融资要求商务文件架构至少具备可融资性，故在不同程度上限缩了发起人在项目建设、运营和商务方面的灵活性。 限制性：项目公司的一系列行为均需接受相对广泛、严格的银行监管，包括在建设、运营活动方面的信息报告义务与行为上的承诺；在现金流方面受到的严格监控；在履行、更换、终止项目文件方面的限制等③。

①② Edwin Feo et al.Project Finance:The Guide to Financing International Oil and and Gas Projects.Euromoney, 1996:pages 7–8.

③ Practice Law Finance.Practical Law UK:Advantages and Disadvantages of Project Financing,https://uk.practicallaw.thomsonreuters.com/0–382–8846?transitionType=Default&contextData=(sc.Default).

5.3.2 项目融资的应用场景

5.3.2.1 项目融资应用领域

项目融资在能源和基础设施等资金需求量大的项目中被广泛采用，常见的应用领域包括电力项目（根据燃料不同又可分为传统火电、天然气发电、水电、风电、其他新能源发电项目等）、基础设施项目（如铁路、公路、港口、电信、机场、医院等基础设施）、石油天然气项目[包括油气的上游开采、中游加工（如石油化工、炼化、天然气液化）出售、油气管道运输项目]等。

5.3.2.2 油气项目融资结构

从商业架构上，相比5.3.1.3节中所示的一般项目融资商业结构，石油天然气领域最为突出的特点在于其上游与中游项目可以通过组成不同的商务模式，搭建不同融资架构。上游项目通常指油气的勘探、开采、开发项目；中游项目则通常包括石油项目中的化工加工、炼化、天然气项目中的液化加工，加工后产品的销售，有时也包括运输环节；而下游产业一般指面向终端用户的分销。

油气项目的产业链如图5–7所示。

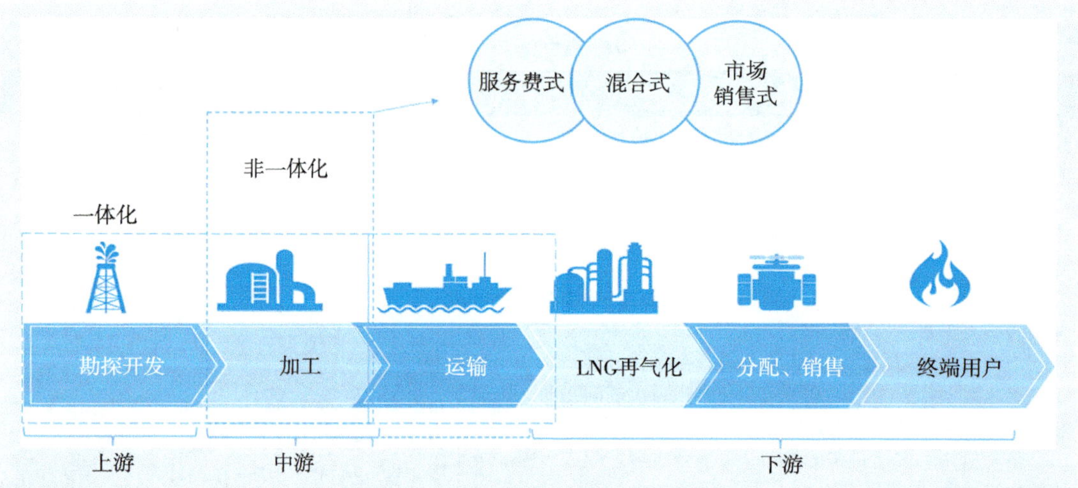

图5–7 油气项目产业链

如图5–7所示，根据融资项目是否覆盖上游项目，可将油气项目融资结构分为一体化项目和非一体化项目。其中，非一体化项目又可根据其商务安排进一步分为服务费式结构、市场销售式结构和混合式项目。

5.3.2.2.1 一体化项目

一体化项目，指将上游与中游项目视作一体化项目进行融资，所融资金可用于上中游项目整体项目开支，融资资产包同时覆盖上游参与方的参与权益、资产与中游项目的股份与资产。项目在上游与中游的现金流也将被视为一个整体。以石油化工项目为例，上游开发生产原油、将部分原油用于出售、部分供应给中游进行加工；上游原油销售收入、中游化工产品销售收入可用于高级债的偿还。一体化项目结构如图 5–8 所示。

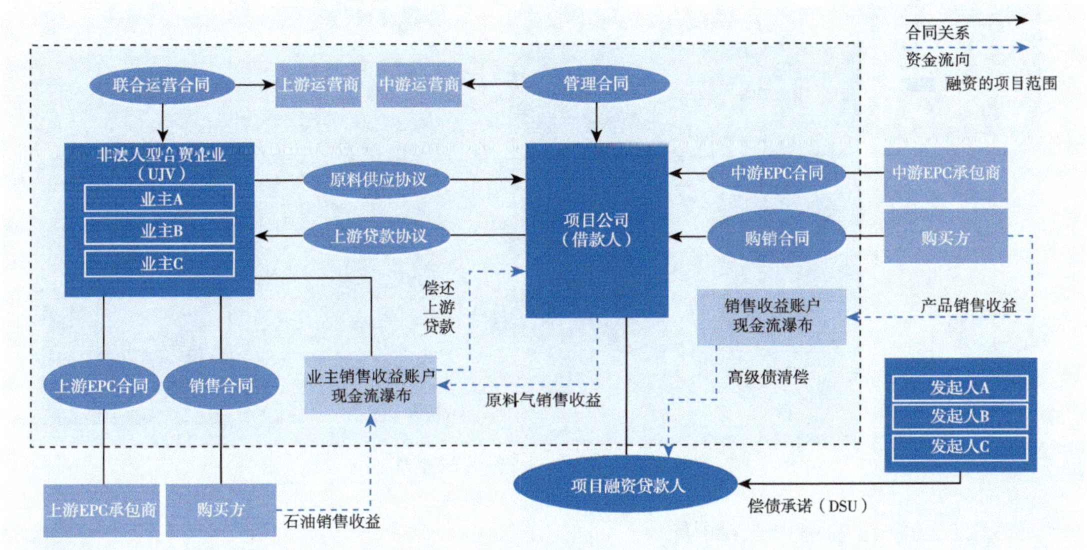

图 5–8　一体化项目

5.3.2.2.2　非一体化项目

非一体化项目，指仅就产业链中一个或几个环节（但非整个产业链）进行融资的结构，融资资产包仅覆盖中游项目的股份与资产，对参与方的参与权益及上游资产无追索权。所融资金也仅用于中游项目的项目开支，而上游项目资金一般则由各参与方利用自有资金或通过公司融资或特定项目借款的方式予以满足。

根据中游项目公司是否承担市场销售风险，非一体化项目可进一步划分为服务费式结构、市场销售式结构和混合型项目。

5.3.2.2.2.1　服务费式结构

服务费式结构中，中游项目仅负责将上游项目提供的油气原材料进行加工服务并收取服务费，上游项目保留对油气原材料和加工后产品的所有权，自主承担销售风险、享受销售收益。中游项目提供项目资产的“可用性”，不承担市场风险，收入来源仅为上游所支付的加工服务费；服务费通常将覆盖中游一定固定的运营开支（包括偿债）以及一部分浮动的运营开支，且通常具有照付不议的性质（即除非中游资产“不可用”，上游即使未能如约提供加工原料，仍需支付约定的服务费）。服务费式项目的融资结构如图 5–9 所示。

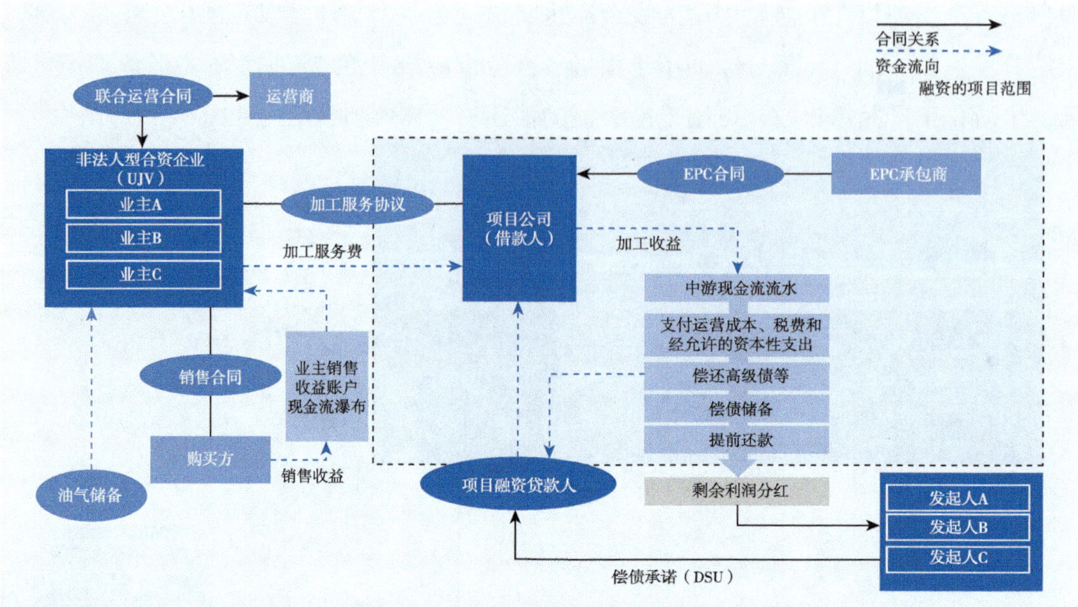

图 5-9　非一体化项目：服务费式结构

5.3.2.2.2.2　市场销售式结构

市场销售式结构中，中游项目公司负责加工后产品的销售，直接承担市场风险、享受销售收益。销售安排，包括购销协议的期限、承购份额、承购方资信、市场尽调、船运安排等，均构成影响项目可融资性的关键。融资方亦可能就项目的现金流储备和偿债覆盖率提出更高要求。市场销售式项目的融资结构如图 5-10 所示。

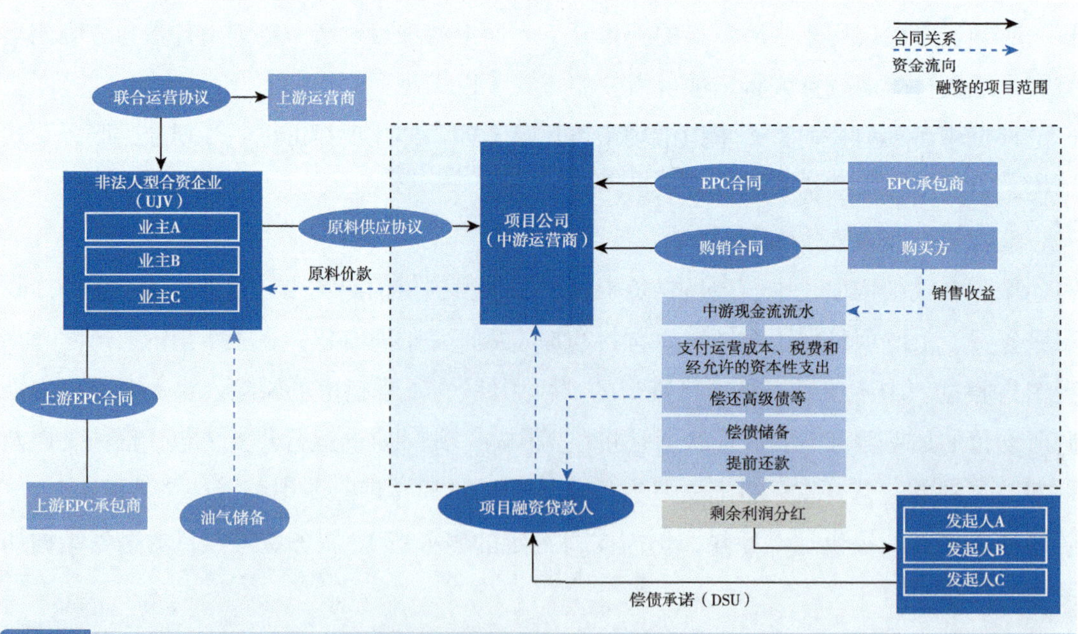

图 5-10　非一体化项目：市场销售式结构

5.3.2.2.2.3 混合型项目

混合型项目则综合了前述提及的市场销售结构和服务费结构，同时具备二者的特征，也同时涉及上游、中游项目风险。混合型项目中，仍以中游项目作为融资对象，融得资金仅用作中游项目开支。类似于服务式项目，混合型项目中的中游项目提供加工服务，收取加工服务费，上游项目负责加工后产品的销售。但区别于服务式项目，混合型项目中的服务费并非照付不议，而是取决于上游项目是否能够产生足够的销售收入。中游项目由此也分担着上游项目的销售和市场风险，类似于市场销售式结构。考虑到中游项目承担上游风险，但融资资产包又仅覆盖中游，混合型项目中的融资方对上游参与方资质、销售安排和可能对中游项目构成的影响均格外关注，一般要求资产包需覆盖上游的购销协议以及上游现账户与现金流（但不包含上游参与方的参与利益和上游资产）。

混合型项目的融资结构如图 5–11 所示。

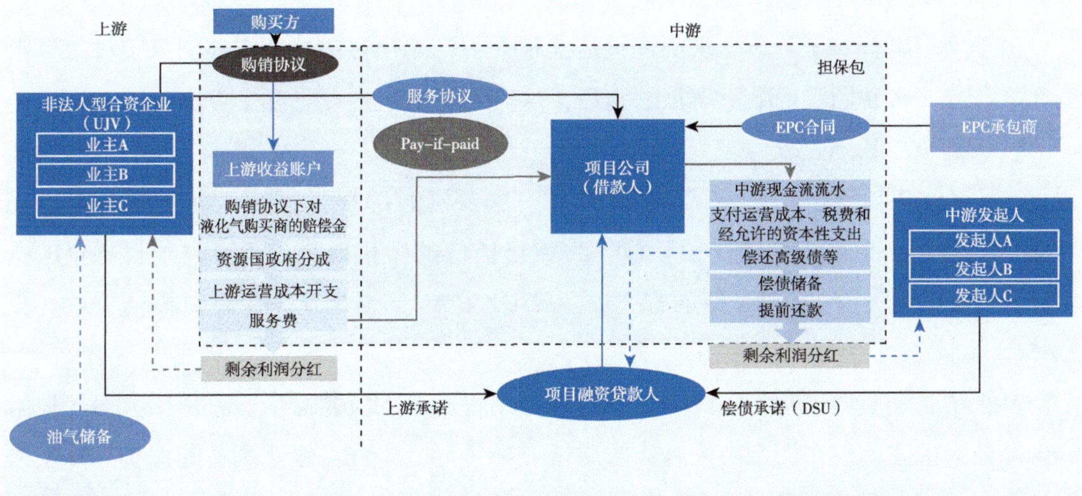

图 5–11 混合型项目

5.3.2.3 管道项目

管道项目则是就油气运输所需管道的建设和运营进行融资，在管道项目中，贷款人的追索权则主要依赖于项目通过运营管道收取的管道运输费等。区别于前述油气上游开采、中游加工的商业模式，管道项目的商业和融资架构可概括如下。

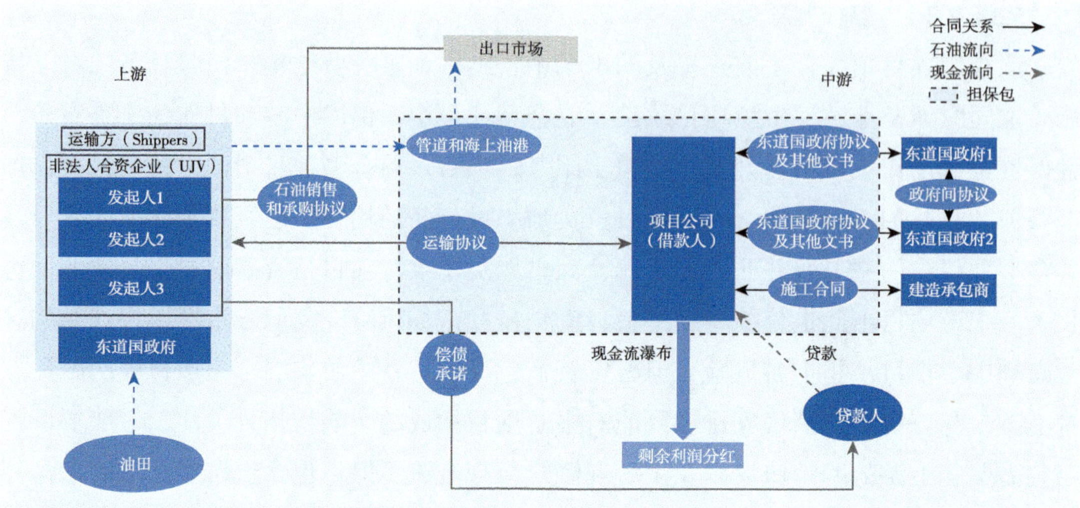

图 5–12 管道运输项目

5.3.3 项目融资的主要渠道与授信方式

由于项目融资对于资金需求的体量往往较大，一个项目中可能需要引入多种融资渠道和融资方式来共同实现融资需求的满足，这其中可能包括以下几个方面。

（1）高级中长期贷款

高级中长期贷款一般为一笔项目融资中主要资金的提供方式，即由融资方以项目融资的形式，在高级债的受偿顺位，为项目提供的中长期贷款（有关项目融资的概念，见 5.3.1.1 节；有关高级债的概念，见 2.1.2.2 节与 2.2.6 节；有关中长期贷款，见 2.2.5 节）。

高级中长期贷款通常将满足一笔项目融资中大部分的贷款需求，其提供方对于风险的偏好最为保守，故在谈判中一般作为融资方的主导，争取对银团利益的保护。从发起人的角度，如项目的可融资性和贷款条件能够较好地满足该等金融机构的要求，也有助于控制整个项目融资的融资成本。

高级中长期贷款中，融资方可以为单方（即双边贷款），但更为常见的是由多家金融机构组成的银团。在涉及不同国家参与方、有一定国别风险、规模较大的项目上，也常见多个出口信贷机构的参与，以支持该国发起人和 / 或参与方（如承包商、运维商）在该项目上的参与和利益。各出口信贷机构将针对该国发起人的股权投资和 / 或参与方的商品、服务出口，为提供贷款的商业银行提供覆盖政治风险以及某些商业风险的保险或担保（有关出口信贷机构的支持形式与种类，见 4.1.3.6.3 节），或直接作为贷款人向项目提供贷款。各出口信贷机构所覆盖的子银团（或其自身作为直接贷款人的贷款）也称作一个“tranche”或“facility”（简称子银团），各子银团由于需要满足其各自出口信贷机构的特殊要求，在具体贷款条件上将有所不同；各出口信贷机构背后不同的国家利益，也可能导致不同子银团之间在银行间决策上出现利益分歧。故此类有多出口信贷机构参与的银团贷款（也称 multi-source financing）一般将通过《通用条款协议》对共同适用于各子银团的条款作出规定，通过《债权人间协议》就不同子银团间的投票问题作出约定，再通过多个《贷款协议》就仅适用于单个子银团的贷款条件作出约定。有关项目融资主要文件，见 5.3.4 节。

（2）流动资金贷款

一笔项目融资中通常也包含流动资金贷款的成分。这里所指的流动资金贷款有别于上文提到的公司流动资金贷款（见 5.1 节），指融资方在项目融资的框架内，以支持项目流动资金为目的，提供的短期循环式贷款（有关短期贷款，见 2.2.5 节；有关循环贷款，见 2.2.4 节）。该贷款从贷款目的和循环偿付方式上相较前述中长期贷款相对灵活，但在整体提款条件和其他贷款人的保护上（如陈述、承诺、违约事件等）与中长期贷款基本一致，故一般通过《通用条款协议》对通用条件作出约束，再通过《流动贷款协议》约定流动贷款特殊条件。

鉴于流动资金贷款金额相对较小，流动资金贷款提供方（如不是中长期债提供方）一般亦不具有中长期债提供方对于项目可持续运营能力的利益考量，其在银行间决策方面与中长期债提供方可能存在利益分歧。因此，融资文件中也常见对流动资金贷款提供方在银行间决策权方面的限缩，如不赋予其在项目执行等重大事项上的表决权等。

（3）高级股东贷款

高级股东贷款在资质雄厚的国际石油公司间也是融资渠道选项之一。此处所称的高级股东贷款与 2.1.2.2 节中所描述的“股东债”不同：彼处所指股东债乃传统意义上的股东次级债，在项目融资的框架内，多指股东为项目公司提供股本金的一种形式（并列于认购股份），其款项在融资文件中基本作为股本金处理，其偿还亦等同项目公司向股东作出的分红，即需完成现金流瀑布在先顺位的支付并满足分红条件后，方可作出。

所谓高级股东贷款，则指由发起人、关联股东或其他关联方作为贷款人，在高级债的受偿顺位，为项目提供的中长期贷款。高级股东债提供方与高级中长期贷款提供方平等受偿，即在项目运营期间与高级中长期贷款提供方在现金流瀑布的同一顺位受偿，并在项目进入执行阶段后与高级中长期贷款提供方在第一顺位分享执行收益，在有偿债承诺（Debt Service Undertaking，也称“DSU”）（见 5.3.6.1.1 节）的项目上与高级中长期贷款提供方共同享受 DSU 在其存续期间的保护。但考虑到明显的潜在利益冲突，股东高级债提供方在债权人间表决权上通常受到严格限制。

高级股东债可以作为初始高级债，也可作为额外债务[①]（如为扩建提供资金）投入项目，其额度将计入项目的债务总量（见 5.3.8.2 节）。

股东高级债通常是发起人为穷尽项目可用的杠杆空间所提供的体量有限的融资，而非项目融资的主要资金来源（否则也失去了项目融资之所以为项目融资的特性与优势）。资质雄厚的发起人可以将以低成本融得的公司融资或自有资金，以项目融资的高定价，作为高级股东债贷给项目公司，赚取资金成本差价。

（4）信用证授信

借款人在项目文件下，可能经对手方要求需就其特定履约或支付义务提供一定增信。如借款人选择以自身名义申请信用证（而非通过发起人母公司担保或向发起人追索的信用证），当相应义务被触发、对手方请求开证行支付且开证行作出支付后，便会产生对项目公司的求偿权，形成与项目公司之间的授信关系。此类授信由于对项目公司形成追索，在一定程度上构成对项目公司"资可抵债"状态的威胁（在某些法域，债权人可基于到期未付的债权在法院就债务人提起破产清算之诉），融资文件中通常对此类授信的劣后性和开证行在银行间决策中的权限作出要求。

（5）股本金过桥资金贷款

所谓股本金过桥资金，指发起人或关联股东为履行其在项目融资中股本金的支付义务，非以自有资金，而是通过利用项目公司举借外债（一般为短、中期的公司融资）所筹集的资金。股本金过桥资金贷款（EBL），指提供该等资金的贷款形式。具体而言，EBL 通常由各相关发起人提供母公司担保，承诺在某一时点（一般为项目预计完工之日）若项目公司不予清偿，将代项目公司清偿与其持股比例相当的 EBL 贷款金额；EBL 提供方基于母公司担保资质，向项目公司提供授信，贷款金额将直接注入项目公司账户并被视同为基础股本金，同时各发起人 / 关联股东将被视为已履行其基础股本金出资义务。在 EBL 与项目上的高级债并存期间，通常要求 EBL 提供方在受偿上全面劣后于高级债提供方，且除主张其在母公司担保下的获偿权外，不得就其债务对项目公司行使任何主张。同样的劣后条款亦适用于发起人或关联股东在其母公司担保下作出支付后，获得的对项目公司的代位求偿权。此外，鉴于 EBL 提供方放款能力直接影响项目股本金的到位与否，融资文件一般也会对 EBL 提供方

---

① 额外债务也称 additional debt，指借款人在满足一定条件下可以在现有债务基础上举借的债务，常见的为扩建提供的扩建债（expansion debt）、为改善产能提供的去瓶颈化债（debottlenecking debt）以及为落实法定或某阈值下开发提供的获准开发债（permitted development debt）。

的资质作出一定要求。

（6）运营期再融资等

许多绿地项目融资的主要风险来自建设期，当项目进入运营期，有了稳定的自我运行能力和盈利记录，发起人或可考虑以更低成本对现有融资进行置换。进入运营期的项目有时能够满足债券市场上更为保守的风险偏好，在一些较为成熟的项目融资行业和地域（如美国、中东的电力项目）也常见利用债券实现的再融资，在降低融资成本的同时，减轻项目通常在贷款下受到的监控和约束。

项目融资的主要渠道和授信方式可参见图 5-13 示意。

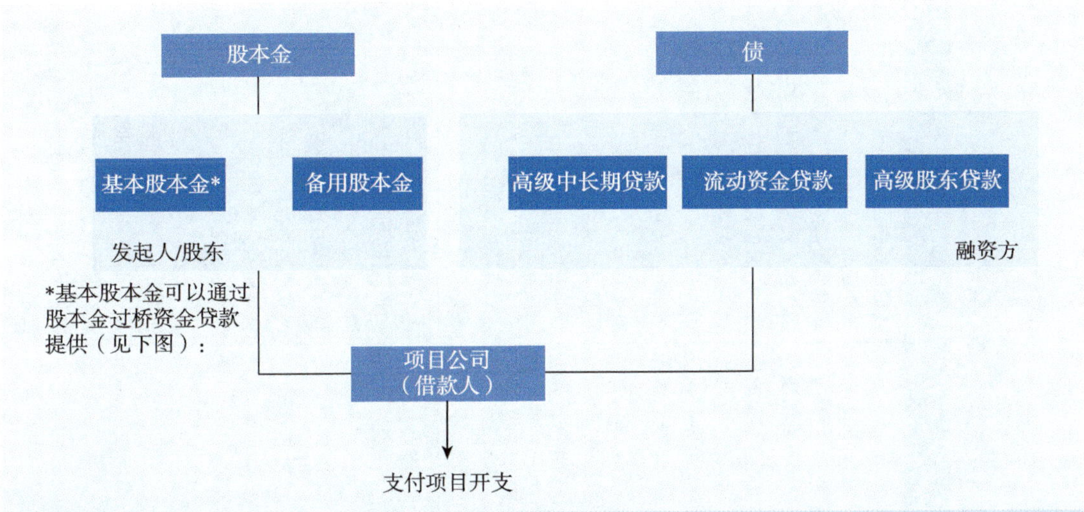

图 5-13A 项目融资的主要渠道和授信方式

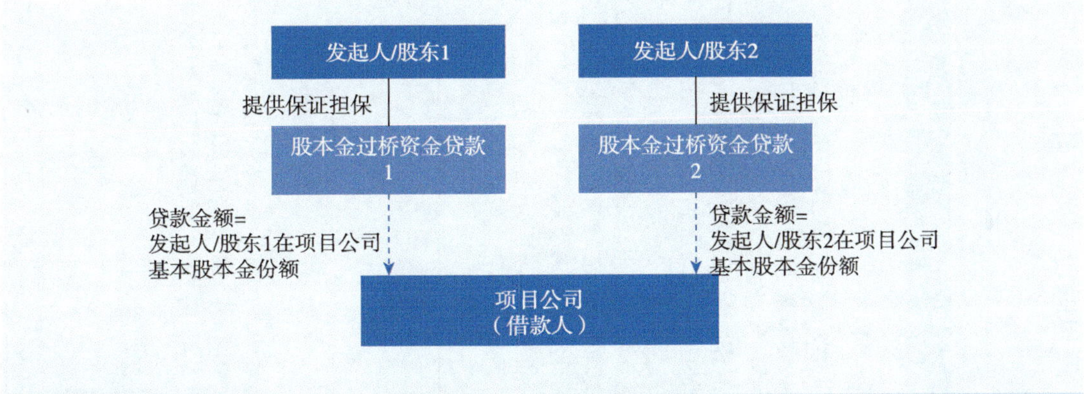

图 5-13B 项目融资的主要渠道和授信方式

5.3.4 项目融资主要文件

表 5-5 项目融资中的核心融资文件

融资文件	概念	主要条款
通用条款协议	如 5.3.3 节所述，项目融资通常规模较大，一般有多家金融机构的参与，高级债银团可能由多家出口信贷机构覆盖的不同子银团组成，整体融资结构中也可能包含高级中长期债、高级流贷、高级股东债等多渠道的授信。不同金融机构之间，尤其当由不同出口信贷机构支持（或无支持）时，授信条件可能有所不同；不同渠道的授信在条款安排上也将有所区别。在这种情形下，一般采用《通用条款协议》，将共同适用于全体融资方的条款提炼出来，以确保项目公司与各融资方之间就融资核心问题有一致、统一的约定，也有助于提高谈判效率。在《通用条款协议》的基础上，项目公司可再与相关融资方签订具体《贷款协议》，就仅适用于该等主体之间的特殊贷款条件作出约定。	《通用条款协议》一般就以下事宜作出约定： 通用定义； 各具体授信的额度； 首次提款和各次提款先决条件； 强制、自愿提前还款、取消承贷额； 税务、增加费用； 信息承诺、项目报告、项目预算； 项目财务指标测算、财务模型更新； 陈述； 积极、消极承诺； 保险安排； 违约事项； 融资方转让条件； 其他兜底条款等。
贷款协议	当融资方的参贷条件一致时，则无须签订单独的《通用条款协议》，而以《贷款协议》作为融资文件的主协议。如存在《通用条款协议》，具体《贷款协议》则主要负责约定适用于该授信的特殊条款。	无《通用条款协议》时，《贷款协议》将包含上述《通用条款协议》内容。存在《通用条款协议》时，《贷款协议》则将着重约定适用于该授信的： 特殊定义； 授信具体内容、目的； 提款机制和特殊提款先决条件； 特殊还款机制（如有）； 利率、利息计算与支付机制； 费用； 特殊陈述、承诺、违约事项； 如有出口信贷机构支持，与该支持相关的特殊条件（如买贷支持下的贷款用途和提款时拟付款适格性方面的先决条件，脱钩支持下对本国发起人持股比例的要求，为确保保单持续有效的相关信息披露义务，保费支付问题，保单失效后果，出口信贷结构对表决权的参与，等等）。

续表

融资文件	概念	主要条款
债权人间协议	《债权人间协议》乃约束各融资方（包括高级债提供方、高级股东债提供方（如有）、股本金过桥债提供方（如有）、对项目公司有追索的信用证授信提供方（如有）、对冲交易对手方（如有）以及各代理行、账户行等）之间事务的协议。《债权人间协议》主要就债权人间受偿顺位问题和决策问题作出约定，该等事宜同样约束项目公司的日常运营与管理，故发起人常常要求项目公司参与谈判并作为协议的签署一方。	《债权人间协议》一般就以下事宜作出约定： 各债权人间受偿顺位，次级债权人的相关劣后性承诺； 债权人间就收得款项的分享与分配； 债权人间决策机制，不同事宜适用的投票多数，对次级、高级股东债债权人投票权的限缩； 执行项目的决策机制及债权人间的协调，对次级、高级股东债债权人在执行项目权限上的限缩； 执行后收益在债权人间的分配； 其他事务性事项，如各代理行、账户行的聘任、权限、职责，各融资方的加入机制，等等。
股本支持、持股与次级化协议	《股本支持、持股与次级化协议》（以下简称《股本支持协议》），乃发起人与融资方，就具体交易中必须由发起人和/或其关联股东承担的义务，作出约定的协议。在项目融资的架构下，发起人与其关联方最为核心的义务则体现在股本金支持、持股承诺以及劣后承诺等方面。 这一协议在不同项目中名称不尽相同，也可作为几个单独的协议存在或包含在《通用条款协议》或《债权人间协议》之中，为阐述之便将此部分内容一并于此处展开。 在有偿债承诺的情况下，不一定需要签署单独的《股本支持协议》，项目建设阶段的资金和超支风险由发起人在偿债承诺下承担。	《股本支持协议》一般就以下事宜作出约定： 股本金支持：基础股本金与备用股本金、各自承诺额、形式（股份认购或股东次级债）、注入时间（如是否需在贷款放款前事先注入）、条件（如债股比、备用股本金触发条件如超支）、方式（如是否通过 EBL）、增信安排（如针对备用股本金承诺额提供的信用证）； 特殊发起人支持：如针对具体项目的具体风险敞口提供的特殊股本金支持以及相关增信安排（具体见 5.3.6.1.2 节）； 持股承诺：各发起人/关联股东的初始持股比例、（对于非一体化项目）上中游持股一致性的承诺、持股锁定期和锁定期后的最低持股要求、出让持股/项目权益的条件和被转让方的资质要求、出口信贷机构对本国发起人的特殊持股、管理权要求（如有）等，该等持股承诺和对发起人/关联股东转股的限制也可通过单独的《转股限制协议》予以约定； 劣后承诺：对于发起人/关联股东对项目公司享有的任何主张（不论基于股东次级债、EBL 母公司担保下支付后的代位求偿或任何其他事由）均应劣后于高级债债权人，除事先约定的例外情形外（如某发起人同时作为承包商在 EPC 合同下可主张的应付价款），该等劣后承诺也可通过单独的《从属协议》予以约定； 适用于发起人/股东的陈述、承诺、违约事项：如发起人/股东就自身制裁、合规等问题作出的陈述、承诺，违反持股、劣后、合规承诺而触发的个别发起人/股东违约事项等。
完工担保	《完工担保》指由发起人向融资方提供的担保，通常保证项目完工日不迟于指定日期（最终完工日），以及发起人将通过股本金注入或股东贷款的形式为项目提供资金，直至项目完工。	具体见 5.3.6.1.1 节。

续表

融资文件	概念	主要条款
偿债承诺	《偿债承诺》指由发起人向融资方提供的担保，通常发起人同意支付项目公司（作为借款人）在项目融资安排项下到期未付的任何款项，此外，如项目至最终完工日仍未完工，发起人同意一经融资方要求，立即清偿全部到期债务。	具体见 5.3.6.1.1 节。
账户协议	《账户协议》指融资方与项目公司就项目上的账户和现金流安排作出的约定。有关账户监管与现金流瀑布，见 5.3.7 节。账户协议的内容有时也可包含在《通用条款协议》之中，而不作为一份单独的协议存在。	《账户协议》一般就以下事宜作出约定： 项目账户：约定项目公司需为该项目开设的在岸与离岸账户；需使用的账户行；不得未经融资方同意关闭现有账户或开设新账户；需在全部项目账户（除分红账户外）上为融资方创设担保权益； 账户用途与流水：各账户的具体作用，可向其汇入的款项，可从其支出的款项，包括项目收益账户的主现金流瀑布、偿债储备账户和偿债储备机制、分红账户与分红条件等核心条款（具体见 5.3.7 节）； 获准投资：项目公司是否可将项目账户中的余额用作资本市场产品投资（如政府债券、公司债券），可动用哪些账户中余额，可投资的产品需满足哪些流动性要求，如何将投资变现等； 账户行作用：账户行对项目公司在账户上创设担保权益的承认，同意当项目进入违约后依融资方指示行事，包括接受违约事件发生后融资方可就账户采取的冻结、取现等执行措施； 其他事务性事宜，如账户利息安排、支取流程等。
担保文件	担保文件乃项目融资中为融资方创设担保权益的合同的总称。有关项目融资中的资产担保，详见 5.3.6.2 节。根据标的物所在法域，担保文件也可分为离岸担保文件与在岸担保文件。	项目融资中通常包括以下离岸和 / 或在岸担保文件，担保权益的具体创设形式（如固定 / 浮动抵押、质押、转让等）随管辖法的不同将有所不同，为阐述之便以下统称为担保： 针对发起人 / 关联股东所持有的项目公司股权所创设的股权担保，对其所享有的次级股东债转移转让； 项目公司不动产、土地所有权（如有）、土地使用权益担保； 项目公司动产担保（如全资产浮动抵押）； 项目公司账户担保； 项目公司合同权益（包括如项目文件、对冲交易协议、股东次级债）、知识产权（如有）转让； 项目公司保险、再保险权益转让，保险公司再保险权益转让，等等。
直接协议	直接协议乃项目融资中，融资方与项目文件对手方和项目公司签署的三方协议的总称。有关直接协议，见 5.3.6.3 节。	见 5.3.6.3 节。

表 5-6 项目融资中的核心项目文件

项目文件	概念	主要条款
特许经营协议 政府协议 东道国政府协议 政府间协议	东道国政府会在该等协议中授予项目公司开发、建设、持有、运营、转让和融资特定项目、资产或自然资源以及其他与项目开发相关的特权和保护。 在一些石油和天然气项目中，东道国政府会签署《东道国政府协议》和《政府间协议》以确保投资者的权益得到相应的保护。跨越多个国家或地区的项目中也可能涉及《政府间协议》，在跨境石油和天然气管道项目中尤为常见。 上游特许经营协议可采的形式多样，并根据市场而有所不同，如《特许经营协议》《生产共享协议》《服务协议》《许可协议》《租赁协议》等。	不同领域的《特许经营协议》从结构和内容上将有所不同，油气领域的《特许经营协议》一般将约定： 东道国政府对特许经营权的授予和授予期限； 应付政府方的款项，如特许经营费、税费、许可费或租赁费； 对项目实施时间进度的要求； 对政府持股的要求； 政府分成和相关财务报告与计算； 对项目公司违约及违约后果的约定； 特许经营终止事由和终止赔偿金； 政府在税收、法律变更、征收、外汇、兑换、土地使用股权、出口等方面的支持承诺等； 环保、社会、当地成分要求； 资产拆除义务，即在特许经营协议到期后，对项目设施 / 资产的拆除、清理、场地重置义务。
EPC 合同	《EPC 合同》，指项目的工程、采购、建设总承包合同。不同项目也可能选择签署多份 EPC 合同、分包合同和一份承包商间联合管理合同。	具备较好可融资性的《EPC 合同》通常将约定一揽子总价、建设工期、工程质量、物理完工测试、承包商就工期和工程质量提供的担保与赔偿金、承包商母公司担保或银行保函等。
运维合同	《运维合同》，指项目公司就项目资产的长期运营与维护与运维商签订的服务合同。 在油气项目中，发起人常常通过派遣的形式将运维技术人员派遣至项目公司，由项目公司自身负责项目的运维。在这种情况下，项目公司无须与第三方运维商签订《运维合同》，融资方将会关注项目整体的运维计划。	《运维合同》通常将约定运维商的义务，服务标准，收费，与项目销售、特许经营协议下相应的背靠背赔偿机制，运维商母公司担保或银行保函，重大维修计划，不可抗力风险，等等。
原料供应协议	《燃料供应协议》，在油气领域，通常指非一体化项目中的市场销售式模式中，上游参与方为中游（即被融资的）项目供给中游项目运营所需原料的协议：如液化天然气项目中的天然气供给协议，原油冶炼或化工项目中的原油供给协议等。	《燃料供应合同》通常将约定上游供给方的“delivery or pay”义务，燃料规格和不达标赔偿，储量问题，不可抗力风险，终上事由与赔偿机制等。

续表

项目文件	概念	主要条款
服务协议	《服务协议》，在油气领域，通常指非一体化或混合式项目中的服务费式模式中，约定中游项目提供加工或运输服务并收取服务费的协议。	《服务协议》通常约定项目公司服务范围、标准、服务费的组成（包括固定部分以覆盖资金成本（即股权融资和债权融资成本）、浮动部分以充分覆盖浮动运营开支），对手方（即 toller/user）的付款义务，不可抗力风险，终止事由与赔偿机制等。
销售协议	《销售协议》，在油气领域，通常指一体化项目或非一体化项目中的市场销售式模式和混合型项目中，项目公司（或混合型项目中的上游参与方）出售中游加工产品，获得销售收入的协议。	《销售协议》是前述融资模式中的项目收入来源，是融资方重点关注的项目文件之一。典型的《销售协议》将就以下核心问题作出约定：期限 [长期协议（长协）、中短期协议或现货协议]，承销商就最低约定量的照付不议义务，定价公式、斜率、参考指数、价格复议机制，交货方式（FOB 或 DAP），项目公司（或上游参与人）不交付或交付不达标的赔偿机制，不可抗力风险，终止事由与赔偿机制等。
运输协议	在油气领域，《运输协议》通常为石油或天然气货运合同，由项目公司与承运人 / 买方签订以运输石油 / 天然气到某一特定地点，通常采用国际贸易通用条款（如 UCC 或国际贸易术语 Incoterms）。	《运输协议》中通常会对风险转移时间点和交货方式进行约定，比如约定在货物从项目公司的工厂出发时，货损风险即转移给承运人 / 买方（FOB）[①]。另外，《运输协议》中还会包括运输保险、延期交付责任、关税由哪一方承担的约定等。
土地使用协议	《土地租赁 / 使用权协议》指项目公司与土地所有权人签订的土地租赁协议或土地使用权协议。有的法域允许项目公司直接取得土地的所有权，无须另行签订土地使用协议。土地所有权人一般为东道国政府部门或有权机关。	《土地租赁 / 使用权协议》需结合东道国土地法具体分析，但应至少确保项目公司享有实施项目所需的土地使用权，包括该等权利是否存在瑕疵、争议、是否涉及其他用地主体的地役权等。项目公司此外也需要确认其是否允许在该土地使用权上为融资方创设担保，是否享有该土地上在建和已建工程的所有权，且是否享有在该等不动产上为融资方创设担保的能力。
核心技术许可	《核心技术许可》，通常指某核心技术的所有人（如项目上的承包商、分包商），以一定许可使用费，允许项目公司在项目建设和 / 或运营中使用该核心技术的许可。《核心技术许可》通常关系着项目能否正常运营。	对于《核心技术许可》，项目公司应关注技术所有权人在就该技术产权上不存在瑕疵、争议，许可范围是否充分、以确保项目公司能够开展项目所需的全部活动，技术所有权人对项目公司的培训等配套支持，许可费相关事宜、终止事由是否合理等。此外，此类许可在保密、转让、创设担保权益等问题上相对敏感，项目公司应确保其有能力在该许可上为融资方创设担保，以确保项目若被执行，该等许可可一并予以转让。技术所有权人可能要求与项目公司和融资方达成一定保密或技术许可托管方案，以确保即使出现项目被执行的情形，其技术内容的保密性仍有保障。

① Practical Law,Delivery of Goods.

表 5-7 项目融资中的其他商务文件

其他商务文件	概念	主要条款
联合运营协议	《联合运营协议》，通常指以非注册联合运营体形式组织起来的上游参与人，就其在上游的参与利益、上游业务的联合运营、出资与决策机制，以及与其他参与人的权利义务关系等事宜达成的约定。非一体化或混合型项目中，《联合运营协议》通常不作为项目文件受到融资方监管（但通常是尽调对象）。	在非一体化或混合型项目中，融资方从尽调角度通常关注的《联合运营协议》事宜包括上游参与方的参与利益，出资机制，决策机制，上游业务的运营安排、运营代表的资质与选聘机制，对违约参与方的惩戒、买断机制，上游参与方退出、转让机制等。
股东协议	《股东协议》，通常指股东间就项目公司持股、管理、决策等事宜达成的约定。项目公司一般不作为《股东协议》签署方，《股东协议》通常也不作为项目文件受到融资方监管（但通常是尽调对象）。	融资方从尽调角度通常关注的《股东协议》事宜包括股东的持股份额，注资机制，决策机制，项目公司的运营与管理事宜，对违约股东的惩戒、买断机制，（受制于融资文件对持股的要求）股东退出、转让机制等。

5.3.5 项目融资的主要风险因素考量

如 5.3.1.2 节所提及的，一个项目的“可融资性”问题可概括地依据表 5-8 所述框架展开分析。

表 5-8 项目“可融资性”分析核心考量因素

风险因素	范畴	风险分配与缓释
政治、特许经营风险	项目融资中所指的政治风险一般包括通常称为政治性不可抗力的事件（即不完全在东道国政府控制之内的事件，如战争、社会动乱、罢工、恐怖主义行为等）以及其他基于政府决定或政府行为的事件（如汇兑限制、征收、法律变更、政府违约、无理撤销或拒绝审批等）（有关国内政治环境，具体见 3.1.1.1 节）。 政治风险的分配与缓释主要通过项目方与政府方签订的《特许经营协议》以及融资方、项目方与政府方签订的三方《政府直接协议》实现。该等协议下的政府对手方信誉、权限、终止赔偿金的支付能力与增信方案也是项目融资中政治风险方面的重要考量。	融资方通常要求项目在政治风险上与东道国政府有着合理、可靠、可执行的风险分配。从结构上，发起人/特许经营权人可考虑以下缓释： 通过《特许经营协议》（有时亦有政府针对具体项目或自然资源出台的特殊法令），将政治风险尽可能转嫁给东道国政府。一个可融资的《特许经营协议》（以及相关特殊法令下的投融资框架）一般应就以下事项作出约定： 政治性不可抗力：政府有一定能力干预但其发生并不完全在政府控制范围内的风险性事件，如战争、罢工、社会动乱等；政治性不可抗力发生期间，一般予以项目义务上的减免，政府为承购方的项目上政府将支付一定金额维持项目收入；长期政治性不可抗力一般视为政府违约； 法律变更、无理撤销或拒绝审批：歧视性法律变更（即一般指明确适用于具体项目、同类项目或具体发起人方，而不仅仅是间接或后果性的或普遍适用的法律变更）或针对项目的审批问题通常视为政府违约；《特许经营协议》下针对此类风险的相关缓释措施常包括政府一次性赔偿金（罕见）、在政府作为购买方的电力和基建项目上，调整政府应付费率、延长特许经营期、特许经营权人终止权、主张政府赔偿的权利、或者单纯的合同违约赔偿请求权等；非歧视性法律变更通常是发起人方/特许经营权人承担的项目风险，但一些《特许经营协议》可能会允许双方就非歧视性法律变更影响达成合理修改协议。

续表

风险因素	范畴	风险分配与缓释
政治、特许经营风险	项目融资中所指的政治风险一般包括通常称为政治性不可抗力的事件（即不完全在东道国政府控制之内的事件，如战争、社会动乱、罢工、恐怖主义行为等）以及其他基于政府决定或政府行为的事件（如汇兑限制、征收、法律变更、政府违约、无理撤销或拒绝审批等）（有关国内政治环境，具体见 3.1.1.1 节）。 政治风险的分配与缓释主要通过项目方与政府方签订的《特许经营协议》以及融资方、项目方与政府方签订的三方《政府直接协议》实现。该等协议下的政府对手方信誉、权限、终止赔偿金的支付能力与增信方案也是项目融资中政治风险方面的重要考量。	征收、私有化：一般视为政府违约，可能允许有限的有补偿的政府征用；发起人和东道国政府一般会就此类补偿机制进行仔细磋商；油气行业中，补偿款通常基于项目资产的公允市场价格； 汇兑限制：存在汇兑限制的东道国可能给出一定汇兑支持；政府实施汇兑限制或终止汇兑支持一般被视为政府违约； 违约事件和终止赔偿：发生前述政府违约事件后，项目公司一般有权终止特许经营协议；电力和基建项目通常存在政府支付终止赔偿金机制，政府违约事件导致《特许经营协议》终止赔偿金一般覆盖项目股本金和高级债以及一部分的股东回报；项目因自身原因或自然不可抗力原因导致特许经营协议的终止，政府赔偿金一般只将覆盖高级债和一定资产价值；与电力和基建项目不同，赔偿金安排油气项目上并不常见；发起人和融资方更多依赖项目整体经济性和商业激励（见下文）达到缓释东道国政府违约风险作用； 选择政府方自身或可靠的当地合作方作为共同发起人（但需考虑政权更迭可能带来的负面效应）； 达成有利于东道国发展的经济条件，如政府分成、对当地市场的供给、对当地人力市场的贡献等； 引入多边机构、出口信贷机构的参与、购买（股权）政治险等。
项目建设和完工风险	项目建设与完工风险指项目在建设期间由于各种原因无法如期或无法在预计成本内完工的风险。	融资方愿意和发起人共同分担建设和完工风险的程度取决于项目的总体国家风险、技术风险（如融资方往往更愿意在采用成熟技术的项目上承担该风险）、技术尽职调查、工程分包数量以及当时的整体市场流动性等。油气项目，特别是位于发展中国家的油气项目，存在高度的不确定性和较高的建设期风险，发起人往往会选择通过提供完工支持（DSU 或完工担保）的方式来承担全部的建设和完工风险。相比之下，在较为成熟的市场（如美国或中东地区）上且特别是在资金流动性较高的时期，资质较好的发起人才可能将一部分建设和完工风险转移给融资方承担，在这些较为成熟的市场上，资质足够强的发起人不仅在发展成熟的电力和基建领域，甚至在较为复杂的油气项目上也可能实现和融资方共同分担建设和完工风险。 在融资方分担部分建设和完工风险的项目中，融资方一般依靠尽职调查、保险和针对 EPC 承包商 / 其他第三方的补救措施缓释该风险。 下文将针对具体建设和完工风险介绍可供发起人和融资方考虑的额外缓释措施。
	承包商建设工期延迟致使项目无法如期投产的风险（项目公司可能面临特许经营协议和 / 或承购协议下的赔偿金）	融资方通常要求在贷款协议中设定最后完工截至日，如逾期仍未完工，融资方可宣布违约并加速到期全部债务。 发起人可考虑签订固定价格交钥匙模式 EPC 合同，就建设总工期和具体里程碑工期，以及承包商由于自身原因无法如期完工的赔偿金机制作出明确约定（并就赔偿金的支付要求承包商提供资质充分的母公司担保或备用信用证），由此将该风险转嫁给承包商。 发起人可购买或要求承包商购买投产延误保险。

续表

风险因素	范畴	风险分配与缓释
项目建设和完工风险	建设成本超支、出现（如用股本金）垫资需求的风险	大型项目融资中业主方通常会在财务模型中预留一部分或有建设开支，并就该部分可能发生的超支作出相应的筹资计划，如按照项目债股比的备用债与备用股本金。项目发生在该预留范围内的开支，将由备用债与备用股本金按照一定顺序（如股本金在先、或按比例同时）和事先约定的债股比作出应对。 对于筹资计划之外的超支，融资方通常要求由发起人方承担该风险。 发起人应考虑选择固定价格 EPC 合同中，就承包商可提出的成本增加请求作出明确限定，一定程度上将该风险转嫁给承包商。 就无法转嫁的超支部分，融资方通常要求发起人提供一定完工支持，如建设超支支持、完工担保、偿债承诺等（具体见 5.3.6.1 节）。
	建设工程质量、产量不达标的风险	融资方通常要求由发起人方承担该风险（如设置严格的“完工测试”，具体见 5.3.8.3 节）。 发起人应在 EPC 合同中就工程完工指标以及承包商由于自身原因无法如约交付工程的赔偿金机制作出明确约定（并就赔偿金的支付要求承包商提供资质充分的母公司担保或备用信用证），由此将该风险转嫁给承包商。 资质较强的发起人也可从融资方处争取一定灵活性，如在产量不达标（但高于某底线）时，要求项目可按一定计算方式提前还款，以将项目债务降低到项目现有产量可以支持的水平（即一般所称的债务减持）。融资方此时相当于需要被迫接受一个不如财务模型中所预估的项目，也因此在有能力的情况下排斥此类灵活性的存在。
	各承包商间（如采用多个 EPC 合同）的建设管理风险，以及项目间的界面管理风险（如上游中游间项目的对接、进度调配）	融资方通常要求由发起人方承担该风险。 发起人可考虑签订固定价格交钥匙模式 EPC 合同，将（分）承包商间界面问题转嫁给总承包商。 对于项目间的界面问题，发起人应从技术上充分考虑建设进度协调和承包商间的管理问题，可考虑通过聘请专业建设管理人协调相关工作。
	技术类风险（如采用市场上先进技术或设备的项目风险或项目设计风险）	融资方通常要求由发起人方承担该风险（如设置严格的“完工测试”，具体见 5.3.8.3 节）。 发起人应做有充分的技术尽调、选择具备充足资质和经验的承包商。
	土地、用地风险	土地、用地风险通常由提供土地或土地使用权一方承担。例如，在东道国政府提供土地或土地使用权的情况下，发起人方一般会通过《土地使用协议》将土地、用地风险转嫁给东道国政府。 发起人应做充分的土地和土地使用权尽调。
	建设期的环境、社会、健康、安全、合规等风险	见下文法律、E&S 与合规风险。
	建设期自然不可抗力风险	融资方通常要求由发起人方承担该风险。 发起人需通过购买（和 / 或要求承包商购买）建设期商业保险尽可能转嫁该等风险。

续表

风险因素	范畴	风险分配与缓释
项目建设和完工风险	建设期政治不可抗力风险	见上文政治风险。
项目运营风险	项目运营风险指项目在运营期间由于各种原因无法正常或持续运营，进而影响项目收入和偿债能力的风险。具体可体现为：	进入运营期，一般认为融资方与项目公司将在一定程度上共担项目运营风险。此时，项目应已满足融资方的完工测试，完工担保（如有）亦应已获释放，融资方对项目的追索则也成为真正意义上的有限追索。故在运营期间，融资方也将要求一系列结构性的保护，如融资文件下的现金流管控、分红限制、偿债储备等（具体见 5.3.7 节与 5.3.8 节）。除此之外，针对以下具体问题，发起人和融资方亦可通过以下方式缓释一定运营风险：
	运营、维护不善	为项目聘请经验丰富、信誉良好的运维商和项目管理团队；严格把关运营与维修计划和预算；在油气项目中，融资方通常依赖运维商及负责运维的主要发起人的业绩经验，并且通过持股要求锁定其在项目的持续参与，从而确保项目的顺利运营和维护。 发起人可通过运维合同就运维商不善经营等违约事项规定明确的赔偿金制度、设定合理的赔偿上限，并就赔偿金的支付要求运维商提供资质充分的母公司担保或备用信用证；但需注意运维商一般收取固定费用，其赔偿事项与金额均相应有限，通常不将其视作对项目损失的转移。 相应地，发起人亦可通过运维合同，为运维商有效运作项目设备、提高项目产能提供一定经济激励。
	设备自身故障	对于在质保期间内可归咎于承包商的设备自身问题，可通过 EPC 合同下的质量保证条款等方式转嫁给承包商；但需注意承包商质保通常有一定年限。
	运营期自然不可抗力风险	发起人需通过购买运营期商业保险（如设备损害险和业务中断险）尽可能转嫁该等风险。
	运营期政治不可抗力风险	见上文政治风险。
商务与市场风险	项目商务与市场风险指项目所承担的来自商务对手方和市场价格波动的风险，主要体现在项目运营期，影响项目的收入能力（故也称收入风险）。如前述 5.3.2.2 节中所述，不同商务结构的项目承担不同程度的商务与市场风险，具体而言：	类似于运营风险，一般认为融资方与项目公司将在一定程度上共担项目收入风险。项目在越大程度上承担该等风险，融资方则也将在越大程度上提高对承销商资质、销售计划、承销安排、宏观市场需求、价格波动等因素的尽调和合同上的管控。

续表

风险因素	范畴	风险分配与缓释
商务与市场风险	一体化结构以及非一体化结构中的市场销售式结构与承担市场风险的混合型结构： 项目销售计划与可行性 承销份额 承销长协期限、条款安排、定价公式、价格复议条款 承销商的资质、经验 运输安排 非一体化结构中的服务费式结构： 服务费的组成、或有扣减 服务合同终止事由和赔偿机制 服务合同对手方资质	融资方分担项目所承担的商务与市场风险，故将着重关注以下事项： 前期市场尽职调查 发起人的销售计划（如是否由发起人包销而或由第三方承销、承销份额、长期购销协议合同安排、目标市场）需切实可行，另融资方满意，得到融资方市场顾问（如有）的市场报告支持。 融资方可能要求项目需在贷款存续期间保持一定比例的产量由长协所覆盖，即承销份额；如长期购销协议提前终止或对手方不满足最低资质，发起人应及时作出替换以满足最低承销份额；资质较强、销售经验丰富的发起人可考虑争取一定份额的现货销售灵活性，以在现货市场上获取更高利润。 长协安排上，融资方将关注其期限是否能够覆盖整个贷款存续期间、承销商是否有照付不议义务（如其因自身原因未能提货时）、项目方由于自身原因无法供货时的赔偿（金额是否合理、发起人包销情况下是否可劣后与偿债）、定价公式及其所援引的市场指数所指向的市场风险、价格复议是否过于频繁、双方对长协的修改权是否过于灵活等。 融资方将就承销商的信誉资质作出尽调，对资质不足的承销商可能提出增信要求，并可能要求承销商在长协维持一定最低资质等。 项目本身不直接承担商务与市场风险，融资方所关注的风险亦相应有限，主要包括： 服务费的组成是否充分覆盖偿债和浮动运营开支、是否存在不可控或不合理的扣减。 服务合同终止事由和赔偿机制是否合理。 服务合同对手方的信誉、资质，是否需就付款义务提供增信。
供应链风险	油气项目的产业链结构决定了油气项目将在一定程度上面临上游的油气开采与供应风险（也可理解为上游的“运营”风险）。不同商务结构的项目承担不同程度的供应链风险，具体而言：	类似于上文运营风险部分，融资方也将在融资文件中就供应链风险提出一系列结构性保护要求。除此之外，针对不同项目结构，融资方还将着重考虑以下事项：
	一体化项目： 上游油气开采与供应乃一体化项目中被融资范围中的一环，融资方对上游权益与相关合同享有追索权，故一般亦接受上游的运营风险 除运营风险外，上游油气储备风险亦构成供应链风险一大要素；融资方一般将聘请专业储备顾问就上游储备进行尽调，同意融资的项目通常意味着融资方接受其储备风险	发起人为确保项目可融资性应关注融资方在一体化项目中会重点考虑下述事项： 上游运营商的资质、经验尽调。 储备尽调和储备报告；在融资方承担储备风险的一体化油气项目中，融资方通常会根据尽调和储备报告预先评估风险，但通常不会要求在贷款期限内就储备进行重新测试或认证。此外，在评估储备充足性时，融资方通常会要求在债务期限之外有足够的储备结余。

续表

风险因素	范畴	风险分配与缓释
供应链风险	非一体化结构中的市场销售式结构与混合式结构： 中游被融资项目依赖上游油气供应且通常无可替代油气供应来源，但融资方却对上游权益与相关合同无追索，在更大程度上曝露于上游的运营风险当中 中游项目及融资方同样承担上游储备风险	融资方关注供应链风险的程度取决于该非一体化项目供应链的来源。如果供应来源为第三方且供应充足（如供应直接来自天然气网络），融资方一般主要关注原料供应安排、供应安全和价格的尽调以及终止权的平衡。但是如果供应链来源为上游项目，融资方将更加关注中上游项目间的相互依赖性和相关风险，着重考虑以下事项： 上游运营商的资质、经验尽调。 上游与中游在商务上的互相依赖性、发起人在上、中游的共同权益、发起人在上游的自有资金投入等商业考量（换言之，发起人是否有着充足的商业激励，使得其有充分理由确保上游的妥善运营和向中游的油气供应）。 发起人针对油气供应是否作出充分承诺（例如，某上游发起人违反供应承诺时融资方是否可以执行项目或至少关联股东的股份）。 中游项目完工时，对上游项目的物理和运营完工是否做出充分测试，如要求仅当上游项目同样满足完工条件时方同意释放中游完工担保。 储备尽调和储备报告。
	非一体化结构中的服务费式结构中，服务协议对手方在中游项目可用情况下支付服务费，不论其是否提供相应原料为中游资产所处理，故中游项目原则上不承担上游供应风险	如供应链仅仅来源于上游项目，中游项目整体可行性将受上游供应风险影响，这也往往是融资方在此类项目上重点关注的问题。
法律、E&S与合规风险	具体项目涉及的法律、E&S与合规风险，包括对项目所在地法律环境的分析（具体见3.1.2节）、项目所面临的E&S挑战和需满足的E&S标准（具体见3.1.2.6节）、适用于项目和项目所在国的制裁、反贿赂与反腐败、反洗钱与反恐怖融资等合规问题（具体见3.1.2.7节）	融资方通常将聘请专业法律与环评顾问团队就上述问题进行尽调并在合同中以陈述与承诺等方式作出约束；针对E&S风险通常要求项目制作令融资方满意的环评风险报告和行动方案作为提款先决条件和定期报告义务。发起人亦应征询专业团队以及早应对融资方就此类风险的尽调与谈判工作。
项目间风险	项目间风险泛指被融资项目与其他项目之间由于不同原因可能产生的协调、干扰、竞争等问题。具体可体现为： 非一体化项目中，被融资中游项目与上游项目的相互进度协调、对接、调试等问题； 被融资项目与邻接项目对关联基础设施（如共用装运码头或仓储）的使用协调问题； 被融资项目与邻近竞争项目间的干扰问题、就公共设施的协调使用问题； 被融资项目未来扩建对现有项目的干扰问题、扩建后资产与现有资产对关联基础设施、上游资产等共同使用协调问题等	不同项目所面临的项目间问题需结合项目实际做具体分析。油气项目中比较具有可预见性的项目间风险即扩建风险。融资方为尽可能避免扩建为现有资产带来的不利影响或不确定性，在扩建条件上一般提出较高约束；发起人在已知有扩建计划的情况下，应尽可能争取项目扩建的灵活性，如在不影响项目当下经济性等前提下，可另举外债进行扩建的权利等。

为缓释本节中所提示的各类项目融资风险，项目融资相较一般公司融资更加注重以下结构性的缓释措施。

表 5-9 项目融资的结构性缓释措施

增信安排 （见 5.3.6 节）	账户与现金流瀑布 （见 5.3.7 节）	特殊融资条件 （见 5.3.8 节）
发起人支持——对发起人的追索 资产担保包——对项目资产与权益的追索 直接协议与第三方增信——对第三方的追索	现金流瀑布——确保现金流走向与顺位 储备账户——确保项目中留存一定偿债储备 分红限制——确保项目出现问题时现金将留存在项目中而不外流	股本金相关安排 项目的经济性（债务总量、财务指标与测试、信用违约） 完工日与测试 报告、预测、通知义务 特殊贷款用途、提款先决条件、陈述、承诺、违约事件

5.3.6 项目融资增信安排

项目融资是基于项目资产和现金流收益的有限追索融资，如何通过增信安排的设计来缓释项目不同阶段所面临的不同风险（见 5.3.5 节），实现项目整体的可融资性，是发起人融资谈判的重点。本节所指的增信安排，泛指包括发起人支持（如完工担保或偿债承诺、特殊股东支持）、资产担保、直接协议和其他第三方增信在内的增信安排。

5.3.6.1 发起人支持

虽然为有限追索的融资，针对融资方无法承担的风险敞口，实践中发起人仍可能应融资方要求，或出于对融资成本的优化，以担保、流动性支持承诺、维好等方式提供一定支持。

5.3.6.1.1 完工支持

发起人支持中较为常见的乃针对项目建设与完工风险（见 5.3.5 节）的支持，也称完工支持；而完工支持中，又以相对全面的完工担保与偿债承诺最为常见。

油气领域中，项目建设安排往往十分复杂、建设期风险较高，发起人通常选择提供全面的完工支持，以增强项目的可融资性，同时减少融资方对建设期项目安排的尽调、干预和控制。通过提供全面的完工支持，发起人实际上将建设与完工风险转化成为发起人自身的资信与支付风险，以相对有上限的发起人或有债务换来更为可控的融资成本和更高的融资落实效率。

- 完工担保：指发起人就项目将于某截止日前实现完工而给出的担保，并以股本金或股东次级债的方式保障项目完工所需的、未由项目融资覆盖的全部资金。
- 偿债承诺：指发起人或其关联方（以下称偿债承诺提供方）在 DSU 释放条件达

成前，就项目公司以下偿债义务提供的担保：

—项目公司任何一期到期未付的债务 [如建设期利息、完工前还本（如有）]。

—若项目发生重大违约事件（如项目公司破产、放弃项目、项目重大毁损、项目未能于最后完工截至日（一般称为 Completion Long-Stop Date）前完工，具体见 5.3.8.5 节），经融资方加速到期，项目公司的全部到期债务。

—若某个别发起人发生违约，经融资方加速到期，项目公司相当于该发起人参股比例的到期债务。

相比完工担保，偿债承诺一般被认为赋予了融资方在建设期间更为全面和及时的偿债保障，也更多地应用于大型油气项目中。发起人考虑提供偿债承诺，应关注以下事宜。

➢ 偿债承诺提供方的资信：在有偿债承诺的项目上，偿债承诺提供方的资信问题便成了融资方在建设期间最为关注的风险。为有效实现偿债承诺的目的，发起人应选择具有良好资信的关联方（或自身）作为偿债承诺提供方（一般至少具有投资级或以上评级）。融资文件一般也会要求，当发起人转让其持股份额时，需保留或同时将其偿债承诺覆盖份额转让给具备一定资质的受让发起人或其关联方。

➢ 偿债承诺提供方之间关系：偿债承诺一般由各发起人按照其各自持股份额，以互不连带的形式提供，任一发起人对其他发起人在其偿债承诺下的作为或不作为不承担任何责任。当项目发生逾期未付或重大违约时，融资方可就全体偿债承诺提供方主张偿债，但各偿债承诺提供方仅以其持股比例为限作出支付；当某个别发起人发生违约时，融资方仅可就该违约发起人的关联偿债承诺提供方主张偿债，并以该方在项目中的担保比例为限。

➢ 偿债承诺何时释放（一般称为 DSU Release）：偿债承诺旨在转移建设与完工风险，故当项目已实现完工、具备了独立运营和创收能力时，则应予以释放。如何设计所谓的偿债承诺释放条件，便成了发起人与融资方博弈的焦点之一。从发起人的角度，偿债承诺得以尽早释放，该或有债务便可尽早从其报表中移除，项目风险也得以尽早形成与发起人的隔离，实现真正意义的有限追索。从融资方的角度，释放了偿债承诺便失去了对发起人的追索，故需从各方面考察项目是否真正达到了约定的物理标准和运营能力。此处所指的完工，涵盖了狭义的物理完工，亦包含了更为广泛的运营能力测试、保险测试、环境与社评测试、财务测试、法务测试等融资方完工测试的达标。具体完工测试的范畴与标准，将根据不同项目的所在领域、技术难度、具体尽调结果的不同而有所不同。

除了前述的两种较为全面的完工支持，发起人也可争取一些相对有限的完工支持，如仅针对项目超支部分提供资金的承诺、仅在项目资金出现缺口时提供资金缺口支持的承诺、在金额上有上限的偿债承诺、承诺在项目不完全达标时提前偿还部分债务的承诺，等等。

并非任何项目均需要发起人给出前述完工支持。对于建设风险较低、承包商资质优越、EPC 合同具备充分可融资性（如工期固定、价格固定、交钥匙、赔偿机制合理且有充分增信支持的 EPC 合同）的项目，抑或在融资方已普遍接受建设期风险的行业或市场（如中东地区的绿地电力项目），发起人完全可以通过谈判免除或最大限度地限缩其在建设期需要提供的支持。

5.3.6.1.2 特殊发起人支持与承诺

在项目进入运营期后，一般认为融资方将与项目公司共担运营风险，对发起人（除就其给出的如股权担保外）不再享有追索权。实践中，视发起人的谈判地位，仍有应融资方要求就特定风险敞口提供特殊支持的情形。此类支持一般仅针对通过项目文件谈判未能被合理分配、而融资方又无法接受的遗留风险，故一般在触发条件、时间和支持金额上均有相对明确的限制性约定。

此类特殊的发起人支持可采取的形式多样，包括维好协议、有限的流动性支持、备用股东贷款、针对具体风险的发起人承诺等。

5.3.6.2 资产担保包

作为有限追索融资中可被追索的资产，项目融资的资产担保包承担着多重目的。

- 攻击性目的（抵债）：资产包内容应尽可能覆盖全部有价值、可出售的资产，以最大限度地将执行后收益用于偿债。
- 抵御性目的：资产包内容应尽可能全面，并佐以消极抵押承诺，以确保高级债提供方在执行时绝对的优先级顺位，无来自第三方担保权人的竞争。
- 管理和持续运营目的：资产包内容应尽可能全面，以赋予高级债提供方在项目出现困难时，通过指定代理人全面接手、拯救项目的能力；若选择将项目转手，被转让的资产也应尽可能全面，以确保转让后的项目仍具备持续运营的能力。
- 破产程序主导目的：资产包内容应尽可能全面，以确保高级债提供方作为担保权人在破产程序中的主导能力。

出于前述考量，项目融资的融资方通常对资产包的全面性有着很高要求，内容如图 5-14 所概括[①]；有关相应的担保文件，见 5.3.4 节。

① Graham Vinter,Gareth Price,and David Lee.Project Finance:A Legal Guide.Fourth Edition.Sweet & Maxwell,2013:page 299.

担保标的物	担保标的物提供方		
	借款人/项目公司		股东/母公司
股份			项目公司股份
资产（固定抵押/浮动抵押）	项目资产	项目设施/厂房/场地	
账户	在岸账户/离岸账户	项目账户/一般银行账户	
权益和应收账款	特定项目文件项下的合同权益 知识产权	保险合同、再保险合同 对冲协议	股东贷款/集团间贷款

图 5-14 项目融资中的资产担保

在一体化项目中，资产包还将覆盖上游参与方在项目中的参与利益。

发起人在资产包问题上的谈判空间相对有限，但通常会争取将分红账户（见 5.3.7 节）、非重大合同下的权益、非项目公司单独拥有的资产（如共有权益无法拆分时）等标的排除在资产包之外；针对资产包之内的资产，则应在相应管辖法允许的范围内争取最大的自主权和灵活性。

执行资产担保往往需要资产所在地法院的判决，项目融资中的资产担保通常选择具体资产所在地法律作为管辖法，以当地有权法院作为争议解决机构。资产担保可采取的形式受当地的物权、担保法约束，创设与完善担保的注册、登记、备案等手续也需遵循当地法要求。在具体项目实施过程中，应视需征询当地法律师意见。

5.3.6.3 直接协议

直接协议乃项目融资在增信方面较为特殊但尤为重要的环节。所谓直接协议，指融资方与项目核心项目文件的对手方“直接”签署的协议，事实上是由项目公司一同作为签署方的三方协议。直接协议的核心意义在于在融资方和项目文件对手方之间创设“直接”的合同关系，而该等合同关系的核心目的则是让项目公司（或执行后经更换的新项目公司）尽可能保有其赖以存续的核心项目文件（如特许经营权协议、EPC 合同、运维合同、购销合同等）。为实现该目的，直接协议通常就以下事项作出约定。

- 冷静期与介入权：当项目公司在相关项目文件下出现违约时，对手方承诺予以项目公司和融资方一定时间的冷静期，冷静期内，融资方可“介入”该合同，代替项目公司救济相关违约，仅当违约于冷静期结束仍未得到救济时，对手方方可在该项目文件下对项目公司采取暂停履约、终止合同、提起诉讼等执行行为。

- 融资方转让权：当项目公司在相关项目文件下或融资文件下违约，融资方可在一定期间内决定是否替换项目公司，将该项目文件整体转让给一家新的项目公司继续履行，在决定期间内，对手方不得终止合同或以其他方式对项目公司提起主张；当融资方决定将合同转让，且选定的受让方满足约定的适格条件时，对手方应配合融资方完成合同的转让。
- 对手方对融资方担保权益的承认：如上文对资产担保包的描述中所述，项目公司一般需将其在核心项目文件中的权益转让给融资方，融资方在执行项目后，可主张项目公司在该合同下的全部权益（如应收账款）或将合同转让给其他接手第三方。为确保融资方担保权益在未来执行时的确定性，直接协议通常要求项目文件对手方就这一权益转让安排作出明示确认。依管辖法不同，有的法域也要求转让协议需经对手方明示同意方具有效力。

5.3.6.4 其他第三方增信

5.3.6.4.1 商业保险

对于无法通过项目文件实现风险分配的自然不可抗力风险，项目公司通常需要通过购买商业保险予以缓释。融资方通常在保险顾问的协助下对项目进行保险尽调，并针对具体项目所在行业领域和地域，与项目公司达成一份融资方保险方案要求（如建设期全险、建设期第三责任险、建设期延迟完工险、运营期全险、运营期业务中断险、恐怖袭击与破坏险等）。项目公司需聘用保险经纪人，依据融资方案在市场上购置相应保险。具体的保险险种和投保方面应注意的事项不在本指引范围之内，项目公司应征询保险经纪意见，同时也建议项目公司核实项目所在法域是否有须在当地保险公司购置直保的规定，如有，融资方一般会要求项目公司针对在当地购置的直保，向具备一定资信的国际再保险公司购买再保险。

单纯从法律的角度，通常被纳入谈判事项的保险争议点包括：

- 保险与再保险合同上的担保权益：如上文资产担保部分所述，项目公司在其直接保险和再保险险合同下的权益，以及保险公司在其再保险合同下的权益，通常均需转让给融资方。发起人/项目公司应注意相关管辖法域是否允许此类保险或再保险权益的转让，是否需要取得当地保险监管部门的审批，转让合同是否应采取特殊形式，等等。此外，保险公司对其在再保险合同下权益，是否应先转让给项目公司再间接由项目公司转让给融资方，还是应设计为向融资方的直接转让，建议在具体项目实施过程中征询律师意见。
- 融资方背书条款：作为保险方案要求的组成部分，融资方通常要求项目上的全部的保险与再保险合同均增加一份所谓的融资方背书条款，即由（再）保险公司直接为融资方的利益给出的一系列承诺，如在保费到期未付时通知融资方，拟对保单进行重大修改前通知融资方或取得融资方同意，未经过一定救济期不会终止保单等。背书中最为核心的条款即赔偿收款人条款，即（再）保险公司承诺，除应直接支付予第三人的第三方责任险赔偿外，将全部保险赔偿款汇入指定的项目保险权益账户（见 5.3.7 节），并当受到融资方代理人通知其融资方已决定执行项目后，将保险赔偿款汇入代理人指定的账户。

- 保险经纪人承诺书：同样作为保险方案要求的组成部分，融资方通常要求项目公司聘用的（再）保险经纪向融资方作出一系列承诺，如在保单到期前一定时间通知融资方、项目公司出现不付保费、不续保等情形时通知融资方等。
- 市场能力：所谓市场能力，指就特定项目领域、所在地区、拟投险种等，保险市场上是否有足够的保险公司能够以项目满意的条件（如保费、免赔额、除外条款）提供相应保险合同的能力。鉴于保险市场的变化不在项目所能控制的范围内，越来越多的融资方同意项目公司在一定条件下援引市场能力作为其无法满足融资方保险安排要求的暂时性理由，并要求其以一定努力在市场条件转好后恢复对相关要求的满足。
- 保险收益用途：融资文件一般要求，除应直接支付给第三人的第三方责任险赔偿外，保险收益应全部汇入项目保险权益账户，再根据保险收益的金额进行分配：例如，对于保险赔偿金额在一定门槛以下的损失，允许项目公司将赔偿用于相关损失的修复、重建；对于损失高于前述门槛、但低于某更高阈值的情形，要求项目公司制订修复计划，计划令融资方满意方可将保险赔偿根据计划投入修复重建，而对高于前述阈值的损失，则视为已对项目造成了相当程度的损害，此时融资方可要求将（全部或直至项目达到某预计 DSCR 指标）保险赔偿直接用于提前偿还贷款，而不再用于修复项目。

5.3.6.4.2 政治保险

对于战争、征收、汇兑、政府违约等政治风险，发起人和融资方亦可考虑购买出口信贷机构或其他政治保险提供方的政治保险。有关出口信贷机构对政治风险的支持，见 4.1.3.6 节。

5.3.7 项目账户监管与现金流瀑布

项目自身产生的现金流是项目融资的唯一还款来源，对项目账户的监管和现金流瀑布的设计，可以在一定程度上确保项目资金用得其所，避免资金的不当流失，这是融资方核心结构性缓释之一。账户监管主要包含以下方面。

➢ 开设并维持项目账户：根据项目需要，发起人与融资方将就项目建设、运营期间所需账户、账户的开设地（在岸或离岸）、账户币种、账户行等事项达成一致。项目公司将承诺在项目融资存续期间，于各账户行处开设并维持相关项目账户，不得未经融资方允许开设新账户或关闭现有账户。

➢ 账户具体用途和现金流瀑布：融资文件中将就各账户的具体用途以及可向其汇入和从其支出的款项作出具体规定。其中，从项目收入账户的支出顺序一般视为一个项目的上现金流瀑布（见图 5-15）。项目融资中常见的账户类型和用途可概括如下。

表 5-10 项目融资中常见的账户类型

账户类型	用途
建设账户 / 支付账户	建设账户主要用于项目在建设期间： 收取：贷款资金、股本金出资（包括股本金过桥贷款资金）、完工前收入 支出： —支付项目开支 如融资方接受贷款款项用作以下用途，项目达到完工后，建设账户中的余额可用于： —填充偿债储备账户（见下文偿债储备账户） —汇出至收入账户（如融资方同意贷款款项用于完工后项目支出）。
收入账户	收入账户主要用于项目在运营期间： 收取：项目运营收入、项目其他进款（如资产处置对价、项目文件下赔偿，但保险赔偿和政府赔偿除外）、建设账户余额。 支出：（通过汇入运营账户）支付运营开支、税费；偿还融资成本（费用、利息）；偿还融资本金；填充偿债储备账户；强制性提前还款；自愿提前还款；（满足分红条件后）汇入分红账户（有关现金流瀑布见图 5-15）。 项目为避免偿债能力受到外汇管制等其他政治风险的影响，可尝试将收入账户设在不存在汇兑风险的地区，在境外完成外币（即东道国当地货币以外的货币）运营开支的支付和外币融资的还本付息，在境内仅留存必要的现金以应对当地币运营开支（见下文运营账户）。
运营账户	运营账户主要用于项目在运营期间： 收取：从主要收入账户中预留出的部分资金用于未来一定期间（如 30 日）内将要到期的运营开支。 支出：支付到期运营开支。
偿债储备账户	偿债储备账户主要用于项目在运营期间： 收取：现金流瀑布于该顺位的可用资金，用于填充偿债储备要求缺口（见下文）。 支出：现金流瀑布在先顺位的可用资金不足以满足当期还本付息时，填补偿债缺口。 融资方为确保项目在现金流出现问题时，仍可维持一定时间的偿债能力，通常要求项目公司将一定金额（如相当于下一期或下两期的预计偿债总额）存入指定账户，当项目无足够现金如期还本付息时，动用该账户中资金填补偿债缺口。该指定账户即偿债储备账户；项目需留存的金额则一般称为偿债储备要求。 项目公司应确保偿债储备账户中时刻留存有满足偿债储备要求的偿债储备金。如项目公司动用了偿债储备金进行偿债，致使偿债储备账户中余额低于偿债储备要求，则需在下一次现金流瀑布运作时（一般为下一个还本付息日），将可用现金（即完成现金流瀑布上游支付后盈余的部分）用于填充偿债储备账户，直至其余额满足偿债储备要求。 项目无足够可用现金填充偿债储备账户时一般不构成违约，但由于在现金流瀑布中，偿债储备账户较分红账户的在先置位，偿债储备账户尚有缺口时，项目不得进行分红。发起人也应考虑是否应争取 5.3.8.1 节中提到的储备账户现金置换方面的灵活性。

续表

账户类型	用途
偿债储备账户	在一些项目上，融资方可能还会要求项目公司在开设并维持偿债储备账户的基础上，额外开设并维持偿债积累储备账户并要求其按偿债积累储备要求定期向该账户汇款以积累下一期的应计偿债总额。例如，若下一次还本付息日在六个月后，项目公司需每月将下一次偿债总额的六分之一汇款到该账户以积累下一期的偿债总额。相较于仅仅开设并维持偿债储备账户，同时开设并维持偿债储备账户和偿债积累储备账户可以为融资方提供更充分的针对项目公司偿债能力的缓释。即便出现偿债缺口，积累账户也已经积累一部分资金可用于偿债。
维护储备账户	维护储备账户主要用于项目在运营期间： 收取：现金流瀑布于该顺位的可用资金，用于填充维护储备要求缺口（见下文）。 支出：支付重大维护开支。 项目在运营阶段可能需要根据一定周期进行大规模维护，该等具有周期性的重大维护对资金一般有较大需求。为避免项目届时无足够现金应对该需求，以及集中大额支出对项目财务指标的不利影响，可考虑开设维护储备账户以优化项目现金管理。 项目公司和融资方一般会根据项目的维护计划和预算，确定项目在不同时间的维护储备要求。 项目无足够可用现金填充维护储备账户一般不构成违约，但由于在现金流瀑布中，维护储备账户较分红账户的在先置位，维护储备账户尚有缺口时，项目不得进行分红。 发起人也应考虑是否争取 5.3.8.1 节中提到的储备账户现金置换方面的灵活性。
保险赔偿金和赔偿款账户	保险赔偿金和赔偿款账户主要用于项目在建设期和运营期： 收取：保险赔偿金、政府赔偿金（除应直接支付给第三人的第三人责任险、或应直接汇入收入账户的投产延误险及业务中断险等）。 支出： —保险赔偿金：如低于一定约定阈值，用于修复、重建、重置与该保险赔偿相关的损害；如高于一定阈值，则可能需满足一定条件（如提交可行的修复计划等）后方可用于项目资产的修复、重建、重置；如高于某更高阈值，则需用于强制性提前还款。 —政府赔偿金：一般用于强制性提前还款。
分红账户	分红账户主要用于项目在建设期（如允许完工前分红，见 5.3.8.1 节）和运营期： 收取：现金流瀑布全部在先顺位支付完成后的剩余可用资金，且项目需在特定期间内（如还本付息日后 30 日内）满足全部（除经融资方豁免）分红条件（见下文）后方可将该等剩余资金汇入分红账户。 支付：一般不受融资方监管（除需合法合规等基本要求），一般用于向股东进行分红、偿还股东次级债务、支付其他不得在现金流瀑布中优先支付的款项（如运营预算外的开支）等。 分红账户通常不在融资方资产担保包内。 项目融资通常的分红条件包括： 项目已完工（如允许完工前分红的除外）； 无持续违约事件（包括潜在违约事件）； 偿债储备账户余额满足偿债储备要求； 维护储备账户（如有）余额满足维护储备要求； 满足各分红财务指标（如历史 DSCR 、预测 DSCR ）； 其他与项目有关的特定条件（如项目文件下无到期未付款项、无强制性提前还款事件、重大许可均持续有效等）。

➢ 账户上的担保权益：除分红账户外，通常要求项目公司在各项目账户上为融资方创设并完善担保权益，并通知相关账户行该等担保权益的创设。账户行通常被要求在账户协议中承认该等担保权益的创设，同意当项目进入违约后依融资方指示行事，包括接受违约事件发生后融资方可就账户采取的冻结、取现等执行措施。

➢ 获准投资：为争取更高的资金利用率，发起人可争取将项目账户（尤其是储备型账户）中的余额用于资本市场产品投资（如货币市场基金、隔夜存款，以及资信状况良好的政府债券、公司债券等）。融资方对可以动用的账户、获准投资产品的流动性，以及投资变现机制等将提出一定要求，确保相关投资不会给该等账户的原本用途带来不利影响。

图 5–15 概括示意了典型项目融资在账户设置与现金流瀑布方面的安排：

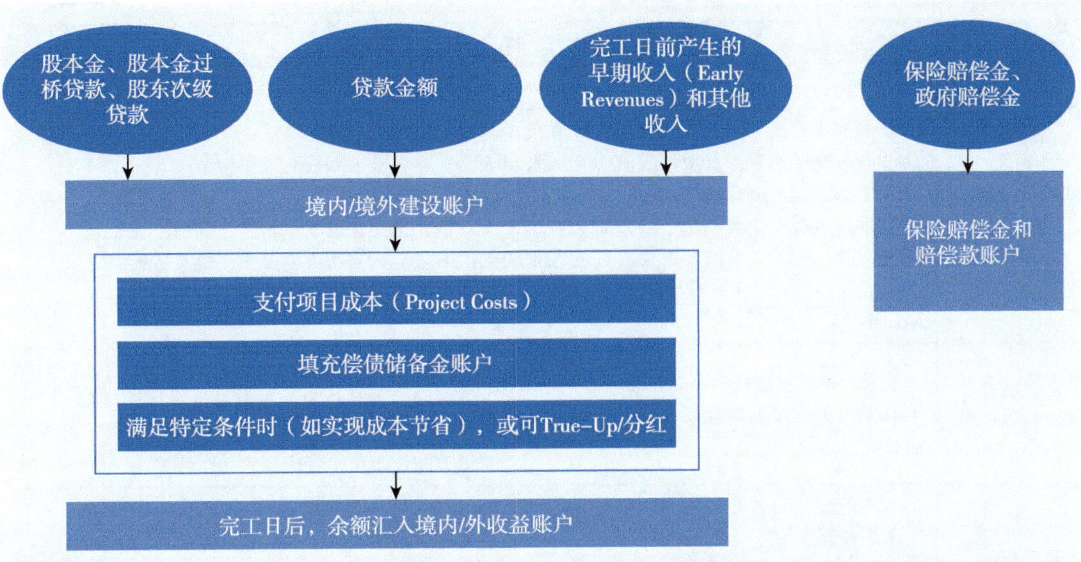

图 5–15 项目融资中典型账户设置与现金流瀑布安排—完工日前

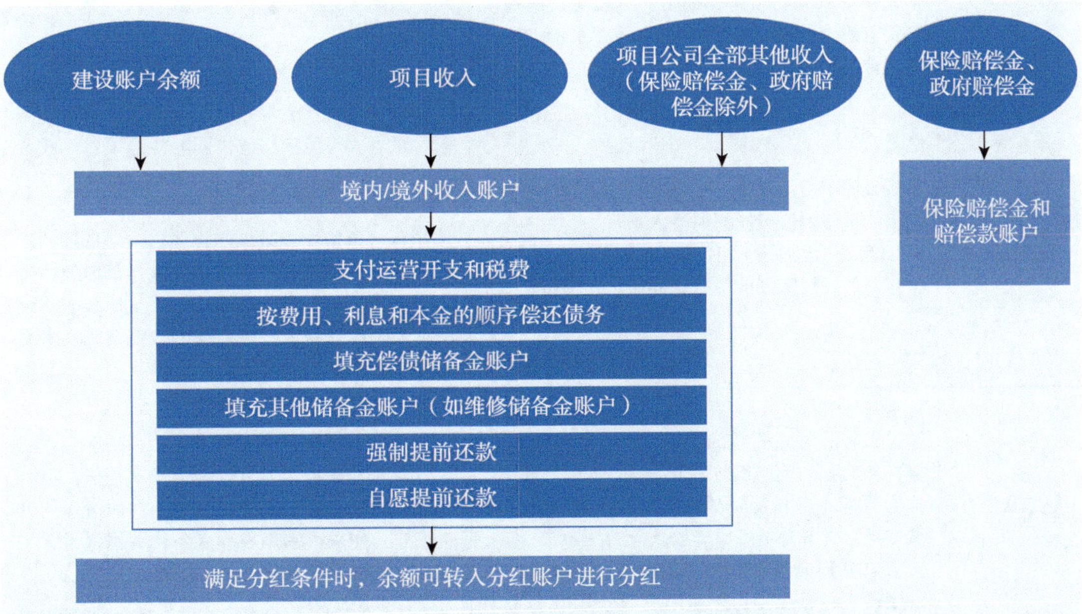

图 5–16 项目融资中典型账户设置与现金流瀑布安排—完工日后

5.3.8 项目融资的特殊融资条件

较 4.2 节中介绍的一般贷款融资条件，项目融资基于其特殊的风险考量，在以下方面一般有着更为特殊的要求，该等要求也是发起人在筹划融资和融资谈判时需重点关注的事项。

5.3.8.1 股本金相关安排

表 5–11 项目融资中有关股本金的关注事项

事项	融资方关注事项	发起人关注事项
出资		
股东主体、资质、信用风险	➢ 股东主体尽调（发起人或发起人关联公司与发起人的股权关系）；项目融资中常见发起人利用其关联子公司作为实际出资方。 ➢ 股东信用资质尽调：由于股东常为发起人关联子公司，融资方可能要求发起人就股东的出资义务提供担保，和 / 或要求股东提供备用信用证支持。	➢ 从注资路径、税务、主体信用资质等角度考量，选择合适的主体作为股东。 ➢ 发起人是否需就股东出资义务提供担保。
股本金金额、债股比	➢ 债股比是否可以接受、杠杆是否过高。 ➢ 初始财务模型、提款期间以及完工时各债股比取值。	➢ 是否可争取更高杠杆与投资回报率 [如发起人同时以其他身份参与项目（如承包商、运维商、承销商等）、在杠杆偏高的情况下亦有充分商业激励实现项目成功运营]。
股本金构成、形式	➢ 基本股本金与备用股本金（如有）各自金额安排是否合理。 ➢ 其构成是否可靠，如在包括完工前收入时，完工前收入低于预计水平时是否应由股东补足。 ➢ 出资形式是否合理，通常包括股份认购和次级股东债，存在实物出资等非常见出资形式时，其作价是否合理等。	➢ 是否可争取更灵活的股本金构成，如争取包括发起人前期在项目的投入、完工前收入等，以更大程度上降低发起人 / 股东的实际投入。
股本金注入时间	➢ 股本金作为风险缓冲，是否先于或至少与债务按约定好的债股比同时注入项目。 ➢ 如有备用股本金，其注入时间是否先于或至少与债务按约定好的债股比同时注入项目。	➢ 是否可避免前置股本金所带来的低资金利用率，如争取与债务按比例同时注入项目，或合理规划备用股本金，仅当发生相应超支时方触发注资义务。 ➢ 是否可争取在提款期间以较高债股比提款，待项目产生完工前收入后（如试运营期间产生的收入），将该完工前收入计入股本金，以在完工时达到融资方可接受的较低债股比水平（也即“后置”一部分股本金）。
股本金资金来源与增信	➢ 股本金出资是否存在信用资质风险，是否有发起人就其关联股东的出资义务提供不连带担保，和 / 或备用信用证支持。 ➢ 存在股本金过桥贷款安排时，该过桥贷款提供方是否具备充足资质和放款能力。 ➢ 存在备用股本金时，是否有足够资质的备用信用证支持，以确保发生超支时备用股本金的及时到位。	➢ 股本金资金来源是否成本可控、资金利用率是否合理，如利用自有资金虽成本较低，但如作为前置股本金投入项目利用率和回报周期可能较差。如果可利用发起人（作为担保人）的较好资质取得较低成本的股本金过桥贷款，并由项目承担该融资成本，效益是否更佳。

续表

事项	融资方关注事项	发起人关注事项
股本金置换与分红		
股本金置换	➢ 发起人是否要求在满足一定置换条件时[如实现物理完工、项目开支（个别小额或已做留存的事项除外）已全部支付、置换后满足一定债股比等]，将项目中满足债股比后多余的股本金部分置换出来，提前（而非等到项目可正式分后时）回报股东；该等要求是否合理，置换条件能否避免股本金在完工前的不当流失。	➢ 是否可争取合理的股本金置换灵活性，如结合上述对前期投入和完工前收入作为股本金的承认，提早实现股本金的一部分回流。 ➢ 置换条件的设置上是否可争取较大的灵活性。
完工前分红	➢ 对于调试和试运营期间产生的完工前收益，发起人是否应与融资方按约定比例共享，还是要求全部用于分红；分红要求是否合理（如在发起人已提供偿债承诺的情况下，完工前的超支风险仍由发起人承担，故可考虑予以发起人一定分红权利）。 ➢ 完工前分红的条件是否充分、以避免股本金在完工前的不当流失[如项目开支（个别小额或已做留存的事项除外）已全部支付、项目已达到物理完工和基本运营能力要求、完工前收益高于一定要求等]。	➢ 尤其当已提供偿债承诺的情况下，或由发起人承担较大超支风险时（如发起人备用股本金前置时），是否可争取完工前分红的灵活性和较为宽松的分红条件。特别是在有偿债承诺的油气项目中，为通过完工测试、释放偿债承诺（见 5.3.8.3 节），项目需要经过一定的调试和试运营期，以向融资方证明其已具备足够的运营能力。而在该期间，项目将可能产生相当可观的收入。也因如此，此类项目中发起人将格外关注完工前的分红能力。 ➢ 当无偿债承诺、融资方分担一部分建设期风险时，是否可接受与融资方按一定比例分享完工前收益，以换取至少部分提前分红的权利；与融资方分享的部分是否可争取回流入现金流瀑布（而非用于强制性提前还款）。
完工后分红	➢ 分红条件包括分红财务指标设置是否合理、分红频率是否符合项目偿债周期等。	➢ 是否可争取较宽松的分红条件。 ➢ 是否可争取在项目可满足更高财务指标时，更为频繁地分红。 ➢ 如发生某一发起人违约，是否应仅限制对该发起人的分红（而不限制向其他非违约发起人的分红）。
储备账户现金置换	➢ 置换备用信用证需满足的最低资质如何、是否具备充分的流动性以在需要时及时填补偿债或相关资金缺口。 ➢ 哪些情形可触发该信用证下的支付义务（如需动用该账户中现金时、开证行资质弱化或信用证到期而未及时更新时等）。 ➢ 鉴于此类置换信用证整体上乃服务于发起人的经济效益，开具并维持该信用证的相关费用是否应由发起人承担；如由项目公司承担，其在现金流瀑布中是否足够劣后或受制于一定金额上限。 ➢ 发起人是否为此类信用证授信的追索对象，而非项目公司（如对项目公司形成追索，则需进一步讨论开证行的劣后性和在银行间决策中的权限）。	➢ 是否尝试利用备用信用证置换储备账户中的现金，以提高资金利用率和现金流瀑布后可用于分红的资金（鉴于偿债储备账户在现金流瀑布中处于分红的前置位）。 ➢ 置换出的现金是否可直接用于分红、是否仍需满足分红条件、是否需回流入现金流瀑布。 ➢ 费用是否可转嫁到项目公司。 ➢ 发生支付后的追索是否可以是项目公司而非发起人。

续表

事项	融资方关注事项	发起人关注事项
持股要求		
持股锁定期、锁定期后的最低持股要求	➢ 针对不同发起人在项目不同阶段的作用，判断适用于具体发起人的锁定期和锁定期后的最低持股要求是否合理（特别是在国际油气项目中，某些国际石油公司作为核心发起人或项目的主要运营方在项目中的存在和持续参与，实际为融资方带来了很大程度上的风险安慰。融资方对于此类发起人，也很可能提出更高的持股要求）： —对于作为承包商关联方的发起人是否至少应在建设和测试期间不得转股。 —对于作为运维商关联方的发起人是否应至少在运营调试期间和重大维修期间不得转股、在运营期间维持较高持股水平。 —对于作为承销商关联方的发起人，其持股要求应考虑到期关联承销商在长协下的长期承销义务。 —对于作为东道国政府方代表的发起人，其持股要求是否应考虑到该发起人在缓释政治风险方面的功能。 ➢ 持股要求是否同时适用于由相关发起人持股的其他项目参与方（承包商、运维商、承销商等）。违反持股要求的后果为何（项目违约事件、个别发起人违约事件还是强制性提前还款），如为强制性提前还款，其还款机制是否合理。 ➢ 对于有出口信贷机构参与的项目，对该机构母国发起人持股要求是否满足该出口信贷机构支持文件下的要求，违反该个别信贷要求的转股后果为何，如仅触发该个别信贷下违约或强制提前还款，该支付在银行间问题上如何处理。	➢ 可考虑针对不同发起人的需求，对各自持股要求做具体谈判（如当核心发起人愿意接受较为严格的持股要求时，其他发起人或可争取较为宽松的条件）。 ➢ 可争取以个别发起人违约作为救济，使融资方仅有权执行该违约发起人关联股东的股份、限制对该发起人的分红等，而非触发项目上的强制性提前还款甚至整体违约。
转股条件	➢ 对于满足持股要求情况下的转股，另需满足的条件是否妥当：如受让方在合规性、KYC方面的情况，需加入现有协议的要求，以及如在有偿债承诺的建设期，股东转股一般需同时转让相应比例的偿债承诺义务，此时受让股东的关联偿债承诺提供方则需满足融资方对偿债承诺提供方最低资质的要求等。 ➢ 对于具有特殊角色的发起人转股，其受让方是否应满足任何特殊条件［如行业经验、投资人性质（如融资方一般希望控制纯资金投资人的参股比例）等］。 ➢ 对于非一体化项目，上中游持股比例是否一致；当中游股东转股时，是否需同时等比转让上游权益，以确保新进股东 / 发起人存在类似的上中游商业利益绑定。	➢ 是否需要在转股条件方面争取必要的灵活性。 ➢ 是否需要在上中游利益绑定上争取必要的灵活性。

5.3.8.2　项目的经济性

表 5–12　项目融资中有关项目经济性的关注事项

<table>
<tr><th>事项</th><th>融资方关注事项</th><th>发起人关注事项</th></tr>
<tr><td colspan="3">债务量</td></tr>
<tr><td rowspan="2">债务总量</td><td colspan="2">债务总量泛指项目可承受的债务总额，是发起人投资回报率和融资方偿债覆盖率等不同因素相互作用、平衡后的产物。在融资筹划、搭建融资财务模型之初发起人与融资方一般将就债务总量达成一定共识。</td></tr>
<tr><td>➢ 从融资方角度而言，项目所承受的债务应不宜过高，应能够在抵御一定压力测试的情况下满足项目一定的偿债覆盖率。</td><td>➢ 在考虑到项目基本的偿债能力基础上，可争取较高杠杆和在举债方面的灵活性。
➢ 可考虑应用高级股东债穷尽项目可用的杠杆空间、进一步优化股东回报。</td></tr>
<tr><td rowspan="2">额外债务</td><td colspan="2">常见的额外债务包括：
➢ 替换债：用于偿还、替代（即再融资）现有（成本较高的）融资的举债。
➢ 补充债：用于支付项目完工前项目开支的举债。
➢ 获准开发债：用于支付获准开发开支的举债；所谓“获准开发”，一般指项目由于法律或行业要求必须实施的、或自愿实施的一定金额以下的、对原项目的调整。
➢ 债务减持债：若项目为实现完工行使了 5.3.5 节（项目建设和完工风险）中提及的的债务减持，项目完工后产量在随后的一定期间内有所回转，进而可以支持更高的债务水平时，为穷尽该杠杆空间，再次进行的举债。
➢ 去瓶颈化债：用于支付去瓶颈化开支的举债；所谓“去瓶颈化”，一般指为提高项目产能对原项目实施的调整。
➢ 扩建债：用于支付扩建开支的举债，所谓扩建，指区别于“去瓶颈化”的、对项目实质性的扩建（如天然气项目新增的液化生产线）。</td></tr>
<tr><td>➢ 发起人要求的额外债务灵活性是否合理，条件是否充分（一般需满足一定的最低财务指标测算、财务模型更新等）。
➢ 对于获准开发、去瓶颈化工程和扩建工程本身的实施条件，是否有合理约束：如自愿获准开发成本的阈值、去瓶颈化需达到的增产标准、扩建工程是否需在原工程完工后方可实施、是否需由额外偿债承诺支持、完工前不得分享原项目担保包等。
➢ 对于原项目完工前拟筹措的额外债务，是否应满足更高要求：如不超过原约定的债股比或融资方为项目债务总量设定的上限。</td><td>➢ 可在考虑到项目基本偿债能力的基础上争取更高的额外债务和举债灵活性，尤其在已知有扩建计划的情况下，可就扩建条件事先与融资方达成一致。</td></tr>
<tr><td colspan="3">财务指标与测试</td></tr>
<tr><td>财务指标</td><td colspan="2">项目融资中常用的财务指标包括债股比以及偿债负债率（DSCR）、贷款期覆盖率（LLCR）、项目期覆盖率（PLCR）等覆盖率。不同覆盖率可以协助发起人和融资方评估项目在贷款不同期间和整个项目期间的表现。财务指标在融资文件中起着不同作用，例如：
➢ 首次提款先决条件：作为首次提款先决条件的初始财务模型需呈现满足融资方要求的特定财务指标，如平均 DSCR、最低 DSCR、LLCR 等。作为前期财务尽调的一部分，融资方也将详细审查发起人提供的各版财务模型，评估其中假设的合理性，并要求对最终作为 CP 提交的初始财务模型进行审计。尤其在油气项目中，融资方承担石油价格波动风险，对于财务模型中对油价的预测，通常会专门聘请独立顾问予以评估；融资方一旦接受了初始财务模型中的油价预测，则意味着其接受了日后的油价波动风险以及与初始预测的偏差。换言之，初始财务模型中对于油价的假设通常不会在日后更新。</td></tr>
</table>

续表

<table>
<tr><th>事项</th><th>融资方关注事项</th><th>发起人关注事项</th></tr>
<tr><td>财务指标</td><td colspan="2">➢ 分红条件：该分红时相应测算期需呈现高于特定历史 DSCR（就前一个测试期）和（如有）预测 DSCR（就后一个测算期）的数值。
➢ 违约事件：在电力和基建等杠杆率较高、初始财务模型中偿债覆盖率较低的项目上，常设有由财务指标触发的违约事件，即在任一测算日测算出历史 DSCR 低于某最低数值时；相比之下，在初始财务模型中偿债覆盖率普遍较高的油气项目里（如 LNG 项目），以特定财务指标作为违约事件诱因的安排并不多见。
➢ 强制提前还款：如有超过约定阈值的保险赔损、非收入补偿性质的政府赔偿金或项目文件下的赔偿金，项目融资文件可能要求将其用于强制性提前还款以减低银行的风险曝露，该等强制性提前还款可以以借款人将预测 DSCR 最低值（或平均值）提高到融资方所要求的水平为限。
➢ 额外债务举债条件：更新后的财务模型考虑到拟举额外债务后，需呈现满足融资方要求的特定财务指标，如最低预测 DSCR、LLCR 等。
➢ 债务减持条件：如发起人被允许通过 5.3.5 节中提到的债务减持方式，让项目在产量未完全达标但高于某融资方可接受的最低水平时，仍可实现完工，则通常需要向融资方证明，项目以当前产量在拟债务减持后仍可满足融资方要求的特定财务指标。
财务指标的设定一般由发起人与融资方双方财务顾问，在技术、市场、保险顾问的支持下，就财务模型的假设、敏感性测试等要素进行全面分析后，提出建议，并最终由发起人和融资方达成一致。</td></tr>
<tr><td>敏感性测试</td><td colspan="2">敏感性测试，指针对财务模型构建过程中所作出的不同假设，进行不同组合的压力测试，以检验项目在各种不利条件下的经济稳健性。敏感性分析的要素通常包括以下假设的不利变化：
➢ 利率、汇率（但需考虑是否存在对冲交易计划）
➢ 项目建设成本
➢ 建设期延期
➢ 项目运营开支（包括石油、天然气等原料供给成本）
➢ 产量
➢ 税率和其他政府开支
➢ 油价
根据敏感性测试所揭示的风险暴露，借贷双方可进一步调整债务总量、债股比、财务指标、偿债储备金额等核心经济性问题，或针对具体问题商议具体缓释措施（如特定股东流动性支持）。</td></tr>
<tr><td>财务指标测算机制</td><td colspan="2">财务指标的测试一般分为（i）为满足分红条件而进行的定期测试；或（ii）针对特定事件而进行的不定期测试（如上文提到的违约事件、强制提前还款事件、额外债务举债、债务减持等）。
定期测试
项目融资融资文件中通常规定有项目的测试日和测试期。测试日和测试期的选定需结合项目的还本付息周期、项目自身的收入与开支周期和项目公司的财务结算周期。测试日一般与还本付息日相重合，但也有项目选择与项目公司财年和财报出具时间相匹配，以便在测算时援引财报数据。测试期一般为一个或多个利息期，根据测算指标还可分为历史测试期和预测测试期。
测试日和测试期的选择（首个对首个测算日和历史测算期的选择）影响着发起人的分红（以及何时开始分红的）能力，通常需借贷双方财务顾问就不同选择作出评估后给出建议。
不定期测试
不定期测试，旨在观察财务模型中剩余贷款期间各财务指标将如何对相关特殊事件作出反应。对于不定期测试，各方通常会事先约定好哪些事件可以触发不定期测试，以及针对不同事由引起的不定期测试，应分别更新财务模型中的哪些假设条件等。</td></tr>
</table>

5.3.8.3 完工日与完工测试

一个项目的“完工”在不同语境可以有不同意义：EPC 合同下的“完工”，指承包商根据 EPC 合同完成建设并由业主确认项目达到完工标准、验收项目之日，也可以理解为项目的“物理完工”；特许经营协议下的“完工”，可能和项目的物理完工挂钩，也可能另设有“运营日”的概念，泛指项目完成测试调配、进入正式运营状态，且一般设有项目运营日的最终期限，逾期可能导致项目丧失特许经营权；而融资文件中所称的“完工”（有时也称项目完工日或实际完工日，则通常指项目通过全部融资方所要求的“完工测试”之日），而融资方的完工测试，则不仅包括项目的物理完工，也包括对项目运营能力、保险购置、E&S 事宜、财务水平、法律事宜等一系列事项的测试（如本小节表 5-13 所展开）。为描述之便，本小节所称之“完工”乃融资文件意义下的完工。

融资文件中的“完工日”，核心意义在于标志项目已正式进入运营期，即项目具备了凭借自身运营所产生的收入支持其持续运营开支与还本付息等支付义务的能力。完工日一旦实现，一般认为发起人应从其完工担保义务（如有）中获释（见 5.3.6.1.1 节），融资方追索回归到项目自身并开始分担项目的运营风险，且发起人在满足分红条件时方可开始分红（有完工前分红情形的除外）。因此，对于“完工日”的认定，从发起人的角度，会希望在项目实现物理完工、具备一定运营能力后，尽快地实现面向融资方的“完工”，从而尽早地实现完工担保（如有）的释放和分红；而从融资方的角度，则会希望在其释放完工担保（如有）前，尽可能全面、科学、客观地测试项目是否具有自给自足、持续稳定的运营能力。

有关“完工日”，融资文件中还常见以下相关概念。

- 计划完工日：计划完工日通常依据项目 EPC 合同下的工期，以及项目调试、试运营预计所需时间推定。财务模型中，一般以计划完工日为参照，编制提、还款计划。融资文件中的首个还本日通常也以计划完工日为基准（如计划完工日后的一个利息期末）。如项目未能在计划完工日之前完工，甚至未能在首个还本日前完工，从而无足够资金完成首次还本，该支付风险在有偿债承诺的情况下（如尚未完工因此尚未被释放）可由偿债承诺覆盖。出现该等情形也意味着项目很可能在 EPC 合同下存在工期延误或不可抗力，EPC 合同下的相关赔偿金和 / 或保险赔付也可用于首次还本。从发起人的角度，计划完工日的确定应结合技术顾问意见，为项目全面满足完工测试所需时间留有足够的缓冲。
- 最后完工截至日：即融资方能够接受的最迟完工日，一般为计划完工日后一定宽限期（如一至两年，在不可抗力的情况下有时可相应延期）截至之日，如逾该日项目仍未实现完工，融资方可宣布违约并加速到期全部债务，在有偿债承诺的情况下，可在偿债承诺下主张全部债务的偿还。

油气项目中的完工测设，通常包含以下方面：

表 5–13　油气项目的完工测试

完工测试	一般测试内容 （项目公司出具证明）	融资方顾问独立确认
物理完工	➢ 项目在 EPC 合同下已通过相关测试、验收交工。	一般由技术顾问就项目公司证明出具确认函。
运营完工	➢ 物理完工测试已通过。 ➢ 在一定测试期间，在一般运营人员的操作下，达到特定产能指标。 ➢ 无允许范畴之外的运营中断或设备故障。 ➢ 有仓储、运输、销售环节的项目中，运营完工测设也可能检验项目在相关环节上的运营能力；涉及长期船运安排的项目有时也会有单独的运输测试。	一般由技术顾问就项目公司证明出具确认函。
保险完工	➢ 项目已购置运营期所需全部保险	一般由保险顾问就项目公司证明出具确认函。
财务完工	➢ 偿债储备账户已注满 ➢ 债股比满足完工时要求 ➢ 如希望行使“债务减持债”，每期预测 DSCR 满足债务减持行使条件。	一般无第三方独立确认。
环境与社会完工	➢ 项目符合全部适用的 E&S 标准、已制订 E&S 行动方案（一般称 ESAP）。	一般由 E&S 顾问就项目公司证明出具确认函。
法律完工	➢ 各项目文件、融资文件全面有效 ➢ 各项目文件下无正在持续的不可抗力事件 ➢ 项目已取得运营所需的全部许可 ➢ 土地使用权无瑕疵 ➢ 在 EPC 合同下无未付价款或未决争议（除已做充分留存） ➢ 无融资文件下的违约	一般无第三方独立确认。

5.3.8.4　项目报告、预测与通知义务

作为融资方对建设、完工与运营风险的缓释，融资文件中通常要求项目公司定期向融资方报告其建设与运营状况、定期提交建设和运营活动预算、并定期允许融资方技术与 E&S 顾问进行现场视察。此外，融资文件也要求项目公司就特殊事件的发生向融资方作出及时通知。

表 5–14　项目公司的通知义务

信息义务	一般覆盖内容
建设计划与预算	一般作为提款先决条件提供（必要时申请更新），内容通常包括： ➢ 预计建设进度（如各里程碑预计完成时点） ➢ 预计建设开支计划 ➢ 预计提款计划
建设期报告	建设期间定期提供（如月度、季度），内容通常包括该期间内： ➢ 建设活动与进展 ➢ 建设开支 ➢ 与建设期预算相比，是否存在工程和 / 或开支上的重大偏离 ➢ E&S 合规和 ESAP（环境社会执行计划）执行状况（也可能定期出具单独 E&S 报告）

续表

信息义务	一般覆盖内容
运营期预算	一般在完工日前一定期间前提交首份运营期预算，此后定期更新（如年度、半年度），内容通常包括该期间内： ➢ 预计运营与维修计划 ➢ 预计运营与维修开支
运营期报告	一般在完工日后定期提供（如年度、半年度），内容通常包括该期间内： ➢ 与该期间运营期预算相比，运维开支实际情况 ➢ 项目主要运营活动、运营数据 ➢ 重大维修、故障 ➢ E&S 合规和 ESAP 执行状况（也可能定期出具单独 E&S 报告）
通知义务	➢ 项目文件有关事宜：拟作修改、拟签署的新项目文件、项目文件项下违约、收到或发出有关终止、中止、重大延迟、不可抗力事件等通知的情况 ➢ 保险事件：如被保险事件的发生、续保状况、保单争议、收到取消、修订或撤销保单等通知的情况 ➢ 涉诉事件 ➢ E&S 事件（如污染、抗议事件） ➢ 重大许可的撤销、变更、不予更新 ➢ 政府征收、征用、国有化 ➢ 资产减损或其他有损担保标的物的情形 ➢ 项目公司管理性事件（如拟对章程作出修改、高管人员变动）

5.3.8.5 特殊贷款用途、前提条件、陈述、承诺、违约事件

区别于一般公司融资，项目融资通常包含一系列针对特定项目风险的陈述、承诺与违约事件。值得发起人注意的事项包括：

➢ 贷款用途的明确限定：项目融资中贷款用途一般被予以明确限定，项目公司不得将贷款资金用于具体用途以外之目的。有出口信贷机构提供挂钩信贷支持的贷款更应注意相关信贷支持的具体要求。项目融资一般允许贷款资金被用于项目开支、项目完工前的运营开支、建设期利息和融资文件下的其他费用，但应注意有的融资方（如特定出口信贷机构）不允许将其贷款资金用于支付如承诺费、出口信贷机构保费等融资成本。

➢ 提款先决条件：项目融资依赖于项目整体商业结构的稳健性，在提款先决条件方面，体现为融资方在放款前对项目有关事项的审查，以以下典型要求为例：

首次提款先决条件：

—全部（个别无法到位的除外）项目文件已经各方有效签署并全面合法有效；

—融资方各顾问出具相关尽调报告；

—初始财务模型经独立审计师审计；

—项目建设期间所需保险全部到位；

—项目所需审批全部到位。

各次提款先决条件：

—拟提款资金用途证明（如发票）；

—上次提款花销记录；

—债股比。

➢ 重复性陈述：项目融资通常较长的贷款期限意味着重复性陈述（一般在每次提款和各利息日重复）的范围，可能很大程度上影响着项目公司在整个贷款期的合规成本。项目公司方面应考虑将重复性陈述的范围限缩至其可控的（如项目公司法人资质、公司授权等），且未由承诺和违约事件等条款覆盖的事项，并以重复时的实际情形为基础。

➢ 项目有关承诺：相较一般公司融资，项目融资中的借款人，即项目公司，乃为了开发、建设、运营项目而专门成立的特殊目的公司，在行动范围上受到来自融资方更为严格、也更加具有针对性的限制。根据具体项目尽调和风险分配，项目公司可能需要就项目上的某些具体事项给出承诺（如通过所述的“保留裁量权”），但一般而言，项目融资融资方会出于确保项目整体商务结构的完整可行，要求项目公司就以下方面作出承诺：

—积极承诺：维持项目文件合法有效，按照项目建设计划与预算建设项目，按照良好行业规范运营维护项目，维持融资方要求的购销安排，维持重大许可，具有项目建设、运营所需知识产权，遵守项目在保险购置方面的要求，遵守项目在账户监管和现金流安排方面的要求，维持 E&S 合规，维持制裁、反腐败、反洗钱、反恐怖融资等方面的合规（见下文），遵守融资方“保留裁量权”（见下文）。

—消极承诺：无项目以外其他业务，无合资、股权投资、并购、子公司等（相较公司融资更为严格、通常不设例外），无本融资之外的其他债务、担保、资产处置（相较公司融资，例外更为有限），无未满足分红条件的分红，无预算外的运营开支，不未经同意签署新重大协议等。

—保留裁量权：指针对项目文件中的个别具体条款，项目公司需事先取得融资方意见、依据融资方指示行事、或需事后及时通知融资方等类似的要求。融资方通过该等约定，对项目公司在项目文件下的特定重大事项进行干预，从而实现融资方对项目公司裁量权的“保留”，常见的如要求项目公司在 EPC 合同下不得未经融资方同意确认项目已通过验收等。对于有完工担保的项目，发起人已承担项目的建设期风险，可要求融资方不再对项目公司的建设活动进行干预；

而无完工担保的项目，融资方分担项目建设风险，也因而可能就项目公司在EPC合同下的活动提出相对广泛的保留裁量权需求（当然保留裁量权并不限于建设期）。

如4.2.8.2节中所述，对于承诺事项的谈判，项目公司应结合自身和项目情况，对可承诺的范畴和应适用的限缩性表述（如重大性、阈值门槛等）有所判断。

- 陈述、承诺适用主体范围：在油气项目，尤其是非一体化项目中，格外受到各方关注的问题还包括项目所作出的陈述、承诺是否应该涵盖上游参与方的活动，或者说上游参与方，是否应当就其行为，向中游融资方直接作出某些陈述、承诺，并允许融资方在其出现违约时，对项目（而非仅对该发起人/参与方）享有追索（见下文“偿债承诺提供方/股东违约事件”）。对于尤其依赖上游成功运营、销售的非一体化市场销售式结构和混合型结构，融资方可能格外关注上游参与方的履约与合规情形，也很可能就某些核心商务条款（如终止长协、修订长协下价格条款）和上游参与方的合规问题，要求来自项目的间接、或来自上游参与方的直接承诺。
- 制裁、反腐败、反洗钱、反恐怖融资等方面的合规：如3.1.2.7节所述，在常涉及国别风险复杂的油气项目融资中，发起人和融资方需格外关注相关合规问题，且应在尽调期间充分评估东道国和相关参与方的合规情况。在融资文件中，对项目参与方在多大范围（如是否需要股东、偿债承诺提供方、发起人等参与方分别作出）和程度（如是否仅针对与项目相关的行为）上给出合规方面的陈述与承诺，往往构成谈判焦点。作为最为核心的要求，融资方至少将要求项目公司陈述其合规情况，并承诺其自身非被制裁对象、也不会与被制裁对象有任何直接或间接的经济往来、项目所融得资金不得用于与被制裁对象有关的经济活动、其不得以与被制裁对象有关的经济活动所得支付项目融资债务等。
- 违约事件与救济：项目融资中，除4.2.9节所描述的一般违约事件与救济方式外，项目融资中较为特殊的安排包括：

  一般违约事件：对比普通公司融资，项目融资在违约事件上较为特殊的方面，体现在对项目文件合法有效的关注。项目文件的失效、终止、不可执行、对手方重大违约等，均可构成项目上的违约事件。此外，项目融资对E&S、制裁等合规问题尤为敏感，故通常有针对此类合规问题的违约事件（依谈判情况，可能包括影响某发起人的制裁事件，见上文）。有关其他一般违约事件，见4.2.9节。

重大违约事件：在有偿债承诺的情况下，发起人可提出适用“重大违约事件”这一概念。“重大违约事件”是违约事件中最为严重、可从实质上影响项目经济性的事件，如项目公司破产、放弃项目、项目重大毁损、项目未能于最后完工截至日前完工等。在偿债承诺存续期间，由于发起人承担最终完工风险，故可要求融资方仅在发生重大违约事件时方可加速还款、在偿债承诺下提出主张；如发生不构成“重大违约事件”的其他违约事件，融资方仅享受有限的救济保护（如项目公司在违约存续期间不得提款），而不可执行项目，从而给予发起人在非重大违约事件上采取救济措施、恢复项目建设的灵活性。

偿债承诺提供方 / 股东违约事件：出于发起人间不连带的原则，油气项目融资上常见将涉及某个别发起人或其关联方的违约事件认定为偿债承诺提供方 / 股东违约事件，而非项目上的违约事件。针对此类事件，发起人可要求融资方仅对违约方及其关联公司享有救济（如要求按股份比例部分提前还款，违约偿债承诺提供方支付其覆盖比例的债务，执行违约股东的股份质押，限制对违约股东的分红等），而对非违约方不享有救济。但应注意的是，尤其对于承担上游风险的项目，融资方可能要求将对项目整体构成威胁的发起人或关联方违约（如违反持股要求、违反制裁等合规问题等），认定为项目上的违约事件，从而获得对整个项目的救济权利。

信用违约：即对项目核心参与方信用风险的应对，一般至少适用于项目公司、偿债承诺提供方（如有）、（尤其当无完工担保、融资方承担建设期股东注资风险时）股东及关联业主方，有时也可能适用于承包商（尤其如无完工担保）、运维商、承销商等其他核心参与方。具体触发事件一般包括该等主体的破产、交叉违约、发生破产、债权人执行等类似程序等。融资方一般将根据不同主体的各自资信状况，提出相应的金额门槛。项目公司信用违约一般构成重大违约事件、偿债承诺提供方（如有）或股东信用违约一般构成相应的偿债承诺提供方 / 股东违约事件。

救济方式：账户冻结、动用账户余额用于债务清偿、行使直接协议下的介入、转让权等。

5.3.9 项目融资操作流程

项目融资的具体操作流程可参见图 5–17。

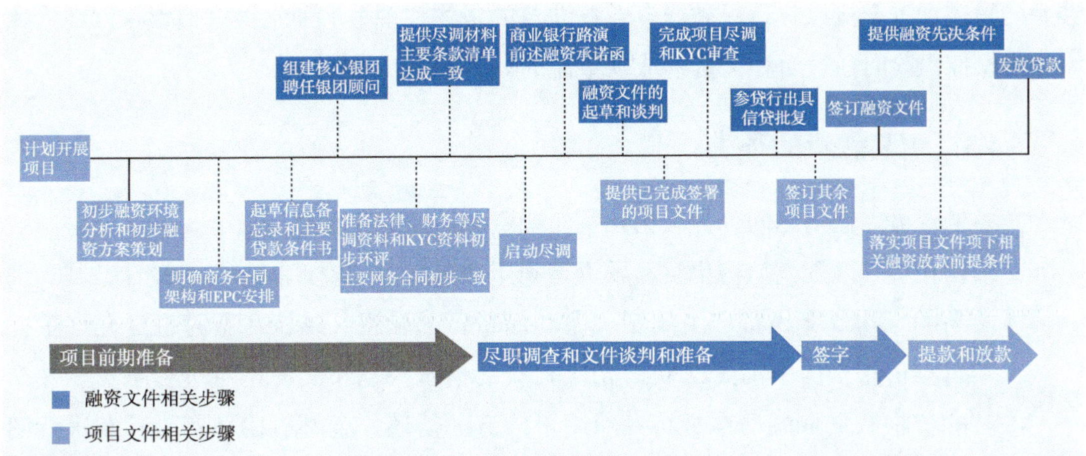

图 5–17 项目融资的具体操作流程

5.4 贸易融资

5.4.1 贸易融资的概念

贸易融资，系金融机构基于某商品交易或某贸易关系的存在所提供的融资的统称，其具体形式多样，包括普通贷款、信用证、应收账款保理、储量融资以及其他不同形式的结构化贸易融资。贸易融资以被融资贸易所涉及或产生的资产为基础，如应收账款（即买方应向卖方作出的支付义务）、支付承诺、订单、大宗货物、库存、贸易票据等，并可用于支持一笔贸易链中包括采购、生产、交货、付款等不同环节。被融资的贸易关系亦可能是国际进出口贸易，故贸易融资也可能有出口信贷机构、保险公司等主体的参与。

5.4.2 贸易融资的特点

贸易融资的核心特点在于贸易双方间的关系可以在某种程度上获益于贸易融资的提供，故应将贸易融资理解为买卖双方与金融机构之间的三方关系。贸易主体各自利益不同：买方 / 进口方希望争取更长的付款期限，尽量不在收货前付款，而卖方 / 出口方则希望尽快收到货款，尽量不在收款前发货。贸易融资的引入，则能够在一定程度上减缓或调节买卖双方间的利益冲突。

贸易融资一般基于较清晰的贸易关系，还款来源明确，虽根据其所针对的贸易种类和阶段有着不同的应用场景，但整体而言贸易融资的期限一般较短、周转快、重复性较高、且具有一定的自偿性。提供贸易融资的金融机构将侧重关注被融资的贸易业务及其涉及的物流和资金流风险，对被融资业务涉及的货物和现金流通常拥有追索权，在借款人出现偿债风险时通过对相关货物或现金流的处置获得清偿。

5.4.3 贸易融资的种类

贸易融资可以概括地划分为结构化贸易融资和非结构化贸易融资。

- 结构化贸易融资：结构化贸易融资指利用金融结构和资产担保包的设计，基于被交易的货物或交易将产生的资金流动而进行的融资。结构化贸易融资允许单凭其自身信用资质可能无法获得相应融资的借款人基于交易本身进行融资。被交易的货物或资金流动本身将专门用于债务的偿还，金融机构在贸易顺利进行的情况下即可获得清偿，故从理论上，结构化贸易融资具有一定的“自偿性”。常见的结构化贸易融资包括预付款融资、出口前融资、应收账款融资、借款基础融资、储量融资等（具体见 5.4.4 节）。
- 非结构化贸易融资：非结构化贸易融资也称交易性贸易融资，相较结构化贸易融资对基础资产和现金流的资产隔离，非结构化贸易融资更偏重于就贸易中的某个环节提供融资支持，如利用金融票据（如信用证、见索即付保函、银行付款义务）以增强交易方的履约或支付义务。最为常见的形式如买方向银行申请开具信用证，以卖方为受益人，卖方向开证行出具发货凭证即可兑现信用证、变相取得货款。

5.4.4 贸易融资应用场景

表 5-15 着重介绍结构化贸易融资的几种形式。

表 5-15 结构化贸易融资的常见形式

结构化贸易融资	应用场景
预付款融资	在预付款融资中，买方（通常为中间商 / 承销商）作为借款人向金融机构融资，将融资金额用于向卖方预付货款，卖方收到预付货款后生产、出售相关商品给买方，买方将商品转售后的收益将用于偿还预付款融资[①]。被隔离的、用于支持该融资的资产担保包括借款人在买卖合同和转售合同下的权利和转售合同下货款的指定收款账户等。操作流程见 5.4.7 节。
出口前融资	在出口前融资中，生产商 / 出口方（通常位于发展中国家）作为借款人向金融机构融资，将融资金额用于生产出口货物，进口方货款将直接用于偿还出口前融资。被隔离的、用于支持该融资的资产担保包括借款人在出口合同下的权利和出口合同下货款的指定收款账户等。操作流程见 5.4.7 节。

① Edwin Borrini.Practical Law UK:Pre-export Finance,https://uk.practicallaw.thomsonreuters.com/1-609-7585?transiti-onType=Default&contextData=(sc.Default)&firstPage=true.

续表

结构化贸易融资	应用场景
应收账款融资	应收账款融资又包含不同形式，最为常见的如金融机构以一定折价购买借款人（卖方）应收账款凭证，以向买方收集该等凭证下的应收账款实现偿债的保理结构。在保理结构下，借款人 / 卖方可以即刻回收款项，优化现金流安排，转移买方支付风险。金融机构以折价购买应收账款，从买方实际付款与所付折价间的差额中盈利。操作流程见 5.4.7 节。
借款基础融资	在借款基础融资中，借款人以大宗货物为“借款基础”和担保品向金融机构进行融资，以相应借款基础的预估价值为融资上限，超过该上限时需强制性提前还款。借款基础融资通常涉及多个法域，在设立和执行处于国际货运中的担保品上存在一定难度与风险。操作流程见 5.4.7 节。
储量融资	在储量融资中，借款人以尚未开发的油气储量为担保品向金融机构进行融资，将融资金额用于开发、销售该等油气储量，销售款项将直接用于储量融资的偿还。金融机构需就油气储量及其未来市场价值进行严格的技术、市场与法律评估。操作流程见 5.4.7 节。

5.4.5　主要风险因素考虑

基于贸易融资依赖贸易自身如约履行的自偿性，从借款企业和金融机构的角度，可能影响贸易顺利完成的风险便是需要重点理解和评估的问题。宏观层面，应甄别贸易所涉及的主体所在地和货物运输途径地的国别、政治与合规风险；微观层面，具体贸易的真实性和相关的生产、市场风险也需纳入考量。

- 国别、政治与合规风险：国际贸易涉及买卖双方所在地和货物运输途经地等多国别风险、政治环境和合规问题，买卖双方任一国家发生战争、政变、制裁、外汇管制、关税征收等事件均可能威胁基础贸易的实现，借款企业应就此类风险作相应评估（具体参见 3.1.1 节与 3.1.2.7 节），适当时考虑引入出口信贷机构（具体参见 4.1.3.6 节）或购买相应政治保险[①]。其中，合规风险应是借贷款双方均将重点关注的问题。就贸易融资而言，借款企业可重点关注以下信息，以应对金融机构的 KYC 审查：（a）交易对手方身份和所在地（包括买方、卖方、承运人、收货人、通知方等）；（b）货物属性；（c）货物的原产国家或地区（包括货物是否原产于受制裁国家）；（d）贸易周期；(e) 承运船只的最终所有人、经营者、注册登记人常驻国 / 地区是否涉及受制裁实体或地区等[②]。
- 贸易真实性风险：贸易融资依托于真实的贸易，虚假贸易风险概括而言包括：

① Lexis PSL.Practice Notes:Pre-export Finance—Structure,Parties and Risks,https://www.lexisnexis.co.uk/legal/guidance/pre-export-finance-structure-parties-risks.

② Lexis PSL.Practice Notes:International Sanctions—An Introduction,https://www.lexisnexis.co.uk/legal/guidance/international-sanctions-an-introduction.

贸易本身真实性的风险，包括融资需求是否真实、交易对手是否真实、合同内容是否真实、相关要件是否真实、财务数据是否真实等；以及还款来源真实性的风险，包括还款来源与被融资贸易的相关性、结算周期和融资周期是否匹配等。真实性风险在贸易融资中可体现为对合同的伪造、对账款应收凭证和财务报表的伪造、对货物真实性的伪造、对资金流周期不匹配事实的掩盖、对非法经营事实的掩盖、买卖双方合伙骗贷等。

➢ 生产、交付、市场风险：贸易融资下的借款企业和融资金融机构在某些结构下（如出口前融资）承担货物本身的生产与交付风险。这种情况下，借款企业有必要在融资筹划阶段就所涉及的货物性质、生产技术难度、所需原材料供应、生产商资质与能力、相关主体所在地对该等货物是否存在进出口限制等可能影响货品交付的因素进行尽调与评估[①]。市场风险则主要体现在商品市场价格波动或某市场整体的萎缩。虽然贸易融资一般基于明确约定价款的买卖合同关系，市场的整体波动也会在不同程度上作用于贸易对手方的履约风险和破产风险，也会作用于贸易融资担保品的价值。关于商品市场风险，可参见前文 3.1.3.1 节宏观经济风险。

5.4.6 特殊融资条件

以预付款融资和出口前融资为例，贸易融资中较为典型的特殊融资条件有以下几个方面。

5.4.6.1 预付款融资

➢ 预付款出口合同：即买方（通常为中间商 / 承销商，也是预付款融资中的借款人）与卖方 / 生产商签订的买卖合同，约定买方有义务向卖方支付一定金额的预付款，而卖方有义务使用预付款生产约定货物，并在一定期限内向买方（或其将转售的最终买方）交付货物，逾期交付货物则需返还预付款。

➢ 预付款贷款协议：即买方 / 借款人与融资方签订的贷款协议，约定买方 / 借款人将基于预付款出口合同申请提款，并将提款金额用于支付预付款出口合同下约定的预付款，并将在收到卖方 / 生产商交付的货物后转售货物给最终买方，并将转售货物收到的价款用于偿还预付款贷款。

➢ 担保权益：预付款贷款下金融机构通常对以下资产享有担保权益：买方 / 借款人

---

① Lexis PSL.Practice Notes:Pre-export Finance—Structure,Parties and Risks,https://www.lexisnexis.co.uk/legal/guidance/pre-export-finance-structure-parties-risks.

在预付款出口合同与转售合同下的权益、转售合同款指定收款账户、买方/借款人购买的针对卖方/生产商生产、交付货物风险的商业保险（如有）下的权益、卖方/生产商就返还预付款给出的任何担保（如有）。

➢ 核心考量：在此类贷款协议下，借款企业一般将重点关注与融资方的风险分摊问题。借款企业应争取尽可能限缩金融机构对自身的追索，致使融资方在一定程度上分摊货物的生产与销售风险。例如，融资方可能同意仅对贷款金额的假设 15% 对借款人享有完全的追索，而就其余的 85%，仅以其担保包中权益和担保品价值为限享有有限的追索权（如介入并行使借款人在预付款出口合同或转售合同下的权益，以敦促对手方履行货物交付或支付义务；执行账户质押等）[①]。在风险分摊问题的谈判中，借款企业可能仍然需要就某些由于自身情况导致的风险事项向融资方承担全面的追索，如针对借款企业拒绝履行承购合同接收货物、未将转售款项用于偿还贷款等违约事项。

5.4.6.2 出口前融资

➢ 出口合同：即卖方/出口方（也是出口前融资中的借款人）与买方/进口商签订的买卖合同，约定以一定规格生产并在未来某一时间以某价款交付符合规格的货物，买方/进口商则有义务接收货物、支付价款，并将价款汇入指定收款账户。买方/进口商的身份、所在地、资信资质将是融资方重点关注的信用评估事项。融资方依赖买方最终于出口合同项下支付义务的履行，并在执行情形中可能需要介入出口合同直接对接买方。

➢ 贷款合同：即卖方/出口方作为借款人与融资方签订的贷款合同，约定借款人可依据出口合同申请提款，并将提款金额用于履行出口合同下的生产、交付义务，并将收到的价款用于出口前贷款的偿还。实践中，此类贷款协议中核心的谈判点包括：借款企业同意让与融资方就出口合同的管控程度、借款企业自身运营的灵活性保留（如允许借款人作出的资产处置、举借额外债务的阈值等）、财务指标（通常将检测借款人企业杠杆比率、收益与利息比率、最低净资产值等，有关财务指标具体见 4.2.7 节）、借款人就出口合同及其履行需要向金融机构提供的信息范畴等。

➢ 担保权益与增信：出口前融资下金融机构通常对以下资产享有担保权益：借款企业在出口合同项下的权益、出口合同下买方提供任何信用支持（如信用证或履约

① Edwin Borrini.Practical Law UK:Pre-export Finance,https://uk.practicallaw.thomsonreuters.com/1-609-7585?transitionType=Default&contextData=(sc.Default)&firstPage=true.

保证金）、出口合同价款指定收款账户、借款企业为履行出口合同义务购买的商业保险（如有）。除此之外，融资方亦可能根据其对具体借款企业和出口交易的信用评估，要求借款企业提供额外增信，如借款企业股权质押、生产设备和厂房上创设的担保、信用证或银行保函、母公司担保等。

- 核心考量：出口前融资下，除贷款协议一般包含的陈述、承诺和违约事件外，借款企业一般需承诺其将遵守并履行出口合同下的义务、积极争取其在出口合同下的权益、未经贷款人同意不得就出口合同作出不利修改等；同时，以下情形一般将被纳入违约事件：出口合同和重大许可的终止或修订、借款人或买方所在地在外汇领域的法律变更、借款人所在地发生政治或经济上的重大不利变化。
- 特殊目的公司的引入：实践中，借款人所在集团可能考虑到生产商实体已有的合同义务（如生产商已负有一定债务、在财务指标、举借额外债务、创设额外担保上受到限制），或为了尽可能地缓释境内生产商可能面临的政治、法律或其他风险，或出于税务优惠方面的考量，通过引入特殊目的公司（SPV）作为借款人，将贷款交易尽可能转移至离岸。此时，SPV 将作为借款人，将贷款金额作为预付款支付予实际生产商，生产商则将把货物首先出售予 SPV，再由 SPV 转售至最终买方。由此产生的额外销售链条，亦将纳入融资方的担保包中。

5.4.7 操作流程

下图以预付款融资、出口前融资、应收账款融资、借款基础融资和储量融资为例，提示该等贸易融资交易的典型流程。

- 预付款融资的基础模式

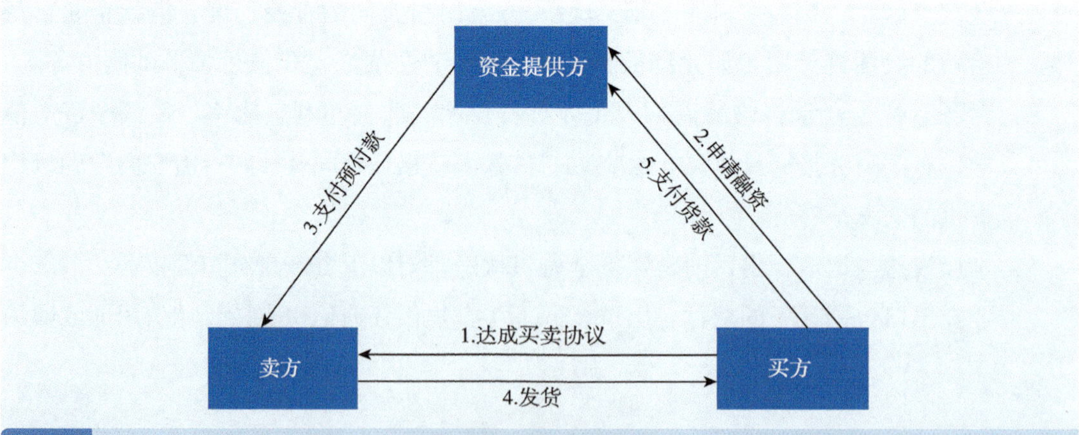

图 5-18 预付款融资的基础模式

➢ 出口前融资的基础模式

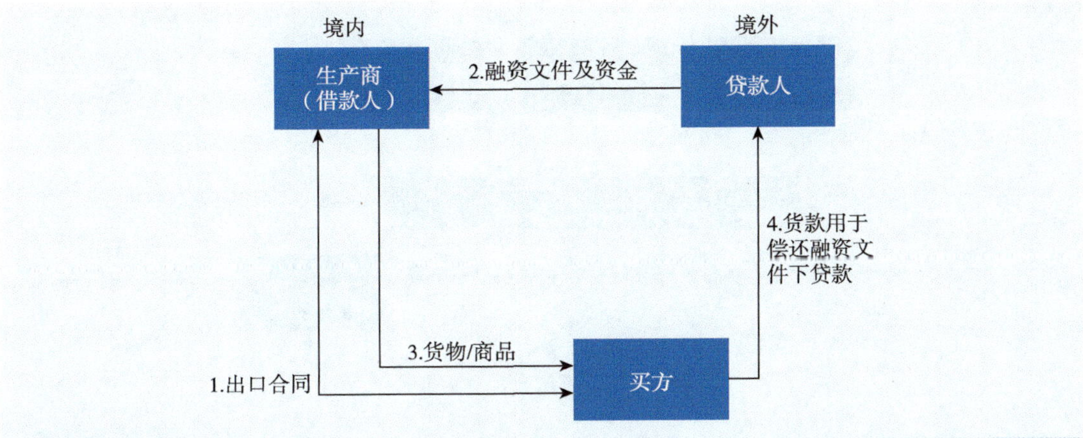

图 5-19 出口前融资的基础模式

➢ 应收账款融资的基础模式

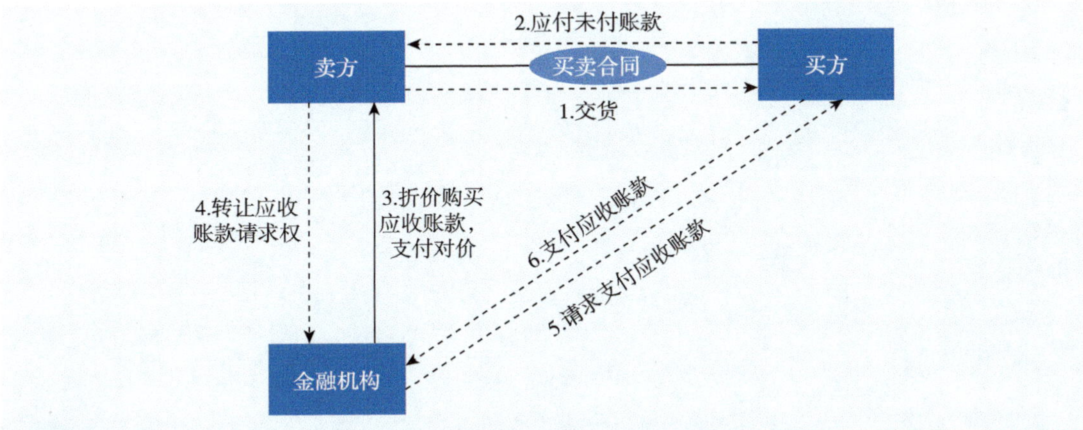

图 5-20 应收账款融资的基础模式

➢ 借款基础融资的基本模式

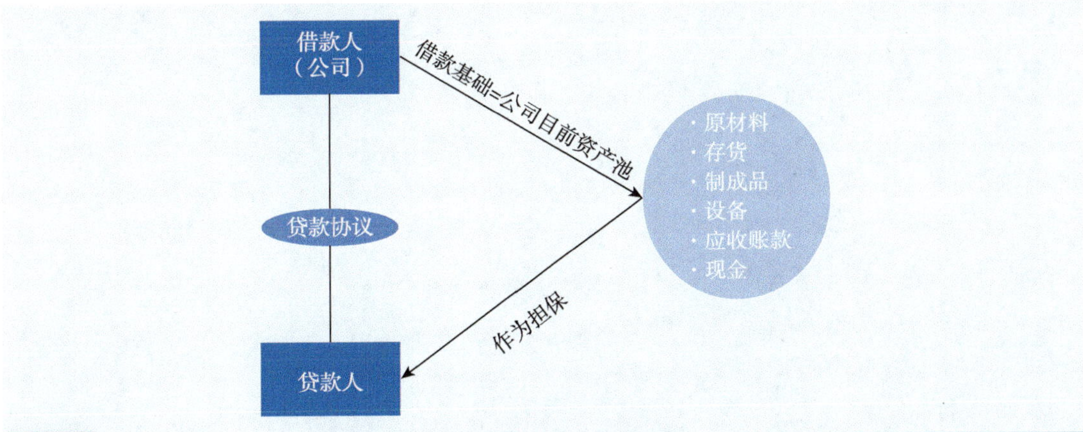

图 5-21 借款基础融资的基本模式

➢ 储量融资的基础模式

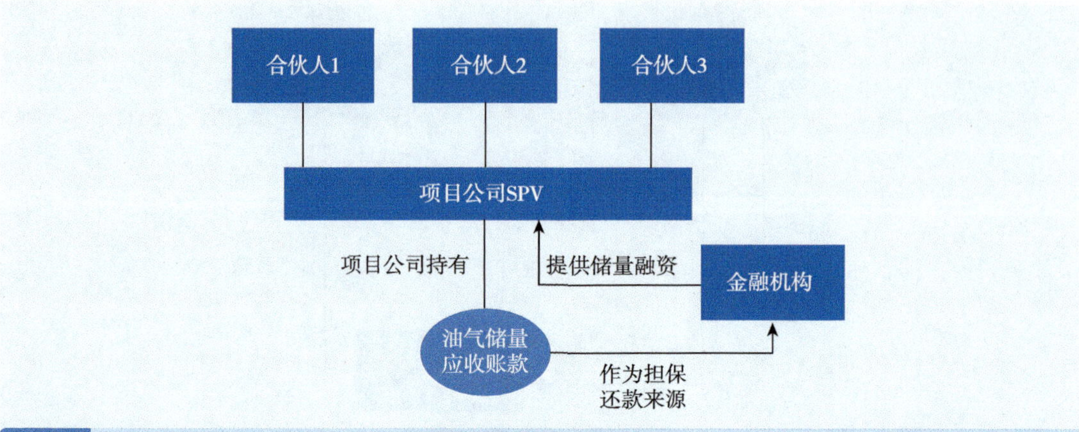

图 5-22 储量融资的基础模式

附录1　案例分析

公司融资与并购案例

项目	公司融资
项目概述	Z 公司下属的一家香港子公司有一笔现有贷款即将到期，现希望偿还该笔现有贷款，同时拟为集团内子公司日常运营所需的运营成本（简称 Opex）筹集资金。
时间计划	本公司融资拟用于对现有贷款的偿还，现有贷款的还款日期固定且不能延期，本公司融资的时间相对较紧。同时本融资涉及在国家发改委和外汇管理部门进行备案登记，需考虑政府部门审核和登记流程所需的时间。Z 公司应针对融资计划和所需登记提前与政府部门沟通和协调。同时，一般需要 2~3 个月的时间和银团委任牵头行（简称 MLA）谈判融资文件，与 MLA 达成一致后，融资文件还需要由银团其他贷款行审阅，该过程约需要 1 个月[①] 的时间才能最终定稿融资文件。在融资文件签署完成后，需安排相应的备案登记，备案登记所需时间根据各地区政府部门有所不同。公司需跟进登记情况，确保尽快完成登记以满足首次提款先决条件。
融资需求	拟通过银团定期贷款的形式进行债权融资。
融资环境分析	公司融资的融资结构相对简单，需考虑融资环境因素相对较少，更多地需注意政府部门登记所需要的时间，提前安排相关文件的准备和与相关政府部门的沟通。 法律环境 / 登记：根据国家发改委 2044 号文的要求，借款人作为境内公司 Z 公司控制的境外企业且拟举借的银行贷款在一年期以上，因此本融资需在国家发改委办理外债登记。同时，本融资拟由母公司 Z 公司提供公司担保，属于“内保外贷”，需在外汇管理部门进行登记。 法律环境 / 税务：香港税收政策友好，香港子公司支付利息无须缴纳预提税。 经济金融环境 / 外汇管制风险：中国大陆企业向境外提供担保，需经国家外汇管理局审批。中国香港无直接外汇管制。 对政治、法律、经济与金融环境的分析未甄别到其他融资环境风险。
融资方案	经过对前述融资环境（政治、法律、经济与金融环境）和对项目自身因素（融资需求、时间计划、税务、商务安排）的分析，拟设计融资方案如下： 借款主体：Z 公司下属香港子公司 贷款金额与币种：3 亿美元 贷款类型：定期贷款 贷款目的：用于偿还其现有贷款，剩余资金用于集团日常经营所需费用支出，以及支付与本次融资相关的所有成本。 贷款路径：由 Z 公司下属香港子公司作为借款人提取本次融资的贷款款项，先偿还现有贷款，剩余资金根据集团内其他公司的日常经营资金需求以公司间借款的形式流转使用。 贷款期限：3 年。 还款安排：分期偿还，贷款协议中约定了还款日和每次还款的还款金额。 增信方式：由 Z 公司提供母公司担保。

① 根据银团参贷行的数量和参贷行的审阅意见，融资文件最终定稿所需的时间可能有所不同。

续表

项目	并购融资
项目概述	H公司拟收购位于德国的某石油开采公司（简称标的公司），为实现收购，H公司拟通过在海外逐层设立卢森堡子公司（简称控股公司）和德国收购公司（简称Bidco）对标的公司进行收购（简称收购项目）。H公司作为本收购项目的融资发起人，拟通过Bidco以40亿欧元的并购对价，向标的公司的唯一股东（简称出售方）收购标的公司的全部股份。
时间计划	本收购项目中存在其他竞标方，出售方要求的收购要约时间较紧，且收购交割时需一次性支付全部并购对价，为配合收购计划，融资筹划的时间具有紧迫性。同时，提交收购要约时须一并提交并购贷款的融资承诺函和主要条款清单，须尽快推进和银团代理行的谈判。本项目涉及境外贷款行，故需要在首次提款前（即并购交割前）完成相应的国家发展改革委企业发行外债登记、内保外贷登记等行政手续，需要多方面同步推进工作。 在交割完成后，需针对标的公司和标的公司集团内其他公司的股权和资产设立抵质押担保并完成相应的担保登记手续。
融资需求	鉴于并购价款金额较大，而银行受限于信贷风险和监管要求，难以通过单笔债权融资筹集全部并购价款，计划通过海外设立Bidco作为借款人，通过银团并购贷款筹集50%的并购价款，剩余部分的并购价款则通过H公司自有资金通过股权投资筹集。 由于并购贷款的贷款人要求标的公司和标的集团子公司提供资产担保，故并购融资完成后，标的集团难以再基于无权利负担的资产从第三方获得融资，因此拟将银团贷款分为两笔子贷款，子贷款A用于并购价款，子贷款B采用循环贷款的形式用于日常营运资金。
融资环境分析	法律环境/税务：并购融资方案的筹划更多地需要依据并购交易本身予以考量，在选择并购交易的Bidco时需充分考虑双边投资条约和避免双重征税协定等进行税务筹划。同时，还应当考虑并购完成后集团公司架构的变化和分红安排。考虑到卢森堡签署的广泛的税收协议网络和其欧盟成员国身份，采用在H公司和德国Bidco之间加入卢森堡控股公司的并购融资架构，以在支付利息和分配股息方面获得税收优惠。 法律环境/资本弱化规定：德国实行资本弱化①的限制，若德国居民公司对非居民的债务融资高于股权融资1.5倍以上，向非居民公司支付的超额利息部分，将不得做税前扣除。 经济金融环境/外汇管制风险：中国大陆企业在中国境内外汇资金、对境外投资、向境外提供担保，需经国家外汇管理局审批。德国和卢森堡无直接外汇管制。 对政治、法律、经济与金融环境的分析未甄别到其他融资环境风险。
融资方案	经过对前述融资环境（政治、法律、经济与金融环境）和对项目自身因素（融资需求、时间计划、税务、商务安排）的分析，拟设计融资方案如下： 借款主体：子贷款A的借款人为Bidco，子贷款B的借款人为Bidco（截至并购交割前）/标的公司（并购完成后）； 贷款金额与币种：子贷款A为20亿欧元，子贷款B为1亿欧元； 贷款类型：子贷款A为定期贷款，子贷款B为循环贷款； 贷款目的：子贷款A为用于支付并购对价，子贷款B用于标的公司集团的营运资金需求； 贷款期限：子贷款A为5年，子贷款B为3年； 贷款路径：Bidco提取子贷款A用于向出售方支付并购对价。同时，H公司通过自有资金以股本金的形式逐级向卢森堡控股公司和德国收购公司注资，由此德国收购公司以并购贷款和股本金的形式分别从银团和H公司获得了全部并购对价。并购完成后，根据标的公司或标的集团其他子公司的资金需求，由标的公司按需在子贷款B项下提取贷款，用于自身的营运资金需求，或通过集团间公司借款将资金用于标的集团其他子公司的营运资金需求。 还款安排：以标的公司和标的集团其他子公司的分红收入分期偿还贷款。实践中，仅依据标的集团的现金流难以完全偿还并购贷款，故后期往往需要提前规划再融资安排予以还款。

① 资本弱化指的是企业的负债明显高于股本，不同国家对资本弱化规定了不同程度的限制。

续表

项目	并购融资
融资方案	增信方式： （1）并购交割前需提供： （i）H公司的公司担保； （ii）卢森堡控股公司和德国收购公司的股权质押。 （2）并购交割完成后3个月内需提供： （i）标的公司和标的公司集团重要子公司的股权质押； （ii）标的公司和标的公司集团重要子公司的公司担保。

项目借款案例

项目	特定项目借款
项目概述	C公司拟参与位于加拿大的某油田开发项目（简称加拿大项目）。该油田商业开发权由加拿大某私人石油公司所有（简称加方发起人）。为实现对该项目开发权益的收购，C公司拟通过C公司国际投资有限公司（简称国际投资公司）于海外逐级设立香港子公司、卢森堡子公司、加拿大持股公司（简称HoldCo）、加拿大收购公司（简称AcqCo）四个全资子公司。同时，加方发起人将50%的区块资产权益转让给其新设立的全资子公司（简称加方子公司）。C公司拟通过AcqCo，以10亿加元的对价，收购加方子公司全部股份。
时间计划	收购对价需于收购交易交割时一次性支付予加方发起人，时间上具有一定紧迫性。然而，由C公司完成对国际投资公司、再由国际投资公司逐级完成对AcqCo的注资，需完成国家发改委有关境外投资的相关手续，包括国际投资公司及相关子公司的各类国内外登记、注册手续，故时间上难以以股本金的形式实现对价款的及时到位。
融资需求	鉴于对价款难以以股本金的形式及时到位，由AcqCo收购加方子公司全部股份的10亿加元对价款拟通过项目借款的形式进行债权融资。
融资环境分析	法律环境/税务：中国与加拿大之间签署有避免双重征税协定，加拿大居民公司向中国公司支付利息（除根据相关法规免征预提税的情形），须向加拿大政府缴纳10%的利息预提税。香港与加拿大之间无避免双重征税协定，适用25%的利息预提税率。加拿大与卢森堡存在避免双重征税协定，适用10%的利息预提税率。香港与卢森堡之间存在避免双重征税协定，适用0%的利息预提税率。因此，10亿加元的款项如以股本金的形式注入加拿大HoldCo和AcqCo，则可避免预提税的产生。而若以债的形式直接提供给加拿大HoldCo或AcqCo，取决于贷款银行所在地，则可能产生预提税的缴纳义务。此外，除收购价款外，AcqCo在收购前后也将产生一定运营资金需求，该等资金若以股东债的形式从香港子公司直接提供给加拿大HoldCo或AcqCo，则也将产生25%的利息预提税。经综合考量，故设卢森堡子公司以受益于卢森堡与加拿大之间的较低利息预提税率，以为项目未来可能产生的流动资金需求创设便利。 法律环境/资本弱化规定：加拿大存在资本弱化方面的限制，若加拿大居民公司对非居民的债务融资高于股权融资两倍以上，向非居民公司支付的超额利息部分，将不得做税前扣除。 经济金融环境/外汇管制风险：加拿大无直接外汇管制。中国大陆企业在中国境内外汇资金、对境外投资、向境外提供担保，需经国家外汇管理局审批。中国香港无直接外汇管制。对政治、法律、经济与金融环境的分析未甄别其他融资环境风险。
融资方案	经过对前述融资环境（政治、法律、经济与金融环境）和对项目自身因素（融资需求、时间计划、税务、商务安排）的分析，拟设计融资方案如下： 借款主体：国际投资公司香港子公司。 贷款金额与币种：10亿加元。 贷款类型：短期贷款。 贷款目的：用于支付收购加方子公司全部股份之对价。 贷款路径：由国际投资公司香港子公司作为资本金，逐级完成对所属子公司直至AcqCo的注资，由此避免预提税、简化外管报批手续、满足资金及时到位要求。 贷款期限：1年。 还款安排：待全部审批注册手续完成后，C公司将向国际投资公司进行现金增资、再由国际投资公司逐级完成对AcqCo的注资，注资金额将覆盖全部贷款的本息总额。

续表

项目	特定项目借款
融资方案	增信方式：由C公司就全部贷款金额出具公司担保。 银行报价情况：项目向三家金融机构进行了询价，其中银行甲要求项目取得发改委有关境外投资的审批，故无法满足项目资金及时到位的要求；银行乙要求采取内保外贷的方式，要求C公司境内公司在该银行境内分支机构就贷款总额做相当金额的存款质押；银行丙报价与前者相当，但无前述要求，满足成本最低、条件最优、及时到位等要求。故拟选择银行丙作为融资方。

项目融资案例

项目	项目融资
项目概述及主要参与方	N 公司拟就其位于某发展中国家 X 国的天然气田的海上浮式中游液化加工服务业务（简称中游项目）开展项目融资。 该气田的上游勘探开采业务（简称上游项目）由 N 公司关联公司（国际投资公司）、东道国 X 国国家石油公司以及某国际石油天然气公司（简称某 IOC）三方，通过各自关联公司（即各上游参与方）以非法人型合资企业的形式依据发起人间达成的《联合开发协议》联合开发。 中游项目则将由各发起人通过其各自关联公司作为持股股东合资成立特殊目的项目公司（即项目公司）开展。项目公司融资、建设海上浮式液化天然气厂，与上游参与方签署液化天然气加工服务协议，为上游提供的天然气提供液化加工服务。 中游项目加工后产品（即液化天然气和冷凝液）由上游参与方负责在《长期购销协议》项下销售予包括 N 公司关联贸易公司和某 IOC 的关联贸易公司在内的两家承销商，销售收益通过上游现金流瀑布，经支付上游税费、运营开支和政府分成后，以液化服务费的形式回流至中游项目公司，以覆盖中游项目公司的运营开支和还本付息。 中游项目 EPC 承包商为来自中国和 Y 国两家建设工程企业成立的合资企业。液化厂为海上浮式结构，所采取的技术新颖、难度大。考虑到较高的建设与完工风险，发起人拟就建设期提供按各自中游持股比例的偿债承诺（DSU）。 融资方拟包括来自中国（基于 N 公司的海外股权投资）、某 IOC 所在国（基于该国企业的海外股权投资）以及 Y 国（基于该国企业的 EPC 出口）的三家出口信贷机构、国际商业银行以及来自东道国 X 国的主要商业银行。
项目结构及融资方案	该天然气项目结构为非一体化混合型项目。中游项目为上游项目提供天然气液化加工服务，收取加工服务费，上游项目负责加工后产品的销售。作为混合型项目，项目中的服务费并非照付不议，而在一定程度上取决于上游项目是否能够产生足够销售收入。上游项目产生的收益仅当完成上游现金流瀑布在先顺位的支付（包括支付购销协议下对液化气购买商的赔偿金、东道国政府分成和上游运营开支等）后，才会用于支付项目服务费。如当期现金流不足支付服务费，服务费将累计顺延。中游项目由此分担着上游项目的销售和市场风险。据此，融资方在上游参与方资质、销售安排和可能对中游项目构成的影响的行为，均格外关注，在担保包、增信方式和协议中约束性条款等方面提出了特别要求。 担保包：一般而言，非一体化服务费式项目的融资资产包仅覆盖中游项目资产。但考虑到该混合型项目承担上游销售收益风险，中游项目可融资性受上游销售安排影响，融资方要求担保包需覆盖上游的购销协议以及上游现账户与现金流（但不包含上游参与方的参与利益和上游资产）。尽管上游资产并不在担保包内，上游参与方就这些资产提供了消极担保，承诺未经融资方同意不会将上游资产向第三方提供担保。至于上游参与方参与利益，由于同时覆盖本项目所在气田区块未来其他项目的开发权益，不予抵押给融资方。 上游购销协议：基于上游的购销协议对中游项目的重要性，融资方就其进行了详尽的尽调，并对购销协议的期限（要求至少覆盖贷款清偿日）、承购份额（要求总承购份额达到中游项目以 100% 产能运作时的全部产出）、承购方资信、价格条款（包括所援引的油价指数与斜率）、复议条款（如首次价格复议需于长协签署五年之后）、协议修改（如不得就价格条款中的援引指数与斜率进行调整）等方面提出了要求。 上游参与方陈述、承诺及违约事件：鉴于上游项目的运营及上游参与方的行为对中游项目的影响，上游参与方违反某些陈述与承诺如对项目整体带来实质性影响，则将视为项目上的违约事件，而非针对该上游参与方或其关联方的不连带违约事件，使得融资方对整个中游项目享有追索（而非仅针对违约发起人方的关联 DSU 提供方（DSU 释放前）或股东（DSU 释放后）享有追索。此类事件包括任一上游发起人违约修改购销协议、不如约运营维护上游资产、挪用上游销售收益、违约修改、转让《联合开发协议》《特许权协议》等上游文件下权益，全体上游发起人共同违反其他重大上游项目文件下义务等。

续表

项目	项目融资
项目结构及融资方案	偿债储备账户：鉴于中游项目偿债现金流受制于上游销售收入，中游融资方要求借款人同时开设并维持偿债储备账户和流动资金储备账户。作为 DSU 释放和后续分红条件，融资方要求项目公司将相当于未来 6 个月预计偿债总额分别各自存入这两个账户，以确保在项目出现现金流问题时，账户中预留资金可满足项目未来一年的偿债需求。 分红条件：考虑到中游项目现金流来自上游，融资方对上游参与人的分红进行了严格限制。只有在满足中游项目所有分红条件（其中包括不存在任何应付服务费欠款，首次分红液化天然气及冷凝液销售收益足以完全支付至少一期应还借款，首次分红上游参与方成功完成至少一批冷凝液的销售及结款等）和额外的特定上游分红条件后（如不存在任何液化天然气购买方应付款），才可以向上游参与人分红。 增信方式：在 DSU 释放条件达成前，各发起人关联公司将作为 DSU 提供方向融资方提供有偿债承诺（DSU）。偿债承诺一般由各发起人按照其各自持股份额，以互不连带的形式提供。一般来说，任一发起人对其他发起人在其偿债承诺下的作为或不作为不承担任何责任。但该项目中，作为 DSU 提供方之一的东道国国家石油公司资信不足，且无具备足够良好资信的关联实体。考虑到融资方对 DSU 的关注（包括考虑到项目建设期技术难度之高），其他发起人的关联 DSU 提供方同意，如东道国国家石油公司作为 DSU 提供方不履行其在 DSU 下的义务，则其他 DSU 提供方将按比例代其履行这部分义务。 另外，某 IOC 基于内部惯例，提出以某特殊目的公司（SPV）作为其关联 DSU 提供方，并由该某 IOC 作为母公司，在当其关联 DSU 提供方应在其 DSU 下履行任何支付义务时，将相关金额以股本金的形式注入该 SPV。该 SPV 将额外与某 IOC 签订贷款协议，将某 IOC 的注资金额贷款给某 IOC，某 IOC 经要求需立即偿还该贷款（即应注资的金额）。SPV 于该贷款协议下的权益将转让给融资方，此外某 IOC 还将另行向融资方就前述安排出具维好承诺。这一安排为某 IOC 内部 DSU 管理和风控带来一定的效益。

附录2　项目融资简版主要贷款条件

PROJECT FINANCE SHORT FORM TERM SHEET [CURRENCY][AMOUNT]PROJECT FINANCE FACILITIES FOR

[●]PROJECT

PARTIES

1.Company:	[●].
2.Sponsors:	[●].
3.Shareholders:	[●].
4.Mandated Lead Arrangers:	[●].
5.Export Credit Agencies:	[●].
6.Lenders:	Commercial Facility Lenders –[●]. [ECA]Facility Lenders –[●].
7.Agents:	Intercreditor Agent –[●] Commercial Facility Agent –[●]. [ECA]Facility Agent –[●]. Offshore Security Agent –[●]. Onshore Security Agent –[●].
8.Account Banks:	Offshore Account Bank –[●]. Onshore Account Bank –[●].
9.Majority Lenders:	Lenders holding [50%]/[66⅔]%or more in value of the total commitments or,if utilisations are outstanding,the aggregate of all the outstanding utilisations and available commitments.
10.Project	The development,financing,design,engineering,manufacturing,procurement,installation,construction,testing and commissioning of [*PROJECT FACILITY*](the Project Facility).

THE FACILITIES

1.Facilities:	Commercial Loan Facility. [ECA]Loan Facility.
2.Amount:	Commercial Loan Facility –[*CURRENCY*][*AMOUNT*] [ECA]Loan Facility –[*CURRENCY*][*AMOUNT*].
3.Purpose:	The Facilities may only be used for payment of: (a) construction costs in respect of the construction,completion and commissioning of the Project (whether or not of a capital nature); (b) pre–completion operating costs; (c) funding of the Debt Service Reserve Account;and (d) [*other*].
4.Availability Period:	From the date of the relevant credit agreement up to and including the earlier: (a)the date on which the Facilities are fully utilised; (b)the date falling [●]months after the Completion Date;and (c)the first Repayment Date.
5.Repayment:	The loans must be repaid in [●]instalments [*with a flat amortization profile/equal semi-annual instalments/sculpted repayment profile*]and with the first repayment being made on the earlier of the date falling: (a) [●]months after the Completion Date;and (b) [●]months after the date of the facility agreements.
6.Voluntary Prepayment:	Prepayment may be made in whole at any time on [●]business days'written notice. Prepayment of any Facility may be made in part prior to the end of the Availability Period if such prepayment is funded by Replacement Debt. Prepayment of the Facilities (on a pro–rata basis unless in connection with the refinancing of a Facility with Replacement Debt)may be made in part after the end of the Availability Period and,if in part,in a minimum amount of [*CURRENCY*][*AMOUNT*]. Voluntary partial prepayments will be applied against the outstanding repayment instalments in [chronological order of maturity]/[*pro-rata across each instalment*].
7.Mandatory Prepayment	Prepayment and cancellation must be made in the following circumstances: (a) Illegality If it becomes unlawful for a Lender to perform any of its obligations as contemplated by any finance document or to fund or maintain its participation in any loan. (b) Insurance proceeds In certain circumstances where amounts standing to the credit of the compensation / insurance proceeds account are not required to meet a third party claim or reinstate damage to the Project Facility,the Company will be required to make a partial prepayment of the Facilities from a portion of such proceeds. (c) ECA Guarantee If a guarantee or insurance policy issued by an ECA in respect of an ECA Facility ceases to be effective (other than as a result of an act or omission of a Lender or agent under the relevant ECA Facility),the Company will be required to prepay the outstanding advances under that ECA Facility if required by the relevant agent. Mandatory prepayments must be made together with interest accrued on the amount prepaid and,subject to breakage costs,without penalty.

8.Prepayment and Cancellation or Replacement of a Single Lender:	The Company may prepay and cancel the commitments of a Lender which makes a claim under the increased costs,tax gross-up and/or tax indemnity provisions. Alternatively,the Company may require the relevant Lender to transfer at par its commitments and outstandings to a replacement lender.
9.Voluntary Cancellation:	The undrawn commitments under any Facility may be cancelled by the Company at any time on [●]business days' written notice and,if in part,in a minimum of [*CURRENCY*][*AMOUNT*]. If officially supported fixed rate funding based on the CIRR is made available under any ECA Facility,customary break costs for voluntary cancellation shall apply,otherwise such cancellation may be made without penalty.

PRICING

1.Upfront Fees:	Commercial Facility:[●]%flat on the facility amount. [ECA]Facility:[●]%flat on the facility amount.
2.Commitment Fee:	A commitment fee will be payable by the Company [quarterly]in arrear on undrawn and uncancelled amounts under the relevant Facility at the following rates: Commercial Facility:[●]%p.a. [ECA]Facility:[●]%p.a.
3.Margin:	Commercial Facility:[●]%p.a. [ECA]Facility:[●]%p.a.
4.Interest Periods for Loans:	For the purpose of calculating interest each loan will have successive Interest Periods. Each Interest Period for a loan will be of one,two,three or six months at the option of the Company,or any other period agreed between the Company and all the Lenders that have (or will have)a share in that loan.
5.Interest on Loans:	The rate of interest payable on a loan for each Interest Period will be the aggregate of: (a) the applicable Margin;and (b) [*REFERENCE RATE*],or if available and agreed for an ECA Facility,the applicable CIRR rate. If officially supported fixed rate funding based on the Commercial Interest Reference Rate (CIRR)is made available under any ECA Facility,a separate agreement will be entered into between the Lenders under the relevant ECA Facility and the ECA concerned in accordance with customary market practice.
6.Default Interest:	Interest on overdue amounts will be increased by [●]%per annum.

EQUITY AND SPONSOR SUPPORT

1.Equity Funding:

The equity funding (Equity)of the Project will comprise:

(a) share capital;

(b) at the election of the Shareholders,subordinated shareholder loans;

(c) debts owed by the Company to the Shareholders in respect of project costs paid by (or on behalf of)the Shareholders on behalf of the Company prior to the start of the availability period for the Facilities;and

(d) pre–completion operating revenue,to the extent spent on project costs or used to fund the Debt Service Reserve Account.

2.Base Equity Commitment:

The Shareholders' total base equity commitment shall be an amount of [*CURRENCY*] [*AMOUNT*](representing [●]%of the total project costs set out in the original base case).

The Shareholders will undertake to:

(a) contribute at least [*CURRENCY*][*AMOUNT*](representing [●]%of the total project costs set out in the original base case)of such base equity prior to the date of the first advance under the Facilities.

(b) provide the Offshore Security Agent with:

(i) a letter of credit or bank guarantee [from a financial institution with a long term credit rating of at least [A–](or equivalent)]; or

(ii) a guarantee from the Sponsors,

for the remaining portion of the base equity commitment, [which shall be contributed before or pro–rata with advances under the Facilities to maintain a debt to equity ratio of no more than [●]:[●].]

3.Standby Equity Commitment:

The Shareholders will undertake to the Company to contribute a further Equity to fund cost overruns in relation to the Project,up to a maximum amount of [*CURRENCY*][*AMOUNT*] (representing [●]%of the total project costs set out in the original base case)(Standby Equity Commitment).

The Shareholders shall provide the Offshore Security Agent with:

(a)a letter of credit or bank guarantee (from a financial institution with a long term credit rating of at least [*CREDIT RATING*](or equivalent));or

(b)a guarantee from the Sponsors ,

for the amount of the Standby Equity Commitment.

The Standby Equity Commitment shall automatically terminate immediately upon the occurrence of the Project Completion Date.

4.Debt Service Undertaking:

Each Shareholder will give a debt service undertaking (the Debt Service Undertaking)to pay all amounts falling due under the finance documents prior to the Project Completion Date.

The Debt Service Undertakings will be enforceable by the Offshore Security Agent without first having recourse to the Company and without resorting to any other means of payment,provided that,where there are any amounts standing to the credit of the Debt Service Reserve Account [and the Debt Service Accrual Account],those credit amounts must be applied against the outstanding and unpaid amount before a demand may be made under the Debt Service Undertakings for any balance.

The obligations of the Shareholders under the Debt Service Undertakings will be expressed as an obligation to make payment directly to the Finance Parties rather than as an obligation to put the Company in funds.If the Shareholders makes any payments direct to the Finance Parties pursuant to the Debt Service Undertakings,any obligation of the Company to reimburse the Shareholders shall be subordinated to the obligations of the Company to the Lenders.

The Debt Service Undertakings shall be automatically released immediately upon the occurrence of the Project Completion Date.

The Shareholders will have an option,exercisable at any time,to pay or procure the payment of all sums then outstanding under the Finance Documents for which there is a liability (actual or contingent)under the Debt Service Undertaking Agreement,without any penalty. This option will be structured so that the Shareholders could effect either a prepayment or repayment of the outstanding amounts or,alternatively,a purchase and transfer of the Company's obligations under the Finance Documents without any cost or liability to the Finance Parties.

5.Share Retention Obligations:

At all times prior to the Project Completion Date:

(i) each Shareholder shall maintain ownership of and voting rights in respect of [●]%of its respective ownership of the Company's share capital;and

(ii) each Sponsor shall maintain ownership of and voting rights in respect of [●]%of its related shareholder's share capital.

On and from the Project Completion Date,the Sponsors shall be entitled to transfer their ownership interests in the Shareholders and the Shareholders shall be entitled to transfer its ownership interest in the Company (together with any subordinated shareholder loans),to any other person subject to:

(a) [Sponsor A]maintaining,directly or indirectly,ownership of and voting rights in respect of at least [●]%of the Company's share capital;

(b) [Sponsor B]maintaining,directly or indirectly,ownership of and voting rights in respect of at least [●]%of the Company's share capital;

(c) each new shareholder:

(A) entering into a subordination agreement if it has acquired any shareholder loans made to the Company;and

(B) (other than in the case of transferees who have not acquired any shareholder loans made to the Company)providing such constitutional documents,resolutions and legal opinions in respect of that documentation as the Intercreditor Agent may reasonably require prior to any transfer becoming effective.

6.Project Completion Date:

The date on which the agreed completion tests are passed.These will include:

(a) construction of the Project Facility has been completed,signed off by the lenders' technical consultants;

(b) a lenders' reliability test (LRT)proving the integrated operation of the Project Facility to a specified minimum performance level,signed off by the lenders' technical consultant;

(c) no Default is outstanding;

(d) the repeating representation are true in all material respects;

(e) if the Project Facility's performance levels as tested during the LRT are below the original base case technical assumptions (i.e.,the base case agreed at financial close),satisfaction of agreed minimum forward looking DSCR calculations using the original base case pricing assumptions but updated technical assumptions and taking account of debt reduction (e.g.by voluntary prepayment);

(f) all operational phase insurances are in full force and effect;

(g) the DSRA is fully funded;

(h) the debt:equity ratio is no more than [●];

(i) a minimum required quantity of products have been delivered to the offtaker and sold;and

(j) [*others*].

ADDITIONAL DEBT

1.Replacement Debt:

The Company may take on replacement debt which will benefit from the security created under the Security Documents and (if prior to the Project Completion Date)the Debt Service Undertaking pari passu with the Facilities without the need for the consent of the Lenders if:

(a) an updated financial model (taking into account the Replacement Debt but without updating any of the technical or economic assumptions)is delivered which demonstrates that the projected DSCR and LLCR on each Repayment Date occurring after the date that the Replacement Debt is incurred are no less than [●]and [●];

(b) the average life of the Replacement Debt is no less than the average life of the Facilities;

(c) the Replacement Debt lenders accede to the intercreditor deed and the terms and conditions (excluding pricing,repayment and tenor)of the Replacement Debt are no more favourable to the Replacement Debt lenders than the Facilities are to the Lenders;

(d) no default is outstanding;and

(e) the proceeds of the Replacement Debt are used to prepay the relevant Facility(ies)in full or in part and pay associated costs,fees and expenses and (if undrawn Commitments are being replaced) the purpose of any subsequent advances under the Replacement Debt will be to fund Project costs.

2.Buy-Down Debt:

The Company may incur additional debt (Buy-Down Debt)which will benefit from the security created under the Security Documents pari passu with the Facilities,and utilise such Buy-Down Debt to repay,refund or redeem the equity contribution made under the debt buy-down option,without the consent of the Lenders if:

(a) the Buy-Down Debt is incurred within [●]months of the Company exercising the buy-down option to achieve the Project Completion Date and the Plant has subsequently passed the performance tests which were not able to be passed at the time the buy-down option was exercised;

(b) the principal amount of the Buy-Down Debt does not exceed the amount of the prepayment under the debt buy-down option,together with any costs,fees and expenses associated with incurring the Buy-Down Debt;and

(c) an updated financial model (taking into account the Buy-down Debt and updated technical assumptions (but not updating the economic assumptions))demonstrates that the projected DSCR and LLCR on each Repayment Date after the date of incurrence of the Buy-down Debt are no less than [●]and [●];

(d) the average life of the Buy-Down Debt is no less than the average life of the Facilities prepaid under Debt buy-down option;

(e) the Buy-Down Debt lenders accede to the intercreditor deed and the terms and conditions (excluding pricing,repayment and tenor)of the Buy-Down Debt are no more favourable to the Buy-Down Debt lenders than the Facilities are to the Lenders;

(f) no amount of deferred principal is outstanding;and

(g) no default is outstanding.

3.Supplementary Debt:

The Company may take on supplementary debt which will benefit from the security created under the Security Documents and the Debt Service Undertaking pari passu with the Facilities without the need for the consent of the Lenders if:

(a) the Supplementary Debt is incurred before the Project Completion Date and the aggregate amount of all outstanding advances and all undrawn and uncancelled commitments under (i)the Facilities and (ii)the Shortfall Debt (including any previously incurred Shortfall Debt),will not exceed [●]%of the then estimated Project Costs to be incurred by the Company in achieving the Project Completion Date;

(b) the proceeds of the Supplementary Debt are used to fund Project Costs;

(c) an updated financial model (taking into account the Supplementary Debt but without updating any of the technical or economic assumptions)demonstrates that the projected DSCR and LLCR on each Repayment Date occurring after the date that the Supplementary Debt is incurred are no less than [●]and [●];

(d) the average life of the Supplementary Debt is no less than the average life of the Facilities;

(e) the Supplementary Debt lenders accede to the intercreditor deed and the terms and conditions (excluding pricing,repayment and tenor)of the Supplementary Debt are no more favourable to the Supplementary Debt lenders than the Facilities are to the Lenders;and

(f) no default is outstanding.

PROJECT ACCOUNTS

1.Project Accounts:	The project accounts are expected to include: (a) Onshore and offshore disbursement accounts (into which all utilisations under the Facilities will be paid); (b) Onshore and offshore operating accounts (into which all operating revenues generated by the Project Facility must be paid); (c) compensation /insurance proceeds account outside; (d) offshore DSRA ; (e) [offshore DSAA ;]and (f) distributions account. Payments out of the project accounts will be subject to a specified waterfall of priorities.
2.Debt Service Reserve Account (DSRA):	The Company will be required to reserve [six]months' worth of principal and interest payments in an offshore debt service reserve account (the DSRA),[which may be replaced at the Company's option by non-recourse letters of credit or guarantees from entities with suitable credit ratings].
3.Debt Service Accrual Account (DSAA):	The Company will be required to collect cash to fund principal and interest payments in an offshore debt service accrual account (the DSAA).
4.Shareholder Distributions:	The Company may transfer funds from the operating accounts into the distribution account at any time after the first scheduled repayment date and on a [monthly/quarterly]basis if the following conditions are met: (a) the amount transferred is no more than the balance standing to the credit of the operating accounts after the payment of all financing costs on the most recent repayment date;or (b) [the DSAA holds an amount not less than that proportion of the total debt service calculated to be payable on the next repayment date as is equal to the proportion of time elapsed between the immediately preceding repayment date and that next repayment date;] (c) no Default is outstanding; (d) the DSRA is fully funded;and each of the following financial ratios has been met: (i) the backwards looking DSCR for the [●]month period falling immediately before the relevant repayment date is no less than [●]:1;and (ii) the Company has provided a cashflow forecast produced by the financial model using updated assumptions showing that the DSCR for the [●]month period immediately succeeding the relevant repayment date is no less than [●]:1.

SECURITY

Security Documents:

It is intended that the security package will reflect market practice for international projects of this type,subject to the usual local law and other applicable legal and practical considerations. Subject to the above,the security package would be expected to include all or substantially all of the following:

(a) Local law commercial mortgage of the Company;

(b) Local law legal mortgage over the Company's rights under the lease/land use agreement for the Project Facility site;

(c) English law assignment of the Company's rights under the following documents:

(i) supply agreements;

(ii) product offtake agreement(s);

(iii) [licence agreements;]

(iv) [EPC contracts;]

(v) hedging agreements;

(vi) subordinated shareholder loans;and

(vii) [others].

(d) English law direct agreements in respect of the EPC contracts,and each of the other English law major project documents;

(e) Local law direct agreements in respect of the lease/land use agreements and each other local law major project documents;

(f) Local law security over those onshore project accounts;

(g) English law security over those offshore project accounts (other than the distributions account);and

(h) English law assignment of rights under reinsurances;

(i) Local law assignment of rights under onshore insurances.

REPRESENTATIONS,COVENANTS AND EVENTS OF DEFAULT

1.Representations:

The Company will make representations as to:

(a) status;

(b) legal validity of the finance documents;

(c) no conflict with laws,constitutional documents or other documents;

(d) power and authority;

(e) authorisations required for validity and admissibility in evidence in full force and effect;

(f) financial statements fairly represent its financial condition;

(g) amounts payable free of host country taxes;

(h) no event of default or other defaults;

(i) in respect of the information memorandum,no misleading information,basis of preparation of financial projections,basis and reasonableness of opinions and no misleading omissions;

(j) pari passu ranking of payment obligations under the finance documents;

(k) no other business other than the Project;and

(l) no immunity in any legal proceedings.

2.Project Information Undertakings:

The Company will provide:

(a) prior to the Project Completion Date,[quarterly]construction reports;

(b) with each construction report,a notice (confirmed by the Lenders'technical consultant)(a Funding Confirmation)certifying that:

(i) the projected costs to achieve the Project Completion Date will not exceed the available funding at that time;and

(ii) the Project Completion Date is reasonably projected to occur on or prior to the longstop date;

(c) [quarterly]environmental reports;

(d) in each year after the Project Completion Date,an annual operating budget;and

(e)in each year after the Project Completion Date an [annual]operating report.

3.Construction Budget:

The Company may from time to time deliver to the Intercreditor Agent a draft revised Construction Budget.

The draft revised Construction Budget shall replace the then-current Construction Budget:

(a) if the increase in the total amount of project costs set out in the revised construction budget is not more than [*CURRENCY*][*AMOUNT*]above the total amount of project costs set out in the initial construction budget;or

(b) if the Company has certified to the Intercreditor Agent that:

(i) the projected costs to achieve the Project Completion Date will not exceed the available funding at that time;and

(ii) the Improvement Project Completion Date is reasonably projected to occur on or prior to the Improvement Project Longstop Date,

and the Lenders'technical consultant has confirmed such certificate;or

(c) otherwise,only with the approval of the Intercreditor Agent.

4.Financial and Other Information Undertakings:

The Company will provide:
(a) audited financial statements for each of its financial years;
(b) interim unaudited financial statements for each of its financial half years;
(c) semi–annual compliance certificates setting out a calculation of the debt service cover ratio as at the most recent repayment date;
(d) copies of all documents dispatched by the Company to its creditors (or any class) generally;
(e) details of any material litigation,arbitration or administrative proceedings;
(f) such other information regarding the financial condition,business and operations of the Company as any finance party may reasonably request;
(g) notification of default;and
(h) information required to satisfy all customer due diligence checks.

5.General Undertakings:

These will include (subject to agreed exceptions and appropriate baskets for a transaction of this nature):
(a) maintenance of authorisations required to enable it to implement the Project and perform its obligations under the finance documents;
(b) compliance with laws and regulations;
(c) pari passu ranking of obligations under the finance documents with all other unsecured,unsubordinated obligations;
(d) a negative pledge and restrictions on quasi–security;
(e) restriction on disposals;
(f) restriction on incurring further financial indebtedness (other than the additional debt described above);
(g) no merger;
(h) no change of business;
(i) restrictions on acquisitions;
(j) compliance with applicable environmental laws and licences;
(k) maintenance of appropriate insurance;
(l) restriction on granting loans or guarantees;
(m) restriction on changes to its constitutional documents;
(n) restriction on opening further accounts;
(o) restriction on distributions,other than from funds validly transferred into the distributions account;
(p) compliance with anti–corruption laws applicable to the Company;
(q) payment of taxes;
(r) restriction on entering into contracts with affiliates,other than on arms' length terms;and
(s) compliance with sanctions.

6.Project Undertakings:

These will include:
(a) using reasonable endeavours to implement the Project in accordance with good industry practice and ensure the Project Completion Date occurs by or promptly after the scheduled completion date;
(b) restriction on incurring Project Costs in excess of the total amount stated in the current construction budget;
(c) restrictions on agreeing variations under the construction contracts for the Plant (other than where costs of that variation are included in the construction budget);
(d) operating and maintaining the Project Facility in accordance with good industry practice;
(e) compliance with obligations under key project documents where non–compliance could reasonably be expected to have a material adverse effect;and
(f) restrictions on agreeing amendments or granting waivers to key project documents which could reasonably be expected to have a material adverse effect.

7.Events of Default:

These will include:

(a) non–payment;

(b) breach of other obligations under the finance documents (with a [●]day cure period for remediable breach);

(c) misrepresentation (with a [●]day cure period if circumstances giving rise to the misrepresentation are remediable);

(d) cross–default (subject to an agreed threshold);

(e) insolvency events,insolvency proceedings,creditors'process and related matters;

(f) the Company ceasing to carry on business;

(g) unlawfulness or ineffectiveness of any finance document;

(h) repudiation of finance documents;

(i) termination (without replacement)of any key project document;

(j) breach of environmental covenants or occurrence of a material environmental incident,unless rectified (or a remedial action plan is published,where rectification is not practicable)within [●]days;

(k) the Project Completion Date not occurring by the longstop date for completion;and

(l) nationalisation or expropriation of the Project Facility.

MISCELLANEOUS

1.Conditions Precedent:	Customary for a transaction of this nature.
2.Conditions Precedent to Each Utilisation:	The obligations of each Lender to participate in any advance under the Facilities are subject to the further conditions precedent that,on both the date of the request for the advance and the date of the advance: (a) the debt to equity ratio immediately following the making of the requested advance will be no greater than [●]:[●]; (b) no default is continuing or would result from the advance; (c) the repeating representations are correct in all material respects; (d) the latest preceding [quarterly]Funding Confirmation has been received by the Intercreditor Agent or,if such Funding Confirmation is in dispute,an independent expert has confirmed that the projected costs to achieve the Project Completion Date will not exceed available funding and/or the Project Completion Date is reasonably projected to occur on or prior to the longstop date in respect of such dispute;and (e) [*ECA eligibility evidence requirements*].
3.Taxes:	All payments must be made without deduction or withholding for any tax. Standard gross-up,indemnity and tax credit provisions will apply,including standard Lenders'risk FATCA wording. Stamp taxes and VAT payable in connection with the finance documents are for the account of the Company.
4.Hedging:	The Company shall not be required to enter into hedging arrangements but may enter into hedging arrangements of a non-speculative nature on terms that the hedge providers benefit from the security package in accordance with normal international project finance practice.
5.Market Terms:	These will include terms dealing with: (a) market disruption; (b) breakage costs; (c) increased costs (excluding Basel II costs); (d) indemnities; (e) mitigation by the Lenders; (f) set-off;and (g) replacement of defaulting or non-consenting Lenders.
6.Costs and Expenses:	All reasonable legal and other expenses incurred by the Mandated Lead Arrangers in connection with the negotiation,preparation,printing,execution,syndication and any amendment of any finance document will be for the Company's account.
7.Assignments and Transfers by Lenders:	A Lender may assign any of it rights or transfer by novation any of its rights and obligations to any other bank or financial institution or to a trust,fund or other entity which is regularly engaged in or established for the purpose of making,purchasing or investing in loans,securities or other financial assets. The prior written consent of the Company will be required (which must not be unreasonably withheld or delayed and will be deemed given if not expressly refused within five business days)unless the assignment or transfer is to another Lender or an affiliate of a Lender.

8.Amendments and Waivers:	The Majority Lenders may agree amendments and waivers on behalf of all the Lenders (subject to agreed exceptions). The share in any loan or commitment of a Lender which does not reply to a request for consent for an amendment or waiver within [●]business days after receipt of that request will be excluded for the purpose of determining whether the required proportion of Lenders has agreed to that request.
9.Governing Law:	The finance documents will be governed by English law,other than certain security documents which will be governed by local law.
10.Enforcement:	Arbitration in [●]under the rules of the [●]or (for English law documents),at the option of the finance parties,the English courts.

附录3　融资专用术语

序号	术语	定义
1	安排费（Arrangement Fees）	指安排行为其组建银团、规划贷款安排所收取的费用，有时也称前端费（Upfront Fees）。
2	安慰函（Letter of Comfort）	通常指由借款人母公司作出的、一般不具备法律约束力或强制执行力的一种的安慰性函件，内容通常为母公司对其子公司作为借款人在融资文件项下承担有一定义务的知悉和确认、或有意愿支持其子公司履行还款义务的确认。
3	包税（Tax Gross-up）	指借款人向融资方承诺，当融资方需支付与贷款相关的预提税和/或其他税款时，额外向融资方支付相当于该税款的款项，以使融资方实际收到的款项相当于其无须支付有关税款时的水平。
4	保险经纪人承诺书（Broker Letter of Undertaking）	一般用于项目融资领域，指作为保险方案的组成部分，融资方要求项目公司所聘用的（再）保险经纪向融资方作出一系列承诺，如在保单到期前一定时间通知融资方，项目公司出现不付保费、不续保等情形时通知融资方等。
5	保险市场能力（Market Capacity）	一般用于项目融资领域，指就特定项目领域、所在地区、拟投险种等，保险市场上是否有足够的保险公司能够以项目满意的条件（如保费、免赔额、除外条款）提供相应保险合同的能力。
6	备用股本金（Standby Equity）	一般用于项目融资领域，指用于（按事先约定的债股比）支付项目开支（Project Costs）中事先所预留的或有开支部分的股本金。
7	备用债（Standby Debt）	一般用于项目融资领域，指用于（按事先约定的债股比）支付项目开支（Project Costs）中事先所预留的或有开支部分的贷款资金。
8	补偿（Indemnity）	通常指一方当事人对另一方当事人因赔偿方或任何其他方的行为而遭受的损失进行赔偿的合同义务。贷款协议中通常包含就融资方因借款人支付货币不符约定、由于税务原因、或由于借款人违约等原因而遭受的损失，由借款人对融资方作出的补偿约定。
9	补充债（Supplemental Debt）	一般用于项目融资领域，指用于支付项目完工前仍未支付的项目开支的举债，乃额外债务的一种。
10	不动产抵押（Mortgage）	一种资产担保形式，于不同法域在法律上有不同的范畴和解释，通常指抵押人以一定不动产作为抵押品抵押给抵押权人，抵押权人对抵押物享有一定程度上的控制权，而抵押人在未取得抵押权人同意之前一般不得处置抵押物；抵押权人于抵押人出现违约等触发情形后，可经一定的程序执行该抵押品，用于清偿抵押人债务的担保权益。
11	不对称管辖权条款（Asymmetric Jurisdiction Clause）	指纠纷发生后，借款人只能在协议约定的管辖机构提起诉讼或仲裁，而融资方可以任意选择在其他法院起诉或仲裁机构仲裁的一类管辖权条款。
12	簿记行（Bookrunner）	指负责安排银团和新贷款分销的机构。

续表

序号	术语	定义
13	财务承诺（Financial Covenant）	一般指融资文件中，借款人向融资方作出的有关维持特定财务指标的承诺。
14	财务支持（Financial Assistance）	一般指由某一公司向另一方提供财务支持用以购买该公司的股份，如并购标的公司或其子公司为并购融资提供担保的行为。财务支持在一些法域中受到限制或禁止。
15	长臂/域外管辖权（Long-arm/Extraterritorial Jurisdiction）	指某一法域的法院或执法机关对该法域外的主体、事件享有或主张管辖权的情形。
16	偿债承诺（Debt Service Undertaking，DSU）	一般用于项目融资领域，指发起人或其关联公司向融资方就项目公司（作为借款人）在项目融资安排项下得支付业务提供的担保，一般包括 DSU 释放前项目公司任何一期到期未付的债务、项目发生特定重大违约事件并经融资方加速到期后的全部到期债务，以及某个别发起人发生违约并经融资方加速到期后项目公司相当于该发起人参股比例的到期债务。DSU 通常经项目通过融资方设定的完工测试、实现完工日后，方可释放。
17	偿债储备要求（Debt Service Reserve Requirement）	融资方为确保项目在现金流出现问题时，仍可维持一定时间的偿债能力，要求借款人将一定金额（如相当于下一期或下两期的预计偿债总额）存入指定账户，当借款人或项目无足够现金如期还本付息时，动用该账户中资金填补偿债缺口。该等需留存的金额一般称为偿债储备要求。
18	偿债储备账户（Debt Service Reserve Account）	指用于借款人存入偿债储备资金的指定账户。
19	陈述和保证（Representations and Warranties）	指融资文件中的事实主张，指借款人就其“当下”的状况与实际情况，就特定事宜向融资方作出的陈述。
20	承诺（Undertakings /Covenants）	指融资文件中的借款人对其未来行为的持续性的应允，一般可分为积极承诺与消极承诺。其中，积极承诺下借款人承诺将积极履行某义务或采取某行动；消极承诺下借款人则应允无融资方同意时不予从事某行为或采取某行动。
21	承诺额（Commitment）	指融资方在贷款协议下承诺发放的贷款金额。
22	承诺费（Commitment Fees）	指借款人应向融资方支付的作为融资方提供承诺额对价的费用，一般按照可用承诺额的一定百分比计算。
23	持股锁定期（Lock-in Period）	指直接或间接持股方不得转让其所持直接或间接股权的期间。
24	赤道原则（Equator Principles）	指由世界主要金融机构根据国际金融公司和世界银行的政策和指南建立的，一套用于决定、衡量和管理项目融资环境和社会风险的风险管理框架，旨在为尽职调查提供最低标准，以做出负责任的风险决策。赤道原则最初在 2003 年由荷兰银行、花旗银行、巴克莱银行等共十个国际银行采用，截至 2021 年 3 月，赤道原则已经被全球 37 个国家的 116 家金融机构正式采纳，涵盖了新兴市场和发达市场中大部分的跨境项目融资贷款。
25	出口前融资（Pre-export Finance）	指生产商/出口方（通常位于发展中国家）作为借款人向金融机构进行的一种融资，融资金额将用于生产出口货物，进口方货款将直接用于偿还出口前融资的一种融资形式，乃结构化贸易融资的一种。
26	出口信贷机构（Export Credit Agency，ECA）	一般为一国的政策性信贷机构，旨在通过分摊商业银行政治风险和商业风险，促进一国商品和服务出口和海外投资。常见的出口信贷支持包括 ECA 直接贷款、ECA 间接贷款、ECA 担保和 ECA 保险。

续表

序号	术语	定义
27	储量融资（Reserve Based Financing）	指借款人以尚未开发的油气储量为担保品向金融机构进行融资，融资金额将用于开发、销售该等油气储量，销售款项将直接用于偿还融资的一种融资形式，乃结构化贸易融资的一种。
28	次级债（Subordinated Debt）	指在受偿顺序上劣后于优先级贷款的债务。
29	代理费（Agent Fee）	指借款人为代理行履行其代理职责而向其支付费用，一般为某具体金额，由借款人与代理行通过费用函约定，通常按年支付。
30	代理行（Agent）	指融资文件中指派的一家或多家银行，负责协调融资文件下各类信息的收集与交流、资金的收支分配、担保物的贷后管理与执行等事务性工作。
31	贷款（Loan）	指融资方在一个信贷下不时发放的贷款，亦可指在某一时点该信贷下未偿还的贷款本金总额。
32	贷款期限（Term）	指自融资文件签署或借取贷款之日起，至最终还款日之间的期间。
33	担保文件（Security Document）	指为融资方创设担保权益的合同的总称，可包括公司担保以及创设资产担保权益的其他担保协议。
34	担保信托（Security Trust）	指以确保信托财产的安全，保护委托人的合法权益为目的而设立的信托。委托人将信托财产或权益转移给受托人（Security Trustee），受托人在受托期间保管信托财产或权益，受托财产或权益经执行后负责执行收益的管理与分配。
35	到期一次性还本付息（Bullet Payment）	指于贷款最终还款日一次性进行全部还本付息的还款方式安排，一般适用于金额相对较小、贷款期限相对较短的贷款。
36	抵押（Charge）	一种资产担保形式，于不同法域在法律上有不同的范畴和解释，通常指借款人在其资产（一般为动产）上设立的抵押，一般不伴随该动产占有和所有权的转移，而仅为在该资产上设立的一个物权负担。抵押权人对抵押物享有一定程度上的控制权，而抵押人在未取得抵押权人同意之前一般不得处置抵押物；抵押权人于抵押人出现违约等触发情形后，可经一定的程序执行该抵押品，用于清偿抵押人债务的担保权益。
37	定期贷款（Term Loan）	指具有固定放款与还款期限的贷款。借款人可在承诺期间以授信额度为限申请提款，借款偿还后不可再次借取。
38	兜底条款（Catch-all Provisions）	指将所有其他条款尚未包括的、难以包括的、或目前无法预测的情形，做兜底约定的一类型条款。
39	短期融资券（Commercial Paper）	一般指期限在一周到几个月的短期债券。
40	多种货币贷款（Multicurrency Loan）	指借款企业与融资方以本币约定贷款金额，提款时可根据企业资金需求，要求融资方以借款企业指定的其他货币放款的贷款形式。
41	额外债务（Additional Debt）	指借款人在满足一定条件下可以在现有债务基础上额外举借的债务，常见的包括为扩建提供的扩建债、为改善产能提供的去瓶颈化债，以及为落实法定或某阈值下开发提供的获准开发债。
42	ECA 保险（ECA Insurance）	指出口信贷机构按照一定费用，向某金融机构提供保险，当在该金融机构为借款人提供的贷款下发生由被保险风险引发的违约时，该金融机构可依据保单条款，请求出口信贷机构做出赔付。

续表

序号	术语	定义
43	ECA 担保（ECA Guarantee）	指出口信贷机构按照一定费用，向某金融机构提供担保，约定在该金融机构为项目公司提供的贷款下发生违约时，出口信贷机构将替代项目公司偿还其债务。
44	ECA 间接贷款（ECA Indirect Financing）	指出口信贷机构向某企业或金融机构提供贷款，由该企业或金融机构将资金以股权或债权的形式提供给项目公司。
45	ECA 直接贷款（ECA Direct Financing）	指出口信贷机构直接向项目公司或其母公司提供的贷款。
46	EPC 合同（Engineering, Procurement and Construction Contract，EPC Contract）	指项目的工程、采购、建设总承包合同。
47	发起人（Sponsor）	一般用于项目融资领域，指实际负责项目推动与发展的投资人，一般为项目公司的直接或间接股东。
48	发起人支持（Sponsor Support）	一般用于项目融资领域，指在有限追索融资的框架下，发起人为项目公司的债务履行提供的有限的增信安排，可包括完工担保、偿债承诺、维好协议、流动性支持承诺、备用股东贷款等。
49	FATCA（Foreign Account Tax Compliance Act）	指美国财政部和国家税务局联合颁布的《海外账户纳税法案》，该法旨在加强对美国纳税人（包括美国公民和绿卡持有者）的海外投资的税收征管，防止美国纳税人通过海外账户逃避纳税。FATCA 要求外国金融机构向美国国税局披露美国人设立的账户信息，外国金融机构涵盖银行、保险公司、信托公司、各类对冲基金、私募基金、交易所等。
50	非法人型合资企业（Unincorporated Joint Venture）	又称契约型合资结构，指投资者之间依据合同形式（而非注册公司）组织建立起的合资、合作关系，投资者通常直接享有其在某一项目上的参与权益和该等权益所产生的收益，根据所涉及法域，在税务、财务等方面与注册公司相比通常有不同待遇。
51	非排他性管辖权条款（Non-exclusive Jurisdiction Clause）	指纠纷发生后，协议任何一方均可选择在约定的管辖法院起诉或仲裁机构仲裁，亦可自行选择其他的争议解决地的一类管辖权条款。
52	非一体化项目（Non-integrated Project）	一般用于油气项目融资领域，指仅就油气行业产业链中一个或几个环节（但非整个产业链）进行融资的结构。
53	分期、按揭还款（Instalment Payment）	指根据事先约定的还款计划按揭分期还本付息的还款方式，多用于贷款金额较大、期限较长的贷款；根据每笔按揭金额的设计，还可分为等额按揭、根据偿债覆盖率倒推法（Sculpting）、大额尾款还款（Balloon Payment）等。
54	服务费式结构（Tolling Structure）	油气领域项目融资中非一体化项目的一种，该结构下中游项目一般仅负责将上游项目提供的油气原材料进行加工服务并收取服务费；上游项目保留对油气原材料和加工后产品的所有权，承担销售风险、享受销售收益。
55	浮动抵押（Floating Charge）	一种资产担保形式，于不同法域在法律上有不同的范畴和解释，通常指借款人在其全部现有及未来资产上创设的抵押（不涉及资产占有的转移），在其正常存续期间，借款人可正常经营公司业务、日常性地处置企业资产；而当被抵押债权发生违约等触发事件后，浮动抵押将发生冻结而转化为对冻结时企业所拥有的全部财产的固定抵押。在英国法下，浮动抵押可赋予抵押权人指定破产接管人或行政接管人等权利。

续表

序号	术语	定义
56	杠杆率（Leverage Ratio）	财务指标的一种，泛指用于体现一个企业负债水平的比率，可包括债股比、债与总资产比、债与 EBITDA 比等。
57	杠杆收购（Leveraged Buy-outs，LBO）	指通过债权融资筹措绝大部分资金以完成对目标公司的收购的交易形式。
58	高级股东贷款（Senior Sponsor Debt）	指由发起人、关联股东或其他关联公司作为融资方，在高级债的受偿顺位，为项目提供的中长期贷款。
59	高级债（Senior Debt）	泛指在获偿顺位上优先于其他债权的债。
60	高级中长期贷款（Senior Term Facility）	高级中长期贷款一般为一笔项目融资中主要资金的提供方式，即由融资方以项目融资的形式，在高级债的受偿顺位，为项目提供的中长期贷款。
61	公司担保（Corporate Guarantee）	指公司担保人向融资方保证借款人将履行其在融资文件下的特定义务，并在借款人未能如期履行其义务时，替代其履行该等义务的一种信用担保形式。
62	公司融资（Corporate Finance）	债权融资的一种形式，一般指为应对企业日常经营过程中的资金需求，以借款人资质和 / 或公司担保人资质为核心信贷考量的融资形式。
63	公私合伙制（Public Private Partnerships，PPP）	指政府和私营企业的一种合伙形式，旨通过特许权协议等合约，允许私营企业以特定条件与政府合作开发、经营特定项目或服务。
64	股本金过桥资金贷款（Equity Bridge Loan，EBL）	股本金过桥资金，指发起人或关联股东为履行其在项目融资中股本金的支付义务，非以自有资金，而是通过利用项目公司举借外债（一般为短、中期的公司融资）所筹集的资金。股本金过桥资金贷款，指提供该等资金的贷款形式。
65	股本金置换（Equity True-Up）	一般用于项目融资领域，指允许发起人 / 股东在满足一定条件的情况下，用贷款资金将项目中满足债股比后多余的股本金部分置换出来并向股东作出支付的安排。
66	股本支持、持股与次级化协议（Equity Support, Subordination and Retention Agreement）	一般用于项目融资领域，指发起人与融资方，就具体交易中必须由发起人和 / 或其关联股东承担的义务，作出约定的协议。
67	股东债（Shareholder Debt）	指企业从其股东或关联公司处取得的贷款。
68	股份回购（Share Repurchase）	指公司按一定的程序购回发行或流通在外的本公司股份的行为。
69	股权融资（Equity Financing）	指企业通过发股增资的形式引进股东注资，以股换资，与债权融资相对立。
70	固定抵押（Fixed Charge）	一种资产担保形式，于不同法域在法律上有不同的范畴和解释，通常指借款人在其特定动产上设立的抵押（不涉及资产占有的转移），抵押权人对抵押物享有一定程度上的控制权，而抵押人在未取得抵押权人同意之前一般不得处置抵押物。抵押权人于抵押人出现违约等触发情形后，可经一定的程序执行该抵押品，用于清偿抵押人债务的担保权益。
71	挂钩出口信贷（Tied ECA Financing）	指出口信贷机构提供的与其本国商品或服务的出口相关联的信贷支持。

续表

序号	术语	定义
72	国际金融多边机构（Multilateral Agency，MLA）	一般指两个以上主权国家通过条约等形式共同出资设立的金融援助性国际组织，旨为符合其发展目标的投资提供担保和贷款，通过其经验和国际地位为政治风险较高的国家和项目提供政治风险保障［规模较大的如世界银行以及其下属的国际金融公司（IMF）、亚洲开发银行、亚洲投资银行、欧洲复兴开发银行等］。
73	国民待遇（National Treatment）	指给予外国投资的待遇“等同于”给予本国投资者的待遇，包括“超国民待遇”，即给予外国投资的待遇“不低于”给予本国投资的待遇，以示东道国对某些投资的额外支持；及“次国民待遇”，即基于外资准入、国家安全和公共秩序等方面原因予以低于国民待遇的合理例外。
74	过桥贷款（Bridge Loan）	指长期融资到位前，为及时应对资金需求或缺口，举借的短期融资；企业通常利用过桥融资存续期间落实中长期融资的到位，以最终置换掉过桥贷款。
75	后续条件（Condition Subsequent）	指提款后一段时间内应当满足的条件，可以包括借款人在提款前无法满足、而融资方同意豁免的部分先决条件。
76	环境、社会和治理（Environmental,Social and Corporate Governance，ESG）	泛指企业在社会、环境和公司治理问题上的整体意识和表现，着重关注企业的经营模式和非财务表现，如碳排放及人权等议题。许多国家与国际组织出台有关企业应当遵守的 ESG 监管标准。
77	回购式融资租赁（Sale and Leaseback）	指承租人购买资产，随即出售给出租人，再从出租人处租回该等资产的融资行为。
78	汇率对冲（Currency Hedging）	指企业为避免或减小未知或预期中的货币汇率变化而与金融机构进行的掉期交易。
79	汇票（Bill of Exchange）	可转让票据的一种，记载一方对另一方无条件付款的承诺。
80	混合型结构（Hybrid Project）	油气领域项目融资中非一体化项目的一种，指综合具备某些市场销售式结构和服务费式结构特征的一种项目商业结构。
81	获准开发债（Permitted Development Debt）	一般用于项目融资领域，指用于支付获准开发开支的举债，乃额外债务的一种。“获准开发”，一般指项目由于法律或行业要求必须实施的、或自愿实施的一定金额以下的、对原项目的调整。
82	基本股本金（Base Equity）	一般用于项目融资领域，指用于（按事先约定的债股比）支付项目开支（Project Costs）中基本开支部分的股本金。
83	基准点（Basic Point，bp）	一种计量单位，一个基准点相当于 0.01%，在融资交易中常作为利差的单位。
84	基准利率（Reference Rate）	指利息组成中对银行自身筹措资金将产生的成本的反应，一般为市场所公认的银行间同业拆借利率，随市场变化而波动。
85	基准利率更换条款（Replacement of Screen Rate）	指基准利率发生重大变更、停用、或无法再作为准确计算贷款利率的基准时，融资方如何与借款人确定、实施替代基准利率的条款。
86	加速还款（Acceleration）	指当融资项下发生约定触发事件（如违约事件）时，融资方于贷款约定还本付息日前，宣布贷款提前到期，要求借款人提前还款的行为。
87	夹层债（Mezzanine Debt）	指处于高级债与次级债之间的“夹层”债务，从获偿顺序上，劣后于高级债，但优先于股东债、次级债。
88	减资（Capital Reduction）	指公司资本过剩或亏损严重，根据经营业务的实际情况，依法减少注册资本金的行为。

续表

序号	术语	定义
89	见索即付保函（Demand Guarantee）	指银行或非银行金融机构作为开立人，以书面形式向受益人出具的，同意在受益人请求付款并提交符合保函要求的单据时，向其支付特定款项或在保函最高金额内付款的承诺。
90	交叉违约（Cross Default）	指本合同项下违约将因借款人或其关联公司于其他协议下发生违约等触发事件而被触发的情形。
91	介入权（Step-in Right）	一般用于项目融资领域，指在某项目文件的直接协议下，融资方可在特定条件下（如项目公司违约）介入该项目文件的履行，代替项目公司行使合同下权利、履行合同下义务的权利。
92	借款基础融资（Borrowing Based Financing）	指借款人以大宗货物为“借款基础”和担保品向金融机构进行融资，以相应借款基础的预估价值为融资上限，超过该上限时需强制性提前还款的一种融资形式，乃结构化贸易融资的一种。
93	借新还旧（Roll-over）	指循环贷款中，整体循环信贷尚可用期间，在某单笔贷款到期后仍继续借取的行为，即在名义上将该笔到期贷款视同经偿付后立即被重新借取，实则无现金流转。
94	经济制裁（Economic Sanction）	指一国或多国政府机构，通过在经济、金融、贸易等领域采取某些限制性手段（而非通过武力等强制性手段），实现特定政治目标的行为。经济制裁的主要手段包括：资产冻结、旅行禁令、贸易制裁、对特定商品或服务的进出口限制，乃至全面性的经济封锁。
95	救济期（Cure Period/Grace Period）	指某一行为（或不作为）或某些情形在触发合同下的违约或对方终止权等不利后果前，双方约定的一定缓冲和救济期间；如相关方在该期间对其行为或相关情形作出了补救，则不会触发相应后果。
96	可融资性（Bankability）	一般用于项目融资领域，指一个项目是否可被融资，即其所涉及的各类风险和项目整体的经济性是否通过合理的商务安排，达到了可以让融资方愿意以项目融资的有限追索形式为其提供贷款的水平。
97	可使用的承诺额（Available Commitment Amount）	指承诺额中尚未提取并可被提取的部分。
98	可转换（Convertible Bonds）、可交换债券（Exchangeable Bonds）	指可以转换成新股或换取现有股份（一般为优先股）的债券，乃一种介于股与债之间的融资形式。企业赋予该债券持有人按照一定价格将所持有的债券转换成股份的选择权。
99	恐怖主义融资（Terrorism Financing）	指出于恐怖主义之目的或为支持恐怖主义的活动，提供资金或其他形式的金钱资助行为，不论该等资金是合法收入或非法所得。
100	控制权变更（Change of Control）	指某企业的控制权由于股东转股或决策机制的变动而发生变化的情形。融资中可能就借款人或关联公司的核心控股人有一定要求，故对控制权的变更有所限制，如变更可能导致违约或强制提前还款等后果。
101	宽限期	泛指借款人无还本义务的期间，一般从贷款协议签订之日起算（相比之下，提款期一般从融资关闭即先决条件满足时起算），至首个还本付息日为止。
102	扩建债（Expansion Debt）	一般用于项目融资领域，指用于支付扩建开支的举债，乃额外债务的一种。“扩建”，区别于“去瓶颈化”，一般指对项目实质性的扩建（如天然气项目新增的液化生产线）。
103	了解你的客户审查（“Know Your Customer” Check）	指各个金融机构的内部客户识别程序，也称为 KYC 审查，旨在确保其了解将要与之建立交易关系的客户的真实身份，识别制裁、洗钱、恐怖主义融资、贿赂等风险。

续表

序号	术语	定义
104	冷静期（Standstill Period）	一般用于项目融资领域，指在项目文件直接协议下，当项目公司在相关项目文件下出现违约时，对手方承诺予以项目公司和融资方的一定救济期间。通常在该期间内，项目公司可救济相关违约，融资方可行使介入权，仅当违约于冷静期结束仍未得到救济时，对手方方可在该项目文件下对项目公司采取暂停履约、终止合同、提起诉讼等执行行为。
105	利差（Margin）	指利息组成中对银行利润的反应，银行根据其对不同融资交易的信用评估设定可补偿其风险敞口的利差。利差以基准点为单位。
106	利率对冲（Interest Rate Hedging）	指企业为避免或减小未知或预期中的基准利率变化而与金融机构进行的掉期交易。
107	利息资本化（Capitalisation of Interest）	指于利息到期时不予实际支付，而将到期金额计入贷款的本金中，滚入下一个利息期的融资安排。
108	连带责任（Joint and Several Responsibility）	指依照法律规定或者当事人约定，两个或者两个以上连带义务人对义务整体承担全部责任；就任意一方的不履行，债权人可以要求任意一个义务人履行全部义务或承担赔偿责任。
109	联合运营协议（Joint Operation Agreement）	指以非注册联合运营体形式组织起来的上游参与人，就其在上游的参与利益、上游业务的联合运营、出资与决策机制，以及与其他参与人的权利义务关系等事宜达成的约定。
110	劣后（Subordination）	指通过合同约定或结构上的安排，在清偿顺序上于后置位受偿。
111	留置（Lien）	一种资产担保形式，于不同法域在法律上有不同的范畴和解释，通常指债权人在债务人偿还债务之前拥有的占有特定资产或文件的权利。
112	流动性支持函（Liquidity Support Agreement）	通常指由借款人的母公司或关联公司为融资方提供的某种承诺，用以在一定范围内为借款人提供资金以维持其流动资金水平和 / 或还本付息的能力。
113	流动资金贷款（Working Capital Facility，WCF）	指概括地用于企业流动资金缺口的贷款，可以采取公司融资的形式，也可在项目融资的框架中提供。
114	伦敦银行同业拆借利率（London Interbank Offered Rate，LIBOR）	指全球主要银行在伦敦银行同业拆借市场上向其他机构发放贷款的利率，乃基准利率的一种。
115	履约保函（Performance Bond）	指第三方（如银行、母公司或关联公司）就某企业在某合同中的义务，向其对手方出具的保证，当该企业发生保证覆盖范围内的违约时，该第三方将根据保证条款向受益方履约。
116	绿地项目（Greenfield Project）	泛指在未开发土地上进行的，不受先前工作限制的、从零开始建设的项目。
117	买方信贷（Buyer Credit）	指出口信贷机构向外国进口商提供的信贷支持。
118	卖方信贷（Seller Credit）	指出口信贷机构向本国出口企业提供的信贷支持。
119	贸易融资（Trade Finance）	指融资方基于某商品交易或某贸易关系的存在所提供的融资的统称，其具体形式多样，包括普通贷款、信用证、应收账款保理、储量融资以及其他不同形式的结构化贸易融资。
120	Mini-Perm 贷款模式（Mini-Perm）	一般用于项目融资领域，指某笔项目融资在设计时，预设借款人将在项目进入运营期一定年数后（如 4 至 5 年），将通过融资成本较低的再融资（鉴于届时项目已可独立运营）替换长期项目融资的模式，到预计再融资时若未能成功再融资，则触发强制提前还款（也称 Hard Mini-Perm）或现金归纳（Cash Sweep）（也称 Soft Mini-Perm）的义务。
121	敏感性测试（Sensitivity Analysis）	一般用于项目融资领域，指针对财务模型构建过程中所作出的不同假设，进行不同组合的压力测试，以检验项目在各种不利条件下的经济稳健性。

续表

序号	术语	定义
122	目的地交货（Delivered at Place，DAP）	国际贸易常用术语，指卖方负责将货物运达买方指定的目的地后向买方交货，由卖方承担运输费用及风险的贸易安排。
123	内保外贷	指注册地在中国境内的担保方为注册地在境外的债务人和债权人提供跨境担保的情形。
124	排他性管辖权条款（Exclusive Jurisdiction Clause）	指纠纷发生后，协议任何一方均只能在约定的管辖法院起诉或仲裁机构仲裁的一类管辖权条款。
125	赔偿收款人条款（Loss Payee Clause）	一般用于项目融资领域，指（丙）保险公司就除应直接支付给第三人的第三方责任险赔偿等例外情形外，将全部保险赔偿款汇入指定的项目保险权益账户或违约后依融资方代理行指示行事的承诺。
126	平等地位（Pari Passu）	拉丁语，泛指在平等的基础上。在融资中，常用于形容多个融资方在同一受偿顺位上，或指某一款项应在同一顺位上用于不同事项的支付。
127	普通股（Ordinary Shares）	指企业发行的赋予其持股人表决权和分红权公司股份，其持股人通常位于末位分红或清算，但可不受上限地分享企业盈余。
128	期末一次性还款（Bullet Repayment）	指于债务到期时一次性还本付息的还款方式。
129	牵头行 / 安排行（Lead Arranger）	牵头行（也称安排行），指受借款企业委托，根据与借款企业已初步达成的信息备忘录和 / 或概括性条款安排，吸引并协助其他参贷行参与融资的金融机构。
130	强制提前还款（Mandatory Prepayment）	指发生某特定事件后，借款人需根据强制提前还款条款的安排，强制性提前偿还本息的安排。
131	清扫期（Clean-up Period）	一般用于并购融资领域，指在融资文件协议签署后，借款人被给予的一段准备期，该期间内借款人也即并购方可以就标的公司及其资产相关的错误或不实的陈述与保证加以纠正，或对标的公司相关的违约予以补救，期间仅当发生特定情形时方构成违约；清扫期结束后，借款人及标的公司应全面满足融资文件的约定。
132	去瓶颈化债（Debottlenecking Debt）	一般用于项目融资领域，指用于支付去瓶颈化开支的举债，乃额外债务的一种。“去瓶颈化”，一般指为提高项目产能对原项目实施的非实质性的调整。
133	融资承诺函（Commitment Letter）	指融资方出具的，承诺基于特定条件向借款企业提供贷款的函。
134	融资方（Finance Parties）	指融资中提供融资的金融机构方，包括贷款人、对冲交易对手方，一般也包括代理行、安排行、担保代理行等事务性角色。
135	融资方背书条款（Lender Endorsement）	一般用于项目融资领域，指保险公司为融资方的利益，于保险与再保险合同中增加的背书条款。
136	融资关闭（Financial Close）	一般指贷款协议中全部提款先决条件满足之日。
137	融资确定性（Certain Funds）	一般用于并购融资领域，泛指卖方对并购方是否具备足够资金以完成并购的确定性要求。
138	融资文件（Finance Documents）	指构成借款人和融资方之间融资安排条款的所有文件，通常包括贷款协议、担保文件、融资方参与的某些附带信函以及债权人间协议等。
139	融资租赁（Finance Lease）	指出租人根据承租人（使用者）的需求，出资向供应商购买将用于租赁的资产并出租给承租人使用，承租人分期向出租人支付租金并拥有该资产的使用权，在租期届满、租金全额支付完毕且承租人已依据融资租赁合同履行其全部义务后，该资产的所有权即转移给承租人所有的一种融资形式。

续表

序号	术语	定义
140	商品对冲（Commodity Hedging）	指企业为缓释商品市场价格波动的风险所进行的对冲交易。
141	市场销售式结构（Merchant）	油气领域项目融资中非一体化项目的一种，该结构下中游项目公司一般负责加工后产品的销售，承担市场风险、享受销售收益。
142	市场中断条款（Market Disruption Clause）	指在市场出现变动导致基准利率不可用，进而导致贷款行无法以选定的基准利率提供其参贷资金时，依据融资方的实际融资成本等替代方式计算利息的条款。
143	受偿顺位（Priority）	指融资交易中，不同优先级的融资方之间，以及该等融资方与借款人之间，就孰先孰后获得受偿上的安排。
144	双边贷款（Bilateral Facility Agreement）	指单一借款人与单一融资方间的贷款。
145	司法协助（Judicial Assistance）	司法协助指一国法院或其他机构根据本国缔结或参加的国际条约或互惠原则，为他国法院代为一定的诉讼行为或与诉讼有关的行为的制度。司法协助一般包括执行代为送达文书的请求、承认和执行法院裁决和仲裁机构的裁决等。
146	特殊目的公司（Special Purpose Vehicle，SPV）	指母公司专门为开展特定业务和 / 或持有特定资产而成立的子公司。
147	特许经营权（Concession）	指国家和地方政府根据公共事业、公共安全、社会福利的需要或法律的规定，授权企业生产某种特定的产品或使用公共财产或在某地区享有经营某种业务的权利。
148	提款期（Availability Period）	指融资方承诺额有效存续的期间，也即借款人可以就可用承诺额申请提款的期间，一般从融资关闭即先决条件满足时起算，至约定之日结束。
149	提款先决条件（Condition Precedent，CP）	指贷款协议规定的借款人在提款前必须满足的条件，一般分为首次提款先决条件和各次提款先决条件。
150	替换债（Replacement Debt）	一般用于项目融资领域，指用于偿还、替代（即再融资）现有（成本较高的）融资的举债，乃额外债务的一种。
151	通用条款协议（Common Terms Agreement）	指存在不同条件的授信时，用于约定各授信中通用条款，适用于各融资方的主协议。
152	脱钩出口信贷（Untied ECA Financing）	指出口信贷机构提供的与本国商品或服务的出口无直接捆绑的信贷支持，但被支持的交易或项目应能够为本国经济创造一定的正面效益。
153	外汇管制（Foreign Exchange Control）	指一国政府对本国居民购买或出售外币，非本国居民购买或出售本国货币或任何的货币跨境转移所实施的限制性规定，包括对可以进出口的货币数量的限制，对外币使用的限制或禁止，以及对汇率的政府干预等。
154	完工担保（Completion Guarantee）	一般用于项目融资领域，指由发起人向融资方提供的担保，通常保证当项目无法在预计开支内或最迟完工日完工时，发起人将通过股本金注入或股东贷款的形式为项目提供资金，直至项目完工，乃完工支持的一种。
155	完工支持（Completion Support）	一般用于项目融资领域，泛指发起人针对项目建设和完工风险向融资方提供的支持，通常以完工担保、偿债承诺等形式出现。

续表

序号	术语	定义
156	完全成本（All-in Costs）	指银行将需要承担的全部税费包括在其拟向借款人收取的利息中的报价方式。
157	违法性事件（Illegality）	指不论出于何种原因若某融资方无法再合法地持续提供贷款或参与交易的情形，一般为强制性提前还款的触发事件。
158	违约事件（Event of Default）	指借款人和其他义务人在融资下构成违约行为的统称，具体约定于融资文件中；违约事件的触发通常意味着融资方可行使加速还款、执行担保等救济。
159	维好协议（Keepwell Agreement）	指母公司或关联公司就借款人在融资文件下的特定或不定义务，提供未达到完全的公司担保程度的“维好”性支持。
160	无担保融资（Unsecured Financing）	指企业不提供资产担保或公司担保，仅凭企业的信用向债权人借款的融资形式。
161	无追索融资（Non-recourse Financing）	指贷款的还款来源仅限于项目本身的收益和项目资产，项目公司无法偿还贷款时，债权人仅对项目自身资产有追索，而对其母公司、发起人或关联公司不存在追索的融资形式。
162	息税折旧及摊销前利润（Earnings Before Interest, Taxes,Depreciation and Amortization，EBITDA）	指的是公司未计利息、税项、折旧及摊销前的利润。
163	洗钱（Money Laundering）	指某个人或实体为掩盖非法所得的存在、性质或来源，通过存放（Placement）、掩藏（Layering）与整合（Integration）等一系列看似合法的手段，将非法所得伪装成为合法收入的过程。
164	现金归纳（Cash Sweep）	指在发生某特定事件后，要求借款人自该事件发生之日起，将现金流瀑布某一层级的存余现金全部或部分用于提前还款的安排。
165	现金流（Cash Flow）	指企业在一定会计期间，通过一定经济活动（包括经营活动、投资活动、筹资活动和非经常性项目）而产生的现金流入、现金流出及其总量变化情况的总称。
166	现金流瀑布（Cash Waterfall）	一般用于项目融资领域，指融资文件中就各账户及可向其汇入和从其支出的款项作出具体规定。其中，从项目收入账户的支出顺序一般视为一个项目的主现金流瀑布。
167	项目公司（Project Company）	一般用于项目融资和项目借款领域，指由发起人（有时通过关联股东）为开发、建设、融资、运营某特定项目而成立的特殊目的公司，也即项目借款人。
168	项目间风险（Project-on-Project Risks）	泛指被融资项目与其他项目之间由于不同原因可能产生的协调、干扰、竞争等问题。
169	项目借款	指针对某一特定项目（包括并购交易项目）的融资，该特定项目或并购交易目标企业的未来收益为主要还款来源，但区别于有限追索项目融资，融资方通常对母公司（通过公司担保）有追索的一种融资形式。
170	项目融资（Project Finance）	指有限追索项目融资，即为开发、建设、运营某特定项目筹措的融资，其中融资方的追索通常仅限于项目资产和项目公司股权，对发起人 / 股东则无追索或仅有有限追索。
171	消极担保（Negative Pledge）	指借款人不对其资产设立或允许存在任何（融资方所享有的担保权益以外的其他）担保权益或产权负担的承诺。

续表

序号	术语	定义
172	信贷（Facility）	指融资方根据贷款协议向借款企业提供的具体类型、币种、金额、利率的贷款。
173	信用证（Letter of Credit）	指由金融机构开立的、有条件的付款承诺。金融机构依申请人要求，在约定期间内根据相应凭证向第三方（受益人）支付特定金额。
174	虚假陈述（Misrepresentation）	指信息披露义务人（借款人及其他义务人）对融资文件中要求其做出的陈述内容作出违背事实真相的虚假记载、误导性陈述，或者在披露信息时发生遗漏或不正当披露信息的行为。
175	循环贷款（Revolving Loan）	指可循环放款反复借取的贷款。借款人可在承诺期间以授信额度为限循环申请提款，每笔借款偿还后授信额度恢复至可再次借取的状态。
176	一体化项目（Integrated Project）	一般用于油气项目融资领域，指将上游与中游项目视作一体而进行融资的结构，所融资金可用于上中游项目整体项目开支，融资资产包同时覆盖上游参与方的参与权益、资产与中游项目的股份与资产。
177	伊斯兰融资（Islamic Finance）	指由伊斯兰国家的金融机构提供的符合伊斯兰教法的融资产品。伊斯兰教法下许多教义与一般国际通用的融资方式存在矛盾，最为典型的包括禁止在贷款上计收利息。
178	银团贷款（Syndicated Loan）	指由多个融资方组成的银团提供的贷款。
179	应收账款融资（Receivable Financing）	指不同形式的以应收账款为融资基础的融资形式，最为常见的如金融机构以一定折价购买借款人（卖方）应收账款凭证，以向买方收集该等凭证下的应收账款实现偿债的保理结构，乃结构化贸易融资的一种。
180	优先股（Preference Shares）	指企业发行的不附表决权或附有限表决权，分红或清算顺位于普通股之上但股息通常设有上限的股份。
181	有担保融资（Secured Financing）	指企业为债务提供资产担保或保证担保的融资方式，在借款企业发生违约事件时，融资方可以通过执行担保，从执行收益中获偿。
182	有发起人担保的并购融资（Sponsor-backed Acquisition Finance）	指在发起人或关联公司提供公司担保的情况下，向融资方贷款以进行并购交易的融资方式。
183	有限追索融资（Limited Recourse Financing）	一般指除项目本身收益和项目资产外，母公司、发起人或关联公司在一定时间段内（如一个绿地项目的建设期）或以一定金额或触发事件为限，补充提供公司担保或资产担保的融资形式。
184	有追索融资（Recourse Financing）	指在借款人自身不具备足够的偿债能力、亦无法提供充分的资产担保的情况下，由借款人母公司、发起人或关联公司向融资方提供对债务全额的公司担保或资产担保，从而当借款人无法偿还贷款时，融资方可向该等担保人进行追索的融资形式。
185	预付款融资（Pre-payment Finance）	一般指买方（通常为中间商/承销商）作为借款人向融资方融资，将融资金额用于向卖方预付货款，卖方收到预付货款后生产、出售相关商品予买方用以转售，买方将商品转售后的收益将用于偿还融资的一种融资形式，乃结构化贸易融资的一种。
186	预提税（Withholding Tax）	一种源头扣缴征税方法，指以被支付人（payee）为纳税义务人，以支付人（payor）为扣缴义务人，税款由支付人在每次支付给被支付人的款额中（如个人收入、存款利息）代为扣缴。
187	运维合同（Operation & Maintenance Contract，O&M Contract）	一般用于油气项目融资领域，指项目公司就项目资产的长期运营与维护与运维商签订的服务合同。

续表

序号	术语	定义
188	运营开支（Operational Expenditure，Opex）	指运公司用以维持业务的持续运营而做出的开支。项目融资领域，一般指项目试运营和运营期间，为维持资产正常运营而必要的运营与维护方面的开支以及项目公司日常运营所需的开销，包括税务支出、还本付息、运维商佣金、固定维修费用等。
189	再融资（Refinancing）	指以新的融资，通过偿还、替换或取代现有融资的行为。
190	债权人间协议（Intercreditor Agreement）	指约定债权人间受偿顺位和其他债权人间事项的协议。
191	债权融资（Debt Financing）	一般指企业通过向第三方举借债务（而非利用股东股本金）的形式，获得资金的形式。
192	债券（Bond）	指借款人（发行人）为筹集资金而发行并向债权人承诺于指定日期还本付息的可转让的债务凭证。
193	债务减持（Buy-down）	一般用于项目融资领域，指在产量不达标（但高于某底线）时，发起人要求项目可按一定计算方式提前还款，以将项目债务降低到项目现有产量可以支持的水平。
194	债务减持债（Buy-down Debt）	一般用于项目融资领域，指若项目为实现完工而行使了债务减持，项目完工后产量在随后的一定期间内有所回转，进而可以支持更高的债务水平时，为穷尽该杠杆空间，再次进行的举债，乃额外债务的一种。
195	账户行（Account Bank）	指借款企业[以及担保人（如适用）]开设账户所在的银行，一般为融资方的一员，行使有限的事务性义务。
196	账户协议（Accounts Agreement）	一般用于项目融资领域，指融资方（包括账户行）与项目公司就项目上的账户和现金流的安排作出约定的协议。
197	照付不议（Take-or-Pay）	指如果买方由于自身过错（一般除不可抗力之外）未能如约购买或提取约定最低量的货物或服务，则仍需就该等货物或服务支付货款的商务安排。
198	政府协议（Government Agreements）、东道国政府协议（Host Government Agreement）、政府间协议（Intergovernmental Agreement）	一般用于石油和天然气项目融资领域，指东道国政府签署的以确保投资者的权益得到相应的保护的协议。《政府间协议》多见于跨越多个国家或地区的石油和天然气管道项目。
199	直接协议（Direct Agreements）	一般用于项目融资中，范指融资方与项目文件对手方和项目公司签署的三方协议。直接协议的核心意义在于在融资方和项目文件对手方之间创设“直接”的合同关系。
200	质押（Pledge）	一种资产担保形式，于不同法域在法律上有不同的范畴和解释，通常指借款人在其资产（一般为动产）上设立的质押，并伴随质押人将质押品转移给质押权人占有（所有权由质押人保留）；质押权人于质押人出现违约等触发情形后，可经一定的程序执行该质押品，用于清偿抵押人债务的担保权益。
201	中期票据（Medium Term Note，MTN）	指非金融企业在银行间债券市场按照计划分期发行的、约定在一定期限还本付息的债券的一种。
202	主要贷款条件书（Term Sheet）	指列明某贷款核心商务条款的文件，一般用于市场询价和融资谈判初期，通常不具有法律约束力。

续表

序号	术语	定义
203	注资机制（Cash Call）	一般指在相关协议（如股东协议或联合开发协议）项下，公司要求其股东（或联合开发实体要求各共同开发合资方）向其注资的相关机制。
204	转移定价（Transfer Pricing）	一般指具有一定规模的跨国公司，利用不同地区税率以及免税条件的差异，通过子公司间定价方面的安排，将利润 / 亏损转移至可享受低税率或减免税率的分公司处，以实现集团整体税收最优化的相关安排。
205	装运港船上交货（Free On Board，FOB）	国际贸易常用术语，指由买方负责派船接运货物，卖方在合同规定的装运港和规定的期限内，将货物装上买方指定的船只的交货方式。以船舷线为分界线，货物在装船时越过船舷之后，所承担之风险即由卖方转移至买方。
206	准据法（Governing Law）	指一个协议所适用的法律，即该协议各条款的解读、效力、争议的解决等各方面事宜均将适用的法律。
207	资本性支出（Capital Expenditure，Capex）	指是公司用于获取、升级和维护实物资产（如财产、厂房、建筑物、技术或设备）而进行的支出。在项目融资领域，常包括项目建设成本和项目运营后重大设施扩展、升级或更换等支出。
208	资产担保（Security）	指资产担保提供方以资产为基础向融资方提供的不动产抵押、动产抵押、质押、留置等物权上的权益，乃增信方式的一种。
209	资产融资（Asset Finance）	指为购置飞机、船舶等资产筹措资金而进行的融资，以特定资产为融资对象，金融机构仅对特定资产享有追索，对项目公司的股东和母公司仅享有有限追索甚至无追索的融资形式。
210	资金中断成本（Break Costs）	指由于借款人打破利息期，在利息日 / 还款日外提前还款或取消贷款而导致贷款方遭受的损失、成本和费用。
211	子贷款（Tranche）	指一个融资项目下根据不同信贷条件或贷款人而划分出的子贷款。
212	阻断法规（Blocking Regulations）	指为保护本国企业免受其他国家制裁措施的限制，而阻断该等制裁措施在本国发生效力的法规。
213	自愿提前还款（Voluntary Prepayment）	指借款人自主选择提前偿还全部或部分未偿本息的权利。
214	最后完工截至日（Completion Long-stop Date）	指融资方能够接受的最迟完工日，一般为计划完工日后一定宽限期（如一至两年，在不可抗力的情况下有时可相应延期）截至之日。
215	最惠国待遇（Most Favoured Nation，MFN）	指东道国承诺给予缔约对方的投资者和投资的待遇不低于给予任何其他缔约方的投资和投资者已经享有和将要享有的待遇。

参考文献

[1] David Adams. CLP Legal Practice Guides:Banking and Capital Markets 2008. College of Law Publishing, 2008.

[2] Edwin Feo et al. Project Finance: The Guide to Financing International Oil and Gas Projects. Euromoney, 1996.

[3] Geoffrey Fuller. Corporate Borrowing: Law and Practice. Fifth Edition. Jordan Publishing, 2016.

[4] Graham Vinter, Gareth Price, and David Lee. Project Finance: A Legal Guide. Fourth Edition. Sweet & Maxwell, 2013.

[5] Philip Wood. Comparative Law of Security Interests and Title Finance. Third Edition. Sweet & Maxwell, 2018.

[6] Philip Wood. International Loans, Bonds, Guarantees, Legal Opinions. Third Edition. Sweet & Maxwell, 2018.

[7] Philip Wood. Law and Practice of International Finance. Sweet & Maxwell, 2007.

[8] Reinier Kraakman et al. The Anatomy of Corporate Law: A Comparative and Functional Approach. Second Edition. Oxford University Press, 2009.

[9] The Associate of Corporate Treasurers. The ACT Borrower's Guide to the LMA's Investment Grade Documents (May 2017).

[10] The Associate of Corporate Treasurers. The ACT Borrower's Guide to the LMA Facilities Agreement for Leveraged Transactions (September 2008).

[11] The World Bank Group/International Fiance Corporation. Environmental, Health, and Safety (EHS)Guidelines (April 2007).

[12] The World Bank Group/International Fiance Corporation. IFC Performance Standards on Environmental and Social Sustainability (January 2012).

[13] The World Bank. Guidelines on Preventing and Combating Corruption in Projects Financed by IBRD Loans and IDA Credits and Grants (October 2006).

[14] The World Bank. The World Bank's Anti–Corruption Guidelines and Sanctions Reform:

A User's Guide (October 2006).

[15] Edwin Borrini. Practical Law UK: Pre-export Finance, https: //uk. practicallaw. thomsonreuters. com/1-609-7585?transitionType=Default&contextData=(sc. Default)&firstPage=true.

[16] Lexis PSL. Banking &Finance: Guarantees—Overview, https: //www. lexisnexis. com/uk/lexispsl/bankingandfinance/document/391289/55KB-65S1-F185-X16G-00000-00/Guarantees_overview.

[17] Lexis PSL. Banking &Finance: Types of Security—Overview, https: //www. lexisnexis. com/uk/lexispsl/bankingandfinance/document/391289/55KB-65S1-F185-X1PM-00000-00/Types_of_security_overview.

[18] Lexis PSL. Practice Notes: Acquisition Finance—Introductory Guide, https: //www. lexisnexis. co. uk/legal/guidance/acquisition-finance-introductory-guide.

[19] Lexis PSL. Practice Notes: Fixed and Floating Charges, https: //www. lexisnexis. co. uk/legal/guidance/fixed-floating-charges.

[20] Lexis PSL. Practice Notes: Interest—Reference Rates and Margin, https: //www. lexisnexis. co. uk/legal/guidance/interest-funding-rates-margin.

[21] Lexis PSL. Practice Notes: International Sanctions—An Introduction, https: //www. lexisnexis. co. uk/legal/guidance/international-sanctions-an-introduction.

[22] Lexis PSL. Practice Notes: Pre-export Finance—Structure, Parties and Risks, https: // www. lexisnexis. co. uk/legal/guidance/pre-export-finance-structure-parties-risks.

[23] Practical Law Commercial Transactions. Practial Law UK: Delivery of Goods, https: //uk. practicallaw. thomsonreuters. com/6-521-8246?transitionType=Default&contextData=(sc. Default).

[24] Practical Law Finance. Practial Law UK: Leasing as A Financing Technique: Overview, https: //uk. practicallaw. thomsonreuters. com/1-202-1444?transitionType=Default&contextData=(sc. Default).

[25] Practical Law Finance. Practical Law UK: Debt Finance: Debt Securities Versus Syndicated Loans, https: //uk. practicallaw. thomsonreuters. com/2-501-0352?transitionType=Defau-lt&contextData=(sc. Default)&firstPage=true.

[26] Practice Law Finance. Practical Law UK: Advantages and Disadvantages of Project Financing, https: //uk. practicallaw. thomsonreuters. com/0-382-8846?transitionType=Default&contextData=(sc. Default).

[27] IFRS and FASB Rules, https: //www. ifrs. org/issued-standards/list-of-standards/ifrs-16-leases/#standard, https: //asc. fasb. org/section&trid=77888294.

Overseas Financing Management For Energy Enterprises

Edited by Cai Anhui, Cai Yong, Zhou Jianming

Contents

Preface

General Secretary Xi Jinping pointed out that to develop the real economy, we must hold the "rice bowl" of energy in our own hands. The energy industry is a pillar industry of the country, and even more so a fundamental industry of the national economy. To enhance energy security, we must strengthen domestic and international cooperation, and effectively coordinate energy resources.

As a high asset industry, the energy industry's business chain covers extraction and processing conversion, and is characterised by large-scale investment, high value, strong financial attributes, stringent ESG (Environment, Social Responsibility and Governance) standards, strong territoriality, etc. How to effectively use financing leverage to promote the efficient and sustainable development of energy corporations is crucial. In recent years, global climate change and the dual-carbon targets (carbon peaking and carbon neutrality) have posed new challenges to the financing of the energy industry. Compared with other industries, the environment faced by energy enterprises in implementing overseas financings is more complex, where the commercial conditions and financing terms are intertwined. Companies need to think carefully and plan ahead in the selection of financing products and the design of financing structures.

Project financing, as a relatively complex financing mode, originated from the Texas oil field development projects in the United States. With the continuous development and improvement of the financial market, the scope of its application has been expanding, and is now widely used in large-scale construction and operation projects domestic and abroad, especially in the energy industry. China National Petroleum Corporation (CNPC) is one of the earliest State-owned central enterprises to go global. Since the beginning of the Peru project in 1993, it has taken 30 years to make full use of "two kinds of resources and two kinds of markets", and formed "five major oil and gas cooperation regions, four major oil and gas strategic corridors, and three major international oil and gas operation centers". During this period, CNPC has rationally selected and flexibly applied various financing models, such as corporate financing, project loans, reserve financing, prepayment financing and project financing. It has implemented financings for a number of multinational oil and gas businesses with complex structures and at large scale, with the annual financing scale peaking at nearly USD 10 billion, providing a strong safeguard for the high-quality development of CNPC's overseas business. CNPC has an experienced team in the field of financing. The team, leveraging its experience in project operation and financing management over the years, formulated this set of guidelines on overseas financing based on the present situation and in line with international practice. This set of guidelines will be of significant reference value for various industries to carry out financing work in a standardised, efficient and safe manner.

This book follows the logic of progressing from high level to deep, from theory to practice, summarizes and extracts a set of methodologies for implementing financings and managing financing projects. It covers four parts, 11 chapters and several appendices. Specifically, the first part is an overview of "financing", with two chapters, namely the definition of financing and the categorization of debt financing. This part introduces the concept of financing and the difference between equity financing and debt financing from a theoretical perspective. It then summarizes the significance and advantages of debt financing and lays out the various types of debt financing classified by different criteria, as well as each of their characteristics, application scenarios and pros and cons analysis. The second part talks about financing planning and due diligence, with two chapters, namely debt financing environment and risk considerations, and project-specific factors and risk considerations. This part focuses on how to methodically and systematically assess financing risks from multiple perspectives such as political environment, legal environment, economic and financial environment, financing needs, time plan, business arrangements and financial and tax considerations, thereby allowing companies to carry out financing planning in a methodical manner. The third part explains how to design a financing plan, with three chapters, namely the introduction of involved parties, main terms of a financing transaction, and evaluation of a financing plan. This part analyzes the role and internal logic of each element of a financing plan, from the aspects of borrower, guarantor, lender, loan size, currency, pricing, term, drawdown, repayment schedule, guarantee and other credit support, etc.. It then illustrates how to evaluate the quality of a financing structure from the perspectives of economy, liquidity, and safety. The fourth part introduces the specific major financing products, with four chapters, detailing the differences between the four financing types commonly used by companies, namely corporate financing, project borrowing, project financing and trade financing, covering the aspects of concept, application scenario, main credit source, main risk factors, and financing conditions specific to such product. Each chapter is supplemented by diagrams demonstrating the operation process of the different financing modes. The appendices include case studies for corporate medium and long-term financing, merger and acquisition financing, specific project borrowings and project financing, a sample short form financing term sheet (taking project financing as an example), and a glossary of financing-specific terms, all of which will be helpful for companies to have a more intuitive understanding of the financing business.

This book aims to improve readers' understanding of international financing theory and market practices, provide methodologies for financing environment analysis and financing scheme design, and promote the scientific, systematic, and standardized financing management. At the same time, this book is prepared in both Chinese and English, exhibiting strong practical significance and academic value. It serves not only as an operational guide for the relevant companies in carrying out financing work, but also as a reference for teaching and learning of financing business and other related fields in institutions.

In the process of preparing this book, Gao Wei, Wu Liqun, Han Yu, Jiao Sujie, Wu Shenglong, Sun Aoxue, Ji Weiyu, Zheng Tao, Ji Hanbing and Zhu Jing devoted a great amount of effort, participated in data collection, case collection, company interviews, partial editorial of chapters and proofreading of the bilingual versions. Furthermore, this book was prepared with the assistance of international law firm Allen & Overy LLP and certain financial institutions. Here, I would like to express my heartfelt thanks to all of you.

2 Introduction to Financing

2.1 Definition of Financing

2.1.1 Definition of Financing

Financing is raising funds from third parties based on a company business operations and asset position, business and investment plans and its need for future funding.

Financing can take a variety of forms, including by way of debt financing and equity financing. There are also a number of hybrid financing products available in the market that combine certain features of equity financing with those of debt financing, depending on the investor's preference for risk-reward. A company needs to consider various factors when choosing a specific form of financing, such as specific business conditions, market environment, investor preferences, impact on corporate debt and earnings per share, use of funds, tax implications, legal restrictions, time constraints, financing conditions, etc. This Section provides a general description and comparison of equity financing and debt financing.

2.1.2 Equity Financing and Debt Financing

2.1.2.1 Definition

Equity financing and debt financing are common forms of financing for companies today, with "equity" and "debt" as the basic instruments for raising finance.

Equity financing

Equity financing generally refers to the capital injection by a shareholder through share issuance and capital increase of the company, i.e. receiving shares in exchange for capital. By issuing shares to shareholders, a company grants certain ownership interests (equity) in the company and right to a share of its profits to the shareholders who hold such equity (commonly known as dividends). Shareholders may also sell shares in the company and receive capital gains on the value of the shares.

The decision as to whether and how much dividends to pay is a corporate decision. Depending on the business conditions of the company, the company has a certain degree of autonomy over whether or not to pay dividends, and investors do not have an absolute right to demand dividends. Although the specific interest arrangements vary between different types of equity financing products, it can be broadly assumed that a company may choose to use its surplus earnings to pay dividends when it is doing well, or it may choose to retain such surplus for reinvestment and expansion without paying dividends, or it may have no surplus to pay dividends when it is not doing well. In the event of insolvency, the company is obliged to give priority to creditors and shareholders can only share in the remaining assets after creditors have been fully paid; in other words, if the company has no remaining assets or if the remaining assets are insufficient to repay the shareholders' initial investment, the company is also not obliged to compensate the shareholders for their losses.

In short, equity financing does not have the same fixed obligations to repay the principal with interests as debt financing, it allows the company to determine its own dividend payments and is less financially stressful. On the other hand, equity financing (particularly through issuing ordinary shares with voting rights, see Section 2.1.2.2 below) may result in dilution and fragmentation of control of the company, and may lead to a loss of control by shareholders. Capital reductions and share repurchases, where such shareholder investment is no longer required, often require more complex statutory procedures (to protect the trust of external creditors in the company's own capital), which may be relatively flexible in the case of debt financing (e.g. through early repayment). An increase in equity capital can also reduce a company's return on capital, which may affect its overall financial performance.

Debt financing

Debt financing, in general, refers to the raising capital by way borrowing. By borrowing funds, a company assumes debt to a creditor and pays principal and interest on agreed terms. The obligations to repay the principal with interests are contractual and are not related to the performance of the company - they do not increase as a result of good performance, but they also do not decrease as a result of poor performance. The choice of debt financing requires a company to have stable cash flows and the ability to make ongoing payments to repay the principal with interest, which also affects the risk assessment and pricing by the creditor.

In addition, borrowers are often required to provide various forms of security or corporate guarantee to the creditor in respect of their debt. In the event of default by the borrower under its debt, the creditor may enforce the security (and be paid out of the proceeds arising from the enforcement of the security) or require the guarantor to repay the loan on behalf of the borrower. In insolvency proceedings, creditor has a right to be repaid in priority (as secured or unsecured creditor, see Section 2.2.3 below) and the company is liable to the creditor to the extent of all its assets.

The cost of debt financing is limited to contractually agreed interest and fees, regardless of profit or loss; it does not usually reduce shareholder control of the company; and it is usually more flexible when the company wishes to prepay the loan.

In practice, there are also a number of hybrid products between debt and equity (see Section 2.1.2.2 below) which can be tailored according to the needs of the company and the investor.

2.1.2.2 Common forms of equity and debt financing

The EXHIBIT 2-1 summarises some common forms of equity and debt financing instruments.

EXHIBIT 2–1 Common Forms of Equity and Debt Financing

Forms of financing	Brief description
Ordinary shares	Ordinary shares carry voting rights and ranks behind the preference shares in right to dividends. The company shares the risks and benefits with its ordinary shareholders. Ordinary shares are the most basic form of ownership in a company. The company gives ordinary shareholders voting and dividend rights in proportion to their shareholding. Voting rights: Ordinary shareholders are often involved in major decisions such as the management of the company. The risk of dilution of control needs to be considered when a company issues ordinary shares. Dividend rights: In the event of good corporate performance and surplus, ordinary shareholders may participate in the distribution of surplus earnings after the preference shareholders have received their fixed dividends. Ranking in insolvency: Ordinary shareholders are ranked behind debt creditors and other preferential shareholders (such as preference shareholders) when receiving compensation in the case of bankruptcy. Shared risks and benefits: Compared to preference shareholders, the risks and benefits of ordinary shareholders are more closely linked to the performance of the company, and they share the risks and benefits more closely with the company. When the company performs well and has a surplus, ordinary shareholders can share the revenues through dividends or by selling shares at a higher market value, whereas dividends to preference shareholders are usually limited to a pre-agreed amount. When the business is not doing well and the surplus is not sufficient, ordinary shareholders may not receive any dividends as they receive their dividends after preference shareholders are paid. In the event that a company goes into liquidation, which is usually due to insolvency, ordinary shareholders have a lower priority for company assets and may not receive any remaining capitals after the creditors and the preference shareholders are paid. The risk of loss of capital invested in the business is greater for ordinary shareholders than for preference shareholders. Ordinary shares have a more "corporate governance" function than preference shares, based on their voting rights and the fact that they share the risks and profits with the company.

Continued

Forms of financing	Brief description
Preference shares	Preference shares do not carry voting rights or carry limited voting rights, with right to dividends ahead of ordinary shares but usually subject to a cap. No voting rights: companies generally do not grant voting rights to preference shareholders (or only grant them limited voting rights). By issuing preference shares, companies can mitigate the risk of diluting the control of the existing owners. Dividend priority: Preference shareholders will receive their dividends in priority to the ordinary shareholders (hence named as "preference shares"). Dividends on preference shares are usually capped and dividends can only be paid to ordinary shareholders if the company has a surplus distributable profits after paying a fixed dividend to preference shareholders.
Preference shares	Ranking in insolvency: If the company goes into liquidation, preference shareholders also have priority over ordinary shareholders (but are subordinated to creditors) in the distribution of surplus assets (if any), subject to a fixed rate. Compared with ordinary shareholders, a company can restrict the preference shareholders' involvement in the management of the company. From the shareholder's perspective, preference shares have a more stable return than ordinary shares, and therefore serves more of a "corporate finance" function.
Shareholder debt, subordinated debt	Shareholder debt and subordinated debt usually refers to loans made to a company by its shareholders or affiliates, which are usually subordinated to other loans. Shareholder debt and subordinated debt refers to the debt financing (usually in the form of loans) obtained by a company from its shareholders or affiliates. Although it is called debt, these funds are closer in nature to equity capital. When a company has both external debt and shareholder debt or subordinated debt, the shareholder debt or subordinated debt may be contractually subordinated so that it is paid behind the senior and mezzanine creditors, and is paid on a par with unsecured ordinary creditors, so that it is often regarded as "equity" in structured finance transactions. In practice, companies may choose to obtain funds from shareholders in the form of shareholder debt or subordinated debt (instead of issuing shares) for a number of reasons, such as (1) to avoid further fragmentation of control; (2) for tax and accounting reasons (e.g. where interest on loans is deductible from taxable amounts); and (3) for liquidity reasons - there are more restrictions on the withdrawal and reduction of capital, whereas it is easier and more flexible for companies to repay shareholder if they take the form of shareholder debt or subordinated debt.
Convertible bonds exchangeable bonds	The company grants the holders of such bonds the option to convert their bonds into shares at a pre-agreed price. In consideration for this option, convertible and exchangeable bonds are usually issued at a lower interest rate than ordinary bonds. Convertible and exchangeable bonds, which are bonds that can be converted into new shares or exchanged for existing shares (usually preference shares), are a form of financing that falls between equity and debt financing. The company gives the bondholder the option to convert the bond held into shares at a certain price. After purchasing the bond, the investor can dispose of the bond according to the actual operation of the issuing company. If the company does not pay dividends for a number of years, the investor may choose to continue to receive fixed interest on the bonds, while if the company's share price rises favourably, the investor may choose to convert its bonds into shares and receive dividends or sell them in the market. From a corporate perspective, issuing convertible and exchangeable bonds allows them to obtain debt financing at a lower interest rate and enjoy the better predictability of debt financing, while holders can share in the corporate profits by exercising their option rights when the corporate performance becomes better.
Mezzanine debt	Mezzanine debt is subordinated to senior debt in the order of repayment but has priority over shareholder debt, subordinated debt and various types of equity. In exchange for subordination, it usually bears a higher interest rate than senior debt. Mezzanine debt refers to "mezzanine" debt between senior debt and subordinated debt. It is subordinated to senior debt and has priority over shareholder debt and subordinated debt in order of repayment. If the company goes into liquidation, a mezzanine debt is generally secured by a "second ranking" security that is subordinated to senior debt creditors and is only paid after the first ranking creditors have been paid. Mezzanine debt is by nature "debt" but still ranks above shareholder debt, subordinated debt (if any) and equity in the event of liquidation.

Continued

Forms of financing	Brief description
Mezzanine debt	The subordinated nature of mezzanine debt means that it is subject to a higher risk of default than senior debt, and its financing costs are therefore generally higher. From the company's perspective, mezzanine debt is therefore often used to bridge the funding gap for companies with weak financing capacity. Both loans from financial institutions or capital market bonds can take the form of mezzanine debt.
Senior debt	Senior debt has priority of payment and in most cases companies need to provide some credit enhancement. Senior debt is debt that ranks in priority of repayment over other debts. The first ranking of senior debt is generally achieved through contractual agreement whilst the company is validly existing and through "first ranking" security over the assets of the company in the event of insolvency. An effectively created security is considered to be a type of proprietary right in most jurisdictions and therefore the secured parties will have priority over other general creditor in respect of the secured assets. From the company's perspective, senior debt is less expensive than mezzanine debt, and the cost and terms of financing vary depending on the amount, term, creditworthiness of the borrower and guarantor, etc. The financing structures and loan financings described in these Guidelines are primarily focused on the perspective of senior debt (see Sections 4 and 5 below). Both loans from financial institutions or capital market debt may form part of senior debt.

The EXHIBIT 2-2 summarises the common financing instruments described above in terms of risk and reward for investors.

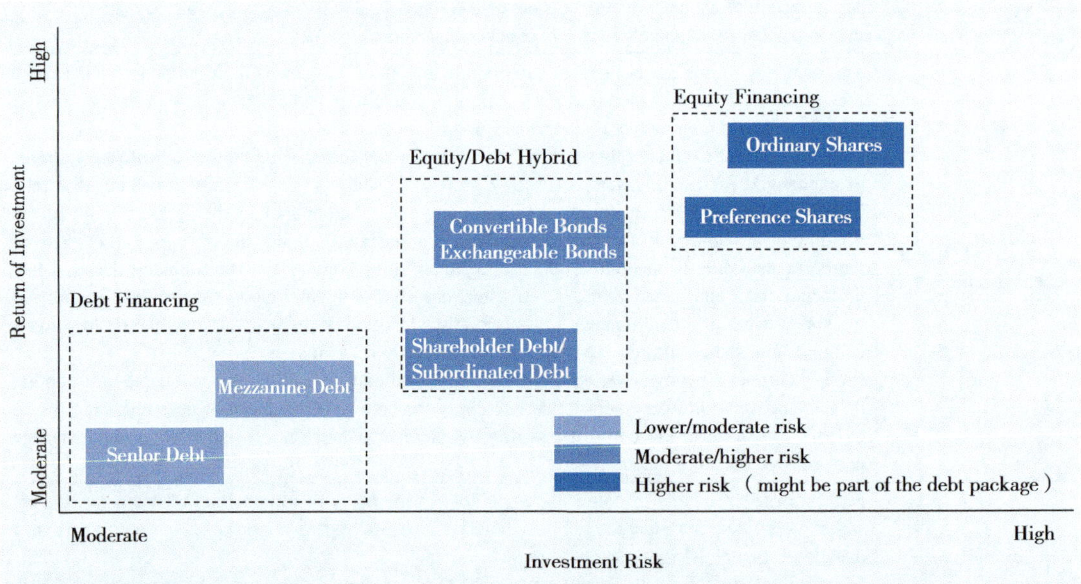

EXHIBIT 2-2 Risk/Return Profile for Common Equity and Debt Financing

2.1.2.3 Sources of equity financing and debt financing

The EXHIBIT 2-3 summarises the common sources of finance for equity and debt financing.

EXHIBIT 2–3 Common Sources of Equity and Debt Financing

	Financing methods	Sources of finance
Equity financing	General corporate share issuance (general capital increase requirements at the time of creation or in the course of operations)	Individuals, corporations, parent companies or affiliated companies
	Private offerings of shares (also known as private placement, which means the equity financing by selling or issuing shares to pre-selected investors and institutions in the capital market)	Institutional investors such as funds and financial institutions
	Public offerings of shares (equity financing by selling or issuing shares to general public in the capital market)	Institutional investors such as public investors, funds and financial institutions
Debt financing	Loans are a type of debt financing where the debtor (or borrower) obtains a right to use funds from the creditor (or lender) under certain conditions (such as payment of interest and the obligation to repay)	Financial institutions such as commercial banks, export credit agencies and multilateral institutions, institutional investors such as insurance companies and funds, individuals, corporations, parent companies or related companies.
	Private placement of bonds (debt financing by selling or issuing bonds to pre-selected investors and institutions in the capital market). In the Guidelines, bonds refer to the negotiable debt instruments issued by the borrower (issuer) to raise funds with the borrower's promise to repay the creditor the principal plus interest on a specified date, including commercial paper, medium term notes, company bonds, convertible bonds, asset-backed securities, etc.	Institutional investors such as funds and financial institutions
	Public offerings of bonds (debt financing by selling or issuing shares to general public in the capital market)	Institutional investors such as public investors, funds and financial institutions

2.1.2.4 Equity financing and debt financing: the advantages and disadvantages

For both equity and debt financing, there are advantages and disadvantages. Generally, a company needs to take the following factors into consideration when weighing up its financing options.

EXHIBIT 2-4 Key Factors Affecting the Choice of Financing Strategics

Factors	Equity financing	Debt financing
The cost of financing and the impact on the future profitability of the company	Dividends may be paid at the discretion of the company depending on its business conditions. Depending on its surplus of revenue, a company has the discretion to decide whether to retain the profits or to pay dividends. There is no obligation for a company to pay dividends, compared to the obligation to repay debts. Therefore, at its inception, or when in the lack of sufficient certainty about future cash flows, a company will often choose to rely on its own funds (shareholder capital contributions) and keep external debt to a low level. Where a company is not creditworthy, the cost of raising debt may also be correspondingly high (banks may balance the risk by requiring higher interest rates), in which case shareholder funding (where feasible) may be the better option.	Companies are required to pay principal and interest as agreed in the agreements. When a company is creditworthy, has stable cash flow and can obtain loans or issue bonds at a low cost, it may consider raising debt to increase leverage and improve its return to shareholder. However, the company is obligated to repay the loans and bonds. If a company has cash flow problems, which leads to defaults under its finance documents, it may face adverse consequences such as security enforcement, bankruptcy and liquidation.
Level of intervention in corporate governance	Issuance of shares with voting rights may dilute existing shareholders' control of the company. The issuance of new shares by a company, in particular ordinary shares or other shares with voting rights, needs to be considered in terms of its impact on the composition of the company's shareholders and future decisions. Under the laws of its place its incorporation and its articles of association, a company's shareholders are required to vote at a shareholders' meeting on certain matters. The specific matters requiring a vote of the shareholders' meeting are often decisions that have a significant impact on the operations of the business and the rights of shareholders, while decisions in the day-to-day operations of the business are usually made by the board of directors and management. The issuance of new shares may result in dilution of the voting rights of existing shareholders or create an uneven distribution of rights. Non-voting preference shares can alleviate this concern to some extent. In addition, if a company chooses to make a public offering of shares in the capital market, it will also need to meet regulatory requirements such as material information disclosure and the establishment and adjustment of corporate governance bodies in accordance with the laws and regulations for listed companies in the relevant jurisdictions.	Finance documents may restrict the activities and liabilities of the company. Whether under a loan or a bond, the creditor will usually place certain constraints on the debtor's behaviour in the loan agreement or bond covenants. In the case of loans, the extent to which the finance parties binds the borrower varies considerably depending on the type of loan and the specific risks involved. A single bank may have very lenient covenants in relation to a borrower with a long-standing relationship who is well qualified and gives a guarantee from its parent company. A multinational syndicate, on the other hand, may place very stringent conditions on a special purpose project company for a project in a developing country (See Section 4.2 below for details). As for bonds, companies that are able to issue bonds publicly tend to have a certain level of creditworthiness, and the bond investor can make their investment decisions according to their own risk preference. Given that there are generally a large number of bond investors, it is difficult to make a uniform decision, and thus, the bond covenants for the public offering bonds are generally more flexible for the issuing company. In contrast, a private placement to selected investors may be more similar to a syndicated loan in terms of contractual terms. Investors may require specific commitments depending on the circumstances of the company.

Continued

Factors	Equity financing	Debt financing
Time period	The time period of equity financing is influenced by the scale and method of the proposed financing. Smaller issues of new shares in the ordinary course of the company's business will generally only need to be subscribed for by existing shareholders, or by new shareholders after obtaining a waiver of pre-emptive rights from existing shareholders, following the process set out in its articles of association. If a company wishes to make a public offering, it will need to make preparations in advance for the compliance with various listing rules and other regulatory requirements. The whole preparation period may take up to several years, depending on the regulatory requirements of the place of listing.	The time period for debt financing is influenced by the scale and method of the proposed financing. Short-term working capital loans can be very convenient, especially if the company is reputable or has a long-standing relationship with the bank. By contrast, a greenfield project financing involving international banks, complex political environment in the host country and involving new technology can take several years from planning to financial close. Similar to public equity offerings, public bond offerings in the capital market are usually subject to strict public offering requirements, so the overall preparation period can be lengthy.
Restrictions on the use of proceeds	No special conditions on the use of proceeds in general. The funds raised from equity financing are also viewed as the company's own funds and in most cases there are no restrictions on the use of the funds raised and the period of time they can be used, except in cases prescribed by law - the funds raised can be used to meet the company's capital shortfall, to meet daily operational needs or, depending on the company's decision, to reinvest or expand the company's business.	The use of proceeds is generally restricted by the finance documents. While general corporate finance and corporate bonds may have relatively less restriction on the use of proceeds, loans for specific purposes may have relatively strict requirements on the use of the loan proceeds. For example, funds from project loans or project finance can only be used for a specific project. Companies need to choose the applicable type of financing according to their funding needs.
Flexibility	Equity shares cannot be issued at a discount. Repurchase and capital reduction are subject to statutory procedures and are less flexible. In order to protect external creditors and ensure that the company's share capital is fully paid up (to act as a loss absorber for external creditors in the event of liquidation), shares may be issued at par or at a premium, but not at a discount. After shares have been issued, a company wishing to reduce or repurchase its share capital is also subject to the principle of "capital maintenance" in many jurisdictions to ensure that a capital reduction does not render the company insolvent and that the company is subject to strict capital reduction and repurchase procedures.	Debt securities can be issued at a discount. The company has more flexibility (other than the restrictions under the finance documents) in the case of repay its debts. Unlike equities, bonds can be issued at a discount. In addition, there is flexibility in the event that a company wishes to prepay its debts. The law does not interfere with the disposal of a company's debt, while ensuring the principle of capital maintenance. Finance documents often allow a company to prepay its debt when it is able to reduce its debt level.
Taxation	Dividends are not deductible from taxable income. Dividend payments are made out of the company's after-tax profits and therefore the dividends paid are not tax deductible.	Interest on loans is deductible from taxable income. Interest payments are deductible from taxable income and tend to be more tax efficient than dividends.

Continued

Factors	Equity financing	Debt financing
Credit enhancement	No need to provide credit enhancement. Shareholders choose whether to buy and hold shares in a company based on their assessment of the company's performance and share price, and their expectations of future earnings. Equity financing therefore does not require the company to give additional securities or corporate guarantees.	Some form of credit enhancement is usually required. Unless the company has an excellent credit rating, creditors will usually require some form of credit enhancement from the borrower to mitigate risk of default. Companies that are unable to provide parent guarantees to the satisfaction of creditors, or are unwilling to pledge key assets to creditors, may have to pay higher financing costs or may not be able to raise financing (See Section 4.2 below for more information on forms of credit enhancement).
Information disclosure	The company is obliged to disclose information to its shareholders in accordance with the laws of its place of incorporation, its articles of association and the listing rules. Under the laws of the place of incorporation, the articles of association and applicable listing rules, a company may be obliged to disclose certain information to its shareholders, including records of internal resolutions, financial and accounting reports and accounting books on a regular or irregular basis, in order to keep shareholders informed of the financial and operational status of the company.	The company is obligated to disclose information pursuant to the finance documents. The company is obliged to disclose certain information to its creditors pursuant to its financing documents, usually including annual or semi-annual financial statements, certificates of compliance, notices of default, potential or ongoing (material) litigation and other relevant information, in order to inform the creditor of the financial status of the company and the potential risk of default.

2.2 Categorisation of Debt Financing

Debt financing can be classified in terms of its purposes, whether it is secured or unsecured, with or without recourse, the arrangement of borrowing and repayment, the term of the loan, the order in which it is repaid, bilateral or syndicated, and whether export credit agencies are involved, etc. The following is an overview of the main types of debt finance.

2.2.1 Significance and Advantages of Debt Financing

For companies of a certain size and creditworthiness, debt financing has a number of advantages:

Convenience: Creditworthy companies can raise funds at a low cost in a short time to satisfy its short-term funding needs.

Efficiency: debt financing can improve the return on capital by increasing leverage and, in project finance (see Section 2.2.2 below), by raising debt through special purpose vehicles to optimise the balance sheet of a company in certain circumstances.

Amount of funding: in large-scale cross-border joint ventures, companies can raise large amounts of capital for a project through debt financing, rather than relying on their own funds, thereby freeing up their own capital for other future funding needs. In addition, not all joint venture partners are sufficiently creditworthy and financially strong to contribute to the project with their own funds, and a combination of different debt financing tools can help to address such large-scale funding needs.

Flexibility: companies can raise funds for different purposes through corporate finance (see Section 2.2.2 below) and effectively control its own debt levels in line with its operational profile.

Risk control: companies can share commercial risk through the participation of financial institutions and, for project finance (see Section 2.2.2 below), the company can mitigate political risk through the introduction of export credit agencies and multilateral institutions.

Corporate governance: companies do not have to cede voting rights and can control the level of bank intervention through negotiation. Reasonable monitoring and intervention by the banks can also contribute to the improvement of internal corporate governance.

External investment: debt financing can contribute to the overall business of companies, such as helping to demonstrate the availability of external funding in a competitive bid for a project, and demonstrating its strength and operational capability in project development.

Goodwill: debt financing can help the company to participate more effectively in international capital markets and enhance their capital operation strength and goodwill in the international market.

2.2.2 Classification in Terms of Purposes

Depending on the purpose of the financing, debt financing includes corporate finance, project loan, project finance, reserve finance, trade finance, etc.

EXHIBIT 2–5 Main Types of Debt Financing Classified by Financing Models

Purposes	Overview	Classification	Applications
Corporate finance	Corporate finance is the most common form of debt financing. The cost of corporate finance (i.e. the lender's pricing of the financing) mainly depends on the creditworthiness and business condition of the borrower and the guarantor. Unless the borrower is creditworthy, the borrower will generally need provide lenders with a corporate guarantee from its creditworthy parent or affiliates and/or other forms of credit enhancement (such as providing security to the lender over its cash flow account) pursuant to lenders' requirement in order to reduce the cost of financing. The funds raised will generally be used in the ordinary course of its business and are not subject to any specific restrictions on the use of proceeds.	Corporate working capital finance	The working capital facilities are mainly short-term corporate loans of not more than one year and are mainly used to meet short-term and day-to-day cash flow needs.
		Medium to long-term corporate finance	Medium to long-term corporate finance allows the company to use loan proceeds and repay principal and interest over a longer term, typically between two to five years for medium-term loans and between five to seven years for long-term loans.
Project loan	A project loan is a loan for a specific project (including an M&A transaction) where the future cash flow proceeds of the specific project and assets of the project company will form the main source of repayment. Similar to corporate finance, project loans are usually backed by a corporate guarantee provided by the borrower's parent or affiliates. The difference is that in project loans, the lender will pay more attention to the project or transaction being financed and there are usually restrictions on the use of the loan proceeds. For the purposes of the Guidelines, the financing where the lenders have no recourse to the parent but only to the Project Company and the project assets is referred to as project finance (see below for further details on project finance).	Project-specific loan	A project-specific loan is a project loan where a "project" is the object of financing. For example, if a company requires funding for an upstream production project, it may apply to a financial institution for a project-specific loan backed by a corporate guarantee. The project itself may be a project developed or operated by the borrower itself, or it may be a joint venture project developed by the borrower and other sponsors. In a joint venture project, the company often has regular or exceptional cash call obligations under the joint operating agreement, and the company can finance these cash call obligations by way of project loans.[①] Though there is full recourse to the corporate guarantee, the financial institution providing the project loan assumes certain risks and will have higher due diligence requirements in relation to the project being financed and the future cash flows of the project.

① Philip Wood. International Loans, Bonds, Guarantees, Legal Opinions. Third Edition. Sweet & Maxwell, 2018: pages 47.

Continued

Purposes	Overview	Classification	Applications
		Acquisition finance	Acquisition finance is a project loan for an M&A transaction. For example, if a company wishes to acquire a company or companies, it may provide a corporate guarantee to a financial institution and apply for acquisition finance in order to ensure the availability of funds for the acquisition. In an M&A transaction, the seller will usually require the buyer to demonstrate that it has sufficient funds available to complete the transaction in order to ensure a smooth closing. The buyer (the borrower) will therefore obtain a prior commitment from the financial institution during the M&A negotiation process that the financial institution will lend when the M&A conditions are satisfied unless there is a material breach or material adverse change. Although there is full recourse to the corporate guarantee, the financial institution providing the acquisition finance assumes a certain level of risk in relation to the M&A transaction being financed and the future cash flows of the post-merger business, and has a high due diligence requirement.
Project finance	Project finance is a form of financing where a specific project is the object of financing and a special purpose project company is usually set up as the borrower for that project. The financial institutions only have recourse to the assets and future earnings of the project and the shares of the project company, with limited or no recourse to the project company's shareholders and parent company.	Can be further classified depending on the financing structure (integrated, non-integrated), project sector (oil and gas, renewables, infrastructure), recourse method (with or without recourse or limited recourse), greenfield projects/ project M&A.	Project finance can be used in the oil and gas industry for various industry value chain segments such as upstream E&P, midstream refining, natural gas liquefaction, downstream transportation and pipelines, and is usually used for projects with a large capital requirement. For such projects, companies may not be able to meet all of their capital requirements through their own funds (i.e. equity), even in the case of joint ventures, while corporate finance or project loans (see above) are limited by the company's ability to raise debt (e.g. leverage) and may place a considerable burden on the company's balance sheet. Project finance, on the one hand, can assist in meeting such capital requirements and, can optimise the financial statements of the sponsor by virtue of its limited recourse nature (i.e. where the project company is jointly financed by multiple sponsors and no single sponsor has independent control and does not provide recourse for the project company's debts (e.g. a corporate guarantee), the project company's debts are usually not consolidated in the sponsor's financial statements).

Continued

Purposes	Overview	Classification	Applications
			When financing a project, financial institutions can assume the risk of the project at all stages from construction to operation. In contrast to corporate finance, which focuses on the quality of the parent guarantee, the finance parties of project finance may need to conduct due diligence on all aspects of the project being financed, from technical, commercial, legal, tax, insurance, marketing and even security arrangements, and involves negotiation at multiple levels with the host government, the sponsors and the various project counter parties. Project finance can be more demanding than other types of financing both from a timing and cost perspective and requiring experienced sponsors.
Trade finance	Trade finance covers a relatively wide range of areas. Broadly speaking, trade finance refers to a form of financing provided by financial institutions to finance the different stages of the purchase, production or sale of commodities.	Prepayment financing, buyout deals, inventory financing, note financing.	A common form of trade finance is prepayment finance, which is where the buyer obtains financing from financial institutions based on prepayments arising from a sale and purchase contract, with the future receivables under the transaction agreement as the main source of repayment. ①

① Lexis PSL. Banking & Finance: Introduction to Trade Finance, https://www.lexisnexis.com/uk/lexispsl/bankingandfinance/document/391290/5G8K-R321-F185-S2JM-00000-00?utm_source=psl_da_mkt&utm_medium=referral&utm_campaign=introduction-to-trade-finance.

The types of financings listed in the table above are not exhaustive. Other common types of debt financing include asset finance to finance the acquisition of assets such as aircraft and ships, real estate finance to finance real estate transactions, etc. These other types of financing are not described in detail as they are outside the scope of the Guidelines. The specific financing types listed in the table above are discussed in detail in Section 5.

2.2.3 Secured Financing/Unsecured Financing and Recourse Financing/Non-recourse Financing/Limited Recourse Financing

We have mentioned *security* and *recourse* in the description of corporate finance, project loans and project finance in Section 2.2.2 above. In short, debt financing can be classified as Secured Financing or Unsecured Financing depending on whether, the creditor's debt claim is secured through asset security or a corporate guarantee provided by the borrower or its parent or affiliates (see Section 4.1.2 below for details). Similarly, debt financing can be classified as Recourse Financing, Non-recourse Financing and Limited Recourse Financing depending on whether the creditor has recourse to the borrower's parent or affiliates in addition to the borrower's own assets, cash flows and contractual rights.

The EXHIBIT 2-6 summarises the general concepts, common forms and the advantages and disadvantages of these types of financing.

2.2.3.1 Secured financing and unsecured financing

EXHIBIT 2-6 Comparison between Secured Financing and Unsecured Financing

	Secured financing	Unsecured financing
Concept	In the introduction of debt financing above (see Section 2.1.2.2 above), it was mentioned that in the event of an event of default of the borrower a senior secured creditor may enforce its security interests, which is often regarded as a "right in rem", and be repaid from the proceeds of enforcement of its security. In the event of liquidation of the borrower, senior secured creditor's claims will have priority over unsecured, general creditors' claims. The security interest is therefore an important means for creditors to mitigate their debt repayment risk. Secured financing is relatively less risky for creditors and less costly for borrower than unsecured financing.	Unsecured financing refers to financing where the company does not provide security over its assets or corporate guarantees and borrows from a creditor solely based on the creditworthiness of its business. If the business is unable to repay the loan, the creditor has no recourse to any collateral or other corporate guarantor to recover its debt. Considering the greater risk to the creditor, all other things being equal, unsecured financing tends to be more costly (i.e. higher interest rate) than secured financing. Unless a company has a stable business, good profitability and a strong credit standing, it is difficult to obtain large loans on an unsecured basis.

Continued

	Secured financing	Unsecured financing
Pros and cons(from the perspective of the borrower)	• Helps achieve higher leverage and/or lower financing costs where a company does not have sufficient credit standing. • Constraints on the disposal of assets. • Senior creditors may require a floating charge over all of the company's assets (see Section 4.1.2 below), limiting the company's ability to raise future debt. • There are costs associated with the registration, administration and maintenance of the security.	• Freedom to dispose its assets. • The borrower need to have a good credit rating. • Financial institutions may require a higher interest rate to mitigate their risk.

2.2.3.2 Recourse financing, non-recourse financing and limited recourse financing

The following classifications in EXHIBIT 2-7 depends on whether the lender has recourse to the parent, sponsor or affiliate acting as guarantor in the event that the borrower is unable to repay the loan.

EXHIBIT 2-7 Comparison between Recourse Financing, Non-recourse Financing and Limited Recourse Financing

	Recourse financing	Non-recourse financing and limited recourse financing
Concept	Recourse financing is where the creditor requires the borrower's parent or affiliates to provide a corporate guarantee or security in the case that the borrower does not itself have sufficient credit standing or is unable to provide sufficient security. If the borrower fails to repay the loan, the lender can make a claim for payment against the guarantor. Therefore, recourse financing is relatively less risky for the lender and less costly for the borrower than non-recourse financing or limited recourse financing.	Non-recourse financing refers to a form of financing where the source of repayment of the loan is limited to the revenues of the project and project assets, and where the Project Company is unable to repay the loan, the lender only has recourse to the project and its asset, but not to its parent, sponsor or affiliates. Limited recourse financing generally refers to a form of financing where, in addition to the revenues of the project and project assets, the sponsor, the parent or the affiliates of the borrower also agree to provide limited guarantees for a certain period of time (e.g. limited to the construction period of a greenfield project) or limited security that is subject to a capped amount or triggering event. See Section 5.3 below for details.
Pros and cons (from the borrower's perspective)	Helps a company obtain financing and/or lowering the financing costs where the company is not sufficiently creditworthy on its own. • The guarantor will ultimately assume the repayment risk of the borrower. • Increases the contingent liabilities of the guarantor. • The creditworthiness of the guarantor will be monitored by the creditor and subject to restrictions under the finance documents.	Borrower's parent or affiliates does not bear (or does not fully bear) the risk of default by the borrower. • Eases (or eliminates) the financial liabilities of the guarantor. • Financing costs tend to be higher and the time for implementation tends to be longer. • In oil and gas projects, completely non-recourse financing is generally more difficult to achieve or could significantly increase the cost of financing.

2.2.4 Term Loan and Revolving Loan

Debt financing can be categorised depending on the lending and repayment terms into term loans with fixed lending and repayment terms and revolving loan that can be re-borrowed on a revolving basis. The EXHIBIT 2-8 provides a brief comparison between term loans and revolving loans.

EXHIBIT 2-8 Comparison between Term Loans and Revolving Loans

	Term loan	Revolving loan
General purpose	Large funding needs of a company for a defined term.	Short-term working capital needs, and short-term funding fluctuations.
Commitment period	The borrower can draw down the loan during the commitment period up to the agreed commitment amount and cannot re-borrow after the loan is repaid.	The borrower can borrow, repay and re-borrow up to the stated maximum commitment of the bank during the commitment period. After the loan is repaid, the commitments can be re-borrowed.
Repayment time	Term loans are usually granted for a relatively long time, which may range from two to seven years for medium to long-term corporate finance and over twenty years for project finance.	Repayment is required for each individual tranche under a revolving loan facility (i.e. during the commitment period). Each tranche of a revolving loan is usually borrowed for one, three or six months following which it is repayable.
Repayment method	Term loan will be repayable in instalments according to an agreed repayment schedule or in a lump sum at the end of the term.	Each loan is normally repaid in a single instalment. If there is still a funding need at the end of the term (and there is no default), the loan can be deemed to be repaid and immediately re-drawn (this is known as a “rollover”).
Certainty and predictability	Term loans have greater certainty and are more predictable and allows the company to plan for future drawdowns and repayments.	Cash flow needs for revolving loans are not fixed and are usually based on the company’s own needs.

2.2.5 Classification by Loan Term

Loan financings can be divided into short-term loans and Mid-to-long-term loans, depending on its term. The EXHIBIT 2-9 provides a brief comparison between the two.

EXHIBIT 2-9 Comparison between Medium to Long-term Loans and Short-term Loans

	Medium to long-term loans	Short-term loans
Term	Generally more than one year	Generally less than one year
Type of loan	Mostly are term loans (see Section 2.2.4).	Can be a term loan or a revolving loan (see Section 2.2.4)

Continued

	Medium to long-term loans	Short-term loans
Interest rate	For longer term loans, a company may consider using an interest rate hedging product to artificially fix the interest rate and control the risk of interest rate fluctuations within the term of the loan.	Usually uses floating interest rate.
Contractual constraints on the borrower	Relatively strict, which may include financial covenants, restrictions on business operations and restrictions on disposal of assets, etc.	Relatively lenient.
General purpose	Medium to long-term corporate funding needs for larger amounts with longer repayment periods for revenue generation, e.g. acquisition finance, project loan, project finance.	Short-term cash flow to meet short-term working capital needs, bridge capital (e.g. loan to cover the capital needs during the transition period until a long-term loan is available).

2.2.6 By Order of Repayment

Debt financing can be divided into senior debt, mezzanine debt and subordinated debt according to the order of repayment. Senior debt is repaid in priority to mezzanine debt, while mezzanine debt is repaid in priority to subordinated debt. Senior and mezzanine debt are mostly provided in the form of loans or bonds from financial institutions, while subordinated debt is mostly provided as loans from shareholders or affiliates. The general concept of these types of debt has been described in Section 2.1.2.2 above and will not be repeated here. The order of repayment of these senior and subordinated debt can be achieved by contractual agreement, structural arrangements and the subordination of security interests, as described in Section 4.2.5.3 below.

2.2.7 Bilateral or Syndicated Loan

Loan financings can be divided into bilateral and syndicated loans, depending on the number of financial institutions involved.

A bilateral loan is a loan granted to a borrower (or multiple borrowers in the same group) by a single financial institution. Where a company requires a large loan, a single financial institution may not on its own be willing or able to advance the whole amount and may therefore work with other financial institutions to provide the loan in a syndicated.

In a syndicated loan, financial institutions of equal ranking are entitled to be repaid on an equal (*pari passu*) and proportional (*pro rata*) basis, equally benefit from the representations, undertakings and warranties made by the borrower, and share the security and/or corporate guarantee provided by the borrower. The banks are not jointly and severally liable for each other's obligations. There is usually an agent bank in a syndicated loan. The agent will receive an agency fee and acts on behalf of the syndicate members on common matters (e.g. receipt and dispatch of payments, notifications, etc.).

Compared with syndicated loans, bilateral loans are usually more convenient. Where the borrower's creditworthiness allows, negotiations with the lender in a bilateral loan can be more focused in order to reach more favourable terms for the borrower. The amount of funding available under a single bilateral loan is relatively limited and is therefore generally only suitable for the transactions of small to medium scale or for the daily working capital needs of a company. To meet a company's larger funding needs, it may be necessary to consider a syndicated loan or multiple bilateral loans. Syndicated loans may take longer to negotiate and the final terms may be more lender friendly due to the participation of multiple financial institutions, which involves reconciliation of positions between the various financial institutions, and an enhanced negotiating position of the financial institutions acting as a syndicate. Companies with strong financial standing may therefore consider arranging multiple bilateral loans at the same time to meet larger funding requirements. Separate bilateral negotiations with different financial institutions can help to avoid financial institutions adopting the lowest common denominator position and achieve more favourable terms for the borrower.

2.2.8 Other Types of Debt Financing

2.2.8.1 Islamic finance

Islamic finance refers to Shari'ah law compliant financial products provided by financial institutions in Islamic countries. Many of the principles under Shari'ah law contradict common international financing methods, most notably the prohibition on charging interest on loans. These restrictions prohibit the use of conventional financing methods (such as interest-bearing loans and bonds) in the jurisdictions where Shari'ah law applies. A key product which is frequently used in energy and infrastructure projects involves the combination of a procurement contract (Istisna'a) with a forward lease (Ijara Mawsufah fi Al Thimmah). Other types of Islamic financial products include murabaha contracts for the sale and purchase of commodities (which can be used to obtain the equivalent of a revolving credit facility) and sukuks which are Shari'ah law compliant bond issues.[①]

2.2.8.2 Debt securities

In addition to loans, the other main type of debt financing is the issuance of debt securities. Compared with loans, issuing debt securities has the advantages of fixed interest rates, lower risk, ease of attracting investors, and the simplicity and standardisation of bonds as a tradable security product. On the other hand, debt securities need to be issued in compliance with the relevant laws and regulations, and the cost of compliance can be high.[②]

In the debt securities market, the credit rating of the issuer (the borrower) is particularly important. Credit rating agencies help reduce the information asymmetry between the investors and borrowers by providing a comprehensive evaluation of the financial strength of companies, especially their profitability and the ability to meet principal and interest payments on their debts. The level of credit rating directly affects the cost of financing for a company. A good credit rating generally means that a company has a better future prospects and lower risk of default, and is more likely to gain the trust of investors, while issuers with lower credit ratings often need to attract investors by paying higher interest rates.

The main differences between debt securities and loans can be found in the EXHIBIT 2-10.

EXHIBIT 2–10 Comparison between Debt Securities and Loans

	Debt securities	Loans
Transferability	Debt securities can be issued in bearer form and can be transferred by delivery, and thus debt securities are highly tradeable.	The transfer of loans is subject to the loan agreement and generally requires the consent of the borrower.
Repayment method	Debt securities are redeemable on a specified date, i.e. "Bullet Repayment", and the issuer is allowed to make early repayments in exceptional circumstances.	Repayment in instalments on a regular basis, bullet repayment or rollover, etc (see Section 2.2.4 above).
Restrictions on the borrower/issuer	The terms and conditions of issues of debt securities generally contain fewer covenants by the issuer than in a loan.	Loan agreements may have very broad and onerous constraints on the borrower depending on the type of business (e.g. project finance).
Events of Default	There are relatively fewer events of default under the terms of the debt securities.	Loan agreements may have very detailed events of default depending on the type of business (e.g. project finance).
Amendments	Amendments to the terms of the debt securities generally require the consent of the bond holders or bond trustee.	Amendment to the major terms of the loan agreements may require the consent of all banks in the case of syndicated loans.

① Graham Vinter, Gareth Price, and David Lee. Project Finance: A Legal Guide. Fourth Edition. Sweet & Maxwell, 2013: pages 38-40.

② Practical Law Finance. Practical Law UK: Debt Finance: Debt Securities Versus Syndicated Loans, https://uk.practicallaw.thomsonreuters.com/2-501-0352?transitionType=Default&contextData=(sc.Default)&firstPage=true.

2.2.8.3 Leasing

A finance lease is a lease in which the lessor, based on the needs of the lessee (user), finances the purchase of an asset to be leased from a supplier and leases it to the lessee, who pays rent to the lessor in instalments and has the right to use the asset, with ownership of the asset passing to the lessee at the end of the lease term, when the rent has been paid in full and the lessee has performed all its obligations under the finance lease contract.① In a finance lease, almost all the risks and benefits associated with the possession and use of the asset pass to the lessee, while the lessor only bears the risks and benefits associated with the financial aspects. The lessee will use the asset for most of its life and will be responsible for maintaining it, paying taxes and obtaining necessary insurance, and will ultimately acquire ownership of the asset.

A sale and leaseback is similar to the aforementioned finance lease in that the lessee purchases assets, sells them to the lessor and then leases them back again from the lessor. The lessee receives a lump sum payment from the lessor when it sells the assets to the lessor (or, if the lessee has just acquired the assets at this time, the amount can be applied to the purchase price of those assets). The economic effect of a lessee selling and then leasing back is essentially the same for the lessee as borrowing money under a loan secured on the asset in question, but they are treated differently in the financial statements. This type of sale and leaseback is commonly used for the purchase of land, buildings, aircraft, industrial plant and machinery②.

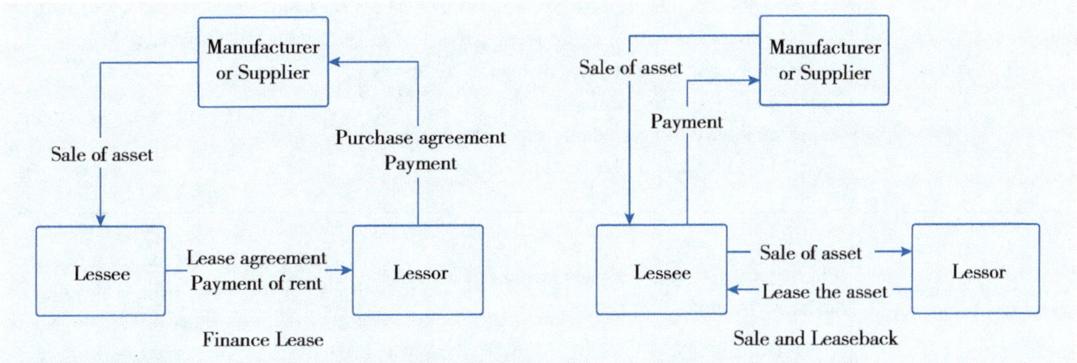

EXHIBIT 2–11 Finance Lease and Sale and Leaseback

---

① Philip Wood. Comparative Law of Security Interests and Title Finance. Third Edition. Sweet & Maxwell, 2018: page 535.

② Practical Law Finance. Practical Law UK: Leasing as A Financing Technique: Overview, https://uk.practicallaw.thomsonreuters.com/1-202-1444?transitionType=Default&contextData=(sc.Default).

A comparison of finance leases and loans can be found in the EXHIBIT 2-12.

EXHIBIT 2–12 Comparison between Finance Leases and Loans

Considerations	Finance lease	Loans
Access to credit facilities	Finance lease can help the lessee to gain access to credit that would otherwise not be possible due to the financial weakness or lack of track record of the lessee. For example, a lessee can take advantage of the credit rating of the supplier to obtain credit in the market more cheaply than if it were to borrow directly itself.	The borrower's ability to obtain credit and the amount and terms of the loan will be limited by its credit rating, and companies with lower credit ratings will find it more difficult to obtain credit and the terms of the loan will be relatively harsh.
Ownership of the asset	The lessee does not own the asset during the lease period or until it has fully paid for the asset.	In a secured loan, the borrower or the guarantor still own the asset even if the asset is provided as collateral.
Risk of default	Title to the asset is already with the lessor, so it is easier for the lessor to enforce or retake possession of the asset in the event that the lessee fails to pay on time or other events of default occur.	In the case of a loan, if the borrower defaults, the lender can accelerate the loan and (in the case of a secured loan) enforce its security, although it is relatively difficult for the lender to enforce the security as ownership of the asset remains with the borrower or guarantor.
Costs	The costs of finance lease mainly include rent, lease rates, security deposits and service charges. In a finance lease, as the lessee does not have ownership of the asset, it loses certain tax benefits available to the owner of the asset (e.g. the lessee is not entitled to the depreciation deduction). In a finance lease, the lessee does not have ownership of the asset but still bears most of the risks associated with the asset, including being responsible for its maintenance and the purchase of insurance, and is liable for any loss or damage to the asset, so the lessee may have to bear additional costs associated with the maintenance of the asset.	Loan costs generally consist of interest on the loan and fees, which specifically include arrangement fees, commitment fees and agency fees (see Section 4.2.3.2 below for details).
Accounting treatment	Finance lease is usually treated as right-of-use assets and lease liabilities.[①]	Loans usually take the form of short-term or long-term debt, depending on the term of the loans.

① IFRS 16 Leases, https://www.ifrs.org/issued-standards/list-of-standards/ifrs-16-leases/#standard; ASC 842 Leases, https://asc.fasb.org/section&trid=77888294.

3 Financing Planning and Due Diligence

When carrying out overseas debt financing, when structuring the financing and conducting the necessary due diligence at the outset, companies can evaluate the financing risks from two key perspectives, namely, the "debt financing environment" and "project-specific factors".

3.1 Debt Financing Environment and Risk Considerations

A company may face a multitude of external risks in carrying out overseas investment, financing or trade which are too diverse to be exhaustively covered in the Guide. When analysing and evaluating the external financing environment, companies should consider three key aspects: the political environment, legal environment and economic environment, which will directly affect the borrower's credit (i.e. its ability to repay the debt) or indirectly affect its ability to incur indebtedness (e.g. political factors such as sanctions). It should be noted that the approach suggested below is not specific to any particular country or region. The assessment of country risk for a specific country is specialised and complex, and companies should consider engaging professional consultants if necessary to carry out country risk analyses in relation to a particular country.

3.1.1 Political Environment

The political environment can influence the feasibility, cost and terms of a debt financing. In assessing the political environment, companies should consider factors such as the political status of the relevant countries (stability, continuity, sovereign ratings published by international rating agencies), their diplomatic relationships (including political relationships between China and other countries involved in the financing), sovereign credit and public indebtedness (e.g. whether there are any restrictions imposed by international multilateral institutions on that country's further indebtedness), creditworthiness, war, expropriation, risk of foreign exchange restrictions, sanction risks, anti-corruption and anti-bribery risks, existence of discriminatory policy precedents and government expropriation precedents, etc. As far as the borrower is concerned, the higher the political risk involved in a financing, the higher the cost of the financing tends to be. Therefore, when structuring a financing, it is important for the borrower to fully and comprehensively consider the political risk factors that may affect the financing, including:

- the political environment of the country where the borrower is incorporated, where the project is located, where the guarantor is incorporated and where the security assets are located;
- the political environment of third party countries involved in the financing, such as the country of incorporation of joint venture partners, suppliers and offtakers, etc.;
- international relations and political factors affecting the above-mentioned countries;
- international relations between the creditor /lender and the above-mentioned countries, etc.

When planning a financing, borrowers should first identify the specific countries and inter-country relationships that will affect the feasibility, cost and terms of their proposed financing, and analyse and assess the factors of the domestic and international political environment in those countries. For example, the political environment of the countries involved in the first bullet point above will fundamentally affect the feasibility of a financing and the credit assessment of the financing by future finance parties; whereas the considerations in the second and third bullet points may not directly affect the pricing of a financing, but may affect the feasibility and future stability of the financing. Companies that identify high political risk during the due diligence process should consider how to mitigate such risk through the financing arrangement, such as by procuring political insurance from export credit agency, or commercial insurance (to the extent available) to minimize financing costs and optimize their financing terms (see Section 3.1.1.3 below for details).

3.1.1.1 Domestic political environment

When assessing a country's political environment, relevant factors include the country's political system, stability of the regime, foreign policy, country credit rating, the country's economic stability and financial situation, risk of war and political unrest, expropriation risk, exchange risks and the risks of changes in law. These factors directly affect a country's country risk assessment and will also directly affect the creditworthiness of the borrower and/or project located in that country and the credit assessment of the financing by future finance parties.

For example, a Chinese company proposes to finance a project for its midstream gas business in Country X, a developing country. During the preliminary due diligence and feasibility stage, it may consider the following aspects when assessing the political environment in Country X.

- What is the political and party system in Country X; is the regime stable and could the change in political parties affect the proposed financing of the project?
- What are the foreign policy of Country X and its relationships with neighbouring countries and regions?
- Are there risks of war, terrorist attacks, racial problems, social unrest, mass strikes, etc. in Country X?
- Has there been a history of expropriation in Country X?
- Are there risks such as foreign exchange restrictions in Country X?
- What is the creditworthiness of the government of Country X? Has there been a history of government default?
- Are there issues of corruption and bribery in Country X?
- Is the legal environment in Country X stable? Is there a history of frequent changes in the law? Are there any precedents of discriminatory policies or regulations?

The risk allocation for project finance is discussed in detail in Section 5 of the Guidelines, however, broadly speaking, the future income of the project will be the main, or sole, source of repayment of a project financing. The successful completion and stable operation of the project is a fundamental concern for both the borrower and the lenders. If there are political risks that threaten the successful completion and/or operation of the project, the finance parties will share such risks with the borrower to certain extent and will reflect its assessment of such political risks through its pricing of the loan and the amount of the loan it is willing to provide. If the political risk is too high, the borrower may not be able to find lenders willing to provide financing at all, or willing to provide financing at a reasonable price. In order to procure financing and optimize costs, the borrower will need to consider appropriate political risk mitigation measure when planning its financing (see Section 3.1.1.3 below).

3.1.1.2 International political environment

As mentioned at the beginning of this Section 3.1.1, in the highly globalized oil and gas sectors, the political risk factors include not only those concerning the domestic political environment of the host country, but also to the international relations between the host country and other countries relevant to the financing, which may include, for example, the country of incorporation of the corporate guarantor of the borrower, the country where the borrower's assets are located, the countries where other joint venture parties in a joint venture project are incorporated, the countries where the borrower's suppliers are located, the country where the offtakers (if relevant to the borrower's source of repayment) and the main finance parties and/or relevant export credit agencies, multilateral agencies are located, etc.

Relevant political environment factors between countries include diplomatic relationships between countries, the existence of strategic cooperation, the existence of bilateral trade agreements and/or bilateral, multilateral or international investment treaties, the existence of trade frictions, the existence of other historical, political frictions, etc.

Again, taking the example of a Chinese company proposing to finance a project for its midstream gas business located in Country X, a developing country. The midstream gas business will be operated by a joint venture (the project company) whose shares are jointly owned by the Chinese company and a company incorporated in country Y, the gas developed and processed by the Project Company will be bought by related entities incorporated in China and Country Y respectively and then sold to end users, the main finance parties are incorporated respectively in China, Country Y, and Country Z where the equipment supplier for this project is located, the following factors could be considered during the preliminary due diligence stage to assess the international political environment for financing this project.

- Relationship between the host Country X and China: How are the diplomatic relationships between these two countries? Is there any framework for strategic cooperation between the governments (e.g. global cooperation on production capacity / energy), trade and/or tax agreements (e.g. arrangements for avoidance of double taxation, deduction of withholding tax, etc., see Section 3.1.2 below), memorandum of understanding (e.g. One Belt One Road Initiative), etc.? What is the history of trade and investment cooperation between these two countries? Are there any bilateral, multilateral or international investment treaties entered into by these countries (e.g. agreements ensuring that Chinese investors and creditors are treated at least equally with investors and creditors from other countries)?

- Relationship between the host country X and country Y where the joint venture partner is incorporated: How are the diplomatic relationships between these two countries? Is there any existing framework of cooperation between the governments? Are there any trade and/or tax agreements concluded between these two countries? What is the history of investment cooperation between these two countries? Are there any bilateral, multilateral or international investment treaties entered into by these two countries?
- Between China and country Y where the joint venture partner is incorporated: How are the diplomatic relationships between these two countries? Is there any existing framework for cooperation between the governments? Are there any trade and/or tax agreements entered into by these two countries? What is the history of investment cooperation between these two countries? Are there trade frictions or other historical or political frictions between these two countries? Are there risks of sanctions being imposed by either of these countries?
- Between China, the host country X, country Y where the joint venture partner is incorporated, country Z where one of the finance parties is located: How are the diplomatic relationships between these countries? Are there any existing frameworks for cooperation between the governments? Is there any political risk that will hinder finance parties located in country Z to continuously participate in the project?

3.1.1.3 Political risk mitigation strategies

In order to obtain sufficient financing at a reasonable cost, the borrower may consider the following methods in order to reduce and mitigate the political risk of the country where the borrower / project is located:

- Obtaining a corporate guarantee to enhance credit of the borrower: for example, the borrower could obtain a corporate guarantee provided by the parent or other related entity incorporated in a country with lower political risk, thereby shifting the focus of credit assessment by the finance parties from the political risk of the country where the borrower/ project is located to the reliability of the corporate guarantee.
- Transferring political risk to third parties: e.g. purchasing political risk insurance from export credit agencies, purchasing commercial insurance covering certain political risks to the extent

available on commercially reasonable terms (e.g. sabotage and terrorism cover).

- Mitigating political risks through the financing structure: for example, through the project accounts and cash flow structure (see Section 5.3.7 below for details), by requiring the proceeds under the project to be paid in US dollars and directly remitted to overseas repayment accounts to mitigate the risk of exchange restrictions in the country where the project is located.

On the other hand, companies can also involve finance parties that can accept political risks and design an effective financing structure to shift political risks to those finance parties at certain cost (e.g. through limited recourse project finance involving finance parties such as multilateral agencies, development finance institutions, policy banks, export credit agencies, etc.).

3.1.2 Legal Environment

When planning a debt financing, it is also necessary to fully understand the legal environment of the countries involved. Similar to the above analysis of the political environment, the analysis of the legal environment should not only consider the legal environment of the country of the borrower and the country where the project is located, but also the relevant laws and regulations of the countries where the corporate guarantor and the security assets are located, the laws, regulations and treaties in relation to investment, financing and taxation where the finance parties and the borrower are located, the governing law and jurisdictional law of the finance and commercial documents, and the legal environments of other third countries that may be relevant for the financing.

When planning overseas financings, borrowers should first identify laws and regulations in the relevant countries which may affect the feasibility, cost and terms of their proposed financing, and analyse and assess these legal factors. During the due diligence and assessment process, the borrower should consult with its internal legal department in a timely manner and, if necessary, engage external legal counsel. Whilst not exhaustive, the following key factors should be considered when carrying the analysis and assessment of the legal environment:

- Legal framework of investment and financing: e.g. whether there are bilateral investment agreements between China and the country where the borrower and the project is located respectively, whether there are special restrictions on cross-border financing, whether there are special restrictions on foreign exchange, whether there are special laws and regulations in relation to the relevant industry or project, whether there is any support given by the government provide comfort to finance parties in relation to risks of changes of law and foreign exchange and remittance, etc (see Section 3.1.2.1 below).

- The governing law and jurisdiction of the finance and commercial documents, arrangements in relation to recognition and enforcement of judgements/arbitration awards: e.g. whether the courts of the country in which the project is located would recognize judgements or arbitral awards of the competent bodies (see Section 3.1.2.2 below).
- Laws and regulations governing the creation, perfection and enforcement of security in the country where the borrower, the project and/or the security assets are located: e.g. are there any restrictions on the assets over which security may be created (e.g. land or immovable property), the recognition of floating charges, the recognition of security trusts, security registration and perfection procedures, etc (see Section 3.1.2.3 below).
- Tax laws and regulations in the countries which are involved in the financing: e.g. the tax with respect to stamp duty, value-added tax, corporate income tax, etc., and whether there are tax arrangements in relation to deduction withholding tax for interest between the countries where the finance parties and the borrower are located(see Section 3.1.2.4 below).
- General corporate laws and regulations in the countries where the borrower and/or guarantor are located: e.g. restrictions on corporate dividends, related party transactions, withdrawal of capital, and transfer of pricing, etc. and protection of creditors under relevant insolvency law and insolvency procedures (see Section 3.1.2.5 below).
- Environmental, social and governance laws and regulations in the countries where the borrower, and/or guarantor the project is located (see Section 3.1.2.6 below).
- Laws and regulations with long-arm jurisdiction: e.g. anti-corruption laws and regulations in the US and the UK, sanctions regimes in UN, EU, US and the UK (see Section 3.1.2.7 below).

The following is a brief introduction of the key considerations for the legal environment analysis mentioned above.

3.1.2.1 Legal framework for investment and financing

Many countries have specific laws and regulations for cross-border investment and financing, especially in the oil, gas and energy sectors, or have entered into relevant international multilateral or bilateral investment agreements. Jurisdictions with a good legal framework for cross-border financing could help borrowers obtain debt financing at a lower costs. By contrast, an immature and inadequate legal environment for investment and financing could mean that borrowers need to consider alternative methods to meet the funding needs of local companies or projects (e.g. obtain financing in other jurisdictions by corporate financing and then provide the funding to local companies in the form of equity or shareholder loan). The EXHIBIT 3-1 sets out certain key considerations for assessing the legal framework for investment and financing in the country where the borrower or project is located.

EXHIBIT 3–1 Key Considerations for Assessing the Legal Framework for Investment and Financing

Types of laws and regulations	Aspects involved	Specific considerations
Bilateral and multilateral investment agreements/tax treaties	Whether there are any bilateral cooperating agreements, trade agreements, investment protection agreements, or any multilateral international investment agreements China and the country where the finance party is located, or the existence of bilateral tax agreements	Are such bilateral or multilateral agreements valid and effectively implemented? In respect of the multilateral investment agreements, can China or the countries where the finance party is located be protected under such agreements and whether China or the countries where the finance party is located is entitled to most-favoured-nation treatment①or national treatment②? Do such agreements apply to the business or project to be financed? Do they apply equally to debt investors/finance parties (and not only to equity investors)? Are the protections conferred by such agreements adequate? Is the dispute resolution mechanism under such agreements reliable and workable, and are there precedents of host country default and submit to such dispute resolution mechanism? Are there provisions for preferential tax rates or tax exemptions, etc., under such agreements?

① Most-favoured-nation treatment in the field of investment is generally understood to mean that an investor from a party to an agreement, or its investment, would be treated by the other party "no less favourably" with respect to a given subject-matter than an investor from any third country, or its investment.

② National treatment refers to treatment of foreign investment that is "equivalent" to that granted to domestic investors, and includes "supranational treatment", i.e. treatment of foreign investment that is "no less favourable" than that granted to domestic investment as a sign of additional support from the host country for certain investments; and "subnational treatment", i.e. reasonable exceptions below national treatment for reasons such as entry of foreign investment, national security and public order.

Continued

Types of laws and regulations	Aspects involved	Specific considerations
Investment and financing laws and regulations	Whether there are special restrictions on cross-border financing	Can a borrower raise debt from overseas financial institutions and does it need to go through special registration or filing procedures in order to do so? Can a borrower provide security or corporate guarantee to overseas financial institutions, and do such guarantee contracts require special registration or filing? Are there any interventions or restrictions on the use of funds financed by foreign debt? Are there any restrictions on the opening of offshore accounts or foreign currency accounts by the borrower?
	Whether there are any foreign exchange restrictions①	Does a borrower need to register with the local foreign exchange authorities for loans from overseas financial institutions and are there any restrictions on the currency of the loans? Does a borrower need special registration or approval to convert domestic currency into foreign currency to repay loans from overseas financial institutions? Is there a limit on the amount that can be converted? Does a corporate guarantor need special registration or approval to pay off an overseas financial institution in foreign currency?
Laws and regulations in relation to the relevant industry or project	Whether there are special laws and regulations in place for the industry sector (e.g. infrastructure, energy) of the business to be financed or for the project itself	Host countries sometimes have laws and regulations that are specific to the exploitation of natural resources or infrastructure development in that country, such as laws and regulations specific to the exploitation of hydrocarbon resources, public-private partnerships (PPPs), government procurement, etc. These laws and regulations often affect the commercial structure of the business to be financed, which in turn affects its financing structure. Key factors relating to financing to be considered include the following: • Does the business or project to be financed benefit from or is subject to such laws and regulations? • Are there specific requirements for the financing structure, access to investors and/or financial institutions, bidding procedures, and government share of proceeds for the business to be financed? • Does the host government provide some protection in terms of expropriation, change of law and foreign exchange?

① Exchange controls refer to restrictive regulations imposed by a government on the purchase or sale of foreign currency by its own residents, the purchase or sale of national currency by non-residents, or any cross-border transfer of currency, including restrictions on the amount of currency that can be imported or exported, restrictions or prohibitions on the use of foreign currency, and government intervention in exchange rates.

Continued

Types of laws and regulations	Aspects involved	Specific considerations
Laws and regulations in relation to the relevant industry or project	Whether there are special laws and regulations in place for the industry sector (e.g. infrastructure, energy) of the business to be financed or for the project itself	• Are governmental compensation mechanisms adequate and reliable? Are sovereign guarantees being provided in respect of government performance and/or indemnity for breach of obligations? • Are there any special filing or approval requirements for the projects to be financed? • Are there special requirements in relation to environmental, social and governance matters? • Is there a time limit on the implementation of the proposed project from development to completion and operation? • Are there restrictions on the governing law and choice of jurisdiction of the finance documents (see 3.1.2.2 below)? • Are there restrictions on the exercise by financial institutions of their security interests and/or other step-in rights?

In assessing the legal framework for investment and financing, it is important to consider not only the legal environment of the countries where the borrower and the project are located, but also the legal environment of related countries such as the country where the corporate guarantor is located. The EXHIBIT 3-2 certain key laws and regulations in China at the time of writing these Guidelines as an example, which a parent or related company located in China may need to consider when providing guarantees or security for a borrower raising financing abroad.[①]

EXHIBIT 3–2 Key Legal Issues to be Considered by PRC Parent or Affiliates

Related requirements	Specific matters
Offshore investment approval and filing	The Measures for the Administration of Overseas Investment of Enterprises (National Development and Reform Commission Order No. 11 of 2017) requires investors to apply for approval procedures, filing or change of filing when carrying out overseas investment and financing activities.

① See specifically the Measures for the Administration of Overseas Investment by Enterprises (National Development and Reform Commission Order No. 11 of 2017), the Interim Measures for the Administration of Foreign Debt (National Development and Reform Commission, Ministry of Finance and State Administration of Foreign Exchange Order No. 28 of 2003) and the Measures for the Administration of Borrowing of International Commercial Loans by Domestic Institutions ([97] Hui Zheng Fa Zi No. 06).

Continued

Related requirements	Specific matters
Foreign debt registration	The Circular on Promoting the Reform of the Filing and Registration Regime for Issuance of Foreign Debt by Corporate Entities (Fa Gai Wai Zi 〔2015〕 No. 2044) adopts a record-filing and registration regime to regulate medium and long-term foreign debts by corporate entities incorporated in China. For debt instruments borrowed overseas by domestic enterprises as well as offshore enterprises or branches controlled by such domestic enterprises, with a maturity longer than one year, denominated in RMB or foreign currencies, with principal and interest repaid as scheduled, including bonds and mid-and-long term international commercial loans, etc., an application for filing and registration in advance with NDRC is required.
Approval and registration of cross-border guarantees	The Regulations on Foreign Exchange Management of Cross-border Guarantees (Huifa 〔2014〕 No. 29) require that all Nei Bao Wai Dai transaction shall be registered with the applicable State Foreign Exchange Administration (SAFE) authority. Nei Bao Wai Dai transaction refers to cross-border guarantees where the guarantor is an onshore entity incorporated in the PRC and the debtor and creditor are both incorporated outside the PRC. Such registration or filing of a cross-border guarantee is no longer a mandatory requirement for the effectiveness of the guarantee contract.
Cross-border guarantees for the repayment of foreign debt	The Provisional Measures for the Administration of Foreign Debt provide that when the guarantor is required to perform its payment obligations in accordance with the guarantee, it must follow the approval procedure for the performance of the cross-border guarantee of the applicable SAFE authority.
Restrictions on borrower	The Measures for the Administration of Borrowing of International Commercial Loans by Domestic Institutions stipulate that institutions such as non-operating offices or representative offices of Chinese companies established outside the country are not allowed to borrow offshore facilities.

3.1.2.2 Governing law, jurisdiction, recognition and enforcement of judgements/awards

When structuring a financing, borrowers need to consider all jurisdictions relevant to the proposed financing structure, in particular the jurisdictions of the host country/borrower, the country where the project assets are located and the country where the guarantor is located. An inappropriate choice of the governing law and jurisdiction can undermine the bankability of the transaction itself, increase the cost of financing and, more importantly, jeopardize the borrower's own interests.

3.1.2.2.1 Governing law

Governing law refers to the law which applies to an agreement, i.e. the law that will apply to all aspects of the interpretation, validity and enforceability, and settlement of disputes of the agreement. The choice of the governing law will usually take into account factors such as the stability and predictability of a legal system, the level of respect for the consent of the parties, the level of protection for creditors, whether the legal entities who have jurisdiction are familiar with such legal system and whether such legal system is isolated from the legal system where the project is located (to avoid, for example, protection of the host government of the project).

In international financing contracts, English law or the law of the State of New York in the United States are the most common governing laws, while Singapore law and Hong Kong law are also relatively common choices in the Asian financing market. This practice is mainly due to the common law tradition of these legal systems, which respect the autonomy of the parties and rarely override contractual agreements on the basis of equitable principles, and therefore such legal systems are more stable and practicable. Additionally, such legal systems are relatively mature and have more experience in the loan market. The practice of the London Loan Market Association (LMA) and the Asia Pacific Loan Market Association (APLMA) in choosing laws of these jurisdictions as the governing law in their templates is therefore generally accepted by the market.

The choice of the law applicable to a security agreement, as it relates to issues such as registration and enforcement of the security assets, also requires consideration of factors such as the location of the security asset and the law applicable to the security assets. In general, an agreement to create a security interest over immovable property is usually governed by the law of the location of that immovable property; an agreement to create a security interest over a contractual interest is usually governed by the same governing law as the contract that is the subject of the security (for laws and regulations relating to security, see 3.1.2.3 below). A corporate guarantee, as a general agreement (rather than a contract within the meaning of security or property law), would normally choose English law or the law of the State of New York of the United States as governing law, as agreed between the parties.

3.1.2.2.2 Jurisdiction

The choice of jurisdiction, or dispute resolution mechanism, refers to the agreement between the parties as to which body judge and resolve disputes arising under that agreement. The competent body may be the courts of a country (usually consistent with the jurisdiction of the governing law of the agreement) or an arbitral tribunal. Factors that are generally considered in choosing a jurisdiction include the neutrality of the jurisdiction (e.g. whether there is a risk of local protectionism), the length of the litigation process, the length of the adjudication process, the cost of litigation, privacy (generally courts require public hearings, whereas arbitration proceedings are not required to be public and afford the parties more privacy), relevant practical experience, and whether the judgments or awards can be recognized and enforced in the countries where the borrower, the collateral and/or the guarantor are located (as applicable).

3.1.2.2.3 Recognition and enforcement of judgements/awards

Court judgements or arbitral awards rendered by competent authorities in cross-border financing often require an application for enforcement in a foreign country (e.g. the country where the borrower is located, the country where the project assets are located and the country where the guarantor is located, etc.). Whether a court decision of one country can be recognized and enforced in another country generally depends on whether there is any mutual legal assistance treaty or reciprocity policy between these two countries. The recognition and enforcement of an award of an arbitral institution in one country by another country generally depends on whether both countries are members of the Convention on the Recognition and Enforcement of Foreign Arbitral Awards (the New York Convention). The New York Convention requires courts of contracting states to recognize and enforce arbitration awards made in other contracting states, subject to certain exceptions.

For example, assuming in Case A, the borrower and its main assets are located in the country X, a member state of the New York Convention. The financial documents are governed by English law and the London Court of International Arbitration (LCIA) is chosen as the competent authority for resolving disputes. In Case B, where the borrower and its main assets are located in country Y, which is not a member state of the New York Convention, English law is chosen as the governing law for the finance documents and the English courts are chosen as the competent authority for resolving disputes. The judicial proceedings in country Y are lengthy and there is no mutual legal assistance treaty or reciprocity policy between country Y and the United Kingdom. When there is default under the finance documents, the finance parties in Case A can apply directly to the court in Country X for enforcement after obtaining an arbitral award in LCIA; whereas the finance parties in Case B need to first obtain a court judgment in the UK and then submit the court judgment to country Y for enforcement, and the courts in country Y may require a further substantive hearings in respect of the UK court judgment due to the fact that there is no mutual legal assistance treaty between country Y and the UK, resulting in further potential delays in recovery by the finance parties. While the arrangement in Case B might be able to protect the borrower's assets to some extent, there is also a clear flaw in bankability. Experienced finance parties are likely to reject such enforcement risks or require the borrower to provide a corporate guarantee or more enforceable security over its assets.

3.1.2.3 Laws and regulations governing guarantees

In cross-border financing, a well-defined and reasonable security structure would benefit not only the finance parties but also the borrower. The better the security structure, the better the bankability of the project and the better it helps to reduce the cost of financing (see Section 4.2.6 below for the design of the security structure). From the perspective of the legal environment, the main factors to be considered in designing a security structure are:

- Laws and regulations regarding the creation of security: Are there any restrictions on the creation of a security right in such assets in the country where the collateral is located, such as creation of security in favour of offshore financial institutions? Are there special restrictions application to a particular asset class such as land, immovable property, intellectual property, etc.? Are floating charges recognized[①]? Is the concept of a security trust recognized?
- Laws and regulations regarding the registration and filing of security: What registration and filing procedures are required to establish a security interest and with which governmental authorities? How are stamp duty and registration fees calculated? Are there special procedural requirements for the registration of security over land and immovable property? Do pledges of equity interests need to satisfy both the local registration and filing procedures of the borrower and the location of the shareholders?
- Laws and regulations regarding the enforcement of security: Does the method of enforcement under the law of the country where the collateral is located provide some specific protection to the security provider (e.g. does it require enforcement to be subject to a public court auction) or does it favour the protection of the interests of

① A floating charge is a mortgage created by an enterprise over the property of the enterprise that it is operating, which allows the mortgagee to dispose of the property within the ordinary course of business during the period of the mortgage, and which becomes fixed when the guarantor begins liquidation or the guarantor executes the security or other circumstances agreed to in the security contract, when the floating charge becomes dependent on all the property of the enterprise at that point in time. Some States do not recognize a floating charge on the ground that this form of security is too general, while some States consider that a floating charge does not cover property that is not already owned by the enterprise at the time the floating charge is created.

creditors (e.g. does it give the receiver the power to sell the security assets by way of private treaty)?

3.1.2.4 Tax laws and regulations

Under the LMA template the borrower is generally required to bear the risk of all taxes associated with the financing transaction through the tax gross-up and indemnity obligations, so the borrower needs to pay attention to the impact of taxes chargeable on payments under the finance documents. In practice, there are also circumstances where the borrower asks the bank to quote an "All-in Costs" for the loan, i.e. the bank includes all taxes to be borne by the bank in the interest rate it proposes to charge the borrower. Loans priced on an "all-in costs" basis will no longer require the borrower to bear tax payment and gross up obligations in the loan agreement. Nevertheless, given that the tax burden is included the financing cost, the borrower will still need to understand the tax arrangements in order to assess the reasonableness of the loan pricing. Where the bargaining power of the borrower is relatively strong, the borrower may also request that the borrower and the finance parties each bear their respective taxes in connection with the loan.

3.1.2.4.1 Withholding tax

The withholding tax applicable to cross-border financing transactions refers to an amount that the borrower is required to withhold from its payments to the relevant finance parties and pay directly to the relevant tax authorities of the country where the borrower is located to cover potential taxes payable by such finance parties in that country. Under the LMA template the borrower is generally required to gross up its payments to the relevant lenders (i.e. requiring the borrower to pay a higher amount to ensure that the lender actually receives the same amount that it would have received in the absence of withholding tax). Therefore, the existence of bilateral tax treaties between the country where the borrower is located and the country where the finance party is located that provide for exemptions or reductions in withholding tax is an important consideration when structuring the financing and selecting the borrower, and professional tax advice should be sought if necessary.

3.1.2.4.2 Stamp duty

In some countries, the execution of loan documents and/or security agreements is subject to the payment of stamp duty to the relevant local authorities, and under the LMA template the borrower is generally liable for the payment of stamp duty. The legal requirements for payment of stamp duty vary from country to country and generally take into account the relevant requirements of the jurisdiction where the borrower is incorporated, the governing law of the contract, the place where the contract is executed and the place where the contract is enforced (e.g. the location of the collateral). With respect to the calculation of the amount, some jurisdictions charge a percentage of the stamp duty based on the amount financed, which may be a significant sum. Some jurisdictions allow the security document to be treated as ancillary to the financing document, thereby charging only a nominal stamp duty on the security document. When structuring a financing, it is necessary for the borrower to understand in advance the relevant stamp duty requirements of the jurisdictions concerned and seek professional tax advice if necessary. Borrowers with strong bargaining power may also request that the financing party pay its own taxes, and that the financing party assumes the stamp duty liability (e.g. to ensure the enforceability of the agreement in a particular jurisdiction) or that the financing party include the stamp duty in the "all-in costs" pricing offer.

3.1.2.4.3 Value-added tax (VAT)

VAT is a tax levied on the value added to the goods or services. In a financing transaction, the borrower is usually required to pay the finance parties interest, arrangement fees (also known as upfront fees) and/or agency fees, which may be considered as consideration for the provision of funds by the financial institution and thus involve the payment of VAT. Under the LMA template, the borrower is generally liable for the payment of VAT, therefore the borrower should be aware of the VAT payment arrangements in the relevant jurisdictions and professional tax advice should be sought if necessary.

3.1.2.4.4 Other taxes

Under the LMA template, the borrower is generally required to assume all tax payment obligations associated with the financing transaction, with the exception of corporate income tax payable by the lender in its place of incorporation. Professional tax advice should be sought in order to understand other potential tax obligations.

3.1.2.4.5 FATCA

FATCA refers to the Foreign Account Taxation Act jointly enacted by the U.S. Treasury Department and the National Tax Service, which aims to strengthen the tax collection on foreign investments of U.S. tax payers (including U.S. citizens and green card holders) and prevent U.S. tax payers from evading taxes through foreign accounts. FATCA requires foreign financial institutions to disclose to the Internal Revenue Service information on accounts opened by U.S. persons. Foreign financial institutions include banks, insurance companies, trust companies, various hedge funds, private equity funds, exchanges, etc. Foreign financial institutions that fail to comply will be subject to a 30% withholding tax on their U.S. sourced income. FATCA provisions are often included in loan agreements, and borrowers are required to negotiate with their finance parties as to which party bears the risk of withholding tax due to the failure to comply with FATCA. Under the LMA template, the market practice is for the financial institutions to undertake the FATCA risk, the borrower is obliged to disclose its FATCA status information immediately but is not required to pay any withholding tax resulting from its failure to comply with FATCA.

3.1.2.5 General company laws and regulations

The general company law of the country where the borrower is located can also directly affect the ability of companies located in that country to raise funds. A sound and mature company law system often provides for reasonable protection of the interests of creditors and therefore helps to attract financing. However, when the legal regime is overly biased in favour of protecting the interests of creditors, the overall flexibility and profitability of the borrower and its parent or related companies may be limited. When analysing the legal environment and selecting a borrower, the following general company law factors may be considered with a view to achieving an optimal balance between the interests of the borrower and the interests of creditors.

- Laws and regulations that restrict company dividends and other thin capitalisation rules: for example, minimum statutory capital requirements and mandatory restrictions on dividends and capital reductions in relevant jurisdictions, such as dividends can only be paid out of the company's profits, but not paid from the company's statutory capital, and strict procedures must be followed before capital can be reduced or repurchased below the statutory capital; furthermore, some European jurisdictions require a company to make a mandatory injection of new capital or file for bankruptcy if its net worth falls below a certain level. If a company chooses to locate its borrower in one of these more restrictive jurisdictions, it should consider the initial cost of setting up the borrower and the future flexibility of the borrower's capital when planning its financing. In addition, the provisions on thin capitalisation will depend to some extent on how the accounting standards adopted in the relevant jurisdiction determine the net worth and authorised capital of the company (e.g. whether the authorised capital is adjusted in real time in line with market value), and companies should consider consulting their accountants when assessing such laws and regulations.[①]

- Laws and regulations relating to insolvency and insolvency proceedings: As noted in 2.1.2.2 and 2.2.3.1 above, debts that have priority in payment in insolvency proceedings are less risky and less costly than other debt, depending on the insolvency regime of the relevant jurisdiction. Borrowers should understand the relevant insolvency regime in order to anticipate the risk appetite of creditors for different financing structures. The order of distribution on insolvency varies from jurisdiction to jurisdiction, but in general terms can be summarised as follows:

  (1) Secured creditors, creditors with rights of set-off have "priority" over other creditors;

  (2) Creditors mandatorily preferred at law, including insolvency administrator's fees, taxes and employee salaries;

  (3) Creditors secured by a floating charge;

  (4) Unsecured creditors;

  (5) Shareholders.

If a jurisdiction tends to protect creditors by statutorily prioritising a portion of their claims [i.e. part (2) above], creditors may prefer to provide financing secured with a fixed charge[②], to the extent possible, in order to receive priority over statutory creditors and other creditors through the exercise of a security right (generally considered to be a right in rem rather than a creditor's right), which also means that the cost of unsecured financing may be relatively high. Again, for example, if the contractually agreed subordination of claims is not supported by clear jurisprudence or law under a jurisdiction's insolvency regime (in other words, there is doubt as to whether senior creditors can successfully obtain priority in insolvency proceedings), then senior creditors may take a more cautious approach to the borrower's raising of mezzanine or subordinated debt. The insolvency regime also affects the treatment of different forms of security in insolvency proceedings, as described in Section 4.2.6.2 below in relation to floating charges.

---

① Reinier Kraakman et al. The Anatomy of Corporate Law: A Comparative and Functional Approach. Second Edition. Oxford University Press, 2009.

② A "fixed charge", as opposed to a floating charge, is in principle distinguished from a floating charge by the right of the mortgagor to dispose of the collateral freely after the creation of the charge. A fixed charge generally takes precedence over a floating charge when it is enforced.

- Laws and regulations relating to related party transactions: whether there are mandatory provisions on related party transactions in relevant jurisdictions, whether there are mandatory information disclosure requirements, whether related party transactions are subject to resolutions of the board of directors or resolutions of other non-affiliated shareholders, whether they are directly prohibited, etc.
- Laws and regulations relating to transfer pricing: such as compliance requirements and restrictions on transfer pricing in the relevant jurisdictions, the consequences of failure to effectively manage transfer pricing in accordance with the provisions of the relevant jurisdictions may result in transactions between related companies being considered as tax evasion and penalized by tax authorities or lead to double taxation in multiple jurisdictions, etc.

3.1.2.6 Environmental, social and governance compliance (ESG)

When carrying out overseas financing, borrowers need to consider not only whether there are ESG laws and regulations in the country where the project is located, but also the international ESG standards that the finance parties may require the borrower to meet. In addition to meeting local ESG laws and regulations, borrowers seeking financing from European, U.S. and international financial institutions should generally also ensure that the project meets the requirements of the Equator Principles①, the World Bank and IFC Environmental, Health, and Safety (EHS) Guidelines②, the IFC Performance Standards on Environmental and Social Sustainability and related EHS Guidelines③, the OECD (International Organization for Economic Cooperation and Development) Recommendations on Common Approaches for Officially Supported Export Credits and Environmental and Social Due Diligence ④, etc. Individual multilateral agencies and export credit agencies may also have

① "Equator Principles" refers to a set of risk management frameworks for determining, measuring and managing environmental and social risks in project finance, established by the world's leading financial institutions in accordance with the policies and guidelines of the International Finance Corporation and the World Bank, and designed to provide minimum standards for due diligence to make responsible risk decisions. Originally adopted in 2003 by a total of ten international banks, including ABN AMRO, Citibank and Barclays, as of March 2021 Equator Principles have been formally adopted 116 financial institutions 37 countries around the world, covering the majority of cross-border project finance loans in emerging and developed markets.

② The World Bank Group/International Finance Corporation. Environmental, Health, and Safety (EHS) Guidelines (April 2007).

③ The World Bank Group/International Finance Corporation. IFC Performance Standards on Environmental and Social Sustainability (January 2012) and related EHS Guidelines.

④ Organisation for Economic Cooperation and Development, Revised Council Recommendations on Common Approaches for Officially Supported Export Credits and Environmental and Social Due Diligence (June 2012).

their own standards for ESG compliance.

If a borrower is proposing to raise funds from international financial institutions, multilateral agencies and/or export credit agencies, it is important to be aware of these relatively stringent international ESG standards from the outset to ensure the project's future compliance with such standards in order to attract financing. For example, if a project site has been expropriated by the government at the initial stage of the project in accordance with local ESG standards, but the site expropriation process does not meet the relevant international requirements, such non-compliance may result in the project not being able to successfully obtain international financing in the future, even if the project is not obliged to meet such international requirements at the time of the expropriation.

With the increased international awareness of climate change, social issues and corporate governance, governments have paid more and more attention to ESG compliance issues in recent years, with regulation becoming more mandatory and ESG standards in various fields becoming increasingly stringent. The oil and gas industry has been subject to particular scrutiny from regulators and society as a whole in terms of ESG compliance. Awareness and understanding of the up-to-date regulatory developments, policies and market attitudes in respect of the ESG laws and standards are crucial to the implementation of cross-border financings in the oil and gas sector.

The EXHIBIT 3-3 summarises the main factors that should be considered by a borrower in terms of ESG.

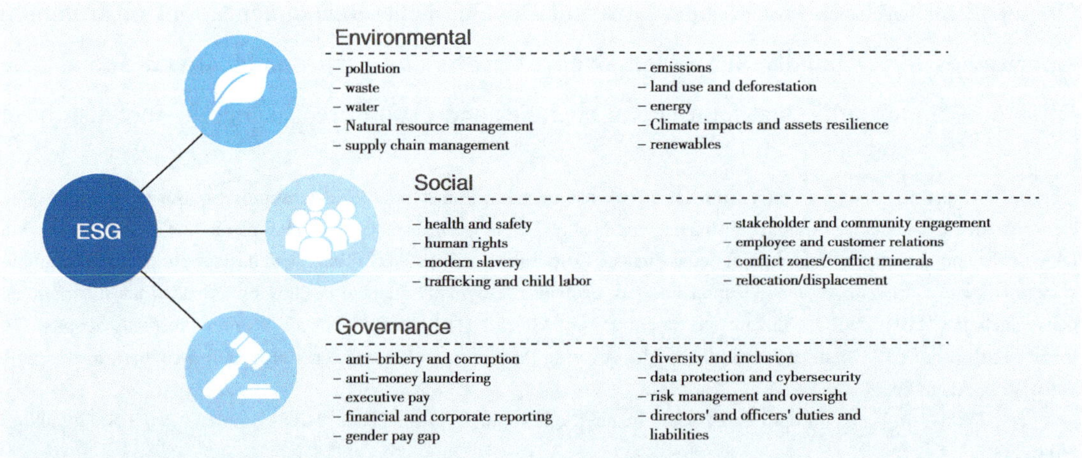

EXHIBIT 3–3 Key ESG Issues to be Considered by the Borrower

3.1.2.7 Economic sanctions, anti-bribery and anti-corruption, anti-money-laundering and counter-terrorism financing compliance regimes

Regimes on international economic sanctions, anti-bribery, anti-corruption, anti-money laundering, and counter-terrorism financing are becoming increasingly complex, and penalties for violations can be extremely severe. The targets and scope of these regimes are gradually expanding and having an impact on the global economy and trade. Companies and financial institutions that carry out overseas financing business are facing increasingly higher compliance requirements in relation to sanctions, anti-money laundering and counter-terrorism financing. Nowadays almost all financial documents in cross-border financing transactions include the provisions in relation to compliance. Accordingly, it is increasingly important for companies carrying out overseas financing business to understand the common applicable regimes on international economic sanctions, anti-money laundering and counter-terrorism financing and how to comply with such requirements and to evaluate the regulatory risks taking into account the specific conditions of the borrower and the project.

3.1.2.7.1 Economic sanctions

3.1.2.7.1.1 Overview of economic sanctions

Economic sanctions are measures used by international or national government bodies to achieve a specific political objective by adopting certain prohibitive economic, financial, and trade, etc. measures (rather than military force or other forcible measures). Economic sanctions regimes refer to the sanctions-related laws and regulations created by a variety of international, regional and state bodies and may take a variety of forms such as unilateral or bilateral resolution, law, regulation, government order etc. The applicability and impact of international sanctions regimes to different cross-border transactions will need to be assessed on a case by case basis considering the specific circumstances (such as the jurisdiction of the borrower or the underlying project, location of the finance parties, currency of the loan, governing law of the finance documents, commercial parties involved etc.). Breach of applicable sanctions may result in civil or even criminal liability.

Key sanctions regimes to consider in a cross-border financing include the UN sanctions, EU sanctions, US sanctions as well as national regimes such as the UK sanctions regime and PRC sanctions regime. Many of these regimes have Extraterritorial Jurisdiction effect (e.g.

under certain circumstances, they apply to sanctionable activities anywhere in the world or to individuals or entities not resident or incorporated in the relevant jurisdiction). This means that individuals or entities who act in contravention of foreign sanctions regimes (i.e. engage in sanctionable activities) may also become the targets of such foreign sanctions or have sanctions imposed on them.

Economic sanctions can target specific individuals or entities (individuals / entities sanctions), or target a particular industry sector (industry sanctions), or even an entire country (country-wide sanctions or so-called comprehensive sanctions).

Sanctions measures may take the form of asset freezing (including making available any funds or assets to targeted persons, directly or indirectly), travel bans, trade sanctions (i.e. restricting trade of particular goods or services with sanctioned territory / industry), export/ import restrictions on certain goods/service or comprehensive embargoes (or a combination of the above).

The EXHIBIT 3-4 attempts to summarise the aforementioned key international sanctions regimes and their respective targets, forms of measures, and scope of application. ① The table also sets out the website of the core sanctions lists for reference. However, noting that sanctions regime can change often and quickly, and are difficult to be accurately predicted, the content and location of the sanctions lists may also be updated from time to time, and that in any event the list is not intended to be exhaustive. For detailed screening of sanction issues, companies are encouraged to seek professional sanctions screening services and/or seeking legal advice in the relevant jurisdiction as appropriate (in particular if the proposed financing is to involve sensitive areas).

① The contents of the table are limited to the information and situation at of the date of this Guidelines.

EXHIBIT 3-4 Summary of International Sanctions Regimes

Sanctions regime	Subject of sanctions	Target of sanctions	Main instruments	Applicable subjects	Main sanctions list
United Nations Security Council (UNSC) sanctions	➢ UN sanctions derive from UN Security Council Resolutions. ➢ Resolutions require nation states to implement local legislation to comply with the Resolutions and do not directly bind individuals or companies. ➢ It is the responsibility of the member states to comply with UNSC Resolutions, although UN has limited ability to compel states to comply.	Individuals / entities sanctions	Asset freeze Travel bans Restricting the dealings of domestic subjects of member states with those targeted individuals or entities and other targeted measures	UNSC member states (to the extent that such Member States choose to adopt and implement the sanctions at the domestic level).	"United Nations Security Council Consolidated List" ①.
EU sanctions	➢ EU sanctions may be implementing UNSC Resolutions (usually more stringent than the requirements of the UNSC Resolutions) or are EU's autonomous sanctions. ➢ EU Council imposes EU sanctions through Council decisions which are implemented through EU regulations within member states. ➢ Member states supplement EU sanctions with national legislations with respect to providing for the enforcement consequences associated with breach. ➢ Member states could also have their own sanctions in place beyond EU requirements.	Industrial / sectorial sanctions (e.g. EU sanctions on oil exploration related sectors of Russia; in addition, whilst EU's sanctions targeting certain sensitive areas do not amount to comprehensive country sanctions, they could be extensive) Individuals / entities sanctions	Trade sanctions on certain goods or services, etc. Asset freeze , restricting the dealings of domestic subjects of member states with those targeted individuals or entities and other targeted measures	Citizens or established entities of member states, or individuals / entities conducting business in member states.	European Commission "Consolidated list of individuals, groups and entities subject to EU financial sanctions" ②.

① United Nations Security Council. United Nations Security Council Consolidated List: https://www.un.org/securitycouncil/content/un-sc-consolidated-listhttps://www.un.org/securitycouncil/content/un-sc-consolidated-list.

② The European Commission. Restrictive measures (sanctions): https://ec.europa.eu/info/business-economy-euro/banking-and-finance/international-relations/restrictive-measures-sanctions_en#list.

Continued

Sanctions regime	Subject of sanctions	Target of sanctions	Main instruments	Applicable subjects	Main sanctions list
United States sanctions	➢ United States sanctions are generally administered at the federal/national level and put in place via statutes, presidential executive orders and regulations. ➢ Some individual states also have legislation that prohibit investment in certain countries. ➢ Most sanctions are administered and enforced by the U.S. Department of the Treasury's Office of Foreign Assets Control (OFAC) and the U.S. Department of State, and may involve multiple regulatory bodies (e.g., the Department of Justice, etc.). ➢ Additional trade controls are administered by the US Department of Commerce, which sometimes overlap with sanctions. ➢ In addition to the conventionally understood sanctions regime (i.e. primary sanctions), US also implements sanctions against non-US persons or entities dealing with sanctioned targets (aka secondary sanctions)	Country / comprehensive sanctions Industry / sectorial sanctions Individuals / entities sanctions (usually the targeted individuals / entities are listed on the Specially Designated Nationals ("SDN") list)	Primary sanctions measures include: Country comprehensive embargoes (save for those permitted under OFAC general or specific licence ①), industrial sectorial sanctions, SDN asset freeze, restrictions on specific types of transactions with Sanctions targets (e.g., dealing in the securities of certain listed entities) and other targeted measures Secondary sanctions measures include: imposition of sanctions against non-US persons who engage in sanctionable conduct (i.e. conduct that the US deems to threaten its national security), including designation and placement on the SDN list,, exclusion of corporate officers from the United States, freezing of funds or property currently held in the United States etc.	Primary sanctions bind U.S. citizens, entities organised under US laws (sometimes including their overseas branches), individuals or entities located in the United States (including branches of non-US companies), etc. (hereinafter referred to as U.S. entities). These sanctions prohibit U.S. entities doing business with sanctions targets, as well as from facilitating/supporting business b/w non-US persons and sanctions targets. Secondary sanctions apply to "sanctionable activity" anywhere in the world. Generally speaking, any person can become a target of US secondary sanction if it carries out dealings with US primary sanctioned targets. However, see below regarding blocking regulations.	OFAC Specially Designated Nationals and Prohibited Persons (SDN List)②, Sectorial Sanctions Identification List (mainly for entities operating in Russia)③ Other sanctions lists include the CCMC list implemented by OFAC④, the entity list implemented by the Department of Commerce⑤, and the Communist Chinese Military Companieslist.

① Department of the Treasury. Specially Designated Nationals And Blocked Persons List (SDN) Human Readable Lists: https://home.treasury.gov/policy-issues/financial-sanctions/specially-designated-nationals-and-blocked-persons-list-sdn-human-readable-lists.

② U.S. Department of the Treasury. Specially Designated Nationals And Blocked Persons List (SDN) Human Readable Lists: https://home.treasury.gov/policy-issues/financial-sanctions/specially-designated-nationals-and-blocked-persons-list-sdn-human-readable-lists.https://home.treasury.gov/policy-issues/financial-sanctions/specially-designated-nationals-and-blocked-persons-list-sdn-human- readable-lists.

③ U.S. Department of the Treasury. Sectoral Sanctions Identifications (SSI) List: https://home.treasury.gov/policy-issues/financial-sanctions/consolidated-sanctions-list/sectoral-sanctions-identifications-ssi-list.

④ U.S. Department of the Treasury. Non-SDN Chinese Military-Industrial Complex Companies List (NS-CMIC List): https://home.treasury.gov/policy-issues/financial-sanctions/consolidated-sanctions-list/ns-ccmc-list.

⑤ U.S. Department of Commerce. Entity List: https://www.bis.doc.gov/index.php/policy-guidance/lists-of-parties-of-concern/entity-list.

Continued

Sanctions regime	Subject of sanctions	Target of sanctions	Main instruments	Applicable subjects	Main sanctions list
United Kingdom sanctions	➢ The UK established its independent sanctions regime at 11pm GMT on 31 December 2020 at the end of the UK's Brexit-related implementation period. The EU sanctions regime no longer applies to the UK. ➢ The UK's sanctions regimes are comprised of sanctions derived from UN Security Council Resolutions and autonomous sanctions imposed by the UK government. ➢ The UK's sanctions regimes are found in a number of pieces of secondary legislation created using the powers in the Sanctions and Anti-Money Laundering Act 2018. A number of different UK bodies are responsible for the implementation and enforcement of the UK's sanctions. For example, the Office of Financial Sanctions Implementation and the National Crime Agency are primarily responsible for enforcing breaches of the UK's financial sanctions with HM Treasury being the responsible government department. Trade sanctions breaches are primarily enforced by Her Majesty's Revenue and Customs with the Department for International Trade being the responsible government department.	Sectorial and trade sanctions (whilst not amounting to comprehensive country sanctions, regimes targeting certain sensitive areas services/goods arecan be extensive particular comprehensive). Certain individuals / entities	Trade sanctions on specific goods or services Asset freeze, restricting dealings between the applicable subject and the sanctioned individuals or entities and other targeted measures ①	UK nationals, established entities, or individuals / entities conducting business in the UK; can also apply to British overseas territories (including the Cayman Islands and the British Virgin Islands).	Her Majesty's Treasury's "Consolidated List of UK Financial Sanctions Targets" ②.

① UK Financial Sanctions - General guidance for financial sanctions under the Sanctions and Anti-Money Laundering Act 2018, .service.gov.uk/government/uploads/system/uploads/attachment_data/file/961516/General_Guidance_-_UK_Financial_Sanctions.pdf.

② U.K. Office of Financial Sanctions Implementation HM Treasury. Financial sanctions targets: list of all asset freeze targets: https://www.gov.uk/government/publications/financial-sanctions-consolidated-list-of-targets/consolidated-list-of-targets.

Continued

Sanctions regime	Subject of sanctions	Target of sanctions	Main instruments	Applicable subjects	Main sanctions list
China sanctions regime	➢ China's Ministry of Commerce issued the Provisions on the Unreliable Entity List on September 19, 2020, to impose counter-sanctions on foreign entities that interrupt normal transactions with Chinese companies or take discriminatory measures against Chinese companies[①]. ➢ In response to the improper extraterritorial application of sanctions against Chinese companies, on 9 January 2021, the Chinese Ministry of Commerce issued the Rules on Counteracting Unjustified Extra-territorial Application of Foreign Legislation and Other Measures[②] set out below.	Individuals / entities sanctions (against foreign companies, organizations or individuals who cooperate with sanctions imposed by other countries on Chinese companies to the detriment of the legitimate rights and interests of Chinese companies)	Restrictions on listed foreign entities from engaging in China-related import / export activities, restrictions on investment in China, restrictions on entry of their personnel / transportation, etc., revocation of work permits / residence status of their personnel in China, fines, etc.	Foreign companies, organizations or individuals that endanger China's national sovereignty, security or development interests. Foreign companies, organizations or individuals that violate normal market transaction principles, interrupt normal transactions with Chinese companies, other organizations or individuals, or take discriminatory measures against Chinese companies, other organizations or individuals, seriously damaging the legitimate rights and interests of Chinese companies, other organizations or individuals	The first list of unreliable entities has not yet been published.[③]

① The Head of the Department of Treaty and Law at the Ministry of Commerce answers questions on the Unreliable Entity List Regulations. http://www.mofcom.gov.cn/article/ae/sjjd/202009/20200903002631.shtml.

② Order of the Ministry of Commerce of the People's Republic of China No. 4 of 2020, Articles 2 and 10 of the Regulations on the List of Unreliable Entities, http://www.mofcom.gov.cn/article/b/fwzl/202009/20200903002593.shtml.

③ Ministry of Commerce of the People's Republic of China Order No. 1 of 2021, Measures for Blocking the Improper Extraterritorial Application of Foreign Laws and Measures, http://www.mofcom.gov.cn/article/b/c/202101/20210103029710.shtml.

3.1.2.7.1.2 Blocking regulations

With the increasingly wide-spread implementation of sanctions measures globally, some regions or countries responded by promulgating so called "blocking regulations", blocking certain other countries' sanctions laws from taking effect within its region / country, with a view of protecting local business from being affected by those blocked regimes. For example, the EU Blocking Regulations, as amended in 2018, aims to block the effect of certain Cuba and Iran linked secondary US sanctions from affecting EU persons.[①]. Following the Brexit, the UK has implemented its own version of the EU Blocking Regulation that applies to UK citizens/ entities.

On 9 January 2021, China's Ministry of Commerce issued the Rules on Counteracting Unjustified Extra-territorial Application of Foreign Legislation and Other Measures[②], which aim to block improper economic sanctions imposed on Chinese companies by foreign laws (particularly those of the United States). Targeted Chinese companies may report the situation to the competent commercial authorities under the Rules, which will make a comprehensive assessment of whether the foreign law or measure has been improperly applied extraterritorially, and if so, the competent commercial authorities may issue an injunction not to recognize, enforce or comply with it.

3.1.2.7.1.3 Sanctions in financial documents

The sanctions regime applies not only to the borrower but also to the finance parties involved in the financing. Larger international financial institutions often have operations in multiple jurisdictions around the world, and large-scale financings may involve multiple international financial institutions. This means that when planning an overseas financing, the borrower will not only need to assess the sanctions regime applicable to itself, but will also likely need to satisfy the requirements of the sanctions regime applicable to those financial institutions at the request of the finance parties, thereby ensuring the finance parties' own compliance.

➢ Sanctions can limit a borrower's sources of financing: a borrower that is located in

① European Union's blocking statute (Council Regulation (EC) No 2271/96), https://eur-lex.europa.eu/legal-content/EN/TXT/?uri= CELEX%3A01996R2271-20180807 and Commission Delegated Regulation (EU) 2018/1100 of 6 June 2018, https://eur-lex.europa.eu/legal-content/EN/TXT/?uri=CELEX:32018R1100.

② Ministry of Commerce of the People's Republic of China Order No. 1 of 2021, Measures for Blocking the Improper Extraterritorial Application of Foreign Laws and Measures, http://www.mofcom.gov.cn/article/b/c/202101/20210103029710.shtml.

a sanctioned country, engaged in a sanctioned industry, or has transactions with a sanctioned entity or individual may not be able to obtain financing from international commercial banks. This is because, although not strictly limited by law, most banks consider whether there are reputational and compliance risks associated with providing financing to projects or borrowers with a higher risk of sanctions. For example, U.S. banks, and most banks with branches and operations in the U.S., will not provide financing for projects associated with entities or individuals subject to U.S. sanctions; or even if the financing itself is not subject to sanctions, borrowers need to be careful that the signatories to the finance documents are not sanctioned individuals, for example by being aware of whether the signatories are on the U.S. SDN list.

- Sanctions can affect the currency of the loan: for entities subject to U.S. sanctions, even if the lender is a non-U.S. bank, the sanctioned entity will not be able to access United States dollar loans because it is directly or indirectly restricted from using the United States dollar clearing system.
- Sanctions can affect the use of loans and sources of repayment: Banks generally want to ensure that their loan proceeds are not used to finance sanctioned activities or entities, and that they do not accept or process funds generated by sanctioned activities or entities.

In order to protect the sanctions compliance of the finance parties, the financial documents usually include the following representations, warranties and undertakings made by the borrower.

(1) Representations and warranties, such as that the borrower (and its directors, officers, employees and, in some cases, affiliates, etc.):

- is not in violation of any “sanctions” (where “sanctions” is generally defined to include the aforementioned UNSC, EU, US and UK sanctions regimes, as well as those directly applicable to the borrower and the respective finance parties);
- has not engaged in any business with any of sanctions targets;
- has not engaged in any business that could result in the finance parties being the subject of “sanctions”;
- has put in place internal corporate compliance procedures and policies in relation to sanctions.

(2) Undertakings that the Borrower (and its directors, officers, employees and, in some

cases, affiliates, etc.) will:

- comply with the applicable "sanctions" regimes;
- not to use the loan proceeds in a manner that violates the sanctions or may result in a violation of the sanctions by the finance parties;
- not to use funds obtained in violation of "sanctions" to repay loans, etc.

The scope of the definition of "sanction", the content and application of the above stated warranties and undertakings, and the consequences of a breach of such financing terms (e.g. whether an event of default or mandatory early repayment is triggered) are often subject to considerable negotiation in specific financing transactions.

3.1.2.7.2 Anti-bribery and anti-corruption

3.1.2.7.2.1 Overview of the anti-bribery and anti-corruption regime

Anti-bribery and anti-corruption (ABAC) refers collectively to the laws and regulations implemented by nations or international bodies with an aim to combat bribery and corruption. Each country has its own domestic ABAC laws and regulations, among which the U.S. Foreign Corrupt Practices Act (FCPA) and the U.K. Bribery Act with their long arm jurisdictional effect call for particular awareness for companies seeking to carry out cross boarder financing transactions.

Anti-corruption and anti-bribery compliance by the borrower is one of the issues of great concern to financial institutions, both at the due diligence stage and during the life of the loan. From the perspective of a financial institution, if it is involved in a financing that involves bribery or corrupt practices, the financial institution may itself be found to be in violation of the applicable laws and regulations, and even if there is no legal violation, most financial institutions will choose to avoid doing business with the company or project where bribery is suspected due to reputational concerns.

Evaluation of compliance ABAC risks requires a firm to identify the ABAC laws that may be applicable to the proposed financing, including to assess the likelihood of it being subject to the jurisdiction of FCPA or UKBA. With respect to such applicable ABAC laws, areas to understand include but not limited to:

- Circumstances that constitute a violation of the relevant laws (e.g. whether commercial bribery between private enterprises is prohibited, whether bribery committed by third-party agents is covered).
- Defences available (e.g., adequate prevention procedure).

- Liability (civil or criminal, can individual be liable in connection with a corporate crime?), etc.

The EXHIBIT 3-5 attempts to provide a brief overview of the scope of application of the US Foreign Corrupt Practices Act and the UK Bribery Act.

EXHIBIT 3–5 Application of the U.S. Foreign Corrupt Practices Act and the U.K. Bribery Act

Anti-bribery and anti-corruption regime	Jurisdiction	Circumstances of the violation
United States Foreign Corrupt Practices Act (FCPA)	➢ Any U.S. citizen or U.S. incorporated companies. ➢ Listed companies, issuers listed on U.S. stock exchanges. ➢ Persons conducting bribery in the US Agents, employees, managers, directors of the above	➢ Offer, Promise, Payment, or Authorization of Payment directly or indirectly to a Foreign Official made with Corrupt Intent to assist in obtaining or retaining business or secure a business advantage. The U.S. FCPA does not apply to. ➢ Bribery of national public officials ① ➢ Commercial bribery between subjects of private law
The UK Bribery Act	➢ Bribery that occurs in the UK; and ➢ An act which occurs outside UK but had it been conducted within UK would constitute a crime under the act and the person has a close connection with the UK, i.e. a British citizen, a person ordinarily resident in the UK, a company registered in the UK or a Scottish partnership, etc. ➢ As regards the corporate failure to prevent bribery offence, any commercial organisation formed or incorporated in the UK or any commercial organisation formed or incorporated outside the UK, which carries on part of its business in the UK, can be found liable, even if the bribery itself has no UK connection.	The main circumstances include subjects within the jurisdiction. ➢ Offer, promise, payment of cash or other advantages with an intent to induce improper performance. ➢ Soliciting, accepting and agreeing to accept a bribe. ➢ Direct and indirect bribery of foreign officials, by means of the foregoing; ➢ Failure to prevent associated person's bribery; adequate prevention procedure as available defence; associated person being person providing service to it or act on its behalf. Unlike the US Foreign Corrupt Practices Act, the UK Bribery Act applies equally to. ➢ Soliciting, accepting and agreeing to accept a bribe. ➢ Failure of businesses to prevent bribery by omission. ➢ Bribery of UK officials; and ➢ Commercial bribery between subjects of private law.

In addition, in 1997, member States of the International Organization for Economic Cooperation and Development (OECD) signed the Convention on Combating Bribery of

① See 18 U.S.C. § 201 for the prohibition on bribing U.S. federal officials.

Foreign Public Officials in International Business Transactions (the OECD Convention), which requires each state party to introduce legislation to combat active bribery of foreign public officials and to provide corresponding legal assistance to other states parties.

The World Bank Group has also imposed certain measures against entities or individuals who have engaged in corrupt practices in projects financed by it[①]. The World Bank's anti-corruption regime applies to the borrowers in the loan projects in which the World Bank participates, all persons or entities receiving/using loan proceeds, and agents responsible for the deposit or transfer of proceeds, including, construction bidders for World Bank-financed projects, suppliers of procurement contracts, construction contractors, subcontractors, service providers and their agents[②].

The World Bank would impose sanctions against recipients of loan proceeds who have conducted corrupt, fraudulent, coercive, collusive, obstructive practice, etc. including: public letters of reprimand, indefinite debarment or debarment for a period of time of the sanctioned party from participation in World Bank projects; requiring the sanctioned party to take action to ensure that the fraud and corruption do not happen again; requiring the sanctioned party to pay compensation for damages caused by its corruption and return the profits derived from corruption, etc. [③]

In addition, the World Bank and other multilateral and international financial institutions (such as the Asian Development Bank, the African Development Bank, the Inter-American Development Bank and the European Bank for Reconstruction and Development) have established a joint working group of international financial institutions to combat corruption, which shares information among institutions among which each institution would share information with each other. [④] Debarment from participation in the World Bank projects for more than one year can also lead to joint sanctions such as debarment from participation in projects financed by other international financial institutions[⑤].

---

① The World Bank. The World Bank's Anti-Corruption Guidelines and Sanctions Reform: A User's Guide (October 2006).

② The World Bank. Guidelines on Preventing and Combating Corruption in Projects Financed by IBRD Loans and IDA Credits and Grants (October 2006): Paragraph 5.

③ The World Bank. The World Bank's Anti-Corruption Guidelines and Sanctions Reform: A User's Guide (October 2006): page 14.

④ The World Bank. The World Bank's Anti-Corruption Guidelines and Sanctions Reform: A User's Guide (October 2006): page18.

⑤ The Asian Development Bank. Agreement for Mutual Enforcement of Debarment Decisions (April 2010).

3.1.2.7.2.2 Representations in financial documents

Anti-bribery and anti-corruption clauses in financial documents aimed to protect finance party are generally as follows:

(1) Representations and warranties, e.g. that the borrower (and its directors, officers, employees and, in some cases, affiliates, etc.)

- Has not engaged in any "bribery", where "bribery" is often defined in general terms as any money, gifts, facilitation payments, and any other payments specified under applicable "anti-bribery and anti-corruption laws" for the purpose of soliciting a transaction or benefit, and "anti-bribery and anti-corruption laws" is often defined in general terms as including the United States Foreign Corrupt Practices Act, the United Kingdom Bribery Act, and other applicable anti-bribery and anti-corruption laws (whether based on the OECD Convention or not); and
- Has put in place internal corporate compliance procedures and policies in relation to anti-bribery and anti-corruption are in place, etc.

(2) Undertakings, e.g. that the borrower (and its directors, officers, employees and, in some cases, affiliates, etc.)

- Will not make, facilitate, approve, solicit, accept any "bribe" in connection with the project; and
- Will notify the finance parties of any "bribery" in connection with the project, etc.

3.1.2.7.3 Anti-money-laundering and counter-terrorism financing

3.1.2.7.3.1 Summary

Money laundering of disguising the existence, nature, resource of criminal proceeds through a series of activities including placement, layering and integration to turn them eventually into seeming legal funds.

Terrorism financing is the provision of funding or other financial support with the intent of supporting terrorism activities, regardless of whether the source of the fund is legitimate or not.

Financial system is one of the key platforms for money-laundering and terrorism financing and its deposit, financial products, cross boarder remittance etc. are often deployed for such criminal purposes. Financial regulators in various countries also require financial institutions to also perform its duty to prevent money-laundering/terrorism financing via laws and regulations, requiring financial institutions to establish adequate procedures, including comprehensive internal control systems for anti-money laundering and counter-terrorism financing, customer identification systems such as "Know Your Customer (KYC) " checks, reporting of suspicious criminal transactions in a timely manner, and actively cooperate with law enforcement bodies to combat violations. As financial institutions may face large fines and even personal criminal liability for violating the relevant regulations, they will often also place high requirements for borrower to comply with such regulations in cross-border financings. Even if there is no direct liability, financial institutions may choose to avoid doing business with enterprises or projects suspected of money laundering or terrorism financing from a reputational standpoint.

For borrowers, even if they consider that they are at low risks of breaching counter-terrorism or anti-money laundering laws, they should be aware of the laws and regulations applicable to the proposed financing in order to assess the risks: in the event of a breach, they may not only face criminal or administrative liability under the relevant laws and regulations, but may also trigger a default under the finance documents. If the business intends to conduct financing in certain sensitive regions or countries, it will also need to be aware of and consider the more stringent KYC requirements of the financial institutions and the compliance requirements in the finance documents, as well as the overall feasibility of the financing.

The Financial Action Task Force (FATF) is the most authoritative intergovernmental organisation in combatting money-laundering and terrorism financing, covering most major financial centres with its 37 member states and is responsible for developing and promoting the implementation of international anti-money laundering and counter-terrorism financing standards worldwide. It formulates standards and recommendations and in particular identifies jurisdictions with high-risks① (also known as "black list") and jurisdictions under increased monitoring② (also known as "grey list"). For black-listed countries, FATF calls for strengthened diligence by its member states and other countries, and under severe circumstances recommend prevention measures being taken by its member states to isolate risks arising out of those jurisdictions. Grey-listed countries present similar but less severe

① Financial Action Task Force. High-Risk Jurisdictions subject to a Call for Action – 21 February 2020: https://www.fatf-gafi.org/publications/high-risk-and-other-monitored-jurisdictions/documents/call-for-action-february-2020.html.

② Financial Action Task Force. Jurisdictions under Increased Monitoring - February 2021: https://www.fatf-gafi.org/publications/high-risk-and-other-monitored-jurisdictions/documents/increased-monitoring-february-2021.html.

issues and are incentivised to cooperate with FATF recommendations to improve its regulatory deficiency. The European Union has issued a list of jurisdictions having strategic deficiencies in their regimes on anti-money laundering / counter-terrorism financing in accordance with the Directive (EU) 2015/849.① Abovementioned recommendations / lists are authoritative reference point for borrowers and financial institutions in evaluating their anti-money laundering and counter-terrorism financing compliance risks.

3.1.2.7.3.2 Representation in financial documents

To protect the finance parties, the financial documents will usually contain the following representations, warranties and undertakings in relation to anti-money laundering and counter-terrorism to be made by the borrowers.

(1) Representations and warranties, e.g. that the borrower (and its directors, officers, employees and, in some cases, affiliates, etc.).

- Is not in violation of applicable "anti-money-laundering, counter-terrorism financing laws" (where "anti-money-laundering, counter-terrorism financing laws" is often defined in general terms as any law relating to anti-money-laundering, counter-terrorism financing); and
- Has put in place internal corporate compliance procedures and policies in relation to anti-money laundering, counter-terrorism financing.

(2) Undertakings, e.g. that the borrower (and its directors, officers, employees and, in some cases, affiliates, etc.) will

- Comply with the applicable "anti-money laundering, counter-terrorism financing laws"; and
- Notify the finance parties in a timely manner of any violations of the anti-money laundering / counter-terrorism financing laws or of any related investigations, proceedings, etc.

3.1.3 Economic and Financial Environment

Similar to political risk, borrowers need to consider the macroeconomic conditions in the country where the borrower is located and/or the project is located. Macroeconomic

① Financial Action Task Force. Topic: High-risk and other monitored jurisdictions: http://www.fatf-gafi.org/publications/high-risk-and-other-monitored-jurisdictions/?hf=10&b=0&s=desc(fatf_releasedate).

conditions form an integral part of the finance parties' assessment of "country risk", and can affect the amount and cost of financing available to the borrower. The analysis of the economic condition of the host country is even more important where the host government will assume certain payment or credit enhancement obligations in the proposed financing (e.g., payment and termination payment obligations under the concession agreement or guarantees of such obligations, and guarantees for equity contributions by the government sponsor, etc.), i.e., where the proposed financing will be subject the sovereign credit risk of the country to a certain degree.

3.1.3.1 Macroeconomic risks

The host government's ability to repay its foreign debt is influenced by its overall economic health. The macroeconomic factors of a country to be considered include its GDP, total exports and imports, inflation rate, unemployment rate, foreign exchange reserves, foreign debt position, fiscal policy, international economic environment and many other aspects. The extent to which these factors will affect the proposed financing operations needs to be analysed on a case-by-case basis, and they are particularly important for financings subject to sovereign credit risk of the host country. The following section seeks to outline certain key macroeconomic factors that may affect cross-border financings. Country-specific economic analysis is complex and beyond the scope of the Guidelines, and borrowers are advised to seek professional advice from third parties and external consultants where necessary.

- Macroeconomic trends: For example, good macroeconomic conditions, fast GDP growth, a stable trade surplus each year, sufficient foreign exchange reserves, manageable foreign debt and no default of government indebtedness, are indications of a strong economic outlook and low government credit risk. In contrast, if a country is continuously experiencing trade deficit or has a high amount of foreign debt and insufficient foreign exchange reserves, and the proposed financing relies on the government's ability to pay termination compensation under the concession agreement in USD, the borrower (and the finance parties) may need to consider whether this risk is acceptable.
- Monetary policy and inflation: For example, a country has increased its money supply every year in order to reduce the government debt, which causes the inflation rate keeps going up. And the business being financed receives on revenues primarily

in local currency but has to service debt in U.S. dollars, a depreciation of the local currency will directly affect the borrower's ability to service its debt. The borrower (and the finance parties) may then need to consider mitigation options such as negotiating with the local government to pay revenues to the project in USD, or requiring the government provide compensation for exchange rate losses, or purchasing currency hedging products.

- Level of external debt: The level of a country's external debt affects, in particular, the country's ability to procure financing internationally, and projects backed by its sovereign credit. See the description in 3.1.3.2 below.
- Special economic policies: for example, a country wishing to promote green industries and green infrastructure projects in order to improve the environment and promote domestic economic transformation, may provide investors with favourable investment incentives in these areas; or where a country has a high unemployment rate, the government may require overseas enterprises to employ a certain percentage of local employees when carrying out local projects, and companies will need to take such requirements as to local content and employment, and training and placement of local employees when planning the project financing from the outset.
- International economic environment: The state of a country's economy is normally dependent on the overall international economic environment. Countries where oil and gas forms part of their core industries are particularly affected by factors such as fluctuations in international oil prices and the OPEC+ agreement on the reduction of production.

3.1.3.2 Sustainable lending policies of the World Bank, the International Monetary Fund and the Organization for Economic Cooperation and Development

For low-income and highly indebted countries, the ability of international financial institutions to provide financing to such countries or projects in such countries needs to be considered, even if the borrower can accept the sovereign credit risk. The World Bank, the International Monetary Fund (IMF) and the Organization for Economic Cooperation and Development (OECD) have imposed certain restrictions and limitations on the borrowing behaviour of the governments of certain low-income and highly indebted countries from the perspective of debt sustainability.

- The World Bank and the International Monetary Fund published the Joint World

Bank-IMF Debt Sustainability Framework for Low-Income Countries (the Debt Sustainability Framework) in relation to debt sustainability. The framework aims to improve the debt sustainability of developing countries and reduce the likelihood of over-borrowing by low-income countries. Based on the assessment under the Debt Sustainability Framework, the IMF determines whether the relevant borrower can obtain financing provided by the IMF and sets debt limits for IMF-supported projects①. At the same time, the International Development Association (IDA), an institution belonging to the World Bank, aimed to support for the world's least developed countries, sets debt limits for countries who are entitled to obtain support from IDA.② In addition, countries that have received World Bank loans are required to comply with the negative pledge in their loan agreements with the World Bank. The World Bank Negative Pledge limit the ability of the government to borrow and the country's state-owned enterprises to provide guarantees to third parties, which affects the country's future financing capacity, and may also limit the guarantees that can be provided and the project's financing capacity if the shareholder of the borrower is government or state-owned enterprise.

- OECD has also published the Recommendation of the Council on Sustainable Lending Practices and Officially Supported Exports Credits (the Recommendations). Similar to the Debt Sustainability Framework, the aim is to provide loans to developing countries to support their economic and social progress (e.g., for infrastructure projects) and to reduce the impact of excessive debt on the living standards of low-income countries. It mainly binds the export credit agencies, recommending the export credit agencies in member states and non-member states to comply with the debt sustainability policies issued by the World Bank and the IMF, and not to provide loans or other credit support to the government of low-income countries that have exceeded their debt limits, and to report to the World Bank and the IMF before providing loans or credit support to low-income governments that exceed a certain limit. International Monetary Fund, etc.

①② The World Bank and the International Monetary Fund. World Bank-IMF Debt Sustainability Framework for Low-Income Countries (April 2005).

If the host country provides a government guarantee for the financing of a project on the basis of its sovereign credit (e.g. guaranteeing to a financial institution the obligation to pay compensation for the termination of a concession agreement), it may be deemed to be an increase in the debt of that country and thus be subject to the aforementioned restrictions of raising debt imposed by international financial institutions, which in turn may affect the project's own bankability. Borrowers proposing to finance projects located in such countries and involving sovereign guarantees of that country need to be fully aware at the financing planning stage whether these restrictions apply. If so, further consideration needs to be given to how the project's bankability can be improved through the financing structure.

3.1.3.3 Exchange rate risk

The stability of a country's exchange rate not only affects the overall economic health of the country, but also has a direct impact on cross-border financings involving that currency. For example, in many project financings, the borrower's revenues are paid in local currency (for example, in power projects, the local government often pays the borrower in local currency); whereas the majority of financing provided by international financing institutions are denominated in U.S. dollars (e.g. local banks are unable to meet financing needs of the borrower in local currency). Sudden adverse fluctuations in exchange rates are likely to have a direct effect on the repayment ability of the company.

Exchange rates are influenced by a multitude of political and economic factors and are difficult to predict accurately. To determine exchange rate risk, borrowers can start by understanding the country's foreign exchange reserves, interest rates, inflation rates, and exchange rate regime. Among them, the exchange rate regime mainly refers to the country's choice between a pegged and floating exchange rate. A pegged exchange rate means that the exchange rate between a country's currency and another currency (usually the U.S. dollar, gold or a basket of currencies[①]) is fixed (hence the term "fixed exchange rate"), or fluctuations are kept within a certain range, while a floating exchange rate means that the exchange rate of a country's currency is determined by the market and fluctuates in response to changes in supply and demand of that currency. In general, countries that adopt a pegged exchange rate policy

① A currency basket is a composite currency formed by combining an existing group of currencies according to a certain methodology and weighting, which serves as a reference mechanism for exchange rate management in some countries.

have relatively less exchange rate risk and are more likely to attract financing from borrowing firms. On the other hand, however, countries with pegged exchange rates also tend to be more vulnerable in the event of a domestic or international economic crisis, and governments are likely to choose to abandon the "peg", leading to high exchange rate volatility.

3.1.3.4 Foreign exchange control risk

Foreign exchange control risk refers to various forms of controls imposed by a country's government on trades or transfers of domestic or foreign currencies by domestic enterprises. Usually a country's foreign exchange control policy is embodied in written laws and regulations, and borrowers and finance parties can fully anticipate and respond to it, but there is a risk that in certain special circumstances, the host government may impose special foreign exchange controls in order to maintain domestic economic stability or for other political or economic purposes. For example, if a country is in the midst of an economic crisis and has insufficient foreign exchange reserves, it may decide to restrict businesses in that country from purchasing USD using its own currency or from transferring USD held in that country out of the country. Such restrictions will have a direct impact on a borrower that needs to convert funds into USD and transfer them out of the country to repay its international lenders. If the host country is considered to be at high risk in this regard (e.g., ambiguous and volatile policies, history of imposing such restrictions, etc.) and the proposed project relies on a stable and consistent foreign exchange policy, the borrower and finance parties will need to consider appropriate mitigation measures, such as negotiating with relevant government to obtain certain undertakings from the government in relation to foreign exchange controls, or purchasing political risk insurance to cover such risks.

3.1.3.5 Local financial markets

If the borrower mainly requires local currency, such as local construction costs, government concession fees, and daily operating costs, its most direct source of financing is the local financial market. In deciding whether to borrow from local or overseas financial institutions, and in structuring the financing transaction, borrowers should consider the following factors.

- Maturity of the financial markets: If the financial markets where the borrower is located or where the project is located is immature and have limited tolerance for risk, the borrower may not be able to meet all its funding needs through the local financial markets. The stability of financial institutions and the risk of insolvency are also factors that borrowers need to consider in order to avoid cash flow problems.

- Liquidity: If the local currency market is not deep enough and liquidity is limited, borrowers may not be able to raise sufficient local currency in the market or may create adverse movements in the money market and financing costs as a direct result of creating excessive demand for the local currency.
- Conservative monetary policy: The introduction of a lower base interest rate by the central bank can stimulate financial institutions to put more funds into the market, allowing borrowers to obtain financing at lower interest rates. Conversely, a conservative monetary policy may lead to higher local financing costs; and
- Interest rate: The customary interest rate in the local market and any local law placing a ceiling on interest rates, etc.

3.2 Project-specific Factors and Risk Considerations

In addition to the risks of the external environment mentioned in 3.1, the circumstances and characteristics of the project itself needs to be considered in a scientific and comprehensive manner in the assessment of the financing risks and in the structuring of the financing. Each financing will require specific analysis in the light of the actual circumstances, but the following is a summary of some project-specific factors that should generally be taken into consideration, mainly from the perspective of financing need, time schedule and commercial arrangements.

3.2.1 Financing Needs

Structuring a financing should begin with identifying the relevant financing needs.

- Identifying entities requiring financing - typically, the entities who need the financing and will actually utilise the funds should be the borrowing entities (to simplify cash flow), but there are different factors which may influence the choice of borrowing entity (see 4.1.1 below).
- Defining the amount of financing - small-scale funding needs may be met flexibly or even through the transfer of funds within the group, while larger-scale funding needs will need to be carefully structured.
- Clarifying the purpose of the financing - the purpose of the financing may influence the

overall structure of the financing. For example, financing for the purpose of upstream extraction mostly takes the form of corporate financing given the inherent uncertainty of the value of the underlying assets; large greenfield infrastructure projects may be structured as limited recourse project financing to reduce the owner's risk exposure; and acquisition finance may be structured as acquisition financing or leverage financing based on the characteristics of the assets acquired.

- Defining the duration of financing - While short-term financing options are relatively flexible, long-term financing needs require more careful planning in terms of financing arrangements. For example, a large-scale greenfield energy project may have a construction period of three to five years, during which the project has no revenue to repay its debt, and successful project financing will enable the financing parties to accept the risk during the construction period through a series of risk allocation and mitigation measures.
- Identifying the currency of financing - the main currency used by the business being financed and/or the currency of the repayment should usually be chosen as the financing currency to minimize foreign exchange and exchange rate risks. However, in practice, the currency of financing needs and the currency of future repayments may not be exactly matched - for example, in an M&A project, the acquisition price may need to be paid in local currency, while the future revenue of the acquired business, i.e. the source of repayment, is denominated in US dollars; or in a project financing, certain costs of construction need to be paid in local currency, while the revenue of project, i.e. the source of repayment, is in U.S. dollars. When there is a currency mismatch, the selection of the financing currency and the establishment of exchange risk mitigation mechanisms need to be carefully considered, taking into account the foreign exchange market environment and other factors (see 4.2.2 below).

3.2.2 Timing

The time schedule of a financing will, to certain extent, affect the company's flexibility of structuring its financing plan. In planning a financing, the following factors should be identified.

- Whether there is a clear deadline by which the company needs to raise sufficient funding, and whether there is flexibility in the timing - for example, a greenfield project under a government concession agreement may need to raise funds and start construction within a certain number of years, otherwise it will or lose the concession; furthermore, in an M&A transaction or a project subject to competitive bidding, the seller may have a timing requirement for the bidder to raise funds or will only proceed to the next round of negotiations with the bidder who have secured sufficient funding, etc.; whereas by contrast, the day-to-day operating working capital needs of a company may be anticipated through financial planning and budgeting, and the timing is relatively flexible.

- What form of financing is most feasible within a limited time frame, or how to coordinate the timing to meet financing needs – e.g. if the company has limited time to raise financing, the company may consider using short-term bridge financing guaranteed by the parent company to ensure a certain amount of funds are available first, and then implement medium-term and long-term financing during the term of the bridge financing; and if the company has already started negotiations for the implementation of project financing, it should also consider how to coordinate with the government and other commercial third parties to ensure that the timing of the concession agreement and the construction schedule match with the implementation of the financing.

3.2.3 Commercial Arrangements

The overall commercial arrangements for the business being financed are an essential consideration when planning the financing. When negotiating commercial agreements, companies should take into consideration the risks that financing institutions may focus on. The commercial arrangements in the oil and gas sector can be roughly summarised as follows, depending on the specific entity to be financed. Depending on the type of business and the commercial structure (e.g. integrated, non-integrated tolling structure, market risk structure, hybrid projects, etc.), the perspective and focus of the risk analysis will be different. See 5.3.1.2 below for specific commercial arrangements and risk allocation considerations in project finance.

EXHIBIT 3-6 Commercial Arrangements and Risk Allocation in Project Finance

	Physical operations	Form of organization	Common business arrangements	Impacts on bankability common risk points	General forms of financing
Upstream exploration and production	Exploration for oil and gas reserves, drilling for commercially viable oil and gas resources, and processing of upstream oil and gas output.	Upstream operations are usually developed jointly by multiple sponsors, and are commonly organized as unincorporated joint ventures (UJVs), in which the upstream participants sign a Joint Operation Agreement (JOA) to jointly develop and operate the upstream operations pursuant to rights granted by the government explore and produce the natural resource and share in the output according to a pre-agreed ratio.	➢ Concession agreements ➢ Joint development agreements ➢ Mining agreement (if the owner does not have the capacity to mine itself) ➢ Production sharing contract (PSC) ➢ Sales agreement	➢ Reserves risk: whether sufficient and reliable reserves are available to support a project that can generate stable and sustainable revenues from mining sales to service debt ➢ Construction risks: capital expenditure, technology, timing, etc. for drilling, extraction ➢ Operational risk: whether the operator (usually one of the participants appointed under JOA) has the relevant qualifications, skills and experience ➢ Price risk: risk arising from fluctuations in oil and gas prices ➢ Risks among joint operating partners: qualification of joint operating partners (e.g., ability to meet funding requirements), reasonableness of funding and penalty mechanisms, transferability of participation rights, etc. ➢ Environmental and social risks: whether the project imposes a burden on the environment, and whether mitigation or alternative options exist	Given the difficulty of accurately judging the timing, commerciality and stability of future revenues at the upstream extraction stage, the following financing approaches are generally considered for upstream operations. ➢ Owner's own funds ➢ Owners obtain funding through corporate finance or project borrowing based on its or its parent company's credit ➢ Reserve-based financing based on reliable reserve projections ➢ Prepayment financing based on future receivables under commodity sales contracts Project finance (less common)
Midstream processing and transport infrastructure (integration) operations	Business of processing (e.g. natural gas liquefaction, crude oil processing and refining), transportation, storage and marketing of the oil and gas resources extracted from the upstream.	Midstream processing and transport infrastructure operations can be organized in a relatively flexible manner, with multiple owners (given the generally large capital requirements) forming special purpose vehicles (SPVs) in the form of incorporated joint ventures, and signing project documents and financing arrangements in the name of the SPV to build and operate midstream and downstream assets.	➢ EPC Contracts ➢ Operation and maintenance contracts ➢ Service processing contracts with upstream ➢ Fuel supply contract ➢ Transportation Contract ➢ Sales contract ➢ Shareholders' agreement	➢ Construction risk: risk that the project will not be completed and will not be able to enter into operation to generate revenue, risk that completion will not meet the target, risk of matching upstream construction and schedule, etc. ➢ Operational risk: whether the operator (usually one of the sponsors appointed in the service processing contract) has the relevant qualifications, skills and experience	Midstream and downstream or integrated operations in the oil and gas sector usually have large capital costs that are difficult to absorb fully on the owner's balance sheet. Limited recourse project finance with a special purpose Project Company as the borrower is therefore more common and often involves the participation of one or more export credit agencies (see 4.1.3.6 below).

Continued

	Physical operations	Form of organization	Common business arrangements	Impacts on bankability common risk points	General forms of financing
Midstream processing and transport infrastructure (integration) operations	Business of processing (e.g. natural gas liquefaction, crude oil processing and refining), transportation, storage and marketing of the oil and gas resources extracted from the upstream.	Midstream processing and transport infrastructure operations can be organized in a relatively flexible manner, with multiple owners (given the generally large capital requirements) forming special purpose vehicles (SPVs) in the form of incorporated joint ventures, and signing project documents and financing arrangements in the name of the SPV to build and operate midstream and downstream assets.	➢ EPC Contracts ➢ Operation and maintenance contracts ➢ Service processing contracts with upstream ➢ Fuel supply contract ➢ Transportation Contract ➢ Sales contract ➢ Shareholders' agreement	➢ Revenue risk: reliance on stable offtakers for project revenue, exposure to market price fluctuations, and reliable service fee payment mechanisms for service-based projects ➢ Technology risk: whether the technology used in the project is new, difficult, or lacks precedent for financing ➢ Supply chain risks: availability of stable upstream supply of oil and gas for midstream project development and processing, need for other fuels ➢ Storage, transport risks: availability of adequate storage capacity, stable transport channels ➢ Partner risks: whether there are reasonable and effective capital injection and penalty mechanisms in the shareholders' agreement, whether there is a link to the interests of upstream participants, and the qualifications of the partners ➢ Environmental and social risks: whether the project imposes a burden on the environment, and whether mitigation or alternatives exist	The limited recourse nature of project finance places high requirements on the bankability of commercial arrangements. The sponsors should take full account of the bankability of the project during the negotiation of the project documents and close obvious risk exposures where possible; for risks that cannot be adequately addressed through commercial arrangements (e.g. higher technical and completion risks), the sponsors may need to provide corresponding sponsor support to the finance parties (e.g. completion guarantees).

3.2.4 Financial and Tax Arrangements

When planning a financing, it is also necessary to consider the taxes that may apply to the financing. As described in the aforementioned Section 3.1.2.4 on tax laws and regulations, tax costs such as withholding tax, stamp duty and VAT may be involved in cross-border financing transactions. If necessary, professional tax advice should be sought on such matters.

4 Financing Structuring

4.1 Relevant Parties

4.1.1 Borrower

Borrower refers to the party who borrows money from the finance parties for a certain consideration (interest and fees) and in accordance with agreed terms (representations, warranties, events of default, etc.) and a certain repayment schedule (instalment, lump sum, etc.). The borrower may be an individual, a company, a government, a partnership or other forms of organisation or institutions which have legal capacity. The selection of the borrower is one of the most important elements in the design of the financing structure, and needs to be analysed according to the actual situation and specific needs of the business to be financed.

Generally speaking, the borrower is usually the entity with the actual financing need (e.g. the Project Company carrying out a specific project, the buyer in an M & A transaction, etc.). But in many cases, it may be more advantageous to select or even establish another entity to act as the borrower for the financing, taking into consideration other factors such as financing costs, financing environment and project-specific factors, which need to be analysed critically. For example, choosing the parent company of a group with strong creditworthiness as the borrower may help to raise larger amounts of funds more quickly, but may also place a burden on the parent company's overall finances; if the group is a listed company or has publicly traded corporate bonds, the increase in debt may also affect the performance of its shares or bonds in the secondary market. If, for example, the company has an overseas subsidiary that carries out specific operations and owns assets, choosing that subsidiary as the borrower may be more helpful in obtaining a loan from local bank market and also help with the company's day-to-day management of that financing transaction. For example, a company may choose to set up a special purpose vehicle and use it as the borrower to raise funds for the business being financed, thereby isolating as much risk as possible from the rest of the group's business; however, such structures may require a more complex due diligence processes, stricter financing terms and higher financing costs, and are more common in limited recourse asset finance ①and project finance.

The following key factors should be taken into account when choosing the borrower entity.

(1) The capacity and authority of the borrower

When selecting a borrower, it is first necessary to consider whether the relevant entity has the capacity to borrow, i.e. whether the entity has the capacity and authority to borrow under the relevant laws and regulations, its articles of association and the agreements between it and any third party. For example, whether the laws and regulations of the borrower's jurisdiction require the company to obtain prior business permits from the local authorities or meet other qualification requirements in order to borrow money. For example, whether the articles of association of the borrower restrict the amount it may borrow, whether there is any restrictions on providing guarantees and the type of guarantees it may provide, and whether it requires the approval through board resolutions or shareholders resolutions in relation to the proposed borrowing.

As a condition precedent to utilisation, the finance parties will generally require the borrower to provide its corporate documents (such as business license, corporate resolutions, etc.) and legal opinions on the borrower's capacity, and will require the borrower to make repeating representations on its capacity in the finance documents (see 4.2.8 below).

(2) Financial standing and creditworthiness of the borrower

The financial standing and creditworthiness of a borrower is one of the most important determinants of its ability to raise capital and its cost of financing. In general, it will be easier for the borrower to raise debt if it has a better financial and creditworthiness, in other words, where there will be a lower risk of default under the finance documents - such company can often obtain loans from financial institutions at a lower cost. Conversely, the worse the

① "Asset finance" refers to financing to finance the acquisition of assets, such as aircraft, ships, etc. With specific assets, where the financial institution has recourse only to the specific assets, with limited or no recourse to the shareholders and parent company of the Project Company.

financial and creditworthiness of the borrower and the higher the risk of default, the higher interest rates and fees that financial institutions will charge to mitigate the credit risk.

In general, the financial and creditworthiness of a company may be reflected in its financial statements over the years. Company of a certain size may also have a credit rating issued by professional rating agencies. Such information is also usually requested by financial institutions when conducting due diligence on the creditworthiness of the borrower. Companies providing non-public financial information (such as interim and quarterly statements) should consider requesting financial institutions to give corresponding confidentiality undertakings.

In contrast, in structured finance, where future cash flows are the main source of repayment, the financials and creditworthiness of the borrower itself is not a core factor in the credit assessment of the finance parties. For example, the borrower in a greenfield project is often special purpose company which is newly set up and has no financial history or credit rating, and finance parties will make their credit assessment based on the overall project risk and the ability of the project to generate cash flows in the future, rather than based on the current financial and creditworthiness of the borrower.

When structuring a financing for a borrower with poor credit standing, the company may consider providing credit enhancement such as parent guarantee or security over the assets to mitigate the credit risk of the finance parties and reduce the financing cost (see 4.2.6 below for details).

(3) Financing environment of the borrower's location

The political, legal, economic and financial environment in which a borrower is located will also largely affect the qualifications and creditworthiness of a borrower. How these environmental factors affect the borrower and the financing transaction has been developed in Section 3.1 above and will not be discussed in detail here.

As a simple example from the perspective of selecting a borrower: assume that during the legal environment analysis it was identified that Country X, where the project is located, didn't enter into a bilateral tax agreement with Country Y, where most of the finance parties are located. So if we choose the Project Company incorporated in Country X as a borrower, it will incur a large amount of withholding taxes. In contrast, Country Z has entered into bilateral tax agreements with Countries Y and X respectively, which provide for withholding tax exemptions and other benefits. In this case, the company may consider using its subsidiary established in Country Z as the borrower, and then on lend the funds obtained by the borrower in Country Z to the project owner located in Country X.

(4) Loan disbursement and repayment

The choice of the borrower also need to consider the convenience of the funds flows for the loan disbursement and repayment: that is, how the loan proceeds are transferred from the finance parties to the actual funds user, and how the income for repayment will be paid to the finance parties by way of principal and interest. In principle, the more direct the path of loan disbursement and repayment, the more convenient it is. However, when structuring each step (e.g. the location of the finance parties, the location of the borrower, the actual place where the funds are used, the source of repayment, etc.), the borrower entity shall also consider the relevant geographical areas and the tax, foreign exchange and cross-border payment issues between them, and, where appropriate, make targeted adjustments to the funds flow.

For example, assuming the company intends to finance a greenfield project located in Country X and will use the future revenues generated by the project as the main source of repayment. From the perspective of the funds flow, theoretically, it is the easiest to choose a subsidiary or special purpose company established in Country X as the borrower to borrow the loan from a local financial institution in Country X. However, if the economy of Country X is small and cannot support such large-scale funding needs of the project, it is necessary to consider finance parties outside of Country X. Considering the withholding tax mentioned in paragraph (3) above, if there is no bilateral tax treaties between Country X where the project is located, and Country Y where most of the finance parties are located, choosing a subsidiary in Country Z, which has bilateral tax treaties with both countries, as the borrower can optimize the financing plan in terms of tax costs. Although the funds flow is not in the most convenient way, overall it has optimized the overall financing structure.

(5) Representations, undertakings and assurances

The borrower, as the main repayment entity, is required to make many disclosures, representations, undertakings and warranties to the finance parties regarding its qualification, financial condition, business operation and disposal of assets (see Section 4.2.8 below for details). The scope and strength of these controlling provisions will vary depending on the borrower's qualification, the complexity of the financing structure and the risk level of the business being financed, etc., and will be subject to negotiation and agreement with the finance parties. Nonetheless, companies should anticipate future control requirements from finance parties at the outset of the financing plan design. For example, in corporate finance which relies on the creditworthiness of the borrower, the finance parties will usually require that the borrower (and its corporate guarantor, if applicable) maintain certain financial performance (e.g. maintain a certain level of net worth, keep its gearing below a certain level, etc., as described in Section 4.2.7 below). If the company does not have confidence in the future business position of the borrower or has other plans, it may not be appropriate to choose that entity as the borrower.

For example, under project finance, financial institutions often require the borrower not to use the loan proceeds for purposes other than those specified, not to carry any business that is unrelated to the project being financed, and not to dispose its assets without lenders' consents. If the borrower has other businesses and holds extensive assets, it may be inappropriate to be the entity providing such warranties and undertakings and the company may need to consider other options such as establishing a special purpose company to be the borrower or divesting other businesses from the proposed borrower in advance to improve the borrower's suitability.

In addition, whether the proposed borrower has sensitive assets or is involved in sensitive business (e.g. national security, state-owned assets, confidential business, assets or business that may be subject to sanctions, etc.) is also a key factor to be considered. Whether such entities are suitable for KYC check (see paragraph (7) below) and whether it is appropriate for such entities to make certain disclosures, undertakings, representations and warranties under the finance documents need to be carefully assessed.

(6) Guarantees or security

In secured financing, it is more favourable to select the company that can pledge its own assets and shares in other companies as the borrower. Third-party security providers (e.g. where the security or guarantee is provided by a parent company or an affiliate) often involve the question of whether they promote the "corporate interest"①; the finance parties also needs to conduct due diligence on the third-party security provider and assume the risk of enforcement against it. Therefore, the involvement of third-party security providers tends to increase the complexity, administration and compliance costs of the financing and may also affect, to a certain extent, the time and cost of implementation of the financing.

---

① The term "corporate interest" refers to the requirement in many jurisdictions, for the protection of shareholders, that the enterprise make decisions that promote its own interests. Doubtful decisions in this regard may be challenged by shareholders and pose a risk to finance parties, which in turn may affect the terms of financing. Where the same affiliate is involved, the guarantee provider may argue that its provision of the guarantee will promote the business of the borrower and thus help promote the group's and the security provider's own interests.

The ability of a company to provide guarantees or to create security on its shares depends on the legal or contractual restrictions imposed on such company. The fact that the proposed borrower does not hold assets of sufficient value, or has made undertakings in other agreements such as negative pledge or restrictions on transfers, or holds assets that are relevant to the normal operation of other businesses, may affect its ability to provide guarantees/security and the value of such guarantees/security, and further affect the terms of the financing it can obtain.

(7) "Know Your Customer (KYC)" check

As part of the compliance obligations, finance parties in most jurisdictions are required to establish certain customer identification procedures, also known as "know your customer (KYC)" checks, to ensure that they know the true identity of the customer with whom they will enter into a transaction and to identify risks such as sanctions, money laundering, terrorism financing, bribery, etc. The KYC process and scope varies among financial institutions and will generally require the following information about the borrower, the guarantors and the persons controlling such entities.

- Business licenses, constitutional documents.
- Identification information, internal authorisation documents, specimen signatures of directors, authorised signatories and key management personnel.
- Financial statements, credit rating reports.
- Tax identification.
- Sanctions and compliance audits.
- Group shareholding structure chart, etc.

In addition, companies that are located in sensitive areas or involve in sensitive industries or assets may face additional challenges if they are the borrowers. For example, companies subject to sanctions risk may be subject to more intensive investigations and more stringent compliance requirements from financial institutions, which may be a burden on the time and cost of financing and such factors need to be considered when selecting a borrower.

4.1.2 Guarantor and Security Provider

4.1.2.1 Types of credit enhancement methods and common guarantors/security providers

Common credit enhancement methods and providers in loan financing can be briefly summarised as follows.

- Corporate Guarantee - Corporate guarantees can be divided into payment obligation guarantees, performance guarantees and completion guarantees, depending on the obligation being guaranteed (see Section 4.2.6.1 for details). The corporate guarantor providing the corporate guarantee should have a certain level of creditworthiness (for example, if it has a credit rating provided by rating agencies). Please refer to Section 4.1.2.2 below for details.
- Security over certain assets or interests - The security assets may include movable assets, immovable property, contractual interests, equity interests, etc. (see Section 4.2.6.2), and the entities providing such security is generally based on their ownership of the security assets rather than its own creditworthiness (for example, owners of movable and immovable property, shareholders holding the shares of the borrower, owners of the assigned contractual interests, etc.). Please refer to Section 4.1.2.3 below for details.
- Other sponsor supports such as keepwell agreement, letter of comfort - In addition to abovementioned traditional corporate guarantees and security, keepwell agreement, sponsor support, comfort letters, liquidity support, etc. (see Section 4.2.6.3) are also commonly used as credit enhancement in financing transactions, and the choice of provider of such credit enhancement is similar to that of a corporate guarantor. The provider is usually the shareholder or parent company of the borrower with certain creditworthiness.

4.1.2.2 Guarantors

The following key factors should be taken into account when choosing the corporate guarantors.

(1) The capacity and authority of the guarantors

When selecting the guarantor in a financing transaction, it is necessary to consider whether the entity has the capacity to provide corporate guarantees, i.e. whether the entity has the capacity and authority to provide corporate guarantees under the relevant laws and regulations, the company's articles of association and its agreements with third parties. Common considerations include whether its articles of association impose restrictions on whether it could provide guarantees, the amount of debt it could guarantee and the type of guarantees it could provide, whether it must obtain a resolution from its board of directors or general meeting, whether the listed company (when acting as the guarantor) has complied with the regulatory and disclosure requirements of the relevant securities exchange authority, whether the provision of corporate guarantees by the company would trigger default under its shareholder agreement or breach the undertakings such as negative pledge or financial performance it made under other finance documents, etc.

Similarly, as a condition precedent to utilisation, the finance parties will generally require the guarantor to provide its constitutional documents and corporate resolutions, etc., and will also require the guarantor to make representations and warranties on its capacity and authority to provide corporate guarantees.

(2) Financial standing and creditworthiness of the guarantors

When the guarantor provides guarantees for the payment and/or performance of the borrower's obligations based on its own credit standing, its financial performance and creditworthiness are the key factors to be considered. In general, if the guarantor has a better financial standing and creditworthiness, the finance parties will face lower credit risks and therefore the costs of financing will be lower and the terms of the financing will also be more favourable for the borrower. Thus, guarantors are usually the parent company or affiliates in the borrower's group which have better creditworthiness. It will be easier for finance parties to assess and monitor the financial standing of the guarantor if it is a company with a credit rating from rating agencies, and such company is usually the preferred entities in a group to act as the guarantor.

(3) Legal environment with respect to guarantees of the guarantor's location

Choosing a corporate guarantor also needs to consider the laws and regulations of the guarantor's location relating to the establishment, registration and filing, perfection and enforcement of the guarantee (see Section 3.1.2.3 above). In particular, the following legal factors should be taken into account when providing corporate guarantees.

- Cross-border guarantees: Can the guarantor provide corporate guarantee for an offshore affiliate or provide corporate guarantees to offshore financial institutions? Are there any special approval and filing requirements in terms of foreign exchange control (e.g., if the guarantor is an onshore PRC entity, it is necessary to consider whether it is subject to "Nei Bao Wai Dai" registration[①] with the relevant SAFE authorities)? Are there any

① Nei Bao Wai Dai refers to a structure under which security or guarantee is provided by a PRC entity to support the financial indebtedness of a non-PRC entity. Such guarantee/security arrangement requires registration with SAFE.

special restrictions on the debtor and the guaranteed amount, etc.?

- Guarantees for affiliates: Guarantees for affiliates include guarantees provided by a parent company for a subsidiary, guarantees provided by a subsidiary for a parent company and guarantees between affiliates. The latter two forms of guarantees are subject to certain restrictions in some jurisdictions due to the potential risk of capital reduction by the company (e.g. a subsidiary giving a corporate guarantee for financing a third-party's acquisition of its parent company) and will require specific analysis under the relevant law.
- Factors in relation to enforcement: Whether there is a legal obstacle or uncertainty as to whether the guarantee can be recognized or enforced in the court of the place where the guarantor is incorporated may also affect the eligibility of an entity to act as a guarantor.

(4) Representations, undertakings and warranties

A guarantor, as one of the obligors under the finance documents, same as the borrower, it is also required to make information disclosures, representations, undertakings and warranties with respect to certain matters such as its capacity and authority, financial conditions, interest in assets and pari passu ranking (see Section 4.2.8 below for details). Compared to the borrower, the financial information to be disclosed and the representations, undertakings and warranties to be made by the guarantor are negotiable in scope, frequency and form based on negotiations between the parties.

When selecting the guarantors, company also needs to consider whether it is appropriate for such entities to make the disclosures, representations, undertakings and warranties required under the finance documents and whether such contractual commitments, if made, would have a positive effect on the negotiation of financing terms. For example, a parent company with a broader business may not be able to give the broad undertakings required by the finance parties; an affiliate involved in a more sensitive business may not wish to make substantial disclosures, etc.

(5) "Know Your Customer (KYC)" check

In addition, guarantors are generally required to comply with the KYC check by the finance parties and are required to submit information similar to the KYC check of the borrower referred to in paragraph (7) of Section 4.1.1. When selecting the guarantors, company should assess the ability of such entities to meet the examination requirements of financial institutions in advance.

In addition, when designing the financing structure, it is also necessary to consider whether the entities to act as guarantors are located in sensitive areas or involved in sensitive businesses (e.g. involving national security, state-owned assets, confidential businesses, assets or businesses that may be subject to sanctions, etc.). Given their sensitivity, the ability of such companies to fully satisfy the KYC requirements of financial institutions, to disclose relevant information and whether making such disclosures would have other adverse consequences needs to be taken into account. Such entities, if act as corporate guarantors, may be subject to more intensive and stringent KYC check and disclosure and compliance requirements by the finance parties, which in turn may affect the overall timing and cost of the financing.

4.1.2.3 Security provider

The following key factors should be taken into account when choosing the security providers.

(1) The capacity and authority of the security provider

The choice of the security provider is mostly based on the choice of the security assets. If it is decided that the shares of the borrower will be pledged to the finance parties, the shareholders holding the shares of the borrower shall be the security provider. If it is decided that the equipment in relation to the business to be financed will be provided as security asset to the finance parties, the owner of that equipment (assuming it is not the borrower) shall be the security provider.

When determining the scope of the security assets, it is important to ensure that the security provider has the capacity to create security over such assets, i.e. whether the entity has the capacity and authority to create security over the assets under the relevant laws and regulations, its articles of association and the agreements with any third parties. Common considerations include: whether the entity owns the assets, whether the entity has the rights to use and disposal of the asset, whether consent is required under the shareholders' agreement or other loan agreements, whether it will breach any contractual agreements such as "negative pledge", whether it has followed the internal management and risk control regime of the company, etc.

(2) Financial standing and creditworthiness of the security provider

The financial standing and creditworthiness of the security provider, which creates security over its assets or contractual interests, is not the key consideration for the finance parties when assessing the value of the security - even if the security provider enters into insolvency proceedings, the finance parties should, in principle, be able to obtain preferential payment from the insolvency proceeds based on its security right (in rem) in the security asset. Nonetheless, as finance parties generally try to avoid any insolvency risk, the existing and capacity of the security provider will sometimes need to meet the requirements imposed by the finance parties.

(3) Legal environment in the location of the security provider and the security asset

The choice of security asset and the security provider also needs to consider the legal environment, which affects the creation, registration, filing, perfection, cross-border security, affiliate guarantee, recognition and enforcement of security documents mentioned in paragraph (3) in Section 4.1.2.2 above. Where the security assets and the security provider are located in different jurisdictions, the legal environment of the location of the security assets needs to be further considered. When deciding the scope of the security assets, the company should consider, in particular, whether there are restrictive provisions or special registration, filing, perfection and other procedural requirements with respect to the creation of a security (including the creation of a cross-border security) in the jurisdiction where the security assets locate. With respect to the governing law, the law of the place where the security assets locate (or the law governing such contracts when the collateral is contractual interests) will generally be chosen as the governing law of the security agreement, with the local court as the forum for dispute resolution. Where the governing law of the security agreement is inconsistent with the law of the location of the assets or where dispute resolution is not in a local court, further analysis on how to enforce the security will be required.

(4) “Know Your Customer (KYC)” check

Similarly, when selecting the security provider, issues such as whether the assets to be created as security are sensitive assets, whether the assets to be provided as collateral is located in a sensitive areas or involved in a sensitive business (e.g. involving national security, state-owned assets, confidential business, assets or business that may be involved in sanctions, etc.) shall also be considered. Whether the security provider is required to be subject to KYC check by the finance parties needs to be analysed on a case-by-case basis depending on the type and structure of the financing transaction, but choosing entities involved in sensitive areas, industries or assets as security providers may be subject to more substantial and stringent KYC check, disclosure and compliance requirements by the finance parties, which in turn may affect the overall timing and cost of the financing.

4.1.3 Finance Party and Its Agents

4.1.3.1 Lead arranger

The lead arranger (also known as the arranger) is a financial institution appointed by the borrower to introduce and assist other banks to participate in the financing based on an information memorandum and/or term sheet agreed with the borrower. [①]The borrower appoints the lead arranger, which will generally set out the preliminary key financial terms of the loan, such as the loan amount, term, repayment schedule, interest rate, fees, etc[②]. Larger and more complex syndicated financings may involve multiple banks as co-lead arrangers. The functions of the lead arranger include:

- Assisting borrowers in preparing information memorandum, refining financing structures.
- Providing information on proposed loan transactions to potential lenders and attracting other banks to join the syndication;
- Formation of syndicates, participation in the negotiation and drafting of financial documents.

The lead arranger receives fees for its services of selling the loans it arranges and is an independent party to the contract in this function, rather than as an agent or trustee of the borrower or lenders. In the appointment letter of the lead arranger, the lead arranger may undertake to disburse the unsubscribed portion of the loan amount in the event that there is no other banks participate in the syndication. However, this "undertaking" is usually not legally binding and is subject to certain conditions, such as no material adverse change prior to the execution of the loan agreement, execution of the finance documents, satisfaction of the conditions precedent to the utilisation, etc.

When selecting a lead arranger, the borrower also needs to consider from a number of perspectives. For example, whether the lead arranger (and the lenders it intends to attract) has a good business relationship with the borrower, whether it is familiar with the borrower's preferences and practices, whether it has certain capacity and creditworthiness (i.e., reliable lending capacity), whether it has experience in the proposed financing method and the business to be financed, whether there are tax incentives and foreign exchange controls between the

---

① Philip Wood. Law and Practice of International Finance. Sweet & Maxwell, 2007: pages 93-94.

② Philip Wood. Law and Practice of International Finance. Sweet & Maxwell, 2007: page 94.

borrower's jurisdiction or the source of repayment, etc.

4.1.3.2 Lenders

Lenders are the banks that commit and grant the loan. The lender is usually a commercial bank, but it can also be a non-bank financial institution (e.g., multilateral agency, export credit agency, fund, other institutional investor, etc.). The selection of the lender is similar to the considerations described in the previous paragraph 4.1.3.1 for the selection of the lead arranger (if any). By committing to lend when the lending conditions are met, the lender implies that the borrower also assumes, to certain extent, the credit risk of the lender. If the finance party with lower creditworthiness is unable to provide the loans on time due to due to bankruptcy or similar events, the borrower may face adverse consequences, such as a break in its cash flows. When there are non-bank financial institutions among the lenders, special attention needs to be paid to whether they have the necessary regulatory licenses, capacity to provide loans, etc.

4.1.3.3 Agents

The loan agreement usually designates one or more banks as the agent banks to coordinate the collection and exchange of information under the finance documents, the allocation of funds, and the post-funding management and enforcement of collateral. Larger syndicated loans may involve the following agent bank functions (smaller or simpler structured facilities may also have a single bank acting as the agent, or multilateral loans with a small number of unilateral or participating banks may not appoint an agent).

- Facility Agent who is responsible for general matters in relation to the loans (for example, reviewing utilisation request and conditions precedent to funding, calculating interest, notifying syndicates of the loan amounts, coordinating the funds flow for lending and repayments, receiving information from borrowers, monitoring financial performance of the borrower, processing waiver or consent requests, events of default, and other general post-funding management, etc.).
- Interbank Agent who is dealing with interbank matters (for example, organising interbank meetings, presiding over interbank votes, calculating the proportion of votes on interbank matters, communicating interbank decisions, etc.) when the syndicate involves multiple layers of loans with different priorities (see Section 2.2.6 above) or when it involves hedging transactions (see Section 4.1.3.5 below); and/or
- Security Agent who is responsible for registration, post-funding supervision,

enforcement, distribution of enforcement proceeds of the collaterals, etc.

The exercise of agents of their duties is generally based on the instructions of the lenders. The agents may not exercise their duties if the instructions are unclear, and acting on the instructions provide a broader protection from liability (unless the agents have acted wilfully, fraudulently or with gross negligence, etc.).

4.1.3.4 Account bank

Account bank is the bank in which the borrower (and, where applicable, the guarantor) maintains an account. In forms of financing such as corporate finance, project loans and project finance, the borrower's financial transactions involving repayment are generally subject to a degree of monitoring by the finance parties. More typical project finance which relies on the future cash flow of the project for repayment will have more stringent monitoring and security requirements for the accounts opened by the project company to ensure that the project can use the revenues for project operations while guaranteeing debt repayment. The responsibilities of the account bank include opening the maintenance project account, acknowledging the commercial arrangements between the borrower and the finance parties in relation to the account, agreeing to the creation of security over the account by the borrower, and transferring funds from the account in accordance with the instructions of the borrower or the finance parties' agent, etc. Similar to the aforementioned agent, the account bank acts on instructions and cooperates with the lenders in monitoring the account, but generally the account bank has no positive obligation to monitor the borrower's financial activities and also enjoys a broader protection from liability (unless the account bank has acted wilfully, fraudulently or with gross negligence, etc.).

4.1.3.5 Hedging counterparties

In some financing transactions, the borrower may introduce a hedging transaction to mitigate the transaction risk arising from fluctuations in interest rates, exchange rates and commodity prices in the financial markets. The bank with which the borrower enters into the hedging transaction is often referred to as the hedging counterparty and usually is one of the lenders in the financing transaction. Common hedging transactions include:

- Interest Rate Hedging: Interest on medium-term to long-term loans is usually calculated at a floating rate (see Section 4.2.3.1 below), which leaves a borrower vulnerable to interest rate increases. Interest rate hedging usually involves the borrower entering into an interest rate hedging agreement with the hedging counterparty, whereby the borrower pays the hedging counterparty by reference to a fixed interest rate for the duration of the agreement and the hedging counterparty pays the borrower based on a floating interest rate, so that the borrower borrows from the bank at a floating rate but actually makes payments at a fixed rate.

- Currency Hedging: A borrower is exposed to exchange rate risk where the currency of its borrowing is different to the currency of its income or other cash flow. The borrower can enter into a currency swap agreement with the hedging counterparty, during which the borrower makes regular payments in local currency calculated by reference to an agreed exchange rate on a pre-agreed notional amount, while the hedging counterparty makes payments in foreign currency to the borrower by reference to the same exchange rate on a pre-agreed notional amount. The potential exchange rate risk is mitigated by paying the hedging counterparty in local currency for foreign currency.
- Commodity Hedging: In commodity financing involving oil, gas, metals and other commodities, the borrower may be exposed to the fluctuations in commodity prices. Commodity hedging involves the borrower entering into a commodity swap agreement with a hedging counterparty, during which the borrower periodically pays a fixed price for a certain quantity of a commodity, while the hedging counterparty pays the borrower a floating price for the same quantity of the commodity. The counterparty accordingly pays the borrower a floating price for the commodity in the same quantity, thereby locking in the commodity price and cushioning the borrower's exposure to commodity price fluctuations for the duration of the agreement.

Hedge counterparties do not bear the same risks and have the same interests of concern as the lenders. In the case of a long-term project finance, for example, when the project has short-term liquidity problems and is unable to make the principal and interest payments to the lenders and the scheduled swap fees to the hedging counterparty at the agreed time: from the lenders' perspective, it is in their long-term business interest to provide the borrower with a grace period to keep the project alive, while from a hedging counterparty's perspective, it may be more advantageous to close out the position immediately and terminate the hedging transaction if the market is favourable to it at the time. This potential divergence of interest is particularly apparent when the lenders and the hedging counterparties are different financial institutions. When this is the case, the borrower and the lenders would typically coordinate and limit the rights of such a hedging counterparty through common terms agreement or intercreditor agreements, such as requiring it to grant the borrower a longer grace period in the event of a payment default, limiting its termination rights to specific matters, etc.

4.1.3.6 Export credit agencies

An Export Credit Agency (ECA) refers to a country's policy credit agency designed to promote the import and export of a country's goods and services and investment abroad by sharing political and commercial risks of commercial banks.

4.1.3.6.1 World's leading export credit agencies

By the end of 2020, China Export and Credit Insurance Corporation (Sinosure) had supported domestic and foreign trade and investment of more than US$5.3 trillion and driven nearly 300 banks to provide covered financing to exporters of more than RMB 3.9 trillion, ranking first among official ECAs worldwide in terms of total business scale. Based on China's strategic policy of actively seeking long-term supplies of natural resources such as oil and other minerals, China's ECAs are also actively providing lines of credit to energy companies to support their activities such as exploration, production or acquisition of natural resources overseas[①].

4.1.3.6.2 OECD export credit guidelines

ECAs in the majority member countries of the Organisation for Economic Co-operation and Development (OECD) have agreed to be bound by the Arrangement on Officially Supported Export Credits.[②] The agreement aims to avoid excessive competition in the export credit market and to ensure a well-functioning market. Under this Arrangement, the terms of export credit support provided by export credit agencies are subject to a framework of fair competition in international trade, including limitations on interest rates, maturities and conditions of loans.

4.1.3.6.3 Forms and types of export credit agency support

(1) Tied versus untied export credits

The policies of ECAs vary from country to country, but usually require that the transaction or project being supported either promotes exports of domestic goods or services or

① The official website of China Credit Insurance: https:https://www.sinosure.com.cn/gywm/gsjj/gsjj.shtml/.

② The Organisation for Economic Co-operation and Development. Arrangement on Officially Supported Export Credits: https://www.oecd.org/trade/topics/export-credits/arrangement-and-sector-understandings/ As of the date of this guidance, the latest version of the agreement is the January 2020 version, and on 20 April 2021 the OECD published revisions to the agreement, which will be published in July 2021.

is capable of generating some overall benefit to the domestic economy. Depending on whether they are tied to the export of domestic goods or services, ECA credits can be classified as Tied ECA Financing or Untied ECA Financing.

Tied ECA Financing requires that the ECA support provided be tied to the export of goods or services from its respective country. Most of the credit supports provided by the Export-Import Bank of China and Sinosure tied ECA Financings.

Untied ECA Financing is not directly tied to the export of domestic goods or services, however the transaction or project being supported should be able to generate some positive benefits for the domestic economy. Untied ECA Financings are often used to support overseas equity investments by ECA's home country enterprises and the implementation of the country's overseas energy strategy, etc. Sinosure's medium-term and long-term overseas investment equity and debt insurance can be considered a type of untied export credit product.

(2) Direct or indirect loans, guarantees/guarantees, insurance

Depending on the form of credit support, export credit products/covers can be grouped into the following common types.

EXHIBIT 4–1 Common Types of Export Credit Agency Support

Export credit products	Types
ECA direct or indirect loans	An ECA direct loan refers to lending provided directly by an ECA lends to the Project Company or its parent company. An ECA indirect loan refers to lending provided by an ECA to a company or financial institution that provides onward financing to the Project Company in the form of equity or debt.
ECA Guarantee Support	ECA guarantee support refers to the provision of a guarantee by an ECA to a financial institution, at a fee, under which the ECA will, generally speaking, guarantee to repay the Project Company's debts if the Project Company defaults on the financing provided by that financial institution. The scope of risks covered by different ECAs varies, political risks such as war, expropriation, exchange, government default, etc., are usually covered, while some ECAs also cover general commercial risks.
ECA Insurance Support	ECA insurance support refers to the provision of insurance by an ECA to a financial institution, at a fee, under which the financial institution may make a claim in the event of a default arising from an insured risk under the financing it provided to the Project Company. Similarly, the scope of insured risks usually includes political risks such as war, expropriation, exchange, government default, etc., whilst some ECAs also provide cover for general commercial risks.

(3) Buyer's credit and seller's credit

ECA support can also be divided into buyer's credit and seller's credit from the point of view of the beneficiaries of the support. Buyer's credit refers to credit support provided to foreign importers, while seller's credit refers to credit support provided to domestic exporters (see the structure illustrated below). Exporters prefer to use buyer's credit in order to avoid increasing their corporate debt burden. The choice of specific products also needs to take into account the market and bargaining position of both exporters and importers.

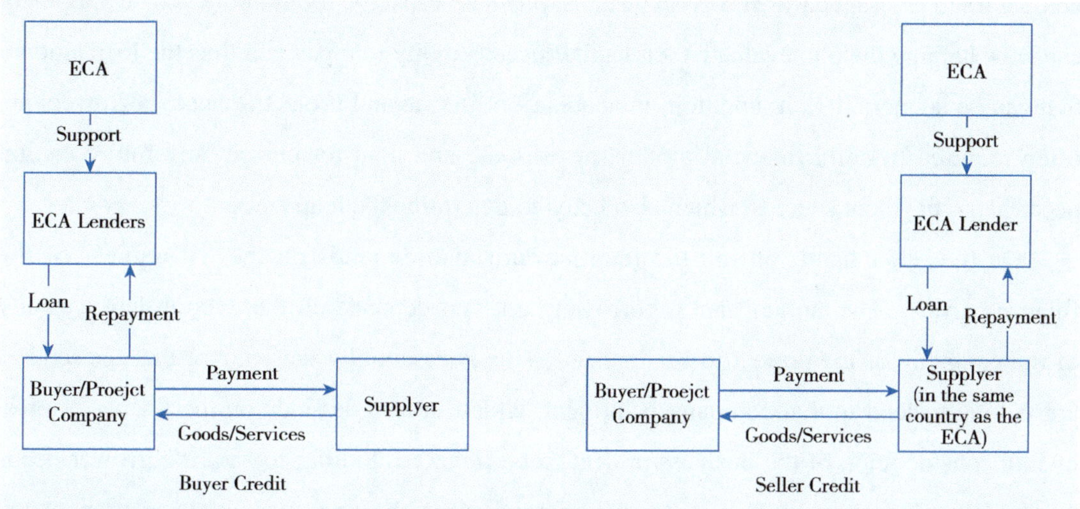

EXHIBIT 4-2 Buyer's Credit and Seller's Credit

4.2 Main Loan Financing Terms

4.2.1 Loan Amount

Determining the amount of a loan requires consideration of a variety of factors. When determining the amount of the loan, the borrower first needs to consider its own capital needs: whether it is based on the consideration of the use of funds in a general corporate financing, or the calculation of the funds required for a specific project and the leverage ratio and rate of return in a project finance, the borrower needs to start from its own capital needs. Secondly, borrowers need to consider the cash flow of the company: financing has to be borrowed and repaid, the source of cash flow of the company and the stability of cash flow have an important impact on the subsequent repayment of the company. Therefore, when determining the loan amount, it is necessary to fully consider whether the future cash flow of the company can support the repayment obligations of the company, namely whether it can meet the principal and interest on time in accordance with the loan agreement. Companies also need to assess their own financial indicators: financial indicators are the relative indicators to summarize and evaluate the financial situation and cashflow health of a company. These indicators can include debt-to-equity ratio, debt service coverage ratio, loan life coverage ratio, minimum net asset value, leverage ratio, cash flow ratio, interest coverage ratio, etc. These indicators can help companies to assess their own solvency status, business capacity, profitability and development capacity, helping them to evaluate their capital needs, ability to repay and thus the loan amount that can be supported. In addition, in acquisition finance and project finance, borrowers are often required to build financial models to estimate and plan for current and future capital needs and repayment sources, which also helps to determine the loan amount.

On the other hand, setting the loan amount also depends on the willingness of the finance parties. The amount that a borrower can lend depends on the overall debt capacity of the company or the project to be financed. This is essentially the amount that the lenders are willing to lend to that company or project, which in turn depends on the finance parties' overall consideration of the business/project to be financed. Similar to how a borrower needs to assess the financing risk from different perspectives, such as the financing environment and the project's own factors, a finance party will similarly make a comprehensive assessment of the level of debt a particular business/project can afford based on its own risk appetite, market liquidity, and the competitive conditions in the lender's market, including an assessment of the borrower's cash flow, financial conditions, and financial models.

Depending on the specific lending needs of the borrower, credits of different types, interest rates, maturities or currencies (generally referred to as a Facility) may be agreed in the loan agreement at the same time. For example, the London Loan Market Association's investment grade loan agreement template (hereinafter referred to as the LMA Template) covers both term and revolving loan facilities. In a loan agreement, the "Facility" clause lists the type and amount of the facility(ies) that the finance parties agree to provide. In addition, common concepts in loan agreements relating to the amount of the loan include:

- Facility: means a loan of a specific type, currency, amount and interest rate provided by a finance party(ies) to a borrower under a loan agreement.
- Loan: refers the loan granted by the finance parties from time to time under a facility;

the term also refers to the total principal amount of the loans outstanding under that facility at a point in time.

- Commitment Amount: the amount of loan that a lender has committed to disburse under a particular loan agreement; as the loan amount can be disbursed in a lump sum or in several disbursements over time, the term "Available Commitment Amount" is used to refer to the undrawn portion of the Commitment. "Commitment" means that the lender is obligated to lend so long as the borrower satisfies the conditions precedent (see Section 4.2.4.2.3 below) and other formality requirements under the loan agreement for a drawdown. A lender will generally charge a "Commitment Fee" (see Section 4.2.3.2), based on a percentage of the Available Commitment Amount of that lender.

4.2.2 Loan Currency

Generally speaking, a borrower can avoid exchange rate risk and costs arising from foreign currency exchange to the greatest extent possible when the currency of its loans is the same as the currency of its future repayment sources. If the borrower can expect its future revenues to be denominated primarily in United States dollars (e.g., if it is engaged in trade with market practices that are settled and denominated in U.S. dollars, such as spot oil transactions), it may consider requiring that its cost currency also be denominated in United States dollars when negotiating with suppliers and contractors, and use the United States dollar as the currency of financing.

However, currency matching is not always possible in practice. For example, a borrower proposes to acquire a target business in Singapore in U.S. dollars (for loan purposes), while the main future revenue of the business (the source of repayment) will be denominated in Singapore dollars. Another example is a borrower proposing to develop an oil field in Brazil, where a significant portion of the development and construction costs may be denominated in Brazilian Reals (the purpose of the loan), but its oil sales revenues (the source of repayment) will be denominated in U.S. dollars. The foreign exchange and exchange rate risks associated with the inconsistency between the use of the loan and the currency of the future repayment source would need to be mitigated by the borrower in other ways, such as:

- When a borrower's loan needs to involve multiple currencies, it may consider choosing a "multicurrency loan", which is also available as LMA Template. A "multicurrency loan" means that the borrower and the finance parties agree on a loan amount in a primary currency. The borrower can then request the finance parties to lend in other currencies specified by the borrower at the time of drawdown, depending on the company's funding needs. Such loans are particularly useful for multinational enterprises with multi-country operations in managing their capital needs and currency risks.

- When there is only a small portion of the cost denominated in a currency other than the currency of the loan (e.g., the currency of the project location), borrower may consider raising a loan denominated in that currency that matches that small amount, combined with the corresponding future revenue, if any, that the project may generate in that currency, to achieve a natural hedge to the extent possible.
- Introducing the exchange rate hedging products mentioned in Section 4.1.3.5 above is another alternative. The optimal hedging solution is formed based on how well the cost and revenue currencies match the loan currency, respectively: for example, if the majority of a project's cost and revenue currencies are denominated in U.S. dollars, and a small cost portion is denominated in Euro, choosing a U.S. dollar loan and purchasing the exchange rate swap for the corresponding Euro portion may be preferable compared to choosing a Euro loan.

Whether to take out local currency financing or currency hedging products should be considered in conjunction with the overall financing as such transactions will have an impact on the overall financing structure and cost of financing. Local currency finance parties and counterparties to hedging transactions will typically require a share of the security package under the financing transaction,[①] and lending banks will often require certain restrictions on the rights of such financial institutions from an intercreditor perspective (e.g. restrictions on their intercreditor voting rights, the ability to declare default, right on enforcement, etc.). Such matters should be considered and negotiated as part of the syndicate formation and financing structure as a whole.

In a loan agreement, "currency" is generally specified in the definition of Facility or in the "Facility" clause. Similarly, multiple facilities in different currencies, or a "multi-currency" facility, may be agreed in the loan agreement at the same time.

① Graham Vinter, Gareth Price, and David Lee. Project Finance: A Legal Guide. Fourth Edition. Sweet & Maxwell, 2013:page46.

4.2.3 Loan Price

4.2.3.1 Interest on loans

Interest is the consideration paid by the borrower for the loan raised and is expressed as a percentage of the principal amount of the loan over a period of time. Interest is generally agreed in a standalone clause in the loan agreement, which sets out the terms on how interest is calculated, interest periods, payment dates, default interest, etc. Interest can be calculated at a fixed rate or a floating rate.

(1) Floating rate: floating rate generally consists of a base rate (reference rate) and a margin that "floats" in response to changes in the base rate.

- Reference rate: i.e., a reflection of the cost the bank will incur in raising its own funds, generally the market-accepted interbank lending rate, which fluctuates as market changes. LIBOR (London Interbank Offered Rate) was once the common choice for reference rate, but due to a decline in interbank transactions and a lack of sufficient transaction data to ensure its independence and representativeness, the use of LIBOR is being phased out, with one-week and two-month USD LIBOR retiring on December 31, 2021, and other maturities of USD LIBOR to follow June 30, 2023. Reference rates are being replaced with the corresponding Risk Free Rates (RFRs) for each currency, for example, GBP LIBOR and USD LIBOR will be replaced by SONIA (Sterling Overnight Index Average) and SOFR (Secured Overnight Financing Rate), respectively.
- Margin: a reflection of a bank's profitability, being the spread the bank sets as what compensates it for its exposure based on its credit assessment of different financing transactions. Margins are measured in Basis Points (bp), with one bp equivalent to 0.01%. Margin of a loan can remain constant over the life of the loan, or it can increase incrementally over the life of the loan (to reflect the bank's increasing risk in the later years of the loan) or adjust as the borrower's financial health (based on monitoring of financial indicators) increases (to reflect the bank's higher risk of debt servicing when the borrower's financial condition is poor). These margin adjustments are also known as "Margin Ratchet".
- Interest Rate Hedging: as discussed in Section 4.1.3.5 borrowers bear the risk of interest rate fluctuations under floating interest rates and may choose to enter into interest rate hedging transactions to hedge their floating interest rate exposure with a fixed rate in order to more effectively forecast and manage their financing costs. Interest rate hedging

transactions come with certain transaction costs and the counterparty to the hedging transaction will often require a share of the security package. The decision to purchase an interest rate hedge product must therefore be considered in conjunction with the overall economics of the financing and as part of the financing structure as a whole.

(2) Fixed rates: Fixed rates are relatively rare in financing transactions and are generally found in short-term loans or small commercial loans. Certain policy banks or government financial institutions may also offer fixed rate loan products for larger loans. Because the bank's own cost of funding (i.e., the base rate) is variable, fixed-rate pricing is generally higher to ensure that the bank's costs do not exceed the fixed rate it charges throughout the life of the loan. Borrowers seeking cost control and predictability therefore often prefer the aforementioned interest rate hedging products rather than fixed-rate loans.

In addition, loan agreements generally contain provisions on market disruptions, replacement of base rates, etc.

- Market disruption clause: a clause that calculates interest based on an alternative method, such as the actual cost of funding of the lenders, in the event that market movements render the screen rate unavailable and, as a result, the lending bank is unable to fund its participation at the selected base rate.
- Replacement of base rate clause: a clause that describes how lenders and the borrower determine and implement a replacement base rate in the event that the base rate is significantly changed, discontinued, or can no longer be used as a basis for accurately calculating the interest rate on the loan.

4.2.3.2 Fees

The finance parties usually charge a fee for organizing, arranging, and participating in the loan, as well as for providing Commitment. Common fees associated with a financing include:

- Arrangement fee: fees charged by the arranging bank for the formation of the syndicate and the planning of the loan arrangement, sometimes also referred to as Upfront Fees. Arrangement fees are generally calculated as a percentage of the loan amount or as a specified amount, agreed between the borrower and the arranging bank through a fee letter and usually paid in a lump sum.
- Commitment fee: fees charged by a lender to compensate it for costs incurred in providing a Commitment Amount, generally calculated as a percentage of the Available Commitment Amount, agreed in a loan agreement or separate fee letter, and usually

paid with current interest or capitalized into the principal of the loan on the interest payment date; and

- Agency Fee: fees charged by the agent for performing its agency duties, generally as a specified amount payable periodically (usually annually) and agreed between the borrower and the relevant agent through a fee letter.

4.2.4 Loan Term, Withdrawal

4.2.4.1 Loan term

As mentioned in Section 2.2.5, loans can be divided into short-term and medium-to-long-term loans based on their maturity. The design of the term of the loan requires the borrower to take into account a number of factors:

- Funding demand cycle: a borrower needs to identify its cycle for funding demand that it intends to address. Short-term cash flow gaps can be addressed through short-term working capital loans; larger-scale corporate financing needs to consider the time it may take for the company to generate sufficient revenue to repay the loan; greenfield project finance needs to consider the length of the project's construction period and the rate of debt service that can be supported by the project's operating income once it enters operation.
- Urgency of funding needs: if the funding needs are more urgent, it may be difficult to implement more complex medium-to-long-term loans and achieve financial closure in a short period of time. In such case, companies may consider short-term bridge loans to meet their immediate financing needs, to earn more time to put in place appropriate medium-to-long-term loans.
- Optimization options such as refinancing: medium-to-long-term loans usually imply relatively high financing costs. Companies may consider repaying a portion of their debt early or replacing existing financing with lower-cost debt when they have sufficient funds and market conditions are favourable to them. In greenfield project finance, the cost of financing is generally higher due to the finance parties assuming construction risk and the possible involvement of ECAs or multilateral institutions. The financing market has also developed different refinancing models to help borrowers optimise their financing costs. The more common ones are the so-called Mini-Perm model, in which the borrower replaces long-term project finance with a lower-cost

refinancing after a certain number of years into the project's operational life (e.g. four to five years) (given that the project can already operate independently by that time). As an economic incentive for its refinancing, the borrower will typically commit in the finance documents to use the project's surplus funds to prepay its existing debt from the point at which it proposes to organise the refinancing and agree to pay a higher interest rate (see Section 4.2.3.1 on spread adjustments). Mini-Perm lenders, who have entered into long-term project finance documents but can actually expect to be refinanced out much earlier, may also accept a higher level of project risk or a lower price that reflects their actual risk exposure. In some markets, particularly when the project enters into operational phase, replacing existing project finance by bond issuance is also a means of refinancing.

4.2.4.2 Utilisation

4.2.4.2.1 Availability period

A Term Loan generally provides for an Availability Period, i.e. the period during which the Lender's Commitment remains in effect and the Borrower may request a drawdown of up to the Available Commitment Amount (sometimes also referred to as the commitment period).[①] After the expiry of the Availability Period, the Borrower may no longer request to draw the Available Commitment Amount (if any is remaining); any undrawn Available Commitment Amount will be automatically cancelled at the end of the Availability Period. During the Availability Period, the borrower is generally only required to pay interest and has no obligation to repay principal; the obligation to repay principal does not begin until the Availability Period ends and the repayment period begins. Therefore, the length of the Availability Period should also reflect the borrower's overall drawdown and utilization arrangements, as well as its estimation of the point at which it will be able to repay the principal. For example, in project finance, the Availability Period usually overlaps with the construction period of the project (i.e. the period during which the borrower has the capital requirements to pay for the construction of the project, but does not have the ability to generate project operating income to repay the finance).

Financial institutions in China sometimes also impose requirements regarding the so-called "grace period". The concept of a grace period is similar to that of an Availability Period

① Revolving loans are generally available for withdrawal throughout the life of the loan.

but, differing from the Availability Period, collectively refers to the period during which the borrower is not obligated to repay principal. A "grace period" generally runs from the date of the loan agreement (as opposed to the Availability Period, which generally begins with Financial Close, i.e. when the conditions precedent are satisfied) to the first repayment date.

In addition, capitalisation of interest (and sometimes commitment fees) is also permitted in many financing transactions. The borrower is allowed to elect to capitalise interest, together with commitment fees, if any, into the principal amount of the loan during the Availability Period without making actual payments, in order to give the borrower greater flexibility in its funding arrangements.

4.2.4.2.2 Drawdown plan

Borrowers may request drawdown of Available Commitment Amount during the Availability Period, either in a lump sum or in multiple instalments.① Where multiple drawdowns are envisaged, there are usually provisions in the loan agreement for a minimum drawdown amount and a maximum number of drawdowns per month. Drawdown flexibility is based on the borrower's need for funds and negotiation with the lenders, and is generally relatively higher for revolving loans. The loan agreement generally does not contain an explicit requirement for a drawdown plan, but there are instances in project finance where the borrower is required to prepare a drawdown plan in accordance with the project construction plan or government-approved plan and to drawdown funds in accordance with such drawdown plan.

4.2.4.2.3 Conditions precedent to utilisations

A lender's obligation to lend typically arises only upon receipt of specific documents and/or certifications in form and substance satisfactory to it. Such documents and evidence are known as Conditions Precedent (commonly referred to as CPs). From the borrower's perspective, the expected time and cost of submitting and satisfying specific conditions precedent, as well as any difficulties beyond the borrower's control or risk of unobtainability, need to be considered as early as possible in the financing plan and in the design of the drawdown arrangements. For unfulfilled conditions precedent that may affect the progress of drawdown, early identification and responding solution should be agreed with the lenders, such as negotiating appropriate extensions or waivers.

Conditions precedent are generally divided into "Initial CPs" for the first drawdown and

---

① Philip Wood. International Loans, Bonds, Guarantees and Legal Opinions. Third Edition. Sweet & Maxwell, 2018:page42.

"CPs for each drawdown". The exact scope of Initial CPs should be tailored to the specific concerns of a particular financing and generally reflect the core credit conditions upon which the lenders have agreed to lend. The EXHIBIT 4-3 summarizes the most basic and common Initial CPs in financing transactions. Different types of financing (e.g. project finance, acquisition finance, etc.) also have requirements specific to that type of financing (see Sections 5.2.2 and 5.3.7 below for details).

EXHIBIT 4-3 Conditions Precedent to the First Utilisation under a Loan

Documents	CP pequirement
Internal documents of the obligor (Borrower, Corporate Guarantor, Security Provider)	➢ Constitutional documents of the company ➢ Internal corporate decision-making documents (e.g., shareholders resolutions, board resolutions) ➢ Specimen signatures of directors and/or authorised signatories ➢ Certification of directors and/or authorised signatories confirming the authenticity and validity of documents
Finance documents	➢ Duly executed loan agreements, security agreements and other core finance documents ➢ The security interest created by the security agreement is properly perfected and implemented (e.g., evidence that the relevant registration, filing, notice, registration and other procedures are properly completed)
Approval and permit documents	➢ Government approvals, permits, consents and other procedures required for the transaction are in place
Financial documents (Borrower, Guarantor)	➢ (Audited) Financial statements of the obligors
Legal opinions	➢ Legal opinions on the legal capacity and authority of the obligors ➢ Legal opinions on the enforceability of finance documents

The CPs for each drawdown are those that the borrower needs to meet for the first drawdown and for each subsequent drawdown (sometimes referred to as the Common CPs). Similarly, Common CPs should be tailored to the needs of the lenders in the specific financing transaction but broadly speaking are expected to include:

➢ No default has occurred or will arise from the proposed drawdown.

➢ No misrepresentation of any representations / repeating representations.

➢ Borrower has submitted a properly completed request of drawdown, etc.

4.2.4.2.4 Withdrawal procedure

In order to satisfy the CPs, the Borrower shall submit to the Agent evidence and documents relating to each CP and the Agent will deliver them to the respective Lenders for their review. Upon confirmation by each Lender that the CPs have been satisfied (and, if necessary, by the legal counsels to the lenders), the Agent may notify the Borrower that the CPs have been satisfied. The Borrower may submit a drawdown request only upon receipt of such notice. The Borrower's drawdown request must specify the amount, time and currency (if there are multiple currency options) of the proposed drawdown and must be submitted to the Agent by a specific time prior to the date of the proposed utilisation. The Agent will forward the drawdown request to each Lender and inform each Lender of its percentage and amount of disbursement in respect of that drawdown.

Subject to the satisfaction of all CPs (unless waived), each Lender shall be obliged to lend on the applicable utilisation date.

4.2.4.2.5 Purpose of the loan

The purpose of use of the loan proceeds is usually agreed in the loan agreement. Common uses of loans in general corporate finance include corporate working capital needs and refinancing, purpose of loans in acquisition finance is generally for the acquisition of assets or mergers and acquisitions of companies, whilst purpose of loans in a project finance would generally be for the development and construction of specific projects.

4.2.5 Repayment

4.2.5.1 Common repayment arrangements

In cross-border financing transactions, common repayment methods include:

- Bullet: i.e. one lump sum repayment at the end of the loan tenor. This repayment method is mainly used in loans with relatively small amounts and relatively short terms.
- Instalment: repayment of principal instalments and interest in accordance with a pre-agreed repayment schedule (note that during the grace period/Availability Period, the borrower only needs to pay interest, not principal). This repayment method is mostly used for loans with larger amounts and longer terms. According to the sizing of each instalment, a repayment profile can also be classified into equal instalments, sculpting (calculated backward from a pre-set debt service coverage ratio) and balloon payment (i.e. smaller equal instalments ended with a larger final instalment, usually used for loans to be refinanced).
- Rollover: a revolving loan may be repaid at any time, or the borrower may choose to repay the loan nominally on the last day of a revolving loan period, and immediately

redraw a new revolving loan with no actual cash movement. Borrowers are generally required to meet certain conditions (similar to the conditions precedent to each drawdown mentioned in Section 4.2.4.2.3 above) for borrowing and redrawing on the revolving loan.

Borrowers will design and negotiate repayment profile based on their expected cash flow and incentive to maximise returns on equity, whilst balancing the lenders' risk appetite and the associated financing costs.

4.2.5.2 Prepayment and cancellation

4.2.5.2.1 Mandatory prepayment and mandatory cancellation

Mandatory prepayment refers to the obligation of the borrower to make mandatory prepayment of principal and interest upon the occurrence of a specified event, as per the mandatory prepayment clauses. Mandatory prepayment triggering events are different from events of default in that their occurrence is generally beyond the borrower's control or not through fault of the Borrower, and therefore the occurrence of such events does not in itself trigger an Events of Default under the loan agreement or a cross default under the borrower's other finance documents, nor does it confer on lender the right to enforce. However, the allocation of risk that has evolved over time in financing practices still requires the borrower to assume some risk with respect to that event, essentially by requiring the borrower to prepay the loan. A payment event of default is only triggered if the borrower is unable to make the mandatory prepayment as agreed. In negotiations, borrowers sometimes request that certain events outside their control be re-characterized from "events of default" to "mandatory prepayment triggering events" in order to avoid the consequences of triggering a default and/or cross-default.

Depending on the nature of the specific triggering event, the manner, timing and amount of repayment required of the borrower may vary. The most typical prepayment event commonly referred to as an "Illegality" or "Illegality Event", is when a lender can no longer legally continue to disburse a loan or participate in a transaction for whatever reason. Upon the occurrence of such event, the lender may generally seek acceleration of the entire outstanding debt and require the borrower to pay its entire debt to it in a lump sum on a specified date or the next interest date/repayment date. Such prepayment is usually a right that may be demanded by an individual lender in a syndicated loan as its separate exit mechanism without affecting the remainder of the loan transaction between the other lenders and the borrower.

On the other hand, a borrower also usually has the right to replace a lender by prepayment of that lender's debt where the lender's provision of the loan or participation in the transaction constitutes an event of illegality.

Prepayments can also be made in what is known as a "cash sweep", where the borrower is required to apply all or part of the cash available at a particular level of the cash flow waterfall from the date of a particular event to the prepayment of the loan. Such mandatory prepayments are limited to the borrower's available cash at that cash flow waterfall level and therefore would not trigger a payment default if the borrower is unable to prepay due to there being insufficient available fund.

Mandatory cancellation of commitments is usually applied when the purpose of the financing cannot be achieved, such as when a company's merger or acquisition fails, or when an M&A transaction is rejected by an antitrust authority, and the borrower must cancel the commitments under the loan agreement. Mandatory prepayment events that occur before the end of the Availability Period will also result in the mandatory cancellation of the remaining available commitment.

4.2.5.2.2 Voluntary prepayment, voluntary cancellation of loan commitments

Voluntary prepayment refers to the borrower's right, at its own option, to repay all or part of the outstanding principal and interest in advance. To assist borrowers in optimizing their cost of funds, these rights are reserved under the general finance documents, but generally require the borrower to make early payments on the interest date/repayment date or be liable for the lender's costs or losses in the interbank market due to the borrower breaking the interest period (commonly referred to as "Break Costs"). Generally, the lender will require the borrower to pay a compensation or additional fee for Voluntary Prepayment in order to compensate the lender to some extent for the loss of interest income suffered by the lender as a result of the Prepayment. Voluntary Prepayment is generally subject to a minimum prepayment amount. In addition, Voluntary Prepayments in syndicated loans should normally be made on a *pro rata* basis to all lenders, except in the case of prepayment to an individual lender for reasons described below. Similarly, a borrower may voluntarily cancel an unwanted amount of available commitments during the availability period by giving advance notice to avoid paying unnecessary commitment fees.

Voluntary Prepayment and voluntary cancellation in syndicated loans may also serve as mechanisms for the borrower to replace a particular individual lender. The loan agreement generally allows the borrower to liquidate and replace a lender by early voluntary prepayment or voluntary cancellation of the commitment if that lender does not lend due to default, if a lender's lending or participation constitutes an unlawful event, or if changes in relevant laws and regulations require the borrower to increase the tax or compliance costs paid to a lender.

4.2.5.3 Order of repayment

Reference is made in Section 2.2.6 above to the subordination of loans of different priorities. Subordination refers to arrangements between lenders of different priorities in the same financing transaction, and between such lenders and the borrower, as to which of them is to be paid and in what priority. The manner in which such arrangements are achieved includes, inter alia:

4.2.5.3.1 Contractual subordination

In order to achieve the subordination of mezzanine or subordinated debt to senior debt, the borrower may make commitments to senior debt creditors in the finance documents regarding the order of repayment of debt similar to the following: when the company is solvent, it commits to repay senior debt creditors first and not to repay mezzanine or subordinated debt when current cash flows are insufficient to repay senior debt in full; when the company is insolvent and enters bankruptcy liquidation, it commits to use the liquidation proceeds. In the event that the company becomes insolvent and goes into liquidation, the proceeds of liquidation are committed to be used first to repay senior debt and not to repay mezzanine or subordinated debt if the proceeds of liquidation are insufficient to repay senior debt.

Subordination may also be achieved by the mezzanine/subordinated creditor giving an undertaking to the senior debt creditor in an Intercreditor Agreement or Subordination Agreement similar to the following: the subordination may also be achieved by the mezzanine/subordinated creditor giving an undertaking to the senior debt creditor in an Intercreditor Agreement or Subordination Agreement similar to the following: if the mezzanine/subordinated creditor receives any repayment from the borrower in breach of the order of repayment, it must immediately forward such repayment to the senior creditor; it may not claim for payment from the borrower except in the event of serious delay or fundamental default by the borrower; and, sometimes, the mezzanine/subordinated creditor may not accept any "distributable payments" from the borrower until the senior debt is fully repaid.

4.2.5.3.2 Structural subordination

The structured subordination is slightly more complex. In short, a company can achieve subordinated payment of mezzanine/subordinated debt by setting up a loan structure whereby the borrower holding the assets borrows from the senior debt creditor and the holding company of the borrower borrows from the mezzanine/subordinated debt creditor (see the figure below). The holding company obtains funds from the mezzanine/subordinated debt and injects the funds into the borrower in the form of equity. Through this structure, in the event that the borrower holding the assets enters into bankruptcy liquidation, the senior creditors will automatically be paid first, based on the principle that creditors' claims are paid first over equity in bankruptcy liquidation. Only after the senior debt is paid will the remaining assets of the borrower flow to the holding company, which will then have the funds to repay the mezzanine/subordinated debt.

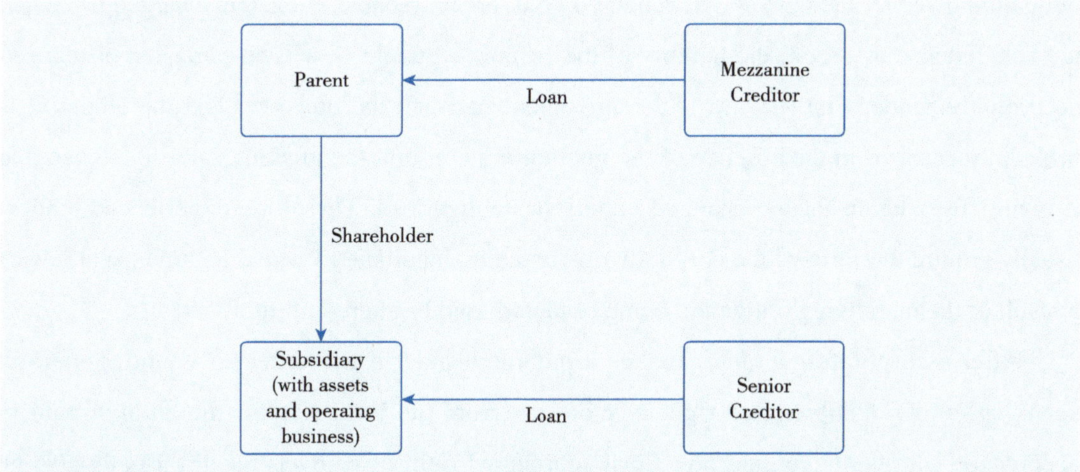

EXHIBIT 4-4 Structual Subordination

4.2.5.3.3 Subordination based on security interest

The borrower will usually agree with the senior creditors in the senior security documents that the senior creditors have a first-ranking security. Upon liquidation of the borrower, the senior creditors are paid first from the proceeds of liquidation based on its senior security interest, while the mezzanine/subordinated debt creditors either do not have a security interest or have only a second-ranking security interest and are thus paid only from the remainder of the liquidation proceeds after the senior debt creditors have been fully satisfied.

4.2.6 Guarantees and Other Credit Support

4.2.6.1 Corporate guarantee

Corporate guarantee, which is commonly deployed in financing transactions, is a form of credit guarantee in which a corporate guarantor guarantees to the lender(s) that the borrower will perform its specific obligations under the finance documents and will perform such obligations if the borrower fails to perform its obligations as agreed. A corporate guarantee, being a contractual agreement, does not create any security interest in property under the property law, and is therefore classified as "quasi-security".[①]

Corporate guarantees usually only cover the payment obligations, but may be negotiated to cover specific performance obligations of the borrower. Corporate guarantees are usually provided by a parent or affiliated company of the borrower's group that is of a good credit standing and generally subordinated in nature and the incurrence of the guaranteed obligation is subject to the existence and extent of the principal obligation. Therefore, if the underlying obligation owed by the borrower is rendered void, unenforceable, illegal, discharged or ceased to exist, reduced or set off, the liability of the corporate guarantor will be cancelled or reduced accordingly. Under English law, if the agreement between the borrower and the lender(s) is materially changed in the absence of the guarantor's consent, the guarantor has a defence that it is no longer liable for the changed underlying obligations. Therefore, experienced lenders usually require the form of the corporate guarantee to undertake to waive its defence at law as a result of the underlying obligation being rendered void or altered or diminished.

After a corporate guarantor makes a payment under a guarantee, it would, generally speaking, obtain a subrogated right of recovery from the borrower for the amount paid in accordance with the governing law. Such subrogated right of recovery would usually also be subordinated to the senior creditors' debt claims.

4.2.6.2 Security over assets

Another common form of credit enhancement in financing transactions is the creation of a security interest, in the sense of a right in rem, in a particular asset. A proprietary security may give the lender the ability to satisfy its debt via enforcing its security. It may also serve as a defensive right (e.g. through restrictions on the disposition of assets or by way of negative pledge) to ensure the maintenance of the value of the company and its assets. The Security Provider is usually either the borrower itself or an affiliate or parent company with relatively valuable assets, depending on the purpose of the transaction, the lender's claims, and the

① Lexis PSL. Banking & Finance: Guarantees-Overview, https://www.lexisnexis.com/uk/lexispsl/bankingandfinance/document/ 391289/55KB-65S1-F185-X16G-00000-00/Guarantees_overview.

ability of the borrower and its affiliates to negotiate. The value of the security collateral, the formalities (i.e., the registration and filing procedures that need to be completed for such security to be enforceable against bona fide third parties), the difficulty of enforcement (i.e., whether local courts will uphold overseas judgments or arbitral awards, and the practicalities of enforcement), and the specific security interests that can be created (e.g., legal distinctions such as mortgages, pledges, assignments of contractual interests, liens, etc.) should be analysed in the context of the laws and regulations applicable to the proposed security. Such analysis is specific to the law and regulations applicable to the proposed security.

Security over assets takes different forms, depending on the jurisdiction in which the assets are located. A borrower should seek the advice of local counsel as necessary. Under English law, common forms of security over assets can be summarized as the EXHIBIT 4-5[①]:

EXHIBIT 4–5 Common Forms of Asset Security under English law

Form	Lien	Pledge	Charge	Mortgage
Security Asset	Goods, deeds, etc.	Goods (tangible movable property such as precious metals or other commodities) or evidence of rights in other movable property	Equity, tradable stock, cash, equipment, etc.	Land, ships, aircraft, contractual rights, intellectual property rights, etc.
Key Issues	Creditors need to take possession of relevant assets.	Intention of the pledgee to create the pledge and delivery of the underlying assets.	Equitable security, created by payment of consideration or deed.	Transfer of legal or beneficial ownership based on the provision of security.
Whether the relevant assets are subject to transfer of possession	Yes (the creditor is entitled to possession of the assets pending satisfaction).	No.	No.	No.
Whether ownership has been transferred	There is no transfer of title and the encumbered asset is not subject to a right of sale by the security right holder. If the debtor is unable to perform its obligations, the security right holder is entitled to sell those assets in satisfaction.			Transfer of ownership (legal or beneficial). If the obligation is satisfied, ownership of the encumbered assets reverts to the provider of the asset security

① Lexis PSL. Banking & Finance: Types of Security-Overview, https://www.lexisnexis.com/uk/lexispsl/bankingandfinance/ document/391289/55KB-65S1-F185-X1PM-00000-00/Types_of_security_overview.

A "Charge" usually takes the following two common forms[①]:

- Fixed charge: a fixed charge is created over a specific property, present or future, and once created, attached to such specific property. The chargor acquires the proprietary rights and enjoys a degree of control over the secured asset. The chargor usually cannot dispose of the assets subject to the fixed charge without the consent of the chargee, and the chargor is usually required to keep the secured asset in good condition for the benefit of the chargee.
- Floating charge: a floating charge is a charge created over present and future properties. The chargee does not have a direct right in a fixed property, but rather in the entirety of the properties of the chargor. The chargee of a floating charge may still dispose of any charged property during the term of the floating security until the floating charge is "crystallized" upon the occurrence of certain events (usually including default, bankruptcy or liquidation of the borrower), upon which point such floating charge will become a fixed charge.

4.2.6.3 Other corporate credit enhancement methods

In addition to the aforementioned corporate guarantees and asset security, forms of credit enhancement in financing transactions also include the political and business insurance mentioned in the aforementioned Section 3.1.1 as well as other corporate credit enhancements such as keepwell agreements, comfort letters and liquidity support undertakings.

- Keepwell agreement is a type of agreement under which an affiliate or a parent company provides certain "keepwell" support that falls short of the level of a full corporate guarantee: for instance, a commitment to ensure, in a more flexible manner, that the borrower has sufficient funds to perform its obligations on time in the event that the borrower fails to do so in certain circumstances[②]; or as a more "loose" commitment that it will continue to act as the borrower's holding company or to "keepwell" the borrower's financial health to a certain extent. Such agreements sometimes take the form of a so-called Liquidity Support Letter, whereby a parent or a related party of the borrower commits to provide funding to a certain extent to maintain the borrower's debt service obligations or operations in the event that such borrower is unable to do

① Lexis PSL. Practice Notes: Fixed and Floating Charges, https://www.lexisnexis.co.uk/legal/guidance/fixed-floating-charges.

② Fuller, Geoffrey. Corporate Borrowing: Law and Practice. Fifth edition. Bristol: Jordans, 2016, p198.

so.

- A comfort letter is an even looser form of commitment from a borrower's parent company, which generally speaking is not even legally binding or enforceable. It usually provides that the parent company acknowledges that its subsidiary has certain obligations under the finance documents as a borrower or that it is willing to support its subsidiary in meeting its repayment obligations. Comfort letters are often in form supplemental, often used where the parent company is unable or unwilling to give any corporate guarantee (e.g. due to its own negative pledge obligations or concerns regarding the impact on its financials).
- A letter of credit is a conditional covenant to pay issued by a financial institution. At the request of the applicant, the financial institution pays a specified amount to the beneficiary within an agreed period on the basis of the corresponding document.

4.2.7 Financial Indicators

To adequately manage its credit risk, a lender could establish a series of financial indicators to monitor the financial health of a borrower. After a lender conducts its credit review of a particular financing transaction based on the borrower's financial health, it will reflect its acceptable level of debt service risks in its offer of margin. Against that base case, the lender may request a readjustment of the mutual risk allocation if the borrower's financial health declines to a certain level, such as by way of a draw-stop, dividend block, mandatory prepayment, or an event of default, etc. Different types of financing focus on different financial performances: corporate financing generally focuses more on a firm's leverage ratio, whilst a project finance may focus more on debt service coverage ratios that measure the health of a project's cash flow (see more in Section 5.3.8.2).

The common financial indicators in finance documents can be summarized as the EXHIBIT 4-6[①]:

① Philip R. Wood: International Loans, Bonds, Guarantees and Legal Opinions 3rd Ed, p106-118.

② The accounting terms quoted in the tables need to be based on the applicable accounting standards, such as IFRS or GAAP in the relevant country.

EXHIBIT 4-6 Common Financial Ratios in Loan Agreements

Financial indicators	Provisions [1]
Minimum Net Tangible Assets	➢ The borrower's net tangible assets must not be less than X
Leverage Ratio	➢ The total debt of the borrower must not exceed X times of the value of its tangible assets
Ratio of earnings to interest (EBITDA)	➢ The borrower's EBITDA (Earnings Before Interest, Taxes, Depreciation, and Amortization) to financing costs must not be less than X:1
Ratio of debt to earnings	➢ Borrowers' net debt must not exceed X times of its EBITDA
Dividend restrictions	➢ Dividends to be paid by the borrower and repayment of subordinated debt limited to a certain percentage of its net profit, i.e. dividends on shares + equity distribution + subordinated debt < (consolidated net profit after tax return - exceptional items - minority interest) * X%
Liquidity	➢ The borrower's liquidity shall not be less than a specified amount; or ➢ Current assets to current liabilities must not fall below a certain ratio
Debt-to-equity ratio (D:E Ratio)	➢ The borrower's debt to equity ratio shall not be less than X
Debt Service Coverage Ratio (DSCR)	➢ The ratio of the borrower's net cash flow to the amount of scheduled debt service during the same calculation period is not less than X
Loan Life Coverage Ratio (LLCR)	➢ The ratio of the net present value of the borrower's future net cash flows to the total outstanding debt over the remaining term of the loan is not less than X
Project Life Coverage Ratio (PLCR)	➢ The ratio of the net present value of future net cash flows over the remaining life of the project to the total outstanding debt is not less than X

4.2.8 Representations, Warranties and Undertakings

4.2.8.1 Representations or warranties

A representation is a statement made by a borrower about a particular matter in relation to its present position and actual circumstances. If a representation is untrue, inaccurate or materially misleading, it may trigger an event of default for "misrepresentation", which may result in consequences such as draw-stop and distribution block. Representations can be divided into Day-1 Representations and Repeating Representations, based on the timing they are made. Representations are only true or false at the time they are made, so Day-1 Representations are generally more extensive to fully test the borrower's qualifications, legality, and compliance at the time of signing; by comparison, Repeating Representations have a continuous monitoring effect and are more costly to perform. From a borrower's perspective, the scope of Repeating Representations should ideally be limited.

With respect to the negotiation of representations, a borrower should consider, in addition to its judgment as to the facts that it can truly represent, whether the aforementioned representations are repetitive at the point in time at which they are repeated (usually on each drawdown, interest payment and repayment date), the scope of the obligor(s) to which they apply (e.g., by the borrower itself or on behalf its corporate guarantor and/or asset security provider), whether they should be qualified by conditions such as "to the best of the borrower's knowledge", "material adverse effect", "reasonableness", etc.

In practice, representations in a financing transaction can be distinguished between legal and commercial representations. Legal representations focus on the legal validity of the finance documents, usually including the borrower's legal status, capacity and authority, internal authorization and the legal validity of the borrower's borrowing. Commercial warranties focus on the borrower's financial condition and operations, usually including the absence of litigation that materially affects the borrower; the borrower's most recent accounting statements are substantially correct; there have been no material adverse changes in the company's financial condition; the borrower's information memorandum is substantially correct and free of misleading statements or material omissions; and the borrower is not in material default under contracts binding on it or other obligations[①]. The EXHIBIT 4-7 lists the representations commonly seen in a loan agreement (common repeating representations are marked with an "*")[②].

① Philip Wood. Law and Practice of International Finance. Sweet & Maxwell, 2007: pages 107-108.

② David Adams.CLP Legal Practice Guides: Banking and Capital Markets2008.College of Law Publishing, 2008.

EXHIBIT 4-7 Common Representations in Loan Agreements

Legally	Commercially	Security-related
➢ Identity* ➢ Binding obligations* ➢ Non-conflict* ➢ Powers and authority* ➢ Validity of the agreement ➢ Governing Law and Enforcement* ➢ Tax deductions ➢ No registration or stamp duties ➢ Authorised signatories ➢ Sanctions, anti-bribery and anti-corruption, anti-money-laundering and counter-terrorist financing*	➢ Financial situation ➢ No material adverse change ➢ No litigations ➢ No violations* ➢ Insolvency ➢ No misleading information*	➢ No existing pledge ➢ Good asset ownership ➢ Subordination of pledges ➢ Legal and beneficial owners

4.2.8.2 Undertakings or covenants

Different to a representation, which is a statement of the present conditions and facts, an undertaking is a continuing promise by the borrower of its future conduct. Undertakings can be divided into positive and negative undertakings: under a positive undertaking, a borrower promises to actively perform an obligation or take an action; under a negative undertaking, a borrower promises not to engage in certain conduct or take certain action without the lender's consent. A breach by a borrower of an undertaking will trigger an event of default subject to the corresponding cure period (as opposed to misrepresentation, which can only be triggered if made or repeated), which in turn will result in the borrower being denied drawdowns or distributions, etc.

Common undertakings include three categories:

➢ Information undertakings: borrowers undertake to provide certain information regarding its financials, operations, budgets, reports, cross-default, insurance events, significant litigations and so on.

➢ Financial undertakings: borrowers undertake to maintain certain financial targets.

➢ General undertakings: may cover various aspects of the borrower's business practices, asset disposition, legal compliance, contractual performance, etc.

In negotiating undertakings, the borrower should consider, in addition to its judgement as to what it can commit to, the scope of the entities to which the undertaking applies (e.g. on behalf of the borrower itself, or by the borrower on behalf of an obligor such as its corporate guarantor and/or asset guarantee provider), whether it should be limited by conditions such as "as far as the borrower is aware", "material adverse effect", "reasonableness", thresholds, "in the ordinary course of business", etc..

The EXHIBIT 4-8 lists some common undertakings in loan agreements.

EXHIBIT 4–8 Common Undertakings in Loan Agreements

Commercial control	Asset control	Financial control	Priority control
➢ Authorization and legal compliance ➢ No changes of business ➢ No merger and acquisition ➢ No joint venture with other entities ➢ Restrictions on financial liabilities ➢ Sanctions, anti-bribery and anti-corruption, anti-money-laundering and counter-terrorist financing	➢ Negative pledge ➢ Restrictions on the disposal of assets ➢ Arm-length transactions ➢ Preservation of assets ➢ Insurance ➢ Intellectual property rights	➢ No loans or credit ➢ No guarantee or compensation ➢ Restrictions on dividends and buybacks ➢ Restrictions on hedging transactions ➢ Restrictions on financial liabilities ➢ Restrictions on the issue of additional shares	➢ Pari passu ➢ Security perfection undertaking ➢ Negative pledge

4.2.9 Events of Default and Finance Party's Remedies and Enforcement

4.2.9.1 Event of default

Given lenders often would not choose to rely on the general contractual protections at law for their rights under a loan agreement, most loan agreements contain mechanisms that give lenders certain specific remedies in specific circumstances. These specific circumstances are the Events of Default set out in the loan agreement. Most Events of Default provided for in a loan agreement involve all borrowers and guarantors (collectively referred to as obligors) and not just the borrower itself. As such, insolvency and cross-default types of Events of Default could involve the borrower's group as a whole (including non-obligors that are neither a borrower nor a guarantor).

For a borrower, the key consideration on what should constitute an event of default is that it should not create undue interference in the borrower's day-to-day operations, e.g., certain non-material or temporary defaults in the borrower's day-to-day operations should not lead to an event of default which would otherwise give rise to more adverse consequences for the borrower (e.g., inability to draw, cross-default, etc.). Continuously seeking waivers or consent from the finance parties for its conduct would also be a management and operational burden on the borrower's business.

Some of the commonly negotiated points for events of defaults include:

➢ Cure period: i.e. the period of time given to the borrower (or other obligor) to remedy a specific event, which event would constitute an event of default only if the borrower (or such other obligor) fails to take remedial measures or if they continue after the expiry of the cure period.

➢ Materiality threshold and material adverse effect qualifier: e.g. it could be agreed that a cross-default would not constitute an event of default if the amount involved is below a certain threshold; and for no default or no litigation, it could be agreed that such default or litigation does not constitute an event of default if it is not material or if it does not have a material adverse effect.

➢ Exclusion of administrative or technical errors: usually in the case of late payments, the parties agree that if the late payment is caused by an administrative or technical error, it shall not constitute an event of default for a certain period of time.

➢ Exclusion of bad faith small claims: usually for litigation or insolvency proceedings, the parties agree that the relevant litigation or insolvency proceedings shall not constitute an event of default if it is precarious or instituted with bad faith or a small claim of less than a certain threshold amount.

Common events of default are shown in the EXHIBIT 4-9.

EXHIBIT 4–9 Common Events of Default in Loan Agreements

Events related to finance documents	Credit event	General operating events of the obligor	External events
➢ Non-Payment ➢ Breach of financial commitments ➢ Breach of other obligations ➢ Misrepresentation ➢ Illegality ➢ Repudiation	➢ Cross default ➢ Insolvency ➢ Insolvency proceeding ➢ Creditor process	➢ Group structure ➢ Cessation of business ➢ Material adverse changes	➢ Change of control ➢ Foreign debt moratorium ➢ Confiscation of property ➢ Litigations ➢ Suspension of trading or delisting of shares ➢ Credit rating downgrades

4.2.9.2 Remedies and Enforcements

Upon the occurrence and continuation of an event of default, the lender may generally pursue any or all of the following remedies[①]:

- Cancellation of the available commitments.
- Acceleration: the lender may declare the entire outstanding principal and interest due immediately (so-called "acceleration") and cancel the entire available commitment (if any).
- Enforcement of security: In secured loans, the lender may obtain relief in the form of enforcement of security, the specific disposition of which varies according to the law governing the collateral and is commonly available under English law, including[②]:
- Unconditional transfer of the mortgaged property to the secured creditor (i.e. the lender).
- Disposal of collateral through a receiver.
- Public auction of collateral by the court.
- Non-public sale of collateral.

4.2.9.3 Governing law and jurisdictional provisions

See Section 3.1.2.2 above for a detailed description of the governing law and jurisdiction.

There are three common ways of agreeing on a cross-border loan agreement for an election of jurisdiction clause, namely.

- Exclusive jurisdiction clause: after a dispute has arisen, either party to the agreement may only sue in the agreed jurisdictional court or arbitrate in an arbitral institution.
- Non-exclusive jurisdiction clause: after a dispute has arisen, either party to the agreement may choose to sue in an agreed jurisdictional court or arbitrate in an arbitral institution, or may choose an alternative dispute resolution forum of its own choosing. Non-exclusive jurisdiction clauses, while appearing to give the parties more options, face challenges in many jurisdictions in terms of enforceability of judgments/awards and are often not accepted by international finance parties.
- Asymmetric jurisdiction clauses: when a dispute arises, the borrower can only sue or arbitrate in the agreed jurisdiction, while the lenders can choose to sue in court or arbitrate at will; similarly, these clauses are not supported in all jurisdictions and are

① Philip Wood. International Loans, Bonds, Guarantees and Legal Opinions. Third Edition. Sweet & Maxwell, 2018:pages140-145.

② Philip Wood. International Loans, Bonds, Guarantees and Legal Opinions. Third Edition. Sweet & Maxwell, 2018:page546.

less favourable to the borrower.

4.3 Evaluation of Financing Programmes

The design and approval of financing proposals should be guided by the principles of financing proposals in international practice, and follow a relatively scientific evaluation system. For the shortcomings identified in the evaluation process, consideration should be given to whether they can be mitigated through further optimization of the financing proposal.

At a macro level, financing options can be evaluated in terms of their affordability, liquidity and security.

- Economic: whether the financing package allows the borrower to raise financing at the lowest possible cost, whether the amount of financing meets the financing needs and objectives of the borrower, whether the financing terms are sufficiently favourable to the borrower in commercial terms, whether it meets commercial needs such as operational flexibility of the relevant business, whether the borrower can obtain better commercial returns through financing in general, etc..
- Liquidity: whether the financing package allows for the timely availability of the required funds (e.g. financing certainty in borrowing for M&A projects as described in Section 5.2.2.5.1), whether the financing and repayment paths are sufficiently convenient and efficient, e.g. whether the funds required for repayment are freely convertible, remitted, subject to restrictions on foreign exchange and cross-border remittances (see Sections 4.1.1 and 4.2.2 on foreign exchange issues and loan origination and repayment paths), whether they are subject to withholding or other taxes in the jurisdictions concerned (see Section 3.1.2.4 above), etc..
- Safety: for example, whether the financing proposal is legally compliant, complies with the laws and regulations of the country where the project is located and the relevant countries as well as the relevant regulations of company, is fully compliant in areas such as environmental and social standards, sanctions, anti-corruption and anti-money laundering, and has policies in place to ensure the ongoing compliance of the project and the borrower (e.g., a reliable environmental and social action program, sanctions, anti-corruption, anti-money laundering, compliance monitoring program); whether there is adequate risk resistance, whether there are adequate response or mitigation

plans for the various risks identified during the financing planning process, and whether there are effective mechanisms to ensure the reliability of the financing and repayment paths with respect to the country and related risks involved, etc.

5 Main Types of Finance Products

5.1 Corporate Finance

Corporate finance (see Section 2.2.2 above for the concept of corporate finance) can be divided in practice into working capital finance and corporate medium-to-long-term finance. The following table provides an overview and comparison of the concepts, features, application scenarios, main types and credit enhancements, main risk factors, special financing conditions and operational processes.

EXHIBIT 5–1 Working Capital Financing and Medium–term/Long–term Financing

	Corporate working capital financing	Corporate medium-term/long-term financing
Concept	Financing in the form of corporate financing to meet the working capital needs of the company in the course of its daily operations and to ensure that the production and operation activities of the company can be carried out normally.	Refers to financing in the form of corporate financing to meet the relatively predictable, medium to long-term, and larger capital needs of a company.
Features	Shorter loan terms, lower financing costs, relatively easy procedures, and relatively flexible repayment options.	Relatively long loan terms, greater certainty and predictability, and ease of optimal budgeting and financial planning for businesses.
Application Scenarios	Temporary, short-term capital needs in the daily course of business, such as payment needs for rent, wages, goods, etc.	Medium-term/long-term, large amount of capital needs of the company with a long payback period for generating revenue, such as supporting the capital transition of the company before the start-up and profitability of a company, business expansion needs, medium-term to long-term financial optimization, etc.
Main channels and credit methods	➢ Short-term loans: loans of short duration with a fixed repayment term, usually not exceeding one year (for short-term loans, see Section 2.2.5 above; for term loans, see Section 2.2.4 above). ➢ Revolving loans (see Section 2.2.4 above): loans that are subject to revolving drawdowns and repayments up to the credit limit during the term of a given loan commitment. ➢ Letter of Credit: A short-term financing product in the form of a letter of credit for a certain period of time, often used in the case of direct payments to business counterparties in the course of business operations.	Medium-term and long-term loans: loans with a fixed repayment term, usually of more than one year (see Section 2.2.5 above for medium-term and long-term loans and Section 2.2.4 above for term loans).

Continued

	Corporate working capital financing	Corporate medium-term/long-term financing
Main risk factors	The borrower should focus on assessing its own short-term cash flow position, its ability to return capital and repay the loan. The finance parties will also focus on the borrower's operations, profitability and short-term cash flow levels and, if necessary, require the borrower to provide certain corporate guarantees or other credit enhancements (see Section 4.1.2 in relation to selection of guarantors and Section 4.2.6 in relation to guarantees and credit enhancements).	Borrowers should focus on their own creditworthiness, current cash flow situation and prospects for the proposed loan period, and the availability of corporate guarantees or other credit enhancements from appropriate affiliates in the Group (see Section 4.1.2 in relation to selection of guarantors and Section 4.2.6 in relation to guarantees and credit enhancements). In view of the relatively large amount and long term of the medium and long-term loans, the finance parties will be more cautious in assessing the creditworthiness and repayment ability of the borrowers compared to liquidity financing. During the term of the loan, the borrower is usually required to meet certain ongoing financial indicators and is subject to a certain degree of supervision and restrictions on business operations by the finance parties.
Special financing conditions	➢ Loan term. —Term loans generally have a term of no more than one year, and the terms of each borrowing under a revolving loan and their corresponding interest periods are generally one, two, three or six months. —Short-term loans sometimes have a "rollover" option, whereby the borrower can apply for an extension of the loan term within a certain period (six months, one year, etc.) and the finance parties can agree or refuse to provide the extension, depending on the circumstances. Extensions are mostly based on the customer relationship between the financial institution and the borrower, and are therefore more common in working capital loans to large and powerful enterprises.① ➢ Purpose of the loan: working capital financing is usually used in general terms for the working capitals gap of the company, and more specific requirements on the purpose of the loan are not usually included in the loan agreement. ➢ Drawdown mechanism: for revolving liquidity loans, the preconditions for each drawdown to be met by the borrower when borrowing to repay a loan are generally only the absence of an "event of default" and not the absence of a "potential event of default" (see Sections 2.2.4 and 4.2.5.1 above on rollover).	➢ Loan terms: medium-term loans are generally between one and five years, and long-term loans are generally between five and seven years. ➢ Purpose of the loan: The purpose of the loan for medium-term and long-term loans is often related to the company's own business development, and the loan agreement is generally not exclusive on the purpose of the loan, or only describes the relevant business in general terms. ➢ Drawdown mechanism: relatively short drawdown periods are provided for in corporate medium-term and long-term loans (common drawdown periods are three, six or nine months).

① Associate of Corporate Treasurers. The ACT Borrower's Guide to the LMA's Investment Grade Documents (May 2017):pages10-11.

Continued

<table>
<tr><th></th><th>Corporate working capital financing</th><th>Corporate medium-term/long-term financing</th></tr>
<tr><td></td><td>➢ Repayment mechanism.
—Short-term loans are usually repaid in a lump sum at the end of the period and no further withdrawals may be made after repayment.
—Revolving loans usually require that each loan be repaid in a lump sum at the end of its interest period and generally allow for a rollover.
—There is generally no fixed repayment period for letters of credit awards, and repayment by the borrower depends on the time when the beneficiary of the letter of credit applies to the issuing bank to honour the letter of credit, and the borrower should make repayments within a certain period after the bank has honoured the letter of credit.
➢ Credit enhancement: based on the borrower's qualifications, loan amount and other considerations, liquidity financing may not involve additional security documentation.</td><td>➢ Repayment mechanisms: companies usually choose to repay medium-term and long-term loans by instalments and mortgages, or may agree to repay in a lump sum when due if the borrower is stronger (see Section 4.2.5.1 above for repayment arrangements); Prepayment is generally more restrictive than for working capital loans (e.g. in terms of frequency, timing, minimum repayment amount, Prepayment fees, etc., see Section 4.2.5.2 above for details).
➢ Credit enhancement mechanisms: usually involve some form of credit enhancement, such as guarantees and/or provision of collateral by the parent or affiliated companies within the group (see Section 4.1.2 and Section 4.2.6 above for guarantees and credit enhancement).</td></tr>
<tr><td>Special financing conditions</td><td colspan="2">➢ Representations, undertakings and incidents of non-compliance
The core of corporate finance lies in the creditworthiness and financial performance of the borrower and its group, so compared to other forms of financing, finance parties are more concerned with monitoring the borrower group's finances, business, assets and equity structure, which can be broadly summarised as follows:
—Financial performance: in corporate finance with parent corporate guarantees, financial targets are usually set for the borrower's and its group's EBITDA to interest ratio, minimum net property value, leverage ratio, etc. (for financial indicators, see Section 4.2.7 above). Borrowers with better credit-worthiness may try to obtain more lenient financial monitoring or less frequent tests, seek greater scope for relief from non-compliance (e.g. liquidity support from shareholders for a certain period), and may seek to categorise non-compliance with financial targets as a restriction on certain behaviour (e.g. dividends, disposal of assets, etc.) rather than as a trigger for an event of default.
—Operations of business: usually in the form of positive undertakings to maintain existing operations; negative commitments to undertake acquisitions, etc.
—Asset maintenance: usually reflected in negative commitments to create guarantees, asset disposals; positive commitments to complete relevant approval filings, etc.
—Shareholding structure: this is usually reflected in representations made regarding the borrower's equity ownership, the group's shareholding structure; positive commitments regarding minimum shareholding requirements for certain businesses within the group; mandatory prepayment events or events of default triggered by a change in the borrower's ownership, etc.
—Cash flow: this is usually reflected in negative commitments to raise foreign debt, provide loans to other enterprises, make dividends, etc.
—Priorities of the Lenders: usually reflected in representations made regarding the seniority of the lender's debt; negative commitments to raise foreign debt, create guarantees; events of default triggered by other debt defaults, insolvency events, etc.</td></tr>
</table>

Continued

	Corporate working capital financing	Corporate medium-term/long-term financing
Special financing conditions	➢ Given that corporate finance should generally be used for the general capital needs of the company and that repayment sources are generally based on the overall operating income of the company, in negotiations the borrower should pay particular attention to the flexibility it needs to retain in its day-to-day operations and future development to avoid excessive intervention by the lender in its business. Specific negotiation points include the aforementioned constraints: the applicable entity (e.g. whether it is the borrower, the guarantor or will apply to the group as a whole), the applicable threshold (e.g. whether default is triggered only if an event has a "material adverse effect" or exceeds a certain threshold), the relief period, the exclusion of certain known events (e.g. future acquisitions, IPO plans, debt, etc. known at the time of borrowing), etc.. Borrowers with better bargaining power may consider rejecting or limiting these constraints.	
Operation process	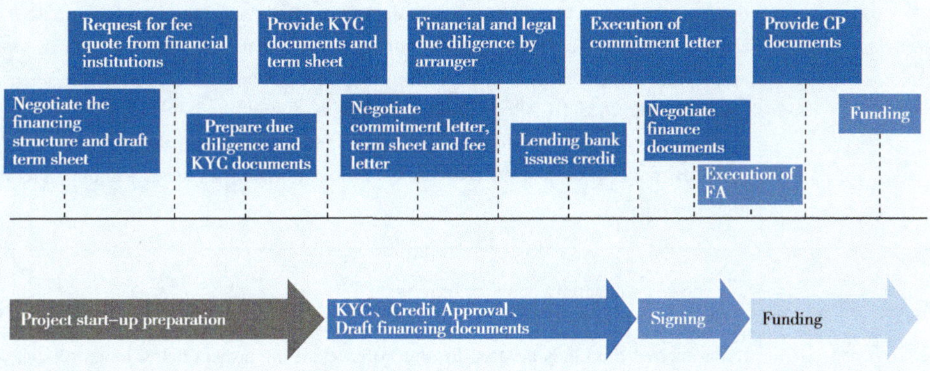	

5.2 Project Loans

5.2.1 Specific Project Loans

EXHIBIT 5–2 Overview of Specific Project Loans

	Specific project loans
Concept	Refers to project loan to meet the funding needs of a particular new construction, under construction, or operating phase project (for project loan, see Section 2.2 above).
Features	Specific project loan, which rely primarily on future cash flows from the project as a source of repayment, are secured by project assets and/or shares in the Project Company, but are not yet bankable as a typical limited recourse financing. It is therefore often accompanied by a guarantee from a parent or associated company with good creditworthiness (see Section 2.2.3.2 above on financing with/without recourse). The finance parties has full recourse to the parent company or affiliate guarantee (similar to corporate finance, and different from a project finance), and at the same time has a high due diligence requirement on the ability of the financed project to generate future revenues.

Continued

	Specific project loans
Application scenarios	A self-owned or joint venture "project" is the object of financing, such as financing for a company's joint venture upstream mining project.
Main channels and credit methods	Generally term loans (see Section 2.2.4 above for term loans) with a term that depends on the specific funding needs of the project and generally exceeds one year.
Main risk factors	The borrower needs to assess the future revenue generation capacity and stability of the project being financed, and should give due consideration to the project's financing needs, feasibility and bankability issues (e.g. country and political risks in the project location, project construction and operational arrangements, key revenue arrangements for the project, legality of the project, etc.) at the feasibility study stage. Specific project loan often have recourse to guarantees from parent or associated companies other than the borrower, so it is also important to assess whether there are appropriate associated companies in the group that can provide corporate guarantees or other credit enhancements (see 4.1.2 for selection of guarantors and Section 4.2.6 above for guarantees and credit enhancements). The finance parties will also focus on assessing the project's financial model, cash flow projections, and the credentials of the corporate guarantees and other credit enhancements to be provided.
Special financing conditions	➢ Loan term: generally one year or more. ➢ Purpose of the loan: the loan agreement usually expressly limits the purpose of the loan by requiring that the funds be used for the expenses of the project being financed, or for the obligation to contribute to the project, etc. ➢ Representations, Undertakings and Events of Default in relation to the specific project: based on due diligence on the project, the finance parties is likely to impose certain restrictions or requirements on the financed project in the loan agreement to ensure the viability and cash flow health of the project (e.g. legal enforceability of the underlying commercial agreements, timely completion of the project, project-specific environmental and social indicators, expropriation of the project, sanctions and anti-corruption compliance issues, etc.) and, to the extent reasonably possible, to require the project to maintain certain cash reserves to ensure that the project will remain current in the event of cash flow problems (e.g. cash flow controls, debt service reserves, financial indicators, dividend restrictions, etc.). The project should also be required to maintain cash reserves, to the extent reasonably possible, to ensure that the project can meet its debt service schedule in the event of cash flow problems (e.g. cash flow controls, debt service reserves, financial targets, dividend restrictions, etc.). Such risk considerations are similar to project finance and are therefore discussed in Section 5.3 below. Borrower, on the other hand, based on the recourse nature of project loan and the qualifications of the company's guarantors, should seek to have lenders relax the above restrictions to the maximum extent possible in order to retain maximum flexibility in project construction and operations and avoid excessive and unnecessary events of default. ➢ Credit enhancement mechanisms: the quality of corporate guarantees (and other credit enhancement options) to be provided by the borrowing firm's guarantor(s) will largely affect the flexibility that the borrower can seek in the negotiation process and will have an impact on the overall cost of financing (see 4.1.2 for selection of guarantors and Section 4.2.6 above for guarantees and credit enhancement).

Continued

	Specific project loans
Operation process	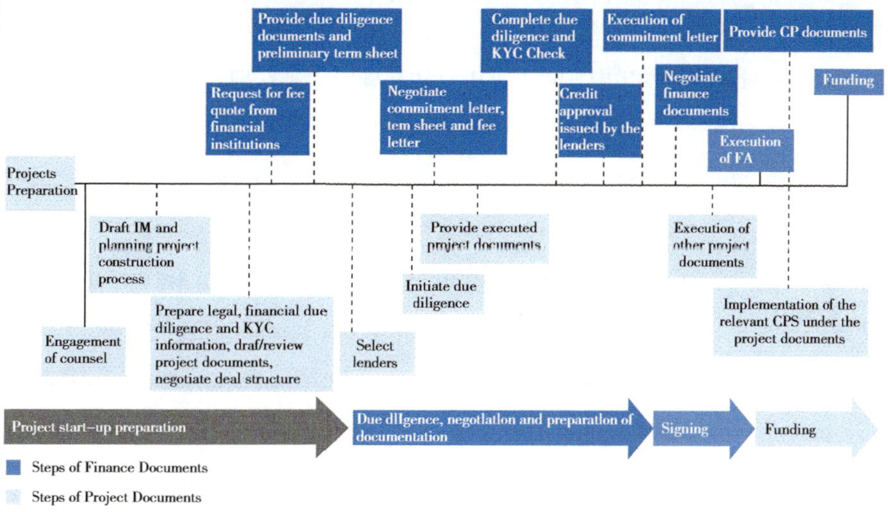

5.2.2 Acquisition Finance

5.2.2.1 Concepts and features

Acquisition finance is a special financing product in which a company (i.e. the offeror or buyer) raises money for the planned acquisition of another company (i.e. the target company) or a specific project or asset (i.e. the target project or asset) with recourse to the future earnings of the subject company or the acquired project or asset. It is applied in scenarios including the acquisition or merger of specific companies (including listed and unlisted companies) or specific projects or assets, etc..

Because of the large amounts of capital involved, acquisition finance is usually in the form of syndicated loans, and mezzanine loans from specific financial institutions may be introduced to increase the amount of funds available for lending. On the one hand, acquisition finance needs to comply with legal requirements for acquisitions and mergers; on the other hand, the cost of loans for acquisition finance and the reliability of lenders will affect the success of M&A bids.

An important issue in acquisition finance is the "Certain Funds" requirement, which refers to the certainty of the buyer's funding to complete the acquisition. Initially, the Certain Funds requirement was only applied to M&A transactions of listed companies and was imposed by exchanges or regulators to ensure that all shareholders of the listed company would receive the purchase price. As the market evolves, parties to general M&A transactions of unlisted companies also require that the acquisition finance be subject to the Certain Funds requirement. The purpose of a Certain Funds clause is to protect the seller by ensuring certainty as to the source of financing, i.e., to ensure that the buyer can obtain sufficient acquisition finance from the finance parties. In practice, the Certain Funds requirement is generally included as a clause in the transaction documents and the finance documents. The Certain Funds requirement in the transaction documents is generally reflected in the terms of the closing conditions, break-up fee triggers, representations and warranties and pre-delivery undertakings, while the requirement in the finance documents may be reflected in the provisions of the financing intention letter, financing commitment letter or loan agreement. The specific content of the Certain Funds clause depends on the nature of the M&A transaction and the agreement of the parties, and may typically involve a Certain Funds period, drawdown conditions precedent, etc. (see Section 5.2.2.5 below on special financing conditions for details).

5.2.2.2 Source and method of financing

Sources of funding for acquisition finance include loans from banks or other financial institutions, equity financing, and the issuance of high yield bonds. Financing may be structured in different ways depending on the characteristics of the underlying company or acquired project or assets, the commercial considerations of the investor or buyer and the regulatory implications. The main types of acquisition finance structures include sponsor-guaranteed acquisition finance, "Leveraged Buy-Outs (LBOs)" and other hybrid acquisition finance structures that incorporate multiple credit facilities.

Acquisition finance with a sponsor guarantee is a financing method in which a loan is obtained from a bank or other financial institution with a corporate guarantee provided by the sponsor. As a sponsor guarantee provides a direct credit enhancement to lenders, their due diligence process can be simplified correspondingly. The confidentiality of the project is also better protected. This type of acquisition finance is more suitable for projects with tight M&A timelines and involving sensitive assets. At the same time, the use of this financing method can also effectively avoid other competitors from competing in the middle of the process, thus protecting the commercial interests of the sponsors and the M&A parties. The structure of acquisition finance with a sponsor guarantee is shown in the EXHIBIT 5-3.

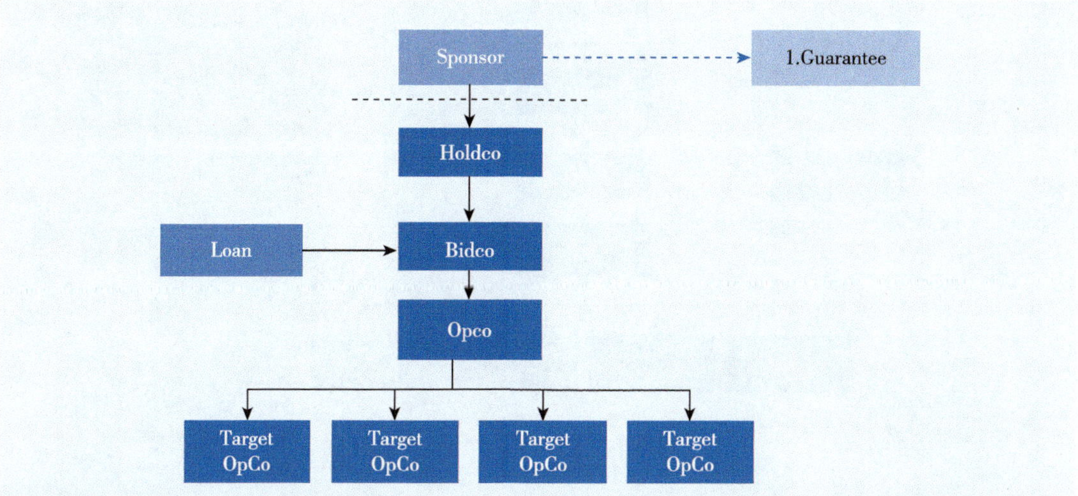

EXHIBIT 5-3 Type 1: Acquisition Finance with Sponsor Guarantee

A leveraged buyout is a financing method in which the majority of the M&A funds are raised through debt financing (including bank loans, bond issues and other methods) and the remainder through equity financing provided by professional financial investment companies such as private equity funds.[①] Leveraged buyout is the most typical type of financing in acquisition finance, which is characterized by the fact that the sponsor only invests a small amount of equity, and utilises external debt financing to raise the majority of funds needed for the acquisition. At the same time, lenders usually require corporate guarantees and asset security from the shareholding company, the M&A parties and creditworthy affiliates within the target company group (see Section 5.2.2.3 below for specific forms of guarantees and the timing of their provision). The ultimate source of repayment of the loan is mostly the cash flow from the future earnings of the target company and its subsidiaries, and the finance parties do not have any recourse against the M&A sponsor. This type of financing with limited recourse is to some extent similar to project finance. Therefore, the risk factors involved in a leveraged buyout are more complex and the finance parties' due diligence requirements for a leveraged buyout are more stringent. Its common financing structure is shown in the EXHIBIT 5-4.

① Lexis PSL. Practice Notes: Acquisition Finance-Introductory Guide, https://www.lexisnexis.co.uk/legal/guidance/acquisition- -guide.

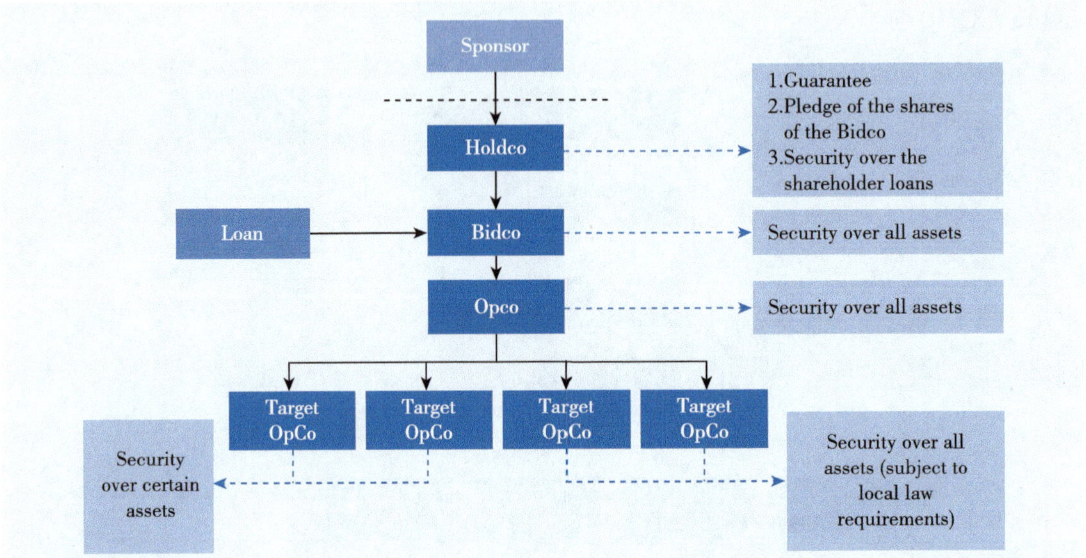

EXHIBIT 5-4 Type 2: Leveraged Buy-outs (LBOs)

Acquisition finance can also be carried out in a combination of bank loans such as term loans and revolving loans, equity financing, issuance of high yield bonds and other forms of financing, in structures illustrated in the figure below. Seller financing refers to the seller's permission to defer payment of the M&A price. In practice, the specific operation of seller financing includes the agreement in the share purchase and sale agreement to allow the M&A price payer (usually the M&A party, but may also be the new company) to pay the price sometime after the M&A closing, or the seller's direct provision of loans to the new company, etc.[①]

① The main reason for locating seller financing at the level of a newly formed company is to ensure that the seller's claims thereon are subordinated to those of the finance parties of the Acquisition finance, i.e., by structuring and ensuring that the finance parties's claims are paid in priority to those of the seller financing based on the subordination of equity to claims in insolvency liquidation.

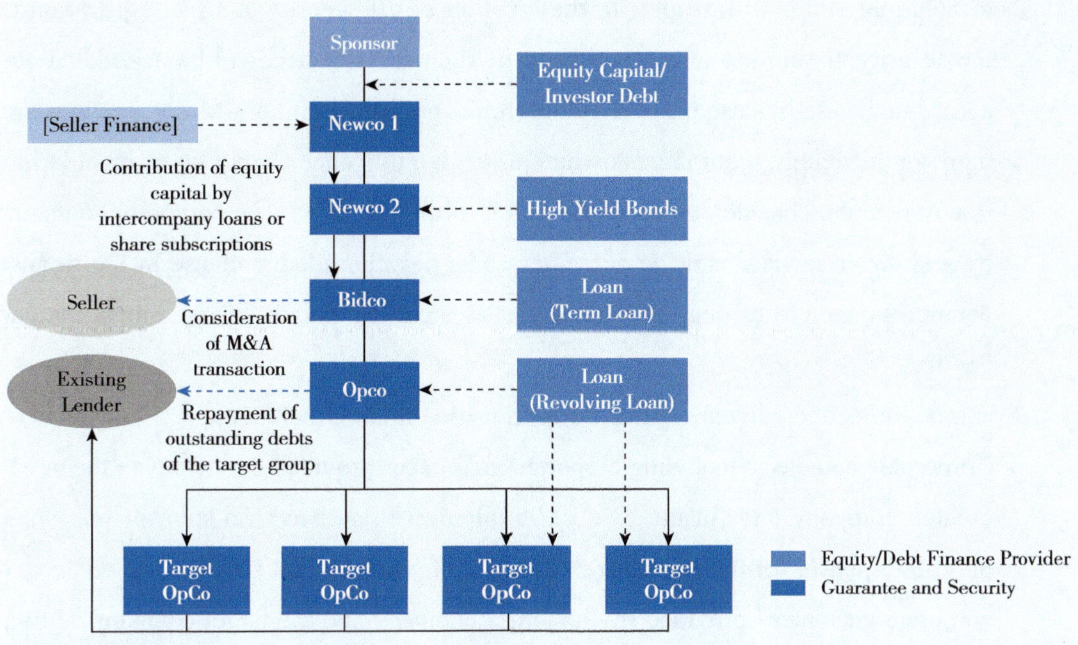

EXHIBIT 5–5 Others: Hybrid, Mezzanine Loans

5.2.2.3 Credit enhancement

It is common for finance parties in acquisition finance to require credit enhancement such as asset security and/or corporate guarantees. Asset security help the finance parties to obtain priority over the encumbered assets against third parties and the right to take possession of and sell the encumbered assets in satisfaction of the borrower in the event of default. Asset security typically include security over the pre-closing asset and the security over the post-closing asset.

- If the M&A transaction fails and the borrower has completed the drawdown, the borrower must first complete the repayment to the financing party before it can request the financing party to release the security provided; if drawdown has not yet been made, it can directly cancel the commitment amount and request the financing party to release the security provided. If the drawdown has not yet taken place, the borrower can cancel the commitment and request the finance parties to release the guarantee.
- The security over assets provided after the completion of a merger and acquisition are usually securities over the equity and assets of the target company and the target company's subsidiaries. Considering that the requirements of the laws and regulations of the countries where the target company and the target company's subsidiaries are

located may differ with respect to the creation of the security and the registration of the security, the timing of the provision of such security needs to be negotiated and agreed on a case-by-case basis. In addition, for projects with tight M&A timelines and high confidentiality requirements where asset due diligence cannot be completed in a timely manner, consideration may be given to the provision of a corporate guarantee by a stronger sponsor and the agreement of a negative pledge clause in the finance documents, thereby giving the finance parties a certain amount of risk mitigation and comfort.

Common forms of credit enhancement in acquisition finance include:

- Corporate guarantees: including corporate guarantees provided by the buyer, the newly created company and (in the case of acquisition finance with a sponsor guarantee only) the sponsor for the acquisition-related debts raised by all subsidiaries; and cross-corporate guarantees provided by the target company and the target company's group subsidiaries for the acquisition-related debts of the parent company, subsidiaries and other companies in the subject group [cross-corporate guarantees give the finance parties recourse to the operating subsidiaries (i.e. companies with actual business operations) to ensure that the finance parties of the acquisition finance are on an equal footing with other creditors of such operating subsidiaries, thereby avoiding a situation where the operating subsidiaries pay the debts of other creditors in priority and the finance parties are only able to obtain subordinated repayment from the remaining assets of the operating subsidiaries that subsequently flow into the shareholding company]. The corporate guarantees of the buyer and the newly established company shall be provided at M&A closing, while the corporate guarantees of the target company and the target company's group subsidiaries will be provided after M&A closing.
- Share pledges: depending on the structure of the acquisition finance used and the legal requirements of the country in project, the subject of the share pledge and the scope of the providing companies may vary. The most common form of share pledge is a pledge by the sponsor and the parent company of their respective equity interests in the parent company and the borrower, which should be provided at the time of delivery. At the same time, the creation of a security interest in an equity interest usually requires the choice of the *lex situs* as the law applicable to the corresponding security document in

order to ensure the validity of the security and facilitate potential enforcement of the security. In addition, if the jurisdiction of the buyer does not recognize the validity of a floating charge (e.g. China, India, etc.), a pledge of security over the buyer's equity interest in the target company will also need to be created after completion of the closing.

- Fixed charges and floating charges over all assets[①]: typically, the buyer party, the target company and the target company's group subsidiaries provide fixed and floating charges over all of their assets. Security over all assets of the buyer should be provided at closing, while security over all assets of the target company and the target company's group subsidiaries is generally provided after closing.
- Security over specific assets: usually provided by the operating subsidiaries of the target company.
- Guarantees for shareholder loans/intra-group loans: depending on the cash flow design of the specific M&A transaction being financed, where the parent company has made shareholder loans to the subsidiary or where other intra-group loans exist, it will usually be necessary to create a security interest in respect of such loans.

A typical credit enhancement arrangement is shown in the EXHIBIT 5-6.

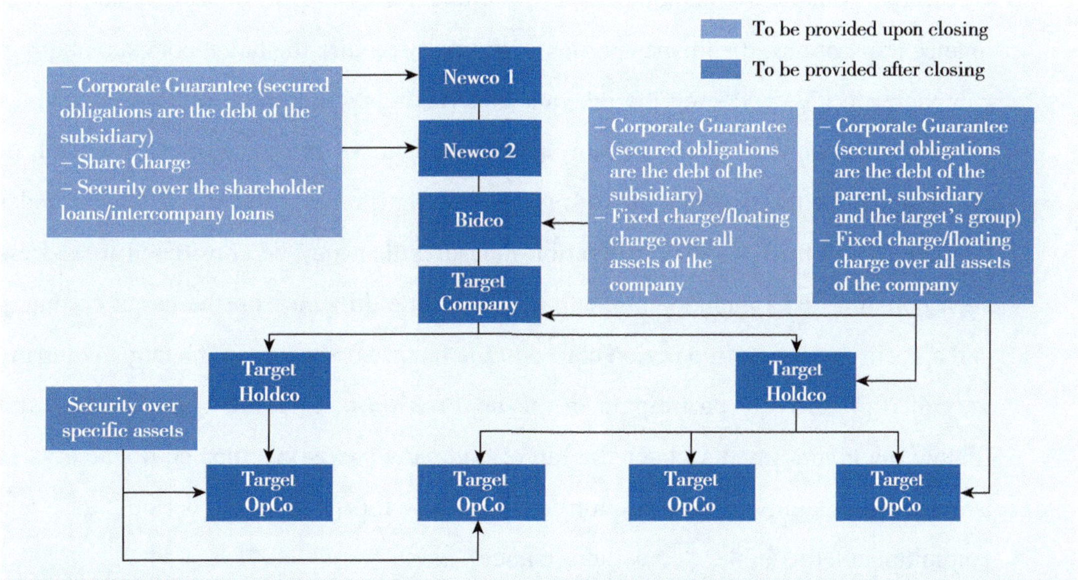

EXHIBIT 5–6 Typical Credit Enhancement Arrangement in Acquisition Finance

① Some companies may not be able to provide floating charges due to legal requirements of local laws in different countries.

5.2.2.4 Main risks

The main risk factors to be taken into account when dealing with acquisition finance options include:

- Certain Funds: the seller and the target company in an M&A transaction typically require certain evidence from the buyer to demonstrate that the buyer has sufficient funds to complete the acquisition after the share purchase agreements is signed. Certain Funds can also affect the success or failure of an M&A bid. During the M&A bidding process, the seller may require a bank loan commitment letter from the buyer and use such commitment letter to assess the strength of the buyer and the certainty of the buyer's access to financing. In addition, after the share purchase agreements is signed, the M&A payment will still need to be made even if the Borrower is unsuccessful in obtaining financing, so even though most share purchase agreements do not make the borrower's access to financing a condition of closing, the borrower should ensure in the finance documents, such as the loan agreement, that there is a high degree of certainty of funding. If the Borrower is unable to utilise the loan, it must find alternative financing within a very short period of time, otherwise it may be in default under the share purchase agreement.
- Undertakings made by the companies in the target group: even in secured acquisition finance transactions, the finance parties will usually require the target company's group companies to give and keep the relevant undertakings in addition to the undertakings given by the sponsor. Therefore, any poor financial performance or other breach of undertakings by the target company's group companies may constitute a default under the acquisition finance. Risk mitigation measures that may be considered to address such potential risks include conducting careful due diligence on the target company and agreeing on a clean-up period clause in the finance documents. The target company may also proactively participate in the negotiation of relevant commitments and review the commitments under the target company's existing finance documents to avoid cross-default, etc. (see Section 5.2.2.5 below for the clean-up period clause and commitment terms in the Acquisition finance).
- Use of proceeds: in addition to covering the consideration to be paid for the acquisition and the refinancing of existing debts of the target company (such refinanced existing debts are mainly mandatory prepayments triggered by the change of control resulting

from the acquisition), consideration should also be given to whether a subordinated loan tranche for working capital purposes should be included in the acquisition finance. This is to finance the day-to-day operations and future trading of the subject corporate group companies. This is because, given that most of the assets and shares of the subject group of companies are already pledged or mortgaged as security in the M acquisition finance, it will be difficult for them to obtain further financing from third parties on the basis of assets or shares that are not encumbered by rights. Even if the third party agrees that the target company is secured by assets or shares that are already encumbered with rights, it would be difficult for the finance parties in the acquisition finance to agree to further security interest being created in favour of such third party.

- Financial Assistance: in some jurisdictions, the target company or its subsidiaries may not provide financial support for an M&A or guarantee the acquisition finance. Therefore, the buyer and finance party will need to communicate and discuss with lawyers in the jurisdiction of the target company when designing the financing structure to avoid the credit enhancement arrangements for the acquisition finance being illegal or exposing the buyer or group to liability. In general, restrictions on financial assistance can be circumvented through the relevant white wash procedure.

5.2.2.5 Specific financing conditions

In addition to the general provisions as mentioned in Section 4.2 and considering the closeness between the acquisition finance and the M&A transaction, the sponsors and the borrower should give special consideration to the following special provisions when planning acquisition finance and negotiations.

5.2.2.5.1 Certain funds provisions

As discussed in Sections 5.2.2.1 and 5.2.2.4, the satisfaction of Certain Funds is one of the risk factors that should be considered in acquisition finance. However, the conditions precedent for first drawdown in acquisition finance are more lenient than in general corporate financing. In a general corporate financing, the first drawdown should satisfy the requirements of no event of default and no breach of representation. In the case of acquisition finance, only the requirements of no material event of default and no material breach of representations are required for the first drawdown; at the same time, the scope of application of these requirements excludes the target company and its group companies.

Specifically, the Certain Funds provisions in an acquisition finance provide that the finance parties may not cancel or terminate the lending at will during the drawdown period; the finance parties must provide the funds subject to the satisfaction of certain conditions precedent. The Certain Funds clause in an acquisition finance generally contains the following elements:

- Utilisations during the Certain Funds Period: utilisations during the certain funds period are term loans drawn down during the certain funds period for the purposes of the acquisition①. Generally, the finance parties can only refuse or terminate a borrower's drawdown during the certain funds period in rare circumstances.
  —These rare circumstances in which a finance party has the right to refuse or terminate a drawdown by a borrower during the certain funds period include where such loan constitutes an event of illegality, where the conditions precedent to the initial drawdown are not satisfied, where there is a material event of default or where a drawdown would constitute an event of material default, and where there is a breach of a material representation. Among these, the scope of material events of default and material representations depends on a variety of factors, including market practice and the characteristics of the transaction. For borrowers, it should limit the scope of material events of default and material representations and the obligors covered as much as possible during negotiation (see below).
  —The length of the certain funds period also depends on a variety of factors, including market practice and the characteristics of the transaction. The borrower (i.e., the buyer of the transaction) generally prefers a longer period - such period should cover at least until the agreed final closing date of the M&A transaction and the time required to satisfy the regulatory requirement to force a buyout of the minority shareholder's equity (i.e. "Squeeze Out"), ensuring that the certain funds period and the drawdown period combined are sufficient to cover the closing period in the share purchase agreement.
- Conditions precedent to the initial drawdown: the acquisition finance loan agreement should contain a clear and unambiguous requirement for the documentation to be provided prior to the first drawdown. There should be no catch-all provisions for the

① This definition is the suggested definition in the LMA Leveraged Finance text and is still subject to adjustment for specific transactions as negotiated by the parties to the transaction.

required CPs in order to avoid difficulties in ensuring certainty of financing.

- Events of default affecting the funding by the finance parties during the certain funds period are limited to material events of default: material events of default should cover only the sponsor, the shareholder and the buyer, and should not cover the target company and its group companies; the scope of specific events typically includes:

  —Non-payments (sometimes only for non-payment events after the initial drawdown).

  —Breach of major undertakings within the control of the borrower and the parent company (e.g., restrictions on the creation of guarantees, restrictions on acquisitions and asset disposals, financial indebtedness, *pari passu*, etc.).

  —Breach of an undertaking in connection with a specific takeover bid or acquisition plan in a public takeover.

  —Events of default in relation to insolvency.

  —Events of default such as illegality and invalidity.

- The terms of representations affecting the funding by the finance parties during the certain funds period are limited to material representations: same as above, material representations should not cover the target company and its group companies; the scope of material representations typically includes:
- Status;
- Powers and authority;
- Binding obligations;
- Non-conflict with other obligations;
- Validity of the agreement.[①]
- No material adverse change clause: the loan agreement for acquisition finance usually requires the obligor to make representations and warranties regarding the absence of material adverse change. Due to the interdependence of acquisition finance and the M&A transaction, finance parties should rely on the representations and warranties of no material adverse change clause in the share purchase agreements.

5.2.2.5.2 Conditions precedent

Based on the consideration of certain funds mentioned above, for both sponsors and

① The Associate of Corporate Treasurers. The ACT Borrower's Guide to the LMA Facilities Agreement for Leveraged Transactions (September 2008): pages 45-48.

borrowers, the condition precedent clause should aim to ensure that the documents to be provided before the signing of such agreements are clear and unambiguous in order to ensure certainty of financing. ①At the same time, acquisition finance relaxes the preconditions for the first drawdown compared to general corporate financing.

In contrast to the conditions precedent to utilisation in general corporate finance, the following conditions precedent for an equity or asset acquisition typically seen in an acquisition finance.

- Consent (from existing creditors and relevant contractual third parties) for a change of control of the company.
- Permits and approval by regulatory agencies.
- Permission and approval of shareholders.
- An undertaking that there is no material breach.
- The conditions precedent to SPA closing have been satisfied, etc.

5.2.2.5.3 Representations, warranties and undertakings

In addition to the representations and undertakings provisions in the general finance documents mentioned in Section 4.2.8, special representations and undertakings provisions to be noted in acquisition finance include:

- The borrower shall inform the lender of all information regarding the offer (e.g. invitation to make an offer, acceptance, satisfaction of conditions, etc.).
- The borrower shall not freely change the offer without prior consent.
- The borrower shall commence proceedings to acquire the shares held by the minority shareholder as soon as possible and use its reasonable endeavours to achieve a full acquisition of 100% within X weeks of the commencement of the proceedings.
- The borrower will comply with laws and regulations relating to acquisitions and other laws and regulations relating to companies and financial services, etc.②

Similarly, sponsors and buyers should pay more attention to the scope of persons covered by the representations and undertakings clause during the negotiation process. Noting that some obligors are reluctant to make representations about the conduct and activities of their

---

① The Association of Corporate Treasurers. The ACT Borrower's Guide to the LMA Facilities Agreement for Leveraged Transactions (September 2008): pages 43-44.

② Philip Wood. International Loans, Bonds, Guarantees and Legal Opinions. Third Edition. Sweet & Maxwell, 2018: pages 187-188.

subsidiaries, the sponsor or the borrower will need to reach agreement with the lender during negotiations as to whether the representations and undertakings apply only to the obligors or whether these shall extend to the obligor's subsidiaries or even further to other members of the group. In addition, the need to limit the content of the representations and undertakings in terms of "material adverse effect", "reasonableness" and "to the knowledge of the company" are also possible points for negotiations in the transaction.

5.2.2.5.4 Events of default and clean-up period provisions

In addition to the event of default clause in Section 4.2.9.1, the loan agreement widely used in the market usually provide for a "Clean-up Period". This clause is intended to protect the buyer. Although the buyer in an M&A transaction conducts due diligence to ensure that there are no material problems with the target company to be acquired, the investors and sponsors still cannot have full control of the target company and its assets immediately after the closing and therefore cannot ensure that the target company will not experience an event of default during this period. Therefore, in order to protect the borrower, a clean-up period is usually agreed in the finance documents, during which the borrower may correct any misrepresentations or misrepresentations and warranties relating to the target company and its assets, or remedy any default relating to the target company. If the Borrower completes the remedy of the relevant misrepresentations or defaults, during the clean-up period, it will not constitute an event of default under the loan agreement. The clean-up period is typically three to six months after closing. It is also important to note that the provisions in relation to the clean-up period generally provide for specific conditions for the cure of an event of default:

- ➢ It only applies to defaults related to the companies within the target group.
- ➢ The event of default occurs during the clean-up period.
- ➢ The event is a breach of Clean-up Representations, Clean-up Undertakings or constitutes a Clean-up Default.
- ➢ Such events of default were not caused by the buyer.
- ➢ Such event of default is capable of being remedied and reasonable remedial measures have been taken.
- ➢ Such events of default did not constitute a material adverse effect.[①]

---

① The Associate of Corporate Treasurers. The ACT Borrower's Guide to the LMA Facilities Agreement for Leveraged Transactions (September 2008): pages 177-179.

5.2.2.6 Procedures

A common operational process for acquisition finance is shown in the EXHIBIT 5-7.

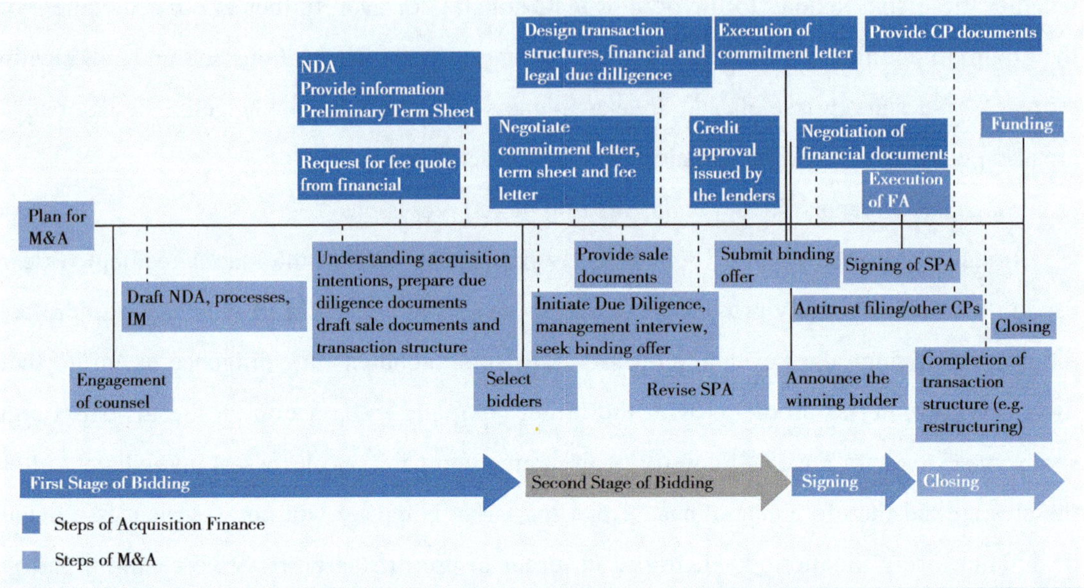

EXHIBIT 5-7 Typical Process for an Acquisition Finance

5.3 Project Finance

5.3.1 Overview of Project Finance

5.3.1.1 Concepts and characteristics of project finance

Project finance refers to as limited recourse project finance, and is finance raised for the development, construction and operation of a particular project, where the recourse of the finance parties is usually limited to the project assets and equity in the Project Company, with no or limited recourse to the sponsors/shareholders.

In order to develop or utilize natural resources, a certain business interest or other assets, the sponsor generally uses a special purpose company (the Project Company) to finance the project costs through a combination of equity funds injected into the Project Company, and third party debt raised by the Project Company to fund the project costs with the injection of equity funds, and through the Project Company to borrow foreign debt from financial institutions to pay the rest of the project costs in the form of financing. During the construction period, the sponsor's equity capital and external debts are injected into the Project Company in a certain proportion and in a certain order for project construction and payment of project costs; after the project is completed and enters into operation, the loan principal and interest are then repaid from the revenues generated by the project. The sponsor may provide some completion support during the construction period given that during the construction period, the project has no income and no completed assets, while after the project enters the operational phase, recourse to the sponsors is usually limited to specific matters and/or assets (e.g. equity interest in the Project Company). During the life of the loan, the finance parties generally have security interest in the Project Company's assets, interests in land, contracts and insurance interests, equity, accounts and other assets and interests, and some control of the project cash flows to ensure that they are available for current debt service after the project has paid the necessary operating expenses and taxes, and provide for some reserves for future debt service.

The core features that distinguish project finance from corporate finance and specific project loans are as the EXHIBIT 5-8.

EXHIBIT 5–8 Comparison between Project Finance, Corporate Finance and Specific Project Loan

	Project finance	Corporate finance	Specific project loan
Borrower	Generally a special purpose company established for the construction and operation of the project, where the Project Company holds the project assets and establishes contractual relationships with third parties for concession, land, construction, operation, sales and financing related to the project, either as a wholly owned subsidiary of the sponsor or as a joint venture subsidiary with other sponsors.	Generally group companies or parent companies or affiliates with good creditworthiness that have a need for funds (thus obtaining loans on better terms and sub-lending the funds to the final user).	Generally a group-owned enterprise that holds assets and/or interests in the project, such as an entity that participates in a joint upstream exploitation with other sponsors.
Purpose of the loan	Payments for specific project expenses.	For non-specific general working capital or medium to long-term funding needs of the business.	Payments for specific project expenses.
Source of repayment	Cash flow during the project's operation period.	Non-specific operating income of the business.	Cash flow during the operation period of the project (but generally backed by a guarantee from a parent or affiliated company with good creditworthiness).

Continued

	Project finance	Corporate finance	Specific project loan
Guarantees and credit enhancement	Project Company assets, interests in land, contracts and insurance interests, equity, accounts and other assets and interests.	Generally backed by a guarantee from a creditworthy parent or affiliated company.	Project assets and/or shares in the Project Company, and generally backed by a guarantee from a parent or affiliated company with good credit standing.
Recourse	The finance parties have full recourse to the project assets in the security package and limited recourse to the parent, sponsor or affiliate which is only for a certain period of time (e.g., the construction period of a greenfield project) or up to a certain amount or for specific triggering event.	The finance parties have full recourse to the parent guarantee or affiliate guarantee.	Finance party has full recourse to the parent guarantee and/or affiliate guarantee.
Due diligence requirements for the projects being financed	High	Not applicable	Relatively high
Loan term	Generally longer (over 10 years)	Variable	Depending on the need for funds, usually more than one year.
Financing costs	High, to compensate for the generally relatively high risks taken by finance parties in project finance (e.g. due to the limited recourse nature, country risk, longer loan terms, relatively high leverage), and the introduction of export credit agencies and multilateral institutions may reduce to some extent the interest rates that commercial banks need to charge to cover political risks.	Variable, but generally lower than for project finance.	Variable, but generally lower than for project finance.

5.3.1.2 "Bankability" and risk allocation

"Bankability", in short, means whether a project can be financed, i.e. in the context of a project finance, whether the risks involved and the overall economics of the project have been reasonably arranged and allocated in a commercially reasonable manner such that finance parties are willing to lend to the project with limited recourse. In other words, from the sponsor's perspective, achieving the bankability of a project is a process of assessing the project risks in a comprehensive and integrated manner and implementing a reasonable allocation of the identified risks through effective financing structuring, commercial arrangements and negotiations.

The macro-environmental analysis of the political, legal, economic and financial risks involved in a project has been described in Section 3.1 above, and Section 3.2 above provides suggestions for analysing the project-specific factors and risks to be considered. When assessing bankability in the context of project finance, the risks involved in a particular project may be analysed from the following perspectives (see Section 5.3.5 below for details).

- Political and concession risks
- Construction and completion risk
- Operational risk
- Business and market risk
- Legal and compliance (environmental and social, sanctions, anti-corruption, anti-money laundering, etc.) risks
- Project-on-project risk

After the due diligence and analysis of the aforementioned risks, the next step is to determine and improve the allocation of these risks among different parties. The allocation of risks can be approached based on the following principles.

- Is the risk within the party's control?
- Can the risk a matter be transferred by that party to a third party?
- Does the party have an interest in assuming or controlling a risk from a commercial interest?
- Does that party stand to gain economic benefit from taking on that risk, or have benefits from a planning, innovation, incentive perspective?
- Would it be unrealistic or reasonable for the party to attempt to pass on a risk to other parties?

Finance parties are primarily concerned about minimising project risks, while sponsors tend to focus more on finding an economic balance between risks and costs. For risk gaps that cannot be entirely eliminate, given the limited recourse nature of project finance, finance parties will often require that they be ultimately borne by the Project Company (e.g. by agreeing that a matter is a representation, undertaking or specific event of default given by the Project Company), or even that they be backed by limited support provided the sponsors.

5.3.1.3 Parties and common structure

There are a relatively large number of parties involved in project finance, and in particular, the common counterparties to the project documents (e.g., contractors, O&M Providers, purchasers) play a very important role in both the structuring of the financing and the achievement of bankability. The EXHIBIT 5-9 illustrates a typical commercial structure for project finance.

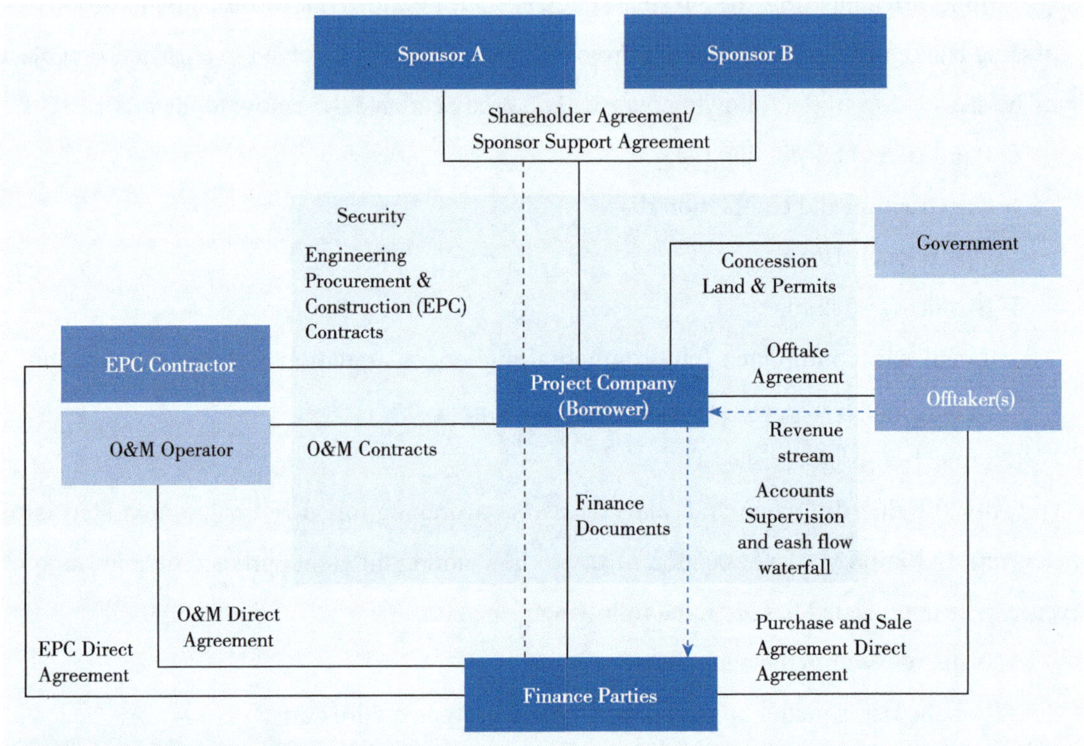

EXHIBIT 5-9 Project Finance: Typical Participants and Commerical Structure

(1) Sponsors

"Sponsor" generally refers to the investor who is actually responsible for the promotion and development of the project. In a typical project finance commercial structure, a Project Company is typically established by the project sponsors (including through an affiliated subsidiaries as shareholders) to provide a portion of the Project Company's funds in the form of equity for the payment of project expenses. The sponsor may be a single company or multiple joint venture parties. The financing of large oil and gas projects usually involves the participation of several international oil companies and the national oil company of the host country.

The identity of the sponsor and the related commercial arrangements are of particular importance to the success of a project and are of particular concern to other co-sponsors and finance parties in the financing planning, due diligence and negotiation process, including the following.

- Financial status of the sponsor: creditworthiness, credit ratings (if any), etc.
- Identity of the sponsor: track record within the industry, experience, reputation, sanctions and compliance status, domestic and international political environment, etc.
- Arrangement of the equity funding by the sponsor: proportion of equity to total expected project expenditure, debt-to-equity ratio, total amount of equity (including the respective amounts of Base Equity and Contingent/Standby Equity), timing of equity contribution (prior to, pro rata with, or after the senior debt), source of equity funding (whether there is a shareholder bridge loan arrangement, and if so, related subordination issues), composition of equity (whether it includes early development costs, pre-completion/early revenues), etc.
- Arrangement of shareholding by the sponsor and its affiliated shareholders: initial shareholding, stapling of upstream and midstream interest (for non-integrated projects), lock-up period and minimum shareholding requirements after the lock-up period, conditions for transfer of shareholding/project interest and qualification requirements of the transferee, etc.
- Subordination of claims of the sponsor: any claims of the sponsor against the Project Company (other than those allowed under the project documents to which the sponsor is also a counterparty to the project documents, and where a sponsor is also a contractor on the project and may claim payment of the construction costs from the Project Company on the basis of the EPC Contract) should in principle be subordinated to the claims of the finance parties.
- Support mechanisms for less qualified sponsors: some projects inevitably involve the participation of less creditworthy sponsors, such as less creditworthy affiliates of the host government or local national oil companies. The creditworthiness of such sponsors is a key risk consideration for the finance parties if they have certain payment obligations to the finance parties, such as equity capital injections, completion guarantees or payment obligations under debt service commitments. In such cases, the finance parties may require the stronger sponsor to provide some credit enhancement to the weaker sponsor in order to mitigate that risk, for example, by providing up front support or a back-up guarantee.

The core matters described above are generally agreed by the finance parties through sponsor support agreements (the names of which may vary in specific projects) entered into directly with each sponsor and its affiliated shareholders (see Section 5.3.4 below).

(2) Project company

The Project Company, usually the borrower, is generally a special purpose company formed by the sponsor to develop, construct, finance and operate a particular project. At the time of initiation of a greenfield project, the Project Company is usually newly established and has no operating history and no assets other than its initial assets. Once established, the Project Company will enter into (or, where the sponsor has previously signed relevant agreements, assign to it by the sponsor) project documents (EPC Contract, O&M contract, offtake contract, supply contracts, etc.), purchase project insurance, sign project finance documents and security documents in its own name. During the construction period, the Project Company will pay for project costs using the equity funds received and proceeds of the project finance; during the operation period, it will operate and maintain the project and repay the project finance loans using the revenues generated by the project. For the advantages and disadvantages of establishing a special purpose vehicle as the Project Company, see Section 5.3.1.4 below.

(3) Finance parties [including ECA/MLA (if any) or senior creditors]

Commercial banks, export credit agencies and international financial multilateral institutions are the main lenders for project finance. Since project finance tends to be for a large amount and commercial participants, such as sponsors and contractors, may come from more than one country, project finance may involve syndicated financing by a number of banks, sometimes involving a multi-sourced structure consisting of facilities from several export credit agencies and their respective covered commercial banks, and sometimes involving the sponsor's relationship banks. Projects located in areas of higher country risk are more likely to involve the participation of export credit agencies and/or international multilateral institutions to share political risks that the commercial banks may not be able to bear themselves (for export credit agencies, see Section 4.1.3.6 above).

(4) Government or concession owner

As an integral part of any project finance, the level of involvement and support of the host government (or relevant agency or state-owned enterprise) in the financed project is also one of the key elements for the successful implementation of the project (especially in the case of oil and gas projects). In addition to obtaining the concession from the host government, whether the government has special legislation for the industry sector in which the financed project is located, whether there is a special economic zone and/or other special tax treatment for the location of the Project Company, how the oil and gas products are shared, whether there are minimum requirements for local procurement and employment arrangements, and what kind of support is given to the project in terms of government licensing, registration, filing, etc., are all key factors for the sponsors and the finance parties consider during the preliminary due diligence and commercial negotiations.

(5) EPC contractor and O&M contractor

The EPC Contractor, the contractor for the project works, may be a general contractor or may consist of several contractors and construction management company depending on the contracting option chosen for the project, The contractor undertakes the design, construction and building of the project by entering into an engineering and construction project contract (the EPC Contract) with the Project Company. Typically fixed-price turn-key models with one EPC contractor and a clearly defined agreement on the overall construction schedule and jey milestones tend to be more bankable.

An O&M Contractor is a contractor that provides operation and maintenance services to a project by entering into an operating and maintenance contract (the O&M Contract) with the Project Company for a relatively fixed service fee. Certain projects that rely on certain key pieces of major equipment (for example in wind projects) may also enter into long term service agreements, often with the original equipment manufacturer, in relation to the operation and maintenance of the project.

In terms of due diligence on EPC Contractors and O&M Providers, the key considerations of sponsors and finance parties generally include:

- Technical qualifications: technical experience, industry position, historical performance, regional advantages, etc.;
- Financial qualification: Bankable project documents should provide for clearly agreed damages for risks to be borne by the EPC Contractor or O&M Contractor (e.g. delay liquidated damages for delays caused by the EPC Contractor). For such payment obligations, the sponsor and finance party need to assess the creditworthiness and ability to pay of such counterparties and/or the adequacy of the credit enhancement provided by them (e.g. parent guarantee, bank guarantees / bonds).

(6) User/Toller or offtaker

The user of the project facility (the User or the Toller) or the purchaser of the commodity produced by the project (the Offtaker) is generally the counterparty to the main revenue contract of the project and a core project participant on which the future revenues of the project (i.e. the source of repayment) depends. Project finance structures and revenue structures will vary depending on the industry (see Section 5.3.2 below for details).

- In a typical merchant risk oil and gas financing model (i.e. no-tolling structure), for example, long-term offtake agreement, including the creditworthiness of the counterparties under such agreements, the nature of their payment obligations under such agreements (e.g. whether the offtaker accepts take or pay obligation), the recourse of such counterparties under the sale and purchase agreement for the project company's defaults (e.g. deliver or pay obligations), whether such counterparties are affiliated to the project sponsors, etc., will be central to the sponsor's and finance party's judgment of the project's bankability in terms of its revenue source.
- By contrast, under the tolling structure, the focus will be more on the creditworthiness of the Toller and the arrangements in the Tolling Contract/Services Contract for the calculation and composition of the service fee (e.g. whether the debt service and operating expenses of the Project Company are adequately covered, whether the variable operating expenses are adequately covered, etc.).

5.3.1.4 Advantages and disadvantages of project finance

The advantages and disadvantages of project finance can be briefly summarized and analysed as the EXHIBIT 5-10.

EXHIBIT 5–10 Project Finance: Advantages and Disadvantages

Advantages	Disadvantages
➢ Leverage to minimize the sponsor's equity investment and risk exposure in the project; avoid large project finance loans from appearing in the sponsor's financial statements where no consolidation is required under the applicable accounting standards, avoid the sponsor from violating its borrowing limits under existing borrowings, and more effectively segregate the sponsor's risk from the project itself, etc. ①.	➢ Time and cost: Project finance involves more participants, more advisors, a more rigorous due diligence process and a longer negotiation than ordinary corporate financing, so the time and financing costs are generally higher.

① Edwin Feo et al. Project Finance: The Guide to Financing International Oil and and Gas Projects. Euromoney, 1996: pages 7-8.

Continued

Advantages	Disadvantages
➢ Sponsors with insufficient credit standing can, through project finance, take on projects of a scale that their own financial statements cannot support.	➢ Complexity: Every aspect of project finance, from the feasibility study, due diligence, negotiation of project documents to negotiation of finance documents, is more demanding in terms of professionalism and complexity compared to ordinary corporate financing ①.
For projects involving less creditworthy sponsors, project finance (based on the principle of severalty between sponsors) avoids the risk of the more creditworthy sponsor having to pay for the less creditworthy sponsor if the project goes bad.	➢ Flexibility: Project finance requires that commercial documents be structured in a way that meets minimum bankability requirements, thus limiting, to varying degrees, the sponsor's flexibility in construction, operating and other commercial aspects of the project.
➢ The involvement of export credit agencies and multilateral institutions can mitigate the political risks that need to be borne by the sponsors.	➢ Restrictive: The Project Company is subject to relatively extensive and strict monitoring and restrictions by the lenders, including information reporting obligations and undertakings in respect of construction and operational activities; strict control of cash flows; and restrictions on the performance, replacement and termination of project documents.②
➢ The generally longer loan terms and higher leverage of project finance compared to the general medium to long-term corporate finance market means that sponsors can achieve higher returns on their investments.	
➢ Sponsors may benefit from more rigorous due diligence and risk allocation negotiations with the involvement of third-party financial institutions.	

5.3.2 Application of Project Finance

5.3.2.1 Industry

Project finance is widely used in projects with high capital requirements, such as energy and infrastructure projects. Common application areas include power projects (depending on the fuel, they can be divided into traditional thermal power, natural gas power, hydropower, wind power, other new energy power projects, etc.), infrastructure projects (such as railways, roads, ports, telecommunications, airports, hospitals and other infrastructure), oil and gas projects (including upstream oil and gas) including upstream oil and gas extraction, midstream

① Edwin Feo et al. Project Finance: The Guide to Financing International Oil and and Gas Projects. Euromoney, 1996: pages 7-8.

② Practice Law Finance. Practical Law UK: Advantages and Disadvantages of Project Financing, https://uk.practicallaw.thomsonreuters.com/0-382- 8846?transitionType=Default&contextData=(sc.Default).

processing (such as petrochemicals, refining, natural gas liquefaction), and oil and gas pipeline transportation projects], etc.

5.3.2.2 Financing structures for oil and gas projects

In terms of commercial structures, the most striking feature of the oil and gas sector, compared to the general project finance commercial structure shown in Section 5.3.1.3 above, is that upstream and midstream projects can be structured differently by forming different business models. Upstream projects usually refer to oil and gas exploration, extraction and production projects; midstream projects usually include petrochemical projects, refining, natural gas liquefaction projects, marketing of processed and refined products and sometimes transportation; and downstream industries generally refer to the distribution to end-users.

The chain of oil and gas projects is shown in the EXHIBIT 5-11.

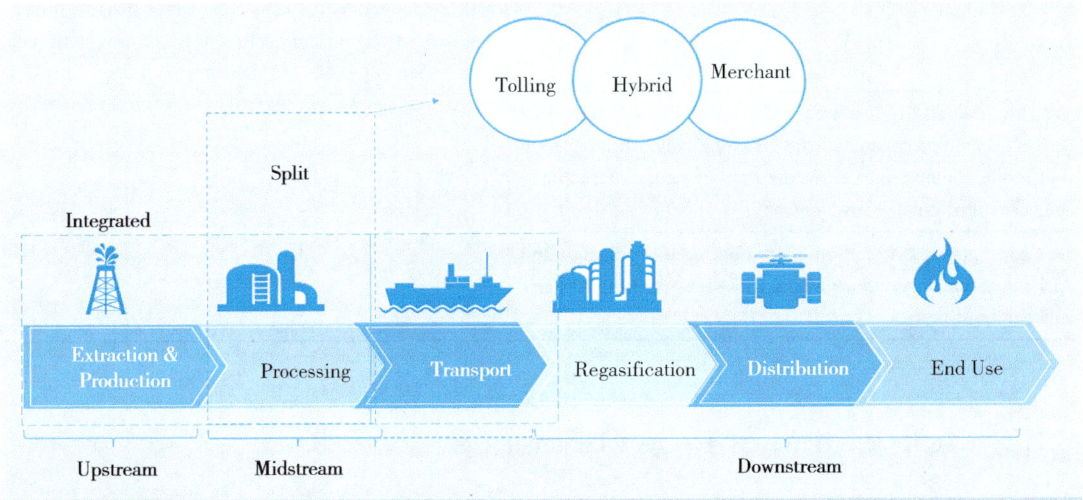

EXHIBIT 5–11 Oil and Gas Value Chain

As shown in the figure above, oil and gas project finance structures can be classified into integrated and non-integrated projects based on whether the financing project covers upstream projects. Of these, non-integrated projects can be further classified into service fee or availability based structures ("Tolling Project"), market-risk structures ("Merchant Project") and hybrid projects ("Hybrid Project") based on their commercial arrangements.

5.3.2.2.1 Integrated project structure

An integrated project means that the upstream and midstream projects are financed as an integrated project, and the proceeds of financing can be used for the overall project costs of the upstream and midstream projects, with the financed asset package covering both the participating interests and assets of the upstream participants and the shares and assets of the midstream project. The cash flows of the project in the upstream and midstream will also be considered as a whole: in the case of a petrochemical project, for example, the upstream will develop and produce crude oil, sell part of the crude oil and supply part to the midstream for processing; the revenue from the sale of crude oil from the upstream and the sale of petrochemical products from the midstream can be used for the repayment of senior debt. The structure of the integrated project is shown in the EXHIBIT 5-12.

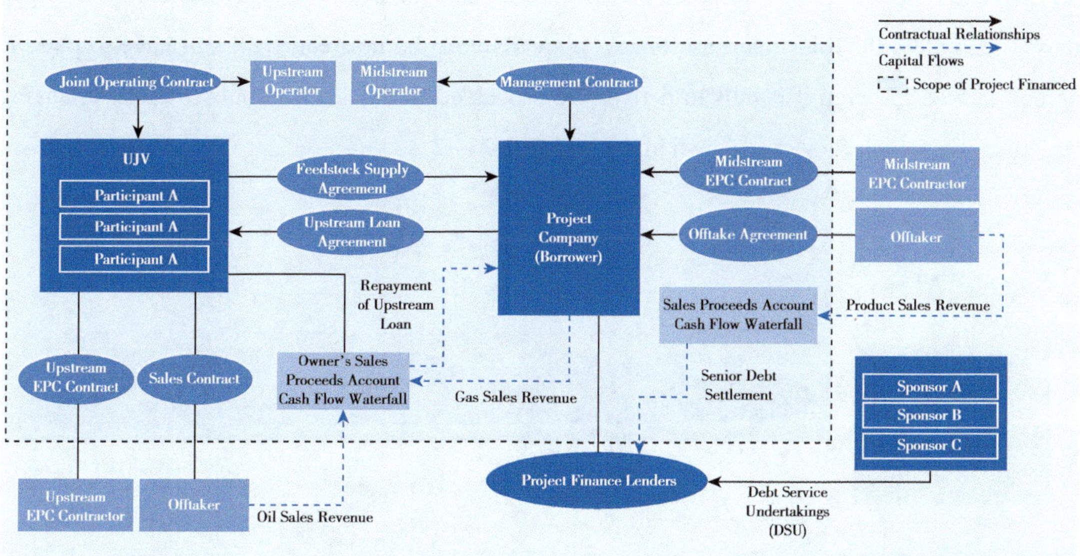

EXHIBIT 5–12 Integrated Projeot

5.3.2.2.2 Non-integrated project structure

Non-integrated projects are structures where financing is provided only for one or several parts of the value chain (but not for the entire value chain), where the asset package being financed includes, in the case of a midstream project, only the shares and assets of the midstream project, without recourse to the participants' participating interests and upstream assets; the loan proceeds are also used only for project costs of the midstream project, while the upstream project is generally financed by each participant with its own funds, or through corporate financing or specific project loans.

Non-integrated projects can be further classified as service fee based structures ("Tolling Structure"), market-risk structures ("Merchant Structure") and hybrid structure ("Hybrid Structure"), depending on whether the midstream Project Company assumes market risk.

5.3.2.2.2.1 Tolling

In a Tolling Project, the midstream project is only responsible for processing the oil and gas resource provided by the upstream project and receives a service fee in return, while the upstream project retains ownership of the oil and gas feedstock and processed products, assumes its own marketing risks and enjoys the marketing revenues. The midstream project supplies the "availability" of the project assets, bears no market risk, and derives revenue only from the service fees paid by the upstream; the service fees usually cover certain fixed costs of the midstream (including debt service) and a portion of the variable operating expenses, and are usually payable on a use-or-pay basis (i.e., unless the midstream assets are "unavailable", the upstream will still have to pay the agreed service fee even if it fails to deliver the processed feedstock as promised). The financing structure of a Tolling Project is shown in the EXHIBIT 5-13.

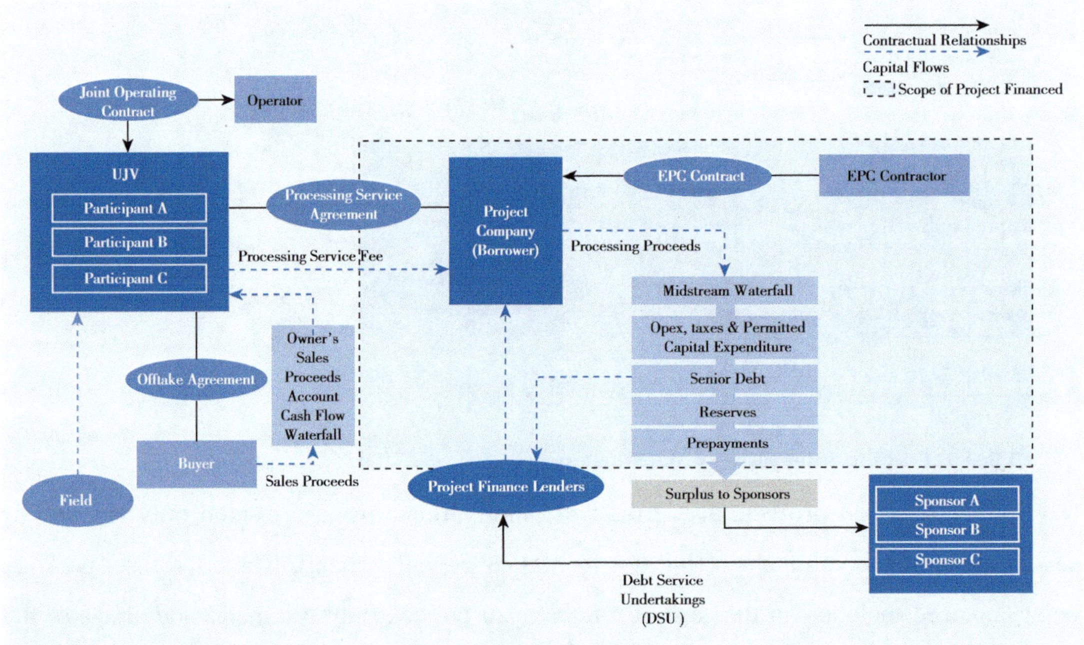

EXHIBIT 5-13 Non-integrated: Tolling

5.3.2.2.2.2 Merchant

In a Merchant Project, the midstream Project Company is responsible for the sale of the processed product and directly bears the market risk and receives the sales proceeds. The sales arrangements, including the term of the purchase and sale agreement, the offtake share, the creditworthiness of the offtaker, market due diligence, shipping arrangements, etc., are all critical to the bankability of the project. Finance parties may also have higher requirements for cash flow reserves and debt service coverage of the project. The financing structure of a typical merchant project is shown in the EXHIBIT 5-14.

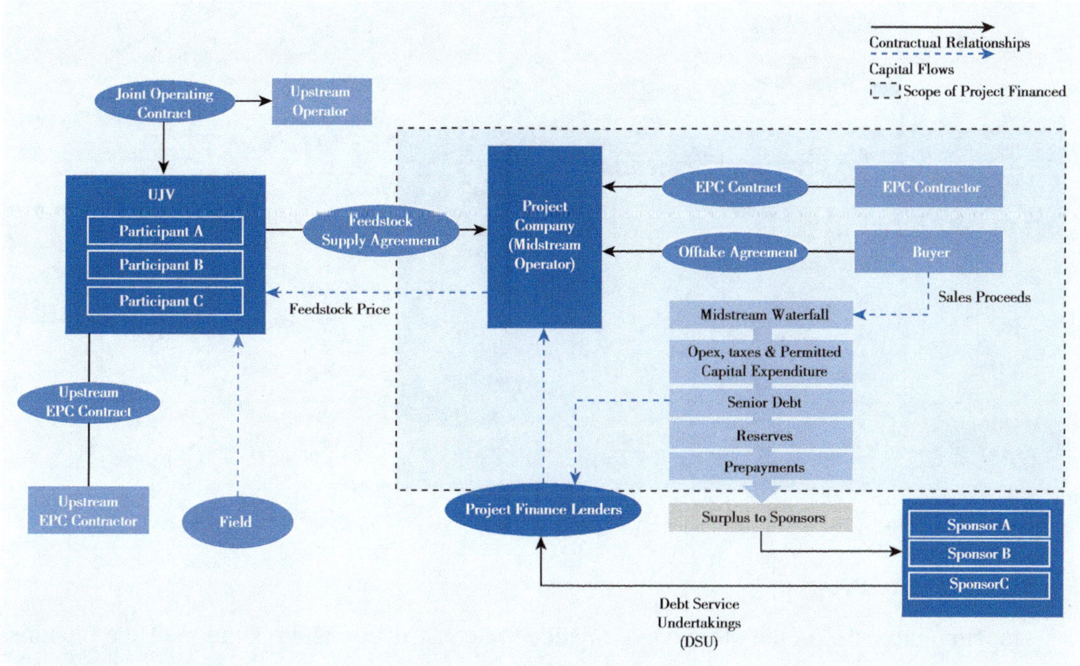

EXHIBIT 5–14 Non-integrated: Merchant

5.3.2.2.2.3 Hybrid Project

Hybrid Projects combine features of the aforementioned Merchant Project and Tolling Project and involve both upstream and midstream project risks. For example, in a hybrid project, the midstream project is still the target of financing, and the loan proceeds are used only for midstream project expenses. Similar to a Tolling Project, the midstream project in a Hybrid Project provides processing services and receives processing service fees, while the upstream project is responsible for the sale of the processed products. However, unlike a Tolling Project, the service fee in a hybrid project is not on a use-or-pay basis, but depends on the upstream project generating sufficient sales revenue. The midstream project thus also shares the sales and market risk of the upstream project, similar to a merchant structure. Given that the midstream project bears the upstream risk but the financed asset package covers only the midstream, the finance parties in a hybrid project will pay particular attention to the creditworthiness of the upstream participants, the sales arrangements and the impact they may have on the midstream project, and generally require the asset package to cover the upstream sale and purchase agreements as well as the upstream accounts and cash flows (but not the participation interests of the upstream participants and the upstream assets).

The financing structure of a hybrid project is shown in the EXHIBIT 5-15.

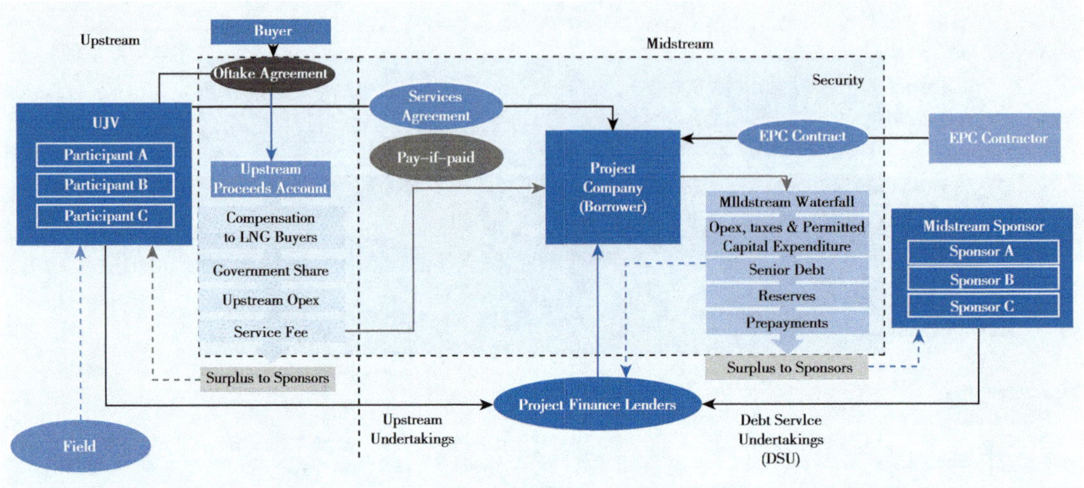

EXHIBIT 5-15 Hybrid Project

5.3.2.3 Pipeline Project

Pipeline projects, on the other hand, finance the construction and operation of the pipelines required for the transportation of oil and gas, and in the case of pipeline projects, the lenders' recourse relies heavily on, among other things, the pipeline transportation fees collected by the project through the operation of the pipelines. In contrast to the aforementioned business model of upstream oil and gas extraction and midstream processing, the commercial and financing structure of pipeline projects can be summarized as EXHIBIT 5-16.

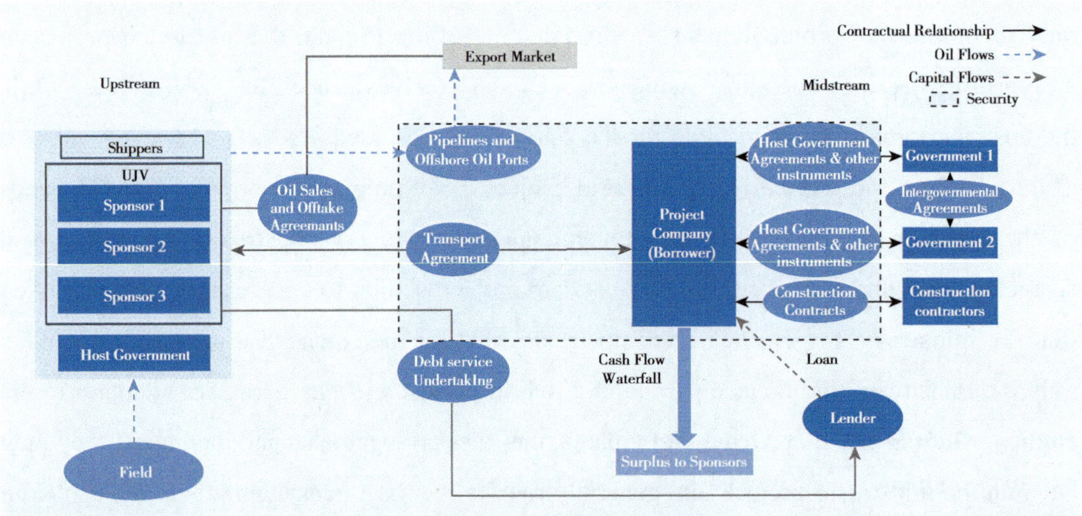

EXHIBIT 5-16 Pipeline Project

5.3.3 Source and Method of Financing

As the funding requirements for project finance is relatively large, multiple sources and methods of financing may need to be introduced into a project to achieve the financing needs, which may include the following:

(1) Senior term facility

A senior term facility is generally the main form of financing for a project, i.e. a senior debt by way of medium-term and long-term loan provided by the finance parties to the project in the form of project finance (for the concept of project finance, see Section 5.3.1.1; for the concept of senior debt, see Sections 2.1.2.2 and 2.2.6 for medium-term and long-term loans, see Section 2.2.5 above).

Senior term facilities will typically meet a large portion of the debt requirements of a project finance, and their providers often have the most conservative risk appetite and therefore generally act as the leading finance parties in negotiations to protect the interests of the syndicate. From the sponsor's perspective, if the project's bankability and loan terms can meet the requirements of such financial institutions, it also helps to control the financing costs of the overall project finance.

In senior term facilities, the finance parties may be a single party (i.e. a bilateral loan), but it is more common to see a syndicate of multiple financial institutions. It is also common for multiple export credit agencies to participate in projects involving different country participants, with some country-specific risk, and of a larger scale, to support the participation and interests of the country sponsor and/or participants (e.g. EPC Contractors, O&M Contractors) in the project. Each ECA will provide insurance or guarantees covering political risks as well as certain commercial risks to the commercial bank providing the loan (see Section 4.1.3.6.3 above for forms and types of ECA support), or will provide loans directly to the project as a lender, linked to the equity investment of the country's sponsor and/or the export of goods and services by the participant. The sub-syndicate covered by each ECA (or lending by ECA as a direct lender)is also referred to as a "tranche" or a "facility". The specific terms of the loan will differ between different facilities due to the need to meet the specific requirements of their respective ECA; the different national interests of each ECA may also lead to diverging interests in intercreditor discussion between different facilities. Therefore, such syndicated loans (also known as multi-source financing) involving multiple export credit agencies will generally be governed by a Common Terms Agreement, which provides for terms that apply to all facilities, and the Intercreditor Agreement, which provides for voting and decision making among different facilities. The facility-specific loan terms will be set out in individual Facility Agreements. For a list of the main project finance documents, see Section 5.3.4 below.

(2) Working capital facility (WCF)

A project finance usually also contains a working capital facility. This working capital facility is distinct from the corporate working capital facility mentioned above (see Section 5.1). It refers to a short-term revolving loan provided by the finance parties for the purpose of supporting project working capital needs within the framework of project finance (for short-term loans, see Section 2.2.5 for revolving loans, see Section 2.2.4 above). The loan is relatively flexible in terms of the purpose of the loan and the revolving repayment method compared to the aforementioned medium-term and long-term loans, but is generally consistent with medium-term and long-term loans in terms of overall drawdown conditions and other lender protections (e.g. representations, undertakings, events of default), and is therefore generally subject to general conditions provided under the Common Terms Agreement and then special conditions for liquidity loans through the Working Capital Facility Agreement.

Given the relatively small amount of the working capital facility, the working capital facility providers (if different from the medium-term and long-term debt provider) generally do not have the same interest of the medium-term and long-term debt provider in the sustainable operation of the project and may have divergent interests in intercreditor decision-making with the medium-term and long-term debt provider. As a result, it is common for the finance documents to restrict the intercreditor voting rights of the working capital facility providers, for example, by not granting it voting rights on important matters such as the operation of the project.

(3) Senior sponsor debt

Senior sponsor debt is also a financing option among highly rated international oil companies. Senior sponsor debt is different from the "shareholder debt" described in Section 2.1.2.2 above: shareholder debt in its traditional sense is subordinated shareholder debt, and in the context of project finance, is a form of shareholder equity contribution to the Project Company (alongside share subscriptions), which is essentially treated as equity in the finance documents, in that its repayment is equivalent to a distribution by the Project Company to the shareholders, i.e. repayment will be made from the bottom of the cash flow waterfall and subject to the satisfaction of the distribution conditions.

Senior sponsor debt, on the other hand, is a medium to long term loan provided to a project by a sponsor, affiliated shareholder or other related party as a senior lender pari passu with other senior debt, i.e. such senior sponsor debt ranks equally with other senior debt in terms of priority of repayment from the cash flow waterfall during the project's operational phase and from enforcement proceeds following enforcement, and benefit from the debt service undertaking (Debt Service Undertaking, also referred to as "DSU") (see Section 5.3.6.1 below) the same as other senior debt. However, given the obvious potential conflicts of interest, senior debt providers are generally subject to severe restrictions on intercreditor voting rights.

Senior sponsor debt may be invested in the project as initial senior debt or as additional debt[①] (e.g., to fund expansion), and will be counted in the total debt capacity of the project (see Section 5.3.8.2 below).

Senior sponsor debt is usually provided by the sponsor to exhaust the available debt capacity of a project, rather than being the primary source of funding for project finance (or else it loses the character and advantage of what makes project finance project finance). A highly rated sponsor may raise corporate finance at a low cost or use its own funds and lend such funds to the Project Company as senior sponsor debt at the high project finance pricing, thereby earning a spread on the cost of capital.

(4) Letter of credit facility

The borrower may be required by the counterparty to provide certain credit support under the project documents in respect of its performance or payment obligations. If the borrower chooses to apply for a letter of credit in its own name (as opposed to a letter of credit guaranteed by or with recourse to the sponsor's parent company), when the corresponding obligation is triggered, the counterparty requests payment from the issuing bank and the issuing bank makes payment, a claim against the Project Company arises and a credit relationship with

① Additional debt refers to debt that the borrower can borrow on top of existing debt if certain conditions are met, such as expansion debt for expansion, debottlenecking debt for capacity improvement, and permitted development debt for statutory or sub-threshold development. The debt is commonly known as expansion debt, debottlenecking debt for capacity improvements, and permitted development debt to implement statutory or sub-threshold development.

the Project Company is formed. Such a credit, by virtue of its recourse to the Project Company, constitutes to some extent a threat to the "solvency" status of the Project Company (in some jurisdictions, a creditor may bring a court action against the debtor for insolvency on the basis of unpaid claims as they become due), and the finance documents usually contain requirements as to the subordination of such claims and restrictions on the issuing bank in intercreditor decisions.

(5) Equity bridge loan (EBL)

EBLs are loans raised by the sponsors or affiliated shareholders, not with their own funds, but through the use of external debt (generally short-term and medium-term corporate finance) of the Project Company in order to meet their equity payment obligations in the project finance. Specifically, an EBL is typically backed by a parent corporate guarantee provided by the relevant sponsors undertakes that if the Project Company is unable to repay the EBL by a certain time (typically the scheduled completion date of the project), it will repay the EBL on behalf of the Project Company in proportion to its shareholding; the EBL provider provides credit to the Project Company based on the credit of the parent who provides guarantee and the loan amount will be credited directly to the account of the Project Company and will be treated as the Base Equity and each sponsor/associated shareholder will be deemed to have fulfilled its obligation to contribute the Base Equity in respect of that amount. During the period when the EBL is concurrently existing with the senior debt on the project, the EBL provider will normally be required to be fully subordinated to the senior lenders and will not be allowed to exercise any claim against the Project Company in respect of its debt other than to assert its right to be paid under the parent corporate guarantee. The same subordination principles also apply to subrogated claims against the Project Company acquired by the sponsor or affiliated shareholder after it has made payments under its parent corporate guarantee. In addition, given that the ability of the EBL provider to lend directly affects the availability of equity capital for the project, the finance documents will also generally impose certain credit requirements in respect of the EBL provider.

(6) Refinancing during the operating period

In many greenfield project finances the construction period is generally considered as more risk, and as the project enters its operational phase with a stable track record of operation and self-sustainability, the sponsor may be able to consider refining the existing financing at a lower cost. Operational projects can sometimes meet the more conservative risk appetite of the bond market, and refinancing through project bonds is also commonly seen in some of the more mature project finance sectors and geographies (e.g., power projects in the United States and the Middle East), reducing financing costs while reducing the monitoring and controls to which projects are typically subject under loan financings.

The main sources of project finance and the way in which credit is granted can be illustrated in the EXHIBIT 5-17.

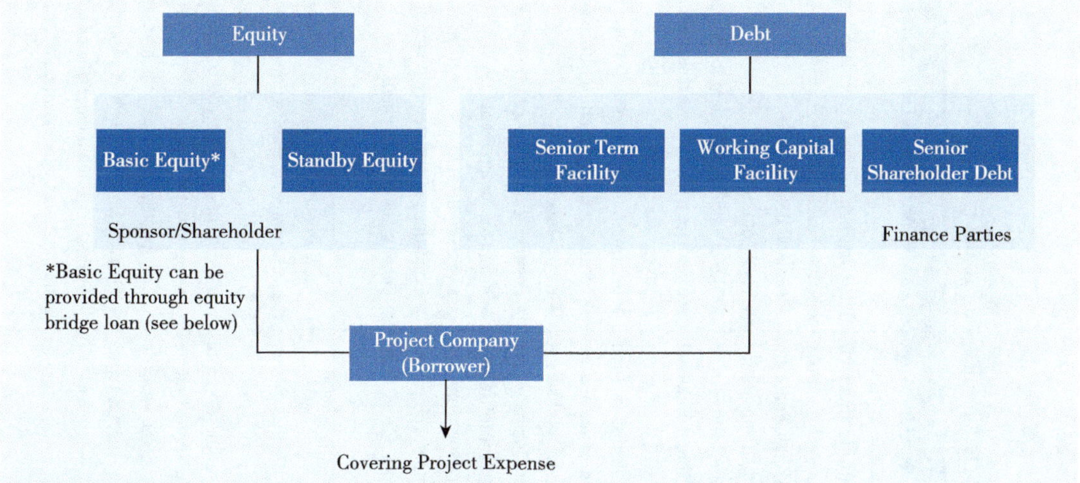

EXHIBIT 5-17A Main Sources of Funding of a Project Finance

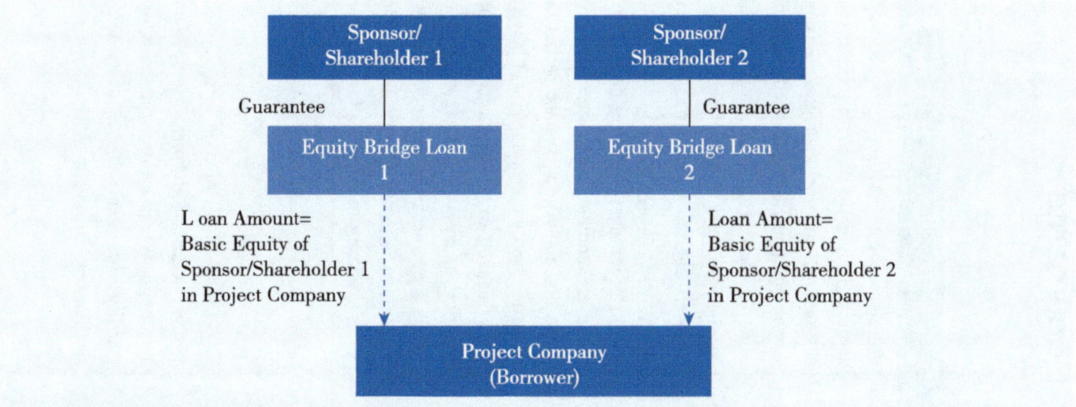

EXHIBIT 5-17B Main Sources of Funding of a Project Finance

5.3.4 Main Documents

EXHIBIT 5-18A Core Finance Documents in a Project Finance

Finance documents	Concept	Main terms
Common Terms Agreement (CTA)	As discussed in Section 5.3.3 above, project finance is typically large and typically involves the participation of multiple financial institutions; senior debt facilities may consist of different sub-facilities covered by multiple export credit agencies, and the overall financing structure may also include multiple sources of credit from senior medium-term and long-term debt, senior working capital debt, senior sponsor debt, etc. Credit terms may vary between different financial institutions, particularly when covered (or uncovered) by different export credit agencies, may be subject to different terms. In such cases, a Common Terms Agreement is generally used to set out the terms that apply to all finance parties in common, so as to ensure a consistent and uniform agreement between the Project Company and each finance party on the core issues of financing, and also to help improve the efficiency of negotiations. On the basis of the Common Terms Agreement, the Project Company may enter into specific loan agreements with the relevant finance parties to agree on special loan terms applicable to particular facilities.	The Common Terms Agreement generally provides for agreement on the following matters. ➢ General definitions. ➢ Total commitments. ➢ The conditions precedent for the first drawdown and each drawdown. ➢ Mandatory, Voluntary Prepayment, Cancellation. ➢ Taxes, increased costs. ➢ Information undertakings, project reports, project budgets. ➢ Testing of financial ratios, financial model update. ➢ Representations. ➢ Positive and negative undertakings. ➢ Insurance requirements. ➢ Events of default. ➢ Conditions of transfer by finance parties. ➢ Other catch-all provisions, etc.
Facilities Agreement	When the financing terms applicable to all financing parties are the same, a separate Common Terms Agreement is not required and ta single Facilities Agreement can be entered into as the main finance document. Where a Common Terms Agreement exists, the specific Facility Agreement is usually used for setting out the special terms applicable to an individual facility.	In the absence of a Common Terms Agreement, the Facilities Agreement will cover the same points as the Common Terms Agreement described above. Where a Common Terms Agreement exists, an individual facility's Facility Agreement will focus on specific credit conditions for that facility: ➢ Specific definitions. ➢ The specific purpose of the loans granted. ➢ Drawdown procedure and special CPs. ➢ Special repayment mechanisms (if any). ➢ Interest rates, interest calculation and payment mechanisms. ➢ Fees.

Continued

Finance documents	Concept	Main terms
Facilities Agreement		➢ Specific representations, undertakings, events of default. ➢ If there is export credit agency support, special conditions related to that support e.g. conditions precedent for the use of proceeds the loan and conditions relating to the eligibility for drawdown, shareholding requirements for country sponsors under untied financing, information requirements under the ECA policy, payment of ECA premium payment, consequences of expiry of the policy, right for the ECA to participate in voting etc.
Intercreditor Agreement	The intercreditor agreement is an agreement that governs the decision making amongst the various finance parties (including the senior lenders, the senior sponsor debt provider (if any), the equity bridge loan provider (if any), the letter of credit provider with recourse to the Project Company (if any), the hedging counterparty (if any) and the agents, account banks, etc.). The Intercreditor Agreement mainly governs intercreditor ranking and decision-making issues, and as such matters also affect the day-to-day operations and management of the Project Company, and the sponsors often require the Project Company to participate in the negotiations and to be a signatory to the agreement.	The Intercreditor Agreement generally provides for the following matters. ➢ The ranking between creditors and subordination undertakings of subordinated creditors. ➢ Sharing and distribution among creditors ➢ Intercreditor decision-making mechanisms, voting thresholds applicable to different matters, and limitations on the voting rights of creditors of subordinated and senior sponsor debt. ➢ Decision-making mechanisms for enforcement decisions and intercreditor coordination, and limitations on the rights of subordinated and senior sponsors debt providers ion enforcement. ➢ Distribution of post-enforcement proceeds among creditors. ➢ Other matters of a transactional nature, such as the appointment, authority and responsibilities of each Agent and the Account Bank, and the mechanism for accession of each finance party, etc.
Equity Support, Subordination and Retention Agreement	The Equity Support, Subordination and Retention Agreement (hereinafter referred to as Equity Support Agreement) is an agreement between the sponsor and the finance parties regarding the obligations to be undertaken by the sponsor and/or its affiliated shareholders in a particular transaction. Under the project finance structure, the most important obligations of the sponsor and its related parties are in relation to equity funding, shareholding maintenance and subordination undertakings.	Equity Support Agreements generally cover the following matters: ➢ Equity funding commitments: base equity and standby equity commitments, respective commitment amounts, form (share subscription or shareholder subordinated debt), timing of capital injection (e.g. whether upfront equity funding is required before first drawdown), conditions (e.g. debt-to-equity ratio, standby equity trigger conditions such as costs overrun), modalities (e.g. whether through EBL), credit enhancement arrangements (e.g. letter of credit issued for the standby equity commitment amount).

Continued

Finance documents	Concept	Main terms
Equity Support, Subordination and Retention Agreement	This agreement is known by different names in different projects and may exist as several separate agreements or be included in the Common Terms Agreement or the Intercreditor Agreement. Where there is a DSU, a separate Equity Support Agreement is not necessarily required as the risk of funding and cost overruns during the construction phase of the project is effectively borne by the sponsors through the DSU.	➢ Special sponsor support: e.g. special equity funding support or credit support for project-specific exposures (see Section 5.3.6.1.1 below for details). ➢ Shareholding maintenance undertakings: initial shareholding by each sponsor/associated shareholder, stapling of upstream and midstream shareholding (for non-integrated projects), shareholding lock-in period and minimum shareholding requirements after the lock-in period, conditions for transfer of shareholding/project interest and criteria applicable to the transferee, special shareholding and control rights (if any) of the export credit agency in respect of its national sponsor, etc., such shareholding maintenance undertakings and transfer restrictions applicable to the sponsors and affiliated shareholders can also be set out in a separate Transfer Restrictions Agreement. ➢ Subordination: any claim of the sponsor/affiliated shareholder against the Project Company (whether based on shareholder subordinated debt, subrogated claims arising under the EBL parent guarantee or any other reason) shall be subordinated to senior lenders, subject to pre-agreed exceptions (e.g. payments under an EPC Contract where the sponsor is also a contractor), and such subordination undertakings may also be set out in a separate Subordination Agreement. ➢ Representations, undertakings, events of default applicable to sponsors/shareholders: e.g. representations, undertakings made by sponsors/shareholders in respect of their own sanctions, compliance, etc., individual sponsor/shareholder defaults triggered by breach of shareholding, subordination, compliance undertakings, etc.
Completion Guarantee	Completion Guarantee means a guarantee given by the sponsor to the finance parties, usually guaranteeing that the project will be completed no later than a specified date (the Long Stop Completion Date) and that the sponsor will finance the project through equity capital injection or shareholder loans until the project is completed.	See Section 5.3.6.1.1 below for details.
Debt Service Undertaking (DSU)	Debt Service Undertaking means a guarantee given by the sponsor to the finance parties, whereby the sponsor normally agrees to pay any amounts due and unpaid by the Project Company (as borrower) under the project finance arrangement and, in addition, if the project is not completed by a certain longstop date, the sponsor agrees to repay all debts due upon the finance parties' request.	See Section 5.3.6.1.1 below for details.

Continued

Finance documents	Concept	Main terms
Accounts Agreement	The Accounts Agreement is the agreement between the finance parties and the Project Company in respect of the accounts and cash flow arrangements on the project. For account monitoring and cash flow waterfalls, see Section 5.3.7 below. The contents of the Account Agreement sometimes may be included in the Common Terms Agreement in which case no separate agreement will be required.	The Accounts Agreement generally provides for the following matters: ➢ Project accounts: agreement on the onshore and offshore accounts that the Project Company is required to open for the project; the account lines to be used; the fact that existing accounts may not be closed or new accounts opened without the consent of the finance parties; and the need to create security interests for the finance parties in all project accounts (other than the distribution account). ➢ Purpose of the accounts and cash flow: the specific role of each account, the amounts that can be remitted to it and the amounts that can be withdrawn from it, including the terms of the main cash flow waterfall of the project revenue account, the debt service reserve account and debt service reserve mechanism, and the distribution account and distribution conditions (see Section 5 3.7 below for details). ➢ Authorised investments: whether the Project Company may use the balance in the project account for investment in capital market products (e.g. government bonds, corporate bonds), which balances in the account may be used, what liquidity requirements need to be met for the products that may be invested and how the investments may be liquidated, etc. ➢ Role of the account bank: the account bank acknowledges the creation of a security interest by the Project Company over the account and agrees to act on the instructions of the finance parties in the event that the project enters into default, including accepting enforcement measures such as freezing and withdrawing funds from the account that may be taken by the finance parties after an event of default has occurred. ➢ Other transactional matters, such as arrangement on the account interest, drawdown process, etc.
Security Documents	Security documents is the general term for the agreements that create security interests in favour of the finance parties in project finance. For details on security over assets in project finance, see Section 5.3.6.2 below. Depending on the jurisdiction of the security assets, security documents may also be divided into offshore security documents and onshore security documents.	The following offshore and/or onshore security documents are typically included in project finance, and the specific form of creation of security interests (e.g. fixed/floating charges, pledges, assignments, etc.) will vary depending on the governing law (for the sake of presentation, hereinafter referred to as Security). ➢ Share Mortgage in respect of the shares in the Project Company held by the sponsor/associated shareholders, and the Assignment of the subordinated shareholder loans owed to the sponsor/associated shareholders.

Continued

Finance documents	Concept	Main terms
Security Documents	Security documents is the general term for the agreements that create security interests in favour of the finance parties in project finance. For details on security over assets in project finance, see Section 5.3.6.2 below. Depending on the jurisdiction of the security assets, security documents may also be divided into offshore security documents and onshore security documents.	➢ Security over the Project Company's real property, title to land (if any), and interest in the use of land. ➢ Security over movable assets of the Project Company (e.g. an all-asset floating charge). ➢ Security over the Project Company's account. ➢ Assignment of contractual rights of the Project Company (including, for example, project documents, hedging transaction agreements, shareholder subordinated debt), intellectual property (if any). ➢ Assignment of insurance and reinsurance of the Project Company, assignment of reinsurance of insurance companies, etc.
Direct Agreements	The Direct Agreement is the general term for the tripartite agreement between the finance parties and the counterparties to the project document and the Project Company in the context of project finance. For Direct Agreements, see Section 5.3.6.3 below.	See Section 5.3.6.3 below.

EXHIBIT 5-18B Core Project Documents in a Project Finance

Project Documents	Concept	Main terms
Concession Agreement Government Agreements Host Government Agreement Intergovernmental Agreement	In such agreements, the host government may grant to the Project Company the right to develop, construct, hold, operate, transfer and finance specific projects, assets or natural resources and other privileges and protections related to the development of the project. In some oil and gas projects, host governments sign Host Government Agreements and Intergovernmental Agreements to ensure that the interests of investors are protected accordingly. Intergovernmental Agreements may be required in projects that cross multiple countries or regions, and are particularly common in the case of cross-border oil and gas pipeline projects. Upstream concession agreements can take a variety of forms and vary depending on the market, such as Concession Agreements, Product Sharing Agreements, Service Agreements, License Agreements, Lease Agreements, etc.	Concession Agreements will vary in structure and content from one sector to another, and those in the oil and gas sector will generally agree on: ➢ The grant of the concession by the host government and the duration of the concession rights. ➢ The payment to be made to governmental parties, such as concession fees, taxes, license fees or royalties. ➢ The requirements for project implementation timelines. ➢ The requirement for participation by government shareholders. ➢ The profit share to be paid to the government and relevant financial reporting and calculations. ➢ Project Company default and the consequences of such default. ➢ The termination events of the concession and the termination payment. ➢ Government support obligations in terms of taxation, law changes, expropriation, foreign exchange, exchange, land use equity, exports, etc. ➢ The environmental, social, local content requirements. ➢ Decommissioning obligations, i.e. demolition, clean-up, site replacement obligations for project facilities/assets after the expiration of the concession agreement.

Continued

Project Documents	Concept	Main terms
Engineering, Procurement and Construction Contract (EPC Contracts)	EPC Contract means a general contract for the engineering, procurement and construction of a project. Different projects may also choose to sign multiple construction contracts, subcontracts and a construction management contract.	More bankable EPC Contracts will generally provide for a fixed lump sum price, construction duration, quality of work, physical completion testing, guarantees and liquidated damages provided by the contractor in respect of delays and performance, contractor parent guarantees or bank guarantees, etc.
Operation and Maintenance Contract (O&M Contract)	O&M Contract means the service contract entered into by the Project Company with the O&M Contractor for the long-term operation and maintenance of the Project. In oil and gas projects, the sponsor often seconds O&M staff to the Project Company, and the Project Company itself is responsible for the operation and maintenance of the project. In this case, the Project Company does not need to enter into an O&M Contract with the third party O&M contractors and the finance parties will generally focus on the overall O&M plan of the project.	The O&M Contract will typically agree on the O&M Provider's obligations, service standards, fees, back-to-back compensation mechanisms corresponding to those under the concession agreement or sales agreement, parent corporate guarantees or bank guarantees, major maintenance plans, force majeure risks, etc.
Feedstock Supply Contract	Fuel Supply Agreement, which in the oil and gas sector usually refers to agreements in a merchant structure in non-integrated projects where the upstream participant supplies the midstream project (i.e. the financed project) with the feedstock required to operate the midstream project: for example, natural gas supply agreements in LNG projects, crude oil supply agreements in crude oil refinery or petrochemical projects, etc.	The Fuel Supply Agreement will usually agree on the "delivery or pay" obligations of the upstream supplier, fuel specifications and compensation for non-compliance, storage issues, force majeure risks, termination and compensation mechanisms, etc.
Services Agreement / Tolling Agreement	Service Agreement, in the oil and gas sector, usually refers to an agreement in a tolling structure in a non-integrated or hybrid project where a midstream project is agreed to provide processing or transportation services and receive a fee for those services.	The Service Agreement usually stipulates the scope of the Project Company's services, the standards, the composition of the service fee [including a fixed portion to cover the capital costs (i.e. equity financing and debt financing costs) and a variable portion to adequately cover variable operating expenses], the payment obligations of the counterparty (i.e. the toller/user), the risk of force majeure, the cause of termination and the compensation mechanism, etc.

Continued

Project Documents	Concept	Main terms
Sale and Purchase Agreement	Sale and Purchase Agreement (SPA), which in the oil and gas sector typically refers to agreements in integrated projects or merchant structure or hybrid structure in non-integrated projects where the Project Company (or upstream participant in a hybrid project) sells midstream processed products and receives sales revenue.	The SPA is the main source of project revenue in the aforementioned financing model and is one of the key project documents which finance parties focus on. A typical SPA will provide for the following key issues: term (long-term agreement, short-term to medium-term agreement or spot agreement), take or pay obligations of the offtaker for the minimum contracted quantity, pricing formula, slope, reference index, price review mechanism, delivery method (FOB or DAP), compensation mechanism for non-delivery or off-spec delivery by the Project Company (or upstream participant), force majeure, the termination of the project, the causes and compensation mechanisms, etc.
Transportation / Shipping Agreement	In the oil and gas sector, a Transportation Agreement is usually an oil or gas freight contract, entered into between the Project Company and the carrier/buyer for the transportation of oil/gas to a specific location, usually using common international trade terms (e.g. UCC or Incoterms).	The time of transfer of risk and the method of delivery are usually agreed in the Transportation Agreement, e.g. the risk of damage is transferred to the carrier/buyer when the goods depart from the Project Company's plant (FOB).① In addition, the Transportation Agreement will include agreements on transport insurance, liability for delayed delivery, which party will bear the customs duties, etc.
Land Lease/Land Agreement	Land Lease/Land Agreement means a land lease agreement or land agreement between the Project Company and the owner of the land. Some jurisdictions allow the Project Company to acquire ownership of the land directly without the need for a separate land agreement. The owner of the land is generally a governmental department or authority of the host country.	The Land Lease/Land Agreement needs to be analysed in the context of the land laws of the host country, but should ensure, at a minimum, that the Project Company has the land use rights necessary for the implementation of the project, including whether such rights are defective, disputed, involve easements of other landowners, etc. The Project Company will also need to confirm whether it is permitted to create security for the finance parties in respect of the land use rights, whether it has ownership of the works in progress and constructed on the land, and whether it enjoys the ability to create security for the finance parties in respect of such immovable property.

① Practical Law, Delivery of Goods .

Continued

Project Documents	Concept	Main terms
IT License Agreement	A "Core Technology Licence" usually refers to a licence granted by the owner of a core technology (e.g. a contractor or subcontractor on the project) to the Project Company for the use of that core technology in the construction and/or operation of the project in return of a royalty. The Core Technology Licence is usually relevant for the proper operation of the project.	In the case of Core Technology Licences, the Project Company should pay attention to the absence of defects or disputes regarding the property rights of the technology owner, the adequacy of the scope of the licence to ensure that the Project Company can carry out all activities required for the project, the support provided by the technology owner to the Project Company in terms of training, matters relating to licence fees and the reasonableness of the events. In addition, such licences are sensitive to issues of confidentiality, assignment and creation of security interests, and the Project Company should ensure that it has the ability to create security for the finance parties in the licence to ensure that the licence can be transferred together with the project if it is executed. The technology owner may require a confidentiality or technology licence escrow arrangement with the Project Company and the finance parties to ensure that the confidentiality of its technical content is maintained even following enforcement against the project.

EXHIBIT 5-18C Other Commercial Agreements in a Project Finance

Other Business Documents	Concept	Main terms
Joint Operating Agreement (JOA)	The JOA typically refers to an agreement between upstream participants organized as an unincorporated joint venture regarding their participation interests in the upstream, the joint operation of the upstream business, the funding and decision-making mechanisms, and the rights and obligations with other participants. In non-integrated or hybrid projects, the JOA is usually not controlled as a project document by the finance parties (but is usually the subject of due diligence).	In non-integrated or hybrid projects, the key aspects of the JOA that finance parties usually focus on from a due diligence perspective include the participation interests of upstream participants, the funding mechanism, the decision-making mechanism, the operating arrangements of the upstream business, the qualification and selection mechanism of the operating representative, the default and buyout mechanism for defaulting participants, the withdrawal and transfer mechanism of upstream participants, etc.
Shareholders' Agreement	The Shareholders' Agreement, which usually refers to an agreement between shareholders in relation to the matters such as shareholding, management and decision-making in the Project Company. The Project Company is generally not a signatory to the Shareholder Agreement and the Shareholder Agreement is usually not included as a project document by the finance parties (but is usually the subject of due diligence).	From a due diligence perspective, the finance parties usually focus on the shareholders' shareholding percentage, the capital injection mechanism (cash call), the decision-making mechanism, the operation and management of the Project Company, the default mechanism for defaulting shareholders, the buyout mechanism (subject to the shareholding requirements in the finance documents), the shareholders' withdrawal and transfer mechanism, etc.

5.3.5 Consideration of Key Risks in Project Finance

As mentioned in Section 5.3.1.2 above, the issue of "bankability" of a project can be analysed in general terms, based on the framework described in the EXHIBIT 5-19.

EXHIBIT 5-19 Key Considerations of a Project's Bankability Analysis

Risk factors	Category	Risk allocation and mitigation
Political risk, Concession risk	The political risks mentioned in project finance generally include events commonly referred to as political force majeure (i.e. events that are not within the control of the host government, such as war, social unrest, strikes, acts of terrorism, etc.) and other events based on governmental decisions or governmental actions (such as restrictions on foreign exchange, expropriation, change in law, government default, unjustified revocations or refusal of approvals, etc.) (see Section 3.1.1 above in relation to analysis of the domestic political environment). Political risk is mainly allocated and mitigated through the Concession Agreement between the project company and the government and the tripartite Government Direct Agreement between the finance parties, the project company and the government. The creditworthiness, authority, ability to pay termination payments and credit enhancement in relation to the government counterparties under such agreements are also important political risk considerations in project finance.	The finance parties usually require a reasonable, reliable and enforceable allocation of political risk between the host government and the project. Structurally, the sponsor/concessionaire may consider the following mitigation mechanisms. ➢ The political risk is transferred to the host government, to the extent possible, through the Concession Agreement (and sometimes through special government decrees for specific projects or natural resources). A bankable Concession Agreement (and the framework for investment and financing under the relevant special decree) should generally provide for the following. —Political force majeure: a risk event which the government can influence to a certain extent but whose occurrence is not entirely within the government's control, such as war, strikes, social unrest, etc.. During the occurrence of such political force majeure event, the project company is relieved from certain of its affected obligations and where the government is the main offtaker, it may pay a certain amount to maintain project revenues; prolonged political force majeure is generally considered to be a government default. —Change in law, unjustified revocation or refusal of approvals: discriminatory changes in law (i.e., changes in law that are generally expressly applicable to specific projects, similar projects or specific sponsor parties, and not merely indirect or consequential or generally applicable changes in law) or project-specific approval issues are generally considered to be government defaults; relevant mitigation measures under the Concession Agreement for such risks often include lump-sum compensation payments by the government (rarely used), adjustment of the tariff payable by the government in power and infrastructure projects where the government is the offtaker, extension of the concession period, termination rights of the concessionaire, the right to compensation from the government, or a simple claim for contractual damages; non-discriminatory changes in law are usually a project risk borne by the sponsor party/concessionaire. But some Concession Agreements may provide for the parties to discuss and on reasonable changes to the Concession Agreement to mitigate the impact of non-discriminatory changes in law.

Continued

Risk factors	Category	Risk allocation and mitigation
Political risk, Concession risk	The political risks mentioned in project finance generally include events commonly referred to as political force majeure (i.e. events that are not within the control of the host government, such as war, social unrest, strikes, acts of terrorism, etc.) and other events based on governmental decisions or governmental actions (such as restrictions on foreign exchange, expropriation, change in law, government default, unjustified revocations or refusal of approvals, etc.) (see Section 3.1.1 above in relation to analysis of the domestic political environment). Political risk is mainly allocated and mitigated through the Concession Agreement between the project company and the government and the tripartite Government Direct Agreement between the finance parties, the project company and the government. The creditworthiness, authority, ability to pay termination payments and credit enhancement in relation to the government counterparties under such agreements are also important political risk considerations in project finance.	—Expropriation, privatization: generally considered as a government default and may allow limited government expropriation with compensation, sponsors and host governments generally negotiate carefully on such compensation mechanisms; in the oil and gas industry, compensation payments are usually based on the fair market value of the project. —Exchange restrictions: host countries where exchange restrictions exist may provide some support in relation to foreign exchange; the imposition of exchange restrictions or the termination of foreign exchange support by the government is generally considered a government default —Event of default and termination indemnity: following the occurrence of the aforementioned government events of default, the Project Company generally has the right to terminate the Concession Agreement; a mechanism for the payment of termination payments by the government usually exists for power and infrastructure projects, and the termination payment as a result of a government event of default generally covers the project's equity and senior debt and a portion of the shareholders' return; whereas where the Concession Agreement is terminated due to the project itself or force majeure, termination payments normally will only cover senior debt and a certain asset value. Unlike power and infrastructure projects, termination payments are not common in oil and gas projects; and sponsors and finance parties rely more on the overall economics of the project and commercial incentives (see below) to mitigate the risk of default by the host government. ➢ Involving the government itself or a reliable local partner as a co-sponsor (subject to consideration of the possible negative effects of regime change). ➢ Agreeing economically beneficial conditions to the host country, such as the government profit share, domestic supply, local employment and training, etc. ➢ Introduction of multilateral institutions, participation of export credit agencies, purchase of (equity) political insurance, etc.
Project construction and completion risks	Project construction and completion risk is the risk that a project will not be completed on time or within the budget for various reasons during construction. This can be reflected in the following ways:	The extent to which finance parties are willing to share construction and completion risk with the sponsors depends on the overall country risk of the project, the technology risk (finance parties tend to prefer, for example, projects with proven technology), technical due diligence, the amount of work subcontracted, and the overall market liquidity at the time. Oil and gas projects, particularly those located in developing countries, are subject to a high degree of uncertainty and high construction risk, and sponsors often choose to assume the full construction and completion risk by providing completion support (in the form of DSUs or completion guarantees). In contrast, in more mature markets (e.g., the United States or the Middle East) and especially during periods of high liquidity, creditworthy sponsors may share construction and completion risk with the finance parties not only in the mature power and infrastructure sectors, but also in more complex oil and gas projects.

Continued

Risk factors	Category	Risk allocation and mitigation
Project construction and completion risks	Project construction and completion risk is the risk that a project will not be completed on time or within the budget for various reasons during construction. This can be reflected in the following ways:	In projects where the finance parties share a portion of the construction and completion risk, the finance parties generally rely on due diligence, insurance and remedies against the EPC Contractor/other third parties to mitigate that risk. Additional mitigation measures that could be considered by sponsors and finance parties are described below for specific construction and completion risks.
	➢ Risk of delay in the construction schedule, resulting in the project not being commissioned on time (the Project Company may be liable for damages under the concession agreement and/or offtake agreement).	➢ The finance parties usually requires a Completion Long-stop Date in the loan agreement, and if it is not completed by that date, the finance parties may declare default and accelerate the entire debt due. ➢ The sponsor may consider entering into a fixed price turn-key construction contract (EPC Contract), which clearly stipulates the total construction period and specific milestones, as well as delay liquidated damages where the contractor fails to reach completion on time due to its own fault (backed by a creditworthy parent corporate guarantee or standby letter of credit), thereby transferring that risk to the contractor. ➢ The sponsor may purchase or require the contractor to purchase delay in start-up insurance.
	➢ The risk of construction cost overruns and cost overrun funding requirements (e.g., from equity).	➢ In large project financings, the sponsors usually provide for some contingency in relation to construction costs in the financial model and makes certain provisions in the financing plan for possible cost overruns, such as through Standby Debt and Standby Equity, in accordance with the project's debt-to-equity ratio. The project's cost overruns will be met by drawing on the Standby Debt and Standby Equity in a certain order (e.g., equity first, or pro rata with debt) and at a pre-agreed debt-to-equity ratio. ➢ For unbudgeted cost overruns, the finance parties usually requires that the sponsors assume that risk. ➢ The sponsor should consider selecting a fixed-price lump sum EPC Contract with clear limitations on cost increases, thereby t shifting that risk to the contractor. ➢ For cost overrun risks that cannot be transferred, finance parties usually require some completion support from the sponsors, such as construction overrun support, completion guarantees, debt service undertakings, etc. (see 5.3.6.1 for details).
	➢ Risk of substandard construction work and failure to meet performance standards	➢ The finance parties usually requires the sponsor to bear the risk (e.g. by setting a strict "completion test", as described in Section 5.3.8.3 below) ➢ The sponsor shall clearly agree in the EPC Contract on the performance guarantees for the works and performance liquidated damages regime for the contractor's failure to deliver the works (backed by a creditworthy parent corporate guarantee or standby letter of credit), thereby transferring this risk to the contractor

Continued

Risk factors	Category	Risk allocation and mitigation
	➢ Risk of substandard construction work and failure to meet performance standards	➢ Creditworthy sponsors may also seek some flexibility from the finance parties, such as requiring that the project be able to make prepayments based on certain calculations in the event that the performance guarantees are not met (but subject to meeting a minimum performance level), in order to reduce the project debt to a level that can be supported by the project's lower production level (what is commonly referred to as a buy-down). The finance parties would be forced to effectively accept a project that different from what was agreed in the financial model and therefore tend to push back on such flexibility to the extent possible.
	➢ Construction management risks between different contractors (e.g., where multiple there are multiple construction contract packages), and interface management risks between projects (e.g., interface risks between upstream and midstream, including scheduling and completion)	➢ The finance parties usually requires that the sponsors assume such risk ➢ The sponsors may consider entering into a fixed-price turnkey EPC Contract that shifts (sub)contractor interface risks to the general contractor ➢ For project-on-project risks, the sponsor should give due consideration to the coordination of different construction schedules and management of interface risks between different contracts, and may consider hiring a professional construction manager to coordinate the works.
Project construction and completion risks	➢ Technological risks (e.g., project risks of using new technology or equipment or project design risks)	➢ The finance parties usually requires the sponsors to bear the risk (e.g. by setting a strict "completion test", as described in Section 5.3.8.3 below) ➢ The sponsor should conduct adequate technical due diligence and select a contractor with sufficient qualifications and experience
	➢ Land, site risk	➢ Land and land use risks are usually borne by the party providing the land or land use rights. For example, in cases where the host government provides land or land use rights, the sponsors will generally seek to pass on the land and site risk to the host government through a Land Use Agreement. ➢ The sponsors should undertake adequate land and land use rights due diligence
	➢ Environmental, social, health, safety, and compliance risks during construction	➢ See Legal, E&S and Compliance Risks below.
	➢ Natural force majeure risks during the construction period	➢ The finance parties usually requires that the sponsor assume that risk ➢ The sponsors will need to mitigate such risks to the extent possible by purchasing (and/or requiring the contractor to purchase) commercial insurance for the construction period.

Continued

Risk factors	Category	Risk allocation and mitigation
Project construction and completion risks	➢ Political force majeure risk during the construction period	➢ See Political Risk above.
Project operational risk	Project operational risk is the risk that a project will not operate normally for various reasons, thereby affecting the project's income and solvency. This may be reflected in the following ways:	During the operational phase, the financing party and the Project Company will share to some extent the operational risk of the project. At this point, the project should have satisfied the finance parties' completion tests, the completion guarantee (if any) should have been released and the finance parties' recourse to the project becomes truly limited. The finance parties will therefore also require a number of structural protections during operation, such as cash flow controls under the finance documents, restrictions on distributions, debt service reserves, etc. (see Sections 5.3.7 and 5.3.8 below for details). In addition, the sponsor and finance parties may also mitigate certain operational risks through the following means:
	➢ Poor operation and maintenance	➢ Hire experienced and reputable O&M Contractors and project management teams for the project; keep tight controls on O&M plans and budgets; in oil and gas projects, finance parties often rely on the track record of the operator and the lead sponsor responsible for operation and lock in their continued involvement in the project through shareholding transfer restrictions, thus ensuring smooth operation and maintenance of the project. ➢ The sponsor may, through the O&M contract, provide for a clear damages regime, set reasonable limitations on liability and require the O&M Contracotr to provide a creditworthy parent corporate guarantee or standby letter of credit for the payment of damanes in respect the O&M Contractor's default; however, it should be noted that the O&M Provider generally charges a fixed fee and its liability is correspondingly limited and does not usually constitute a full pass-through of the losses of the project. ➢ Accordingly, the sponsors may also provide under the O&M contract certain financial incentives for the O&M Contractor to effectively operate and maintain the project and improve the project capacity and performance.
	➢ Equipment failure	➢ Problems with the equipment itself that can be attributed to the contractor during the warranty period can be passed on to the contractor through the warranties under the EPC Contract; however, it is important to note that contractor warranties are usually limited to a certain number of years.
	➢ Natural force majeure risk during the operational period	➢ The sponsors will mitigate such risks to the extent possible through the purchase of commercial insurance for the operational period (e.g. equipment damage and business interruption insurance).
	➢ Political force majeure risk during the operational period	➢ See Political Risk above.

Continued

Risk factors	Category	Risk allocation and mitigation
Business and market risk	Project commercial and market risk refers to the risk borne by a project in relation to its commercial counterparties and market price fluctuations, primarily during the operational phase of the project, which may affects the project's ability to generate revenue (hence the term revenue risk). As discussed in Section 5.3.2.2 projects with different commercial structures bear different levels of commercial and market risk.	Similar to operational risk, it is generally considered that the finance parties and the Project Company will share to some extent the project's revenue risk. The greater the degree to which the project assumes such risk, the greater the degree to which the finance parties will also increase its due diligence and contractual control over factors such as underwriter qualifications, sales plans, underwriting arrangements, macro market demand, price fluctuations, etc.
	Integrated structures, and non-integrated structures with a merchant structure and a hybrid structure with market risk. ➢ Marketing plan and feasibility ➢ Offtake commitment ➢ Term of offtake agreements, terms and conditions, pricing formula, price review mechanism ➢ Credit and experience of offtakers ➢ Transport arrangements	The finance partie shares in the commercial and market risks borne by the project and will therefore focus on the following matters. ➢ Upfront market due diligence. ➢ The sponsor's marketing plan (e.g. whether committed offtake by the sponsors third parties, offtake commitment, contractual terms under the long-term SPAs, target markets) needs to be realistic and satisfactory to the finance parties, supported by a report from the finance parties' market consultant (if any). ➢ The finance parties may require the project to ensure that a certain percentage of production is covered by long term offtake contracts during the life of the loan, i.e., the volume commitment; if the long term agreement is terminated or the counterparty no longer meets the minimum criteria, the sponsors substitute such contracts to meet the minimum offtake commitment; strong creditworthy sponsors with marketing experience may seek to maintain flexibility for a certain percentage to be sold spot to capture higher profits in the spot market ➢ The finance parties will be concerned about whether the term of the long term agreement covers the entire life of the loan, whether the offtaker's obligations are on a take-or-pay basis, deliver or pay damages payable by the project (whether the amount is reasonable, whether it is subordinated to the debt service in the case of offtake by the sponsor), the market risk under the pricing formula and the benchmark index used, whether price reviews are too frequent, and whether the parties' rights to modify the long term agreement are too flexible, etc. ➢ The finance parties will conduct due diligence on the creditworthiness of the offtakers, may request credit enhancement for offtakers with lower credit, and may require the offtakers to meet certain minimum qualifications under the SPA, etc.

Continued

Risk factors	Category	Risk allocation and mitigation
Business and market risk	Tolling structure in a non-integrated structure. ➢ Composition of service charges, contingent deductions. ➢ Termination events under the service contract and compensation mechanisms. ➢ Credit of counterparties under the service contract.	The project itself does not bear direct commercial and market risks, and the finance parties are therefore primarily concerned about the following risks: ➢ Whether the composition of the service fee adequately covers debt service and variable operating expenses, and whether there are uncontrollable or unreasonable deductions. ➢ Reasonableness of the grounds for termination of service contracts and compensation mechanisms. ➢ Creditworthiness and qualification of the counterparties to the service contract, and the need to provide credit enhancement in respect of payment obligations.
Supply chain risk	The supply chain structure of an oil and gas project determines the extent to which the project will be exposed to upstream oil and gas extraction and supply risks (also upstream operational risks). Projects with different commercial structures are subject to different levels of supply chain risk.	Similar to the operational risk Section above, the finance parties will also seek to build in structural protection in the finance documents in relation to supply chain risks. In addition, for different project structures, the finance parties may focus on the following matters.
	Integrated projects: ➢ Upstream oil and gas extraction and supply is part of the financed scope of an integrated project, and the finance parties have recourse to the upstream interest and related contracts, and therefore generally accept the upstream operational risk. ➢ In addition to operational risk, upstream oil and gas reserve risk is a significant element of supply chain risk; finance parties will typically engage professional reserve consultants to conduct due diligence on upstream reserves, and in agreeing to finance a project usually means that the finance parties accept the reserve risk.	The sponsor, in order to ensure the bankability of the project, should pay attention to the following matters that the finance parties would focus on in an integrated project: ➢ Due diligence on the upstream operators' qualifications and experience; ➢ Due diligence on the reserves and reserve reports; in integrated oil and gas projects where the finance parties assumes reserve risk, the finance parties typically assesses the risk upfront based on the due diligence and reserve reports, but does not typically require retesting or certification on reserves during the term of the loan. In addition, in assessing reserve adequacy, finance parties will typically require a sufficient reserves tail beyond the term of the debt.

Continued

Risk factors	Category	Risk allocation and mitigation
Supply chain risk	Merchant structure and hybrid structures in non-integrated projects. ➢ Midstream projects are dependent on upstream oil and gas supply and often have no alternative sources of supply, but the finance parties have no recourse to upstream interests and related contracts, which exposes them to a greater degree of upstream operational risk. ➢ Midstream projects and finance parties bear the same upstream reserve risk.	The extent to which the finance parties is concerned with supply chain risk depends on the source of the supply chain for the non-integrated project. Where the source of supply is from a third party and reliable (e.g. supply directly from the gas network), the finance parties is generally concerned primarily with the balance of feedstock supply arrangements, security of supply and price due diligence, and termination rights. However, if the supply is sourced exclusively from certain upstream projects, the finance parties will pay more attention to the interdependencies and associated risks between midstream and upstream projects, focusing on the following matters: ➢ Due diligence on the upstream operators' qualifications and experience; ➢ Commercial considerations such as the commercial interdependence between the upstream and midstream, the sponsor's joint interest in the upstream and midstream, the sponsor's own capital investment in the upstream (in other words, whether the sponsor has sufficient commercial incentives to justify ensuring proper operation of the upstream and supply of oil and gas to the midstream). ➢ Whether the sponsor is sufficiently committed to the supply of hydrocarbons (e.g., whether the finance parties can enforce against the project or at least the shares of an affiliated shareholder in the event of a breach of a supply commitment by an upstream sponsor). ➢ Adequacy of testing of the physical and operational completion of the upstream project at the time of completion of the midstream project, such as a requirement to agree to release the midstream completion guarantee only if the upstream project also satisfies the conditions for completion. ➢ Reserve due diligence and reserve reports.
	In a non-integrated project with a tolling structure, the counterparty to the service agreement (i.e. the toller) pays the service fee if the midstream project is available, regardless of whether it provides the corresponding feedstock to be processed by the midstream asset, so the midstream project in principle does not bear the upstream supply risk.	Where the supply originates exclusively from certain upstream projects, the overall viability of midstream projects will affect by upstream supply risk, which is often a key concern for finance parties on such projects.

Continued

Risk factors	Category	Risk allocation and mitigation
Legal, E&S & Compliance Risks	Project-specific legal, E&S and compliance risks, including an analysis of the legal environment of the project location see specifically Section 3.1.2 for E&S challenges faced by the project and E&S standards to be met (see specifically Section 3.1.2.6 above), sanctions applicable to the project and the project country, anti-bribery and anti-corruption, anti-money laundering and counter-terrorism financing, etc. compliance issues (see specifically Section 3.1.2.7).	The finance parties will usually engage a team of professional legal and E&S consultants to conduct due diligence on these issues and require certain contractual representations and undertakings; in relation to E&S risks the project is usually required to produce an EIA risk report and action plan to the satisfaction of the finance parties as a condition precedent to drawdown and is subject to regular reporting obligations. The sponsor should also engage with professional consultants and engage with the finance parties from an early stage in relation to due diligence and negotiation with respect to such risks.
Project-on-project risk	Project-on-project risk refers broadly to coordination, interface, competition and other issues that may arise between the financed project and other projects for different reasons. This may be reflected in the following aspects: ➢ The coordination of schedules, interface and commissioning of the midstream project being financed with the upstream project in non-integrated projects. ➢ Coordination of the use of associated infrastructure (such as shared shipping terminals or warehousing) by the financed project and neighbouring projects. ➢ Interference between the financed project and neighbouring competing projects, coordination of access to public facilities. ➢ The issue of interference of future expansion of the financed project with existing projects, coordination of the joint use by the expansion assets with existing assets on related infrastructure, upstream assets, etc.	The project-on project risks faced by different projects need to be analysed in a project-specific manner. One of the more predictable project-on-project risks in oil and gas projects is expansion risk. In order to avoid as far as possible the adverse impact or uncertainty of expansion projects, finance parties generally impose stricter restrictions on the implementation of expansion; sponsors should seek as much flexibility as possible for project expansion, such as the right to raise additional external debt for expansion without affecting the current economics of the project, etc., in case of known expansion plans.

In order to mitigate the various types of project finance risks identified in this Section, project finance focuses more on certain structural mitigating measures more than on general corporate finance.

EXHIBIT 5–20 Structural Mitigants in a Project Finance

Credit enhancement arrangement (see Section 5.3.6 below)	Accounts and cash flow waterfall (see Section 5.3.7 below)	Special financing conditions (see Section 5.3.8 below)
➢ Sponsor support - recourse against the sponsor ➢ Asset security package - recourse to project assets and interests ➢ Direct agreements vs. third party credit enhancement - recourse against third parties	➢ Cash Flow Waterfall - Ensuring control of cash flows and order of payments ➢ Reserve account - ensuring that some debt service reserve is set aside in the project ➢ Distribution condition - ensuring that cash will stay in the project and not be leaked if something goes wrong	➢ Equity-related arrangements ➢ Economics of the project (total debt, financial ratios and tests, credit defaults) ➢ Completion date and testing ➢ Reporting, forecasting, notification obligations ➢ Special loan purposes, conditions precedent, representations, commitments, events of default

5.3.6 Credit Enhancement

Project finance is limited recourse financing based on the project's assets and cash flow proceeds. Structuring credit enhancement arrangements to mitigate the different risks faced by the project at different stages (see Section 5.3.5 above) and to achieve the overall bankability of the project is the focus for the sponsors during commercial negotiations. Credit enhancement arrangements in this Section refer broadly to sponsor support (e.g. completion guarantees or debt service undertakings, special shareholder support), asset security, direct agreements and other third party credit enhancements.

5.3.6.1 Sponsor support

Although project finance is limited recourse financing, in practice the sponsor may provide some support in the form of guarantees, liquidity support commitments, goodwill, etc. in respect of risk exposures that the finance parties cannot assume either at the request of the finance parties or out of cost minimization considerations.

5.3.6.1.1 Completion support

The most common type of sponsor support is that for project construction and completion risks (see Section 5.3.5 above), also known as completion support, and the most common type of completion support is the relatively comprehensive completion guarantee and debt service undertaking (DSU).

In the oil and gas sector, where project construction arrangements are often complex and construction risks are high, sponsors often choose to provide full completion support to enhance project bankability while reducing finance party due diligence, intervention and control over project arrangements during the construction period. By providing full completion support, the sponsor effectively converts the construction and completion risks into the sponsor's own credit and payment risks, incurring relatively capped sponsor contingent liabilities in exchange for more manageable financing costs and more efficient financing implementation.

- Completion guarantee: means a guarantee given by the sponsor that the completion of the project will be achieved by a certain deadline and that all funds required for the completion of the project that are not covered by the project financing will be covered by means of equity contributions or subordinated debt provided by the shareholders.
- Debt service undertakings: means an undertaking provided by the Sponsor or its related parties (hereinafter referred to as the Debt Service Undertaking Provider) in respect of the following debt service obligations of the Project Company prior to the satisfaction of the conditions for the release of the DSU.

—Any outstanding debt due and payable by the Project Company for any period (e.g. interest during the construction period, repayment of principal before completion, if any).

—In the event of a material event of default related to the project (e.g. insolvency of the Project Company, abandonment of the project, material destruction of the project), failure to complete the project by the final completion deadline (generally referred to as the Completion Long-Stop Date), as described in Section 5.3.8.5 below), all outstanding amounts of the Project Company's debt as accelerated by the finance parties.

—In the event of default by an individual sponsor, the amount of the Project Company's outstanding debt as accelerated by the finance parties equal to the that sponsor's applicable proportionate share of interests in the Project Company.

Debt Service Undertakings are generally considered to confer more comprehensive and timely debt service coverage in favour of the finance parties during construction than completion guarantees, and are more commonly used in large oil and gas projects. A sponsor considering providing a Debt Service Undertaking should consider the following factors:

- Creditworthiness of the debt service provider: In projects with Debt Service Undertakings, the creditworthiness of the debt service provider becomes a major concern for the finance parties during the construction period. In order to effectively achieve the purpose of the Debt Service Undertaking, the sponsor should select a related party (or itself) with good creditworthiness as the Debt Service Undertaking provider (generally with at least an investment grade rating or above). The finance documents will also generally require that when the sponsor transfers its shareholding, it needs to retain or simultaneously transfer its share covered by the Debt Service Undertaking to a qualified transferee sponsor or its related party.
- Relationship between debt service providers: Debt Service Undertakings are generally provided by each sponsor on a several basis in accordance with its respective shareholding, and no sponsor is liable for the acts or omissions of the other sponsors under their Debt Service Undertakings. In the event of non-payment or material default, the finance parties may demand payment in respect of all the debt service providers, but each debt service provider is only obliged to pay the amount pro rata to its shareholding; in the event of default of an individual sponsor, the finance parties may demand payment only in respect of the defaulting sponsor's related debt service providers, and only to the extent of that party's proportionate debt service undertaking covered amount in the project.
- When the debt service undertaking is released (commonly referred to as DSU Release): The Debt Service Undertaking is intended to mitigate the construction and completion risks and should be released when the construction of the project is completed and the project has the ability to operate independently and generate revenue. The so-called DSU Release conditions is one of the key issues for the sponsor and the finance parties during negotiations. From the sponsor's perspective, the early release of the Debt Service Undertaking allows the contingent liability to be removed from its financial statements and the project risk to be isolated from the sponsor, thus achieving a true limited recourse financing. From the finance parties' perspective, as the release of the Debt Service Undertaking removes recourse to the sponsor, it is critical to examine whether the project has actually met the agreed physical specifications and operational capacity from all aspects. Project Completion in this context covers physical

completion in a narrow sense, but also includes a broader range of finance party completion tests such as operational capability tests, insurance tests, environmental and social assessment tests, financial tests and legal tests. The scope and criteria of the specific completion tests will vary depending on the type of the project, technical difficulty and specific due diligence results.

In addition to the two aforementioned more comprehensive types of completion support, the sponsor may also provide some relatively limited completion support, such as a commitment to fund only the overrun portion of the project costs, a commitment to provide funding gap support only if there is a shortfall in project funding, a capped Debt Service Undertaking, a commitment to repay a portion of the debt early if the project does not fully meet the target, etc.

Not all projects require completion support from the sponsor as described above. For projects with low construction risk, highly rated contractors, sufficiently bankable EPC Contracts (e.g. EPC Contracts with fixed duration, fixed price, turnkey, reasonable compensation mechanisms and sufficient credit enhancement support), or in industries or markets where construction risk is generally accepted by finance parties (e.g. greenfield power projects in the Middle East), it is entirely possible for the sponsor to negotiate a waiver or maximum limit on the support required during the construction period.

5.3.6.1.2 Special sponsor support and undertaking

After the project enters operation phase, it is generally considered that the finance parties will share the operational risk with the Project Company and will have no recourse against the sponsor (other than, for example, in respect of equity guarantees given by it). In practice, depending on the negotiating position of the sponsor, there may still be cases where special support is provided at the request of the finance parties in respect of specific risk exposures. Such support is generally only available for legacy risks that have not been reasonably allocated through negotiations in the project documents and are unacceptable to the finance parties, so there are generally relatively clear and restrictive agreements as to the trigger conditions, timing and amount of support.

Such special sponsor support can take various forms, including keepwell agreements, limited liquidity support, standby shareholder loans, risk-specific sponsor commitments, etc.

5.3.6.2 Security package

Security packages in limited recourse project finance serve multiple purposes.

➢ Offensive purpose (offsetting debt): the contents of the security package should cover the full range of valuable, saleable assets to the extent possible, in order to maximize the use of enforcement proceeds for debt servicing.

➢ Defensive purpose: the security package should be as comprehensive as possible and supported by negative security undertakings to ensure absolute subordination of senior debt providers at the time of enforcement, with no competition from third-party security rights holders.

➢ Management and operation purposes: the security package should be as comprehensive as possible to give the senior debt provider the ability to take over and rescue the project fully through an appointed agent in the event of difficulties; if the project is chosen to be transferred, the transferred assets should also be as comprehensive as possible to ensure that the transferred project remains capable of being operated on an ongoing basis.

➢ Insolvency proceedings considerations: the security package should be as comprehensive as possible to ensure the ability of the senior debt provider to lead in the insolvency proceedings.

As a result of the foregoing considerations, finance parties of project finance typically have high requirements for the comprehensiveness of the security package, as summarized in the EXHIBIT 5-21; see Section 5.3.4 above for the corresponding security documentation.

Object of security	Who grants the security		
	Borrower/Project Company		Shareholders/Parent Company
Shares			Shares of the Project Company
Assets (Fixed Charge/ Floating Charge)	Project Assets	Project Facilities/ Plants/Sites	
Accounts	Onshore Accounts/ Offshore Accounts	Project Accounts/ General Accounts	
Rights and Receivables	Contractual Rights under Specific Project Documents	Insurance Contracts/ Reinsurance Contracts	Shareholders Loans/ Intercompany Loans
	Intellectual property	Hedging Agreement	

EXHIBIT 5-21 Security Paokage for a Project Finance

Graham Vinter, Gareth Price, and David Lee. Project Finance: A Legal Guide. Fourth Edition. Sweet & Maxwell, 2013: page 299.

In an integrated project, the security package will also cover the upstream participant's participating interest in the project.

The sponsor has relatively limited room for negotiation on the issue of the security package, but will usually seek to exclude from the security package such assets as distribution accounts (see 5.3.7 below), interests under non-material contracts, and assets not owned by the Project Company alone (e.g. when the common interest cannot be split); for assets within the security package, maximum autonomy and flexibility should be sought to the extent permitted by the corresponding governing law.

Enforcement of security over assets often requires a court decision in the place where the assets are located, and security over assets in project finance usually chooses the law of the location of the specific assets as the governing law, with the local competent court as the dispute resolution body. The form that security over assets may take is governed by local property and security laws, and the procedures for creating and perfecting security, such as registration and filing, are subject to local law requirements. Local counsel should be consulted as necessary in the implementation of specific projects.

5.3.6.3 Direct agreements

The direct agreement is a special but particularly important aspect of project finance in terms of credit enhancement. A direct agreement is an agreement signed "directly" between the finance parties and the counterparty to the project's core project documents, in effect a tripartite agreement to which the Project Company is a signatory. The core purpose of a direct agreement is to create "direct" contractual relationships between the finance parties and the counterparties to the project documents, and the core purpose of these contractual relationships is to allow the Project Company (or a new Project Company after implementation) to retain, to the extent possible, the core project documents (such as concession agreements, EPC contracts, O&M contracts, purchase and sale contracts, etc.) on which it relies for its survival. To achieve that purpose, the direct agreement usually provides for the following:

- Standstill period and Step-in right: When the Project Company is in default under the relevant project document, the counterparty undertakes to grant the Project Company and the finance parties a certain period of time for a standstill period, during which the finance parties may step in to the contract in place of the Project Company to remedy the default. To remedy the relevant default and only if the default is not remedied by the end of the standstill period, the counterparty may take enforcement actions against the Project Company under the project document, such as suspension of performance, termination of the contract and initiation of proceedings.

- Right of assignment by the finance parties: When the Project Company defaults under the relevant project document or financing document, the finance parties may decide within a certain period whether to replace the Project Company and assign the project document as a whole to a new Project Company for continued performance, and during the decision period, the counterparty may not terminate the contract or otherwise bring a claim against the Project Company. When the finance parties decides to assign the contract and the selected assignee satisfies the agreed suitability conditions, the counterparty shall cooperate with the finance parties in completing the assignment of the contract.
- Recognition by the counterparty of the finance parties' security interest: As described in the description of security packages above, the Project Company is typically required to assign its interest in the core project document to the finance parties, who, after enforcement, may claim the Project Company's entire interest under that contract (e.g. the receivables) or assign the contract to other taking-over third parties. To ensure certainty as to the enforceability of the finance parties' security interest, direct agreements typically require express confirmation by the counterparty to the project document of this assignment of interest arrangement. Depending on the governing law, some jurisdictions also require the express consent of the counterparty for the assignment to be effective.

5.3.6.4 Other credit enhancement from third-party

5.3.6.4.1 Commercial insurance

For natural force majeure risks that cannot be allocated through the project documents, the Project Company usually needs to mitigate them by purchasing commercial insurance. The finance parties, usually with the assistance of an insurance consultant, conducts an insurance due diligence of the project and agrees with the Project Company on a finance party's insurance programme requirements (e.g. all risks during construction, third-party liability during construction, delayed completion during construction, all risks during operation, business interruption during operation, terrorist attack and sabotage, etc.) for the specific industry sector and geographical area of the project. The Project Company will be required to engage an insurance broker to procure the appropriate insurance in the marketplace in accordance with the financing package. It is beyond the scope of the Guidelines to consult an insurance broker as to the specific types of insurance and the considerations to be taken into account, and the Project Company is advised to check whether there is a requirement to obtain direct insurance from local insurance companies in the jurisdiction where the project is located and, if so, the finance parties will normally require the Project Company to obtain reinsurance from a creditworthy international reinsurer for the direct insurance obtained locally.

From a purely legal perspective, insurance points of contention that are typically included in negotiated matters include:

- Security interests in insurance and reinsurance contracts: As discussed in the Section on security over assets above, the Project Company's interests under its direct insurance and reinsurance contracts, as well as the insurer's interests under its reinsurance contracts, will normally need to be assigned to the finance parties. The sponsor/Project Company should pay attention to whether such assignment of insurance or reinsurance interests is permitted in the relevant jurisdiction, whether local insurance regulatory approval is required and whether the assignment contract should take a special form. In addition, it is advisable to seek the advice of counsel during the implementation of a particular project as to whether the insurer's interest under the reinsurance contract should be assigned to the Project Company and then indirectly from the Project Company to the finance parties, or whether it should be designed as a direct assignment to the finance parties.
- Lender endorsement: As part of the insurance programme requirements, finance parties usually require that all insurance and reinsurance contracts on the project include a so-called lender endorsement clause, i.e. a set of undertakings given directly by the (re)insurer for the benefit of the finance parties, such as notifying the finance parties when premiums are due and unpaid, notifying the finance parties of proposed material changes to the policy or obtaining the finance parties' consent, not terminating the policy without a certain relief period, etc. The most important clause in the endorsement, the loss payee clause, is an undertaking by the (re)insurer to remit all insurance proceeds, other than third party liability insurance recoveries payable directly to third parties, to a designated project insurance proceeds account (see Section 5.3.7

below) and to remit the insurance proceeds to a designated project insurance interest account when notified by the finance parties' agent that the finance parties has decided to take enforcement actions on.

- Broker Letter of Undertaking: Also as part of the insurance programme requirements, the finance parties usually requires the (re)insurance broker engaged by the Project Company to make a series of undertakings to the finance parties, such as notifying the finance parties a certain period of time before the policy expires, notifying the finance parties in case of non-payment of premiums, non-renewal of the policy, etc. by the Project Company.
- Market capacity: Market capacity refers to the existence of sufficient amount of insurance companies in the insurance market to offer appropriate insurance contracts on terms satisfactory to the project (e.g. premiums, deductibles, exclusions) for a given project area, location, type of insurance to be taken out, etc. In view of the fact that changes in the insurance market are beyond the control of the project, an increasing number of finance parties have agreed to the Project Company's invoking lack of market capacity under certain conditions as a temporary justification for its inability to meet the requirements of the finance parties' insurance arrangements, and requiring it to make some effort to resume attempting to meet the relevant requirements when market conditions turn favourable.
- Use of insurance proceeds: The finance documents generally require that, with the exception of third-party liability insurance claims payable directly to third parties, all insurance proceeds should be remitted to the project's insurance proceeds account and allocated according to the amount of the insurance proceeds: for example, for losses below a certain threshold, the Project Company is permitted to use the insurance proceeds for repair and restoration of the relevant losses; for losses above the aforementioned threshold but below a higher threshold, the Project Company is required to draw up a plan for repair and restoration and to invest the insurance proceeds in restoration in accordance with the plan to the satisfaction of the finance parties; and for losses above the aforementioned threshold, the Project Company is deemed to have caused a substantial degree of damage to the project, in which case the finance parties may require that the insurance proceeds be used (in full or until the project meets certain projected DSCR targets) directly for the Prepayment of the loan

and not for the restoration of the project.

5.3.6.4.2 Political insurance

For political risks such as war, expropriation, exchange, and government default, sponsors and finance parties may also consider purchasing political insurance from export credit agencies or other political insurance providers. See Section 4.1.3.6 above for export credit agency support for political risks.

5.3.7 Project Account Monitoring and Cash Waterfall

The cash flow generated by the project itself is the only source of repayment for a project finance. Control over the project accounts and careful design of the cash waterfall can ensure, to a certain extent, that the project-generated funds are used properly and not unduely applied. Account control is one of the core structural mitigations for the finance parties, which encompasses the following key aspects:

- Opening and maintenance of project accounts: based on the needs of the project, sponsors and the finance parties will agree on the accounts required during the construction and operation of the project, the jurisdiction where the accounts will be opened and maintained (e.g. onshore or offshore), the currency of the accounts and the account banks. The Project Company will undertake under the finance documents to open and maintain the relevant project accounts with the respective account banks for the duration of the project finance and not to open new accounts or close existing accounts without consent of the finance parties.
- Specific use of accounts and cash flow waterfall: specific use of each account and the amounts that may be transferred to and withdrawn from it will be specified in the finance documents. In particular, the priority of payment from the project's proceeds account is generally considered to be the main cash waterfall of a project (see the table below). The types and purposes of accounts commonly found in project finance can be summarised as the EXHIBIT 5-22.

EXHIBIT 5–22 Common Types of Accounts in a Project Finance

Account type	Use of accounts
Disbursement Account	The disbursement account will be used primarily for the project during construction for: ➢ Receiving: loan proceeds, equity contributions (including equity bridge loan proceeds), pre-completion revenues ➢ Payment of: —Project Costs The balance standing to the credit of the disbursement account after the project reaches completion may be applied towards the following purposes (if the finance parties accept for loan proceeds to be so applied): —fund the debt service reserve account (see debt service reserve account below) —transfer to proceeds account (if finance party agrees to use loan proceeds for post-completion project expenditures)
Proceeds Account	The proceeds account is used primarily during the project's operation phase for the purpose of: ➢ Receiving: project operating revenues, other project income (e.g. consideration for asset disposal, compensation under the project documents, but excluding insurance compensation and government compensation), and balance from the disbursement account (see above). ➢ Payment of: operating expenses, taxes and fees (sometimes through transferring to relevant operating accounts); financing costs (fees, interest); financing principal; funding of the debt service reserve account; mandatory prepayment; voluntary prepayment; transferring to distribution account (if distribution conditions are met) (see figure below for cash waterfall). Projects may seek to mitigate political risks' (e.g. foreign exchange control) impact on its solvency by: locating its proceeds accounts in a jurisdiction with low exchange risks; paying opex in a foreign currency (i.e., currencies other than the local currency of the host country) and completing debt service outside the country; keeping only the cash necessary to meet operating expenses in local currency onshore (see operating account below) etc.
Operating Account	The operating account is used primarily during the project's operation phase for the purpose of: ➢ Receiving: a portion of funds set aside from the primary proceeds account for meeting operating expenses that will become due within a certain period (e.g. 30 days). ➢ Payment of: operating expenses as they fall due.
Debt Service Reserve Account	The debt service reserve account is used primarily for projects during operation phase for the purposes of: ➢ Receiving: funds available at the relevant level of cash waterfall to fund the gap in debt service reserve requirements (see below). ➢ Payment of: debt service when available funds at prior levels are insufficient to meet current debt service. In order to ensure that the project can meet its debt service for a certain period of time where there are issues with its cash flow, the finance parties usually require the Project Company to reserve a certain amount (e.g. equivalent to the expected total debt service for the next period or two periods) in a designated account that can be used to service debt when the project does not have sufficient cash to meet its debt service obligations as scheduled. The designated account is referred to as the Debt Service Reserve Account; and the amount to be reserved by the project is generally referred to as the Debt Service Reserve Requirement. The Project Company should ensure that a debt service reserve to meet the Debt Service Reserve Requirement is maintained in the Debt Service Reserve Account at all times. If the Project Company draws on the debt service reserve and, as a result, the balance in the Debt Service Reserve Account falls below the Debt Service Reserve Requirement, it is required to deposit the available cash (i.e. the surplus after all prior payments in the waterfall are met) to the Debt Service Reserve Account when the waterfall is next run (generally the next repayment date) until the balance meets the Debt Service Reserve Requirement.

Continued

Account type	Use of accounts
Debt Service Reserve Account	A project not having sufficient cash to fund the Debt Service Reserve Account in full would not normally constitute a default, but because the Debt Service Reserve Account ranks above the distribution account in the cash waterfall, a project may not make any distribution while there is a shortfall in the Debt Service Reserve Account. Sponsors should also consider whether they should seek flexibility with respect to replacing cash in such reserve account with LCs or guarantees, as referred to in Section 5.3.8.1 below. On some projects, finance parties may also require the Project Company to open and maintain a Debt Service Accrual Account in addition to the Debt Service Reserve Account and require it to make regular payments to that account in accordance with the Debt Service Accrual Requirement. The Debt Service Accrual Requirement is a periodic funding requirement in order to accumulate funds sufficient to meet the next debt service due on the next repayment day. For example, if the next repayment date is six months from now, the Project Company would be required to remit one-sixth of the next total debt service to the account each month to build up for the next total debt service. Opening and maintaining both a debt service reserve account and a debt service accrual account would provide the finance parties with a more adequate cushion against the Project Company's ability to service its debts than simply maintaining a debt service reserve account. Even in the event of a shortfall in debt service, the accrual account would have already been funded with a portion of the funds available for debt service.
Maintenance Reserve Account	The maintenance reserve account is used primarily during the project's operation period for the purpose of: ➢ Receiving: funds available at that level of cash waterfall to fund the maintenance reserve requirement gap (see below). ➢ Payment of: major maintenance expenditures. During the operational phase of a project, large-scale maintenance may be required at certain intervals, and such major maintenance, which is often cyclical in nature, usually has a significant demand for funds. In order to avoid the project not having sufficient cash to meet such needs and the adverse impact of concentrated large expenditures on the project's financial ratios, consideration may be given to opening a maintenance reserve account to optimize the project's cash management. The Project Company and the finance parties will generally determine the Maintenance Reserve Requirement for the project at various times based on the project's maintenance plan and budget. A project not having sufficient available cash to fund the Maintenance Reserve Account would generally not give rise to a default, but because the Maintenance Reserve Account ranks ahead of the distribution account in the waterfall, the project may not make any distributions while there is a shortfall in the Maintenance Reserve Account. Sponsors should also consider whether they should seek flexibility with respect to replacing cash in such reserve account with LCs or guarantees, as referred to in Section 5.3.8.1 below.
Insurance Proceeds and Compensation Account	The insurance proceeds and compensation account is used primarily during the project's construction and operation phase for the purpose of: ➢ Receiving: insurance compensation (except for third-party liability insurance, which is payable directly to third parties, or insurance against delay in start-up or business interruption that are payable directly to the proceeds account), government compensation ➢ Payment of: —Insurance proceeds: if below a certain agreed threshold, for repair, reinstatement, replacement of damage related to that insurance proceeds; if above a certain threshold, it may be subject to certain conditions (e.g. submission of a feasible restoration plan, etc.) before it can be used for repair, reinstatement, replacement of project assets; if above a higher threshold, applied towards mandatory prepayment —Government compensation: generally applied towards mandatory prepayment

Continued

Account type	Use of accounts
Distribution Account	The distribution account is used primarily during the construction period (where pre-completion distributions are allowed, see Section 5.3.8.1 below) and the operational period for the purpose of: ➢ Receiving: the remaining funds available after all prior payments in the cash waterfall have been made, and the project has satisfied all (except as waived by the finance parties) distribution conditions (see below) within a specified period (e.g. within 30 days of the repayment day) before such remaining funds can be transferred to the distribution account ➢ Payment of: generally not regulated by the finance parties (except for basic requirements such as legal compliance) and generally used to make distribution to shareholders, repayment of subordinated shareholder loans, other payments that cannot be made at prior levels of the waterfall (e.g., opex outside budget), etc. The distribution account is usually not included in the finance parties' security package. The usual distributions conditions for a project finance include: ➢ The project is completed (except where pre-completion distributions are allowed). ➢ No outstanding events of default (including potential events of default). ➢ The debt service reserve account balance meets the debt service reserve requirement. ➢ Maintenance reserve account (if any) balance meets the maintenance reserve requirement. ➢ Distribution financial ratios are met (e.g., historical DSCR, forecast DSCR). ➢ Other specific conditions related to the project (e.g. no outstanding payments due under the project document, no mandatory prepayment events, all material permits in force, etc.).

➢ Security interests over accounts: The Project Company is usually required to create and perfect security interests for the finance parties over each project account, other than the distribution account, and to notify the relevant account bank of the creation of such security interests. The account bank is usually required to acknowledge the creation of such security interests in the account agreement and to agree to act on the instructions of the finance parties in the event that the project enters into default, including acting in accordance with the enforcement actions such as blocking funds from the project accounts and applying them towards discharging debt.

➢ Permitted investments: In order to seek higher cash utilization, the sponsors may seek to invest the cash balance in the project accounts (especially the reserve accounts) in capital market products (e.g. money market funds, overnight deposits, as well as government bonds and corporate bonds with good credit rating). The finance parties will impose certain requirements on the accounts that can be accessed, the liquidity of the approved investment products, and the mechanism for realising the investments to ensure that these investments will not adversely affect the original use of such accounts.

The EXHIBIT 5-23 summarises the typical account arrangements for a project finance.

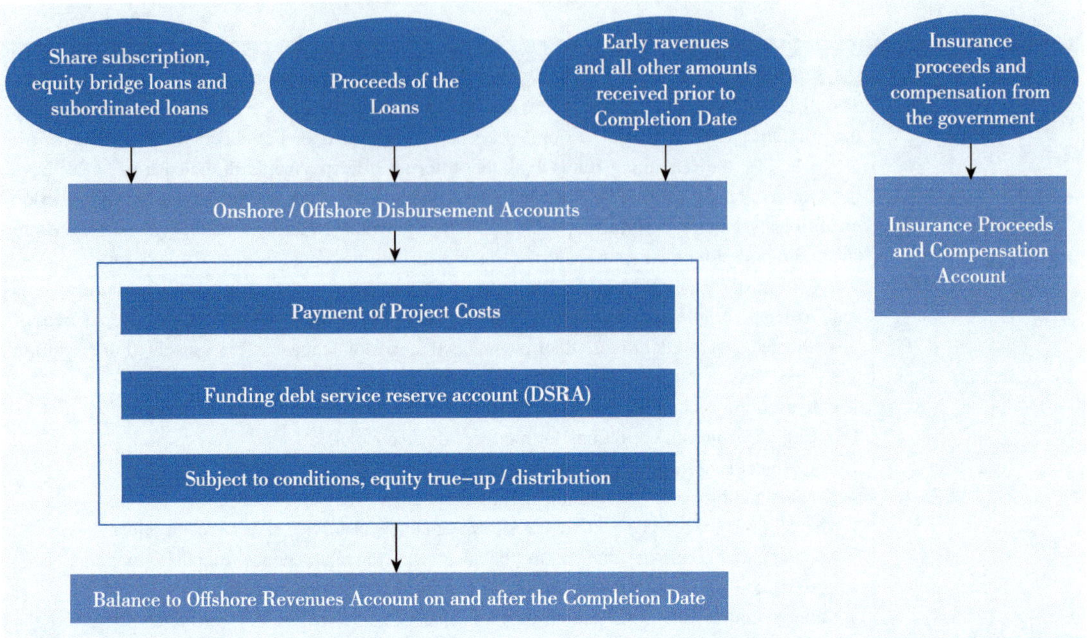

EXHIBIT 5-23A Typical Accounts and Waterfall Arrangement in a Project Finance – Prior to Completion Date

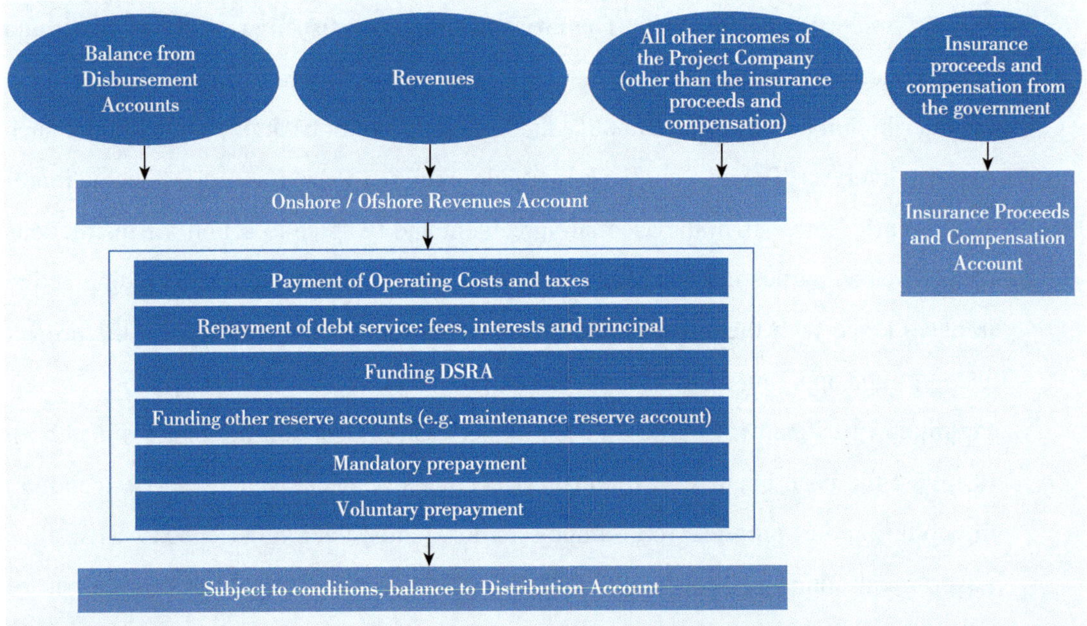

EXHIBIT 5-23B Typical Accounts and Waterfall Arrangement in a Project Finance – Post Completion Date

5.3.8 Special Financing Terms for Project Finance

Compared with the general financing terms described in Section 4.2 above, project finance generally has more specific requirements due to its particular risk allocation, and these requirements are also matters to which the sponsor should pay attention when planning and negotiating the financing conditions.

5.3.8.1 Equity-related arrangements

EXHIBIT 5-24A Key Considerations for Equity-related Arrangements in a Project Finance

Issues	Finance party concerns	Sponsors' concerns
	Equity funding	
Shareholder entity capacity and credit risk	➢ Shareholder entity due diligence (sponsor or sponsor affiliates, equity structure of the sponsor group); common in project finance for sponsors to use their affiliated subsidiaries as actual shareholders ➢ Shareholder creditworthiness due diligence: as the shareholders are often affiliated subsidiaries of the sponsors, the finance parties may require a guarantee from the sponsor in respect of the shareholders' equity contribution obligations and/or require a standby letter of credit from the shareholders to support its equity funding obligations	➢ Selecting the right entity as the shareholder by considering the route of equity funding, taxation, and credit rating of the proposed entity ➢ Whether the sponsor is required to provide guarantee or other credit support for the shareholders' equity funding obligations
Amount of equity, debt-to-equity ratio	➢ Is the debt-to-equity ratio acceptable and is the leverage too high ➢ Initial financial model, debt-to-equity ratio during availability period and at completion	➢ Whether higher leverage and ROI can be achieved (e.g., sponsor also participating in other capacities (e.g., contractor, O&M, offtaker, etc.) may demonstrate higher commercial incentive to operate the project successfully despite high leverage)
Composition and form of Equity	➢ Appropriateness of the respective amounts of Base Equity and Contingent / Standby Equity (if any) ➢ whether Equity composition is robust, e.g., when pre-completion revenues are counted towards Equity, whether such revenues should be backed up by shareholders if it falls below the projected levels ➢ Form of equity, which usually includes share subscriptions and subordinated shareholder loans, and whether any non-common forms of equity, such as in-kind contributions, is included	➢ Whether more flexible equity composition can be sought, such as seeking to include the sponsor's prior investment in the project (often referred to as Development Costs), pre-completion revenues, etc., in order to reduce the actual investment of the sponsor/shareholder to a greater extent
Timing of equity capital injection	➢ Is equity injected into the project ahead of, or at least at the same time as, debt at an agreed debt-to-equity ratio as a risk buffer ➢ If there is a standby equity commitment, is it injected into the project before or at least at the same time as the standby 0 debt at an agreed debt-to-equity ratio	➢ Whether the low efficiency of cash utilisation due to front-loaded equity can be avoided, for example by seeking to fund equity into the project at the same time as debt, or by rationalizing the standby equity so that further equity funding obligation is triggered only when a corresponding overrun occurs ➢ The possibility of seeking to draw down at a higher debt-to-equity ratio during the availability period and, when pre-completion revenues are generated from the project (e.g. during commissioning), counting that pre-completion revenues to equity in order to achieve a lower debt-to-equity ratio level acceptable to the finance parties at completion (i.e., "back-ending" a portion of the equity)

Continued

Issues	Finance party concerns	Sponsors' concerns
Source of funding and credit enhancement for equity capital	➢ Whether the equity funding obligation is subject to credit risk and is supported by a guarantee by affiliated sponsor and/or a standby letter of credit ➢ Where equity bridge loan exists, whether the bridge loan provider is adequately creditworthy and able to disburse ➢ Where standby equity exists, if it is supported by sufficiently qualified standby letters of credit to ensure the timely availability of the standby equity in the event of cost overruns	➢ Whether the source of equity funding is cost-controlled and the utilization rate of cash is reasonable, e.g., if the project is funded with its own funds, although the cost is lower, its cash utilisation rate may be poor; whether it would be more efficient for credit sponsor (as guarantor) to obtain a lower-cost equity bridge loan and have the project bear the cost of such bridge financing
Equity true-up and distribution		
Equity true-up	➢ Whether the sponsor requires that the excess equity capital in the project after satisfying the debt-to-equity ratio be trued up when certain true up conditions are met (e.g. physical completion is achieved, project expenses (except for punchlist amounts or matters for which cash has been reserved) have been fully paid, and a certain debt-to-equity ratio will be met following true up, etc.), so as to return the equity capital to shareholders in advance (instead of waiting until the project can be formally distribute); whether such requirements are reasonable and whether the true up conditions can prevent equity capital is inappropriately paid out prior to completion	➢ Whether reasonable equity true up flexibility can be sought, such as early return of a portion of equity in conjunction with the recognition of pre-funded equity and pre-completion revenues as equity as described above ➢ Whether greater flexibility could be sought in the setting of true up conditions
Pre-completion dividends	➢ Whether the sponsor should share the pre-completion proceeds generated during the commissioning period with the finance parties in the agreed proportion or require that all of the proceeds be used for distribution; whether the distribution conditions are reasonable (if the sponsors have provided a Debt Service Undertaking, the risk of pre-completion cost overruns is still borne by the sponsors, so the sponsors may be considered for a dividend entitlement) ➢ The adequacy of conditions for pre-completion distribution to avoid undue drainage of equity funds prior to completion (e.g., project expenditures (other than for punchlist items or for matters for which cash has been reserved) are fully paid, the project has reached physical completion and basic operating capacity requirements, pre-completion revenues are above certain requirements, etc.)	➢ In particular, where Debt Service Undertakings have been provided, or where the sponsors bear a greater risk of cost overrun (e.g. where the sponsor's standby equity is front-ended), whether flexibility and more generous terms for pre-completion distributions can be sought. In particular, in oil and gas projects with Debt Service Undertakings, in order to pass the completion test and release the Debt Service Undertakings (see Section 5.3.8.3 below), the project will need to undergo a certain commissioning and test period to demonstrate to the finance parties that it has sufficient operational capacity. During that period, the project will likely generate considerable revenues. For this reason, sponsors in such projects will be particularly concerned about the ability to distribute before completion ➢ When there is no Debt Service Undertaking and the finance parties shares a portion of the construction risk, is it acceptable to share a percentage of pre-completion revenues with the finance parties in exchange for the right to at least distribute a portion of the early revenues; can the portion shared with the finance parties be sought to flow back into the cash waterfall (rather than be applied towards mandatory prepayment)

Continued

Issues	Finance party concerns	Sponsors' concerns
Dividends upon completion of work	➢ Distribution conditions include whether the financial ratio tests for distribution are set reasonably and whether the frequency of distribution is in line with the project's debt service cycle, etc.	➢ Possibility of securing more generous distribution conditions ➢ Possibility of seeking more frequent distribution when projects can meet higher financial ratio targets ➢ In the event of default by a sponsor, should distributions be blocked only in relation to that sponsor (and not other non-defaulting sponsors)
Replacing cash from reserve accounts	➢ What are the minimum credit rating requirement for LCs /guarantees that may be used to replace the cash in reserve accounts; whether sufficient liquidity is available to cover the debt service or related funding gap in a timely manner if needed ➢ Circumstances that may trigger an obligation to pay under the letter of credit (when cash in the account is required, when the issuing bank is downgraded or when the letter of credit expires and is not renewed in a timely manner, etc.) ➢ Whether the costs associated with the issuance and maintenance of such a replacement letter of credit should be borne by the sponsors, given that it serves the economic interests of the sponsors as a whole; and, if borne by the Project Company, whether it is sufficiently subordinated in the cash waterfall or subject to a certain monetary cap ➢ Whether issuing bank has recourse to the sponsors and not the Project Company (if recourse is against the Project Company, further discussion of the issuing bank's subordination and rights in intercreditor decision-making is required)	➢ Whether to attempt to use standby letters of credit to replace cash in reserve accounts to improve cash utilization and funds available for distribution after the cash waterfall (given that the debt service reserve account ranks ahead of distribution in the waterfall) ➢ Whether the cash replaced can be used directly for distribution, whether the conditions for distribution still need to be met, and whether it needs to flow back into the cash waterfall Whether costs can be passed on to the Project Company ➢ Whether recourse can be to the Project Company rather than to the sponsors
Share retention requirements		
Shareholding lock-up period, minimum shareholding requirements after lock-up period	➢ The reasonableness of the lock-up period and post-lock-up minimum shareholding requirements applicable to specific sponsors in relation to their roles at different stages of the project (particularly in international oil and gas projects, where the presence and continued involvement of certain international oil companies in the project as core sponsors or principal operators of the project creates a significant degree of comfort for the finance parties. The finance parties is also likely to impose higher shareholding requirements on such sponsors) —For sponsors who are related parties to the contractor whether they should not transfer shares at least during the construction and commissioning period —Whether the sponsors who are a related party to the O&M contractor, should be prohibited from transferring shares at least during operational commissioning and major maintenance, and maintain a higher level of shareholding during the operational period	➢ Consideration could be given to negotiating specific shareholding requirements for different sponsors (e.g., when the core sponsors are willing to accept more stringent shareholding requirements, other sponsors may be able to seek more lenient terms) ➢ May seek individual sponsor default as a remedy so that the finance parties is only entitled to enforce the shares of affiliated shareholders of the defaulting sponsor, restrict distribution to that sponsor, etc., rather than triggering mandatory prepayment or even overall default on the project

Continued

Issues	Finance party concerns	Sponsors' concerns
Shareholding lock-up period, minimum shareholding requirements after lock-up period	—For sponsors who are related parties of the offtaker, their shareholding requirements should take into account the long-term offtaking obligations under the long term agreement —Whether the shareholding requirement for a sponsor acting as a representative of the host government should take into account the sponsor's function in mitigating political risk ➢ Whether the shareholding requirement also applies to other project participants (contractors, O&M contractors, offtakers, etc.) whose shares are held by the relevant sponsors ➢ What are the consequences of a breach of the share retention requirement (event of project default, individual sponsor default or mandatory prepayment) and, if mandatory prepayment, whether the repayment mechanism is reasonable ➢ For projects involving an export credit agency, whether the home country sponsor shareholding satisfies the requirements under that ECA's cover document; what are the consequences for breach of that individual ECA covered facility; and how is that payment treated as an intercreditor matte if only default or mandatory prepayment under that individual facility is triggered	➢ Consideration could be given to negotiating specific shareholding requirements for different sponsors (e.g., when the core sponsors are willing to accept more stringent shareholding requirements, other sponsors may be able to seek more lenient terms) ➢ May seek individual sponsor default as a remedy so that the finance parties is only entitled to enforce the shares of affiliated shareholders of the defaulting sponsor, restrict distribution to that sponsor, etc., rather than triggering mandatory prepayment or even overall default on the project
Conditions for transfer of shares	➢ For the transfer of shares that satisfy the share retention requirements, the appropriateness of the other conditions to be met: for example, the transferee in terms of compliance, KYC, the need to accede to the existing agreement, as well as in the case of the construction period with Debt Service Undertakings, the shareholder transferring shares is generally required to transfer the corresponding proportion of Debt Service Undertaking obligations at the same time, and the transferee shareholder's affiliated Debt Service Undertaking provider is required to meet the minimum requirement of the finance parties for the Debt Service Undertaking provider, etc. ➢ For sponsor transfers with a special role, whether the transferee should meet any special conditions [e.g. industry experience, nature of the investor (e.g. finance parties generally want to control the percentage of participation of pure-money investors), etc.] ➢ For non-integrated projects, are the upstream and midstream shareholdings aligned; when a midstream shareholder transfers shares, is an equivalent transfer of upstream interests required at the same time to ensure that similar upstream and midstream commercial interest ties exist for the incoming shareholder/sponsor	➢ The need to seek the necessary flexibility in the terms of conversion ➢ Whether there is a need to seek the necessary flexibility in the binding of upstream and midstream interests

5.3.8.2 Economics of the project

EXHIBIT 5–24B Key Considerations for Project's Economics in a Project Finance

<table>
<tr><th>Issues</th><th>Finance parties concerns</th><th>Sponsors' concerns</th></tr>
<tr><td colspan="3">Debt volume</td></tr>
<tr><td rowspan="2">Total debt</td><td colspan="2">Total debt refers to the total amount of debt that the project can sustain and is the product of the interaction and balance between different factors such as the return on investment of the sponsor and the debt service coverage ratio of the finance parties. The sponsor and the finance parties will generally agree on the total debt at the beginning of the financing planning and financial modelling.</td></tr>
<tr><td>➢ From the finance parties' perspective, the debt taken on by the project should not be too high and should be able to meet a certain debt service coverage ratio for the project while withstanding certain stress tests</td><td>➢ Higher leverage and flexibility in raising debt can be sought, taking into account the solvency of the project
➢ Consider applying senior shareholder debt to exhaust the leverage space available to the project and further optimize shareholder returns</td></tr>
<tr><td rowspan="2">Additional debt</td><td colspan="2">Common additional debts include:
➢ Replacement Debt: Debt raised to repay, replace (i.e. refinance) existing (higher cost) financing
➢ Supplemental Debt: Debt raised to cover project expenditures until project completion
➢ Permitted Development Debt: Debt incurred to pay for permitted development expenditures; the term "permitted development" generally refers to adjustments to the original project that are required by law or industry, or that are voluntarily implemented, up to a certain amount
➢ Buy-down Debt: Debt buy-down to exhaust the leverage space if the project exercises the debt buy-down option mentioned in 5.3.5(Project construction and completion risk) to achieve completion, and subsequently restores a production level that can support a higher level of debt
➢ Debottlenecking Debt: Debt raised to cover debottlenecking expenditures; by "debottlenecking", it is generally meant the adjustment of the original project to increase its capacity
➢ Expansion Debt: Debt raised to cover expansion expenditures, as opposed to "debottlenecking", expansion is a substantial expansion of a project (e.g., a new liquefaction train for an LNG project)</td></tr>
<tr><td>➢ Whether the additional debt flexibility requested by the sponsor is reasonable and sufficient (generally subject to certain minimum financial metrics measurements, financial model updates, etc.)
➢ Whether there are reasonable constraints on the terms of implementation of the permitted development, debottlenecking works and the expansion itself: e.g., thresholds for voluntary permitted development costs, criteria to be met for increased production to be debottlenecked, whether the original work needs to be completed before the expansion can be implemented, whether it needs to be supported by additional Debt Service Undertakings, no sharing of the original project security package before completion, etc.
➢ Whether higher requirements should be met for additional debt to be raised before completion of the original project: for example, not exceeding the originally agreed debt-to-equity ratio or the debt ceiling set by the finance parties</td><td>➢ Higher levels of additional debt and flexibility in raising debt can be sought, taking into account the solvency of the project, especially if there are known expansion plans, the terms of the expansion can be agreed in advance with the finance parties</td></tr>
</table>

Continued

<table>
<tr><th>Issues</th><th>Finance parties concerns</th><th>Sponsors' concerns</th></tr>
<tr><td colspan="3">Financial ratios and tests</td></tr>
<tr><td>Financial ratios</td><td colspan="2">Financial ratios commonly used in project finance include debt-to-equity ratios and coverage ratios such as debt service coverage ratio (DSCR), loan period coverage ratio (LLCR), and project life coverage ratio (PLCR). The different coverage ratios can assist sponsors and finance parties in assessing the performance of the project over the different periods of the loan and throughout the project life. Financial ratios play different roles in finance documents, such as:
➢ Initial CPs: The initial financial model (Base Case), which is a prerequisite for the initial drawdown, needs to demonstrate specific financial ratios that meet the finance parties' requirements, such as average DSCR, minimum DSCR, LLCR, etc. As part of the upfront financial due diligence, the finance parties will also review in detail each version of the financial model provided by the sponsor, assess the reasonableness of the assumptions made therein, and require an audit of the initial financial model that is ultimately submitted as a CP. Particularly in oil and gas projects, where the finance parties bear the risk of oil price volatility, the oil price assumption in the financial model are usually evaluated by an independent consultant. Once the finance parties accept the oil price assumption in the initial financial model, it accepts the risk of future oil price volatility and deviations from the initial projections (in other words, the assumptions about oil prices in the initial financial model are usually not updated at a later date).
➢ Distribution condition: the corresponding calculation period at the time of such distribution needs to present a value higher than the specified historical DSCR (for the backward-looking test period) and, if available, the projected DSCR (for the forward-looking test period)
➢ Events of default: In projects with high leverage and low debt service coverage ratios in the initial financial model, such as power and infrastructure projects, it is not uncommon for financial ratios to be set to trigger an event of default, i.e., when the historical DSCR is measured to be below a certain minimum value at any calculation date; in contrast, in oil and gas projects with generally high debt service coverage ratios in the initial financial model (e.g., LNG projects), ratio default is less commonly seen
➢ Mandatory prepayment: Where there are insurance losses in excess of agreed thresholds, non-revenue compensations or compensations under the project documents that may be required by the project finance documents to be used for mandatory prepayment to reduce the lenders' risk exposure, such mandatory prepayment may be subject to the borrower increasing the minimum (or average) projected DSCR to a level required by the finance parties
➢ Additional debt conditions: the updated financial model, taking into account the proposed additional debt, needs to present specific financial ratios that meet the requirements of the finance parties, such as minimum forecast DSCR, LLCR, etc.
➢ Buy-down condition: If the sponsor is permitted to allow the project to achieve completion with less than full production but above a minimum level acceptable to a finance party by way of a buy-down referred to in Section 5.3.5 above, it will normally be required to demonstrate to the finance parties that the project can still meet the finance parties' requirements at current production after the proposed debt reduction for specific minimum financial ratios
The setting of financial ratios is generally recommended by financial advisors on both sides of the sponsor and finance parties, with the support of technical, marketing and insurance advisors, after a thorough analysis of the assumptions, sensitivity tests and other elements of the financial model, and is ultimately agreed upon by the sponsor and finance parties.</td></tr>
</table>

Continued

Issues	Finance parties concerns	Sponsors' concerns
Sensitivity testing	Sensitivity testing, which refers to stress testing of different combinations of assumptions made during the construction of the financial model to test the economic robustness of the project under various adverse conditions. Elements of sensitivity analysis typically include adverse changes in the following assumptions. ➢ Interest rates, exchange rates (subject to the existence of a hedging trading scheme) ➢ Project construction costs (Capex) ➢ Construction period overrun ➢ Project operating expenses (Opex) (including feedstock supply costs such as oil, gas, etc.) ➢ Interest rates ➢ Tax rates and other government expenditures ➢ oil (petroleum) price Based on the risk exposure revealed by the sensitivity test, lenders and borrowers may further adjust core economic elements such as total debt cap, debt-to-equity ratio, financial ratios, amount of debt service reserve, or negotiate specific mitigation measures (e.g., specific shareholder liquidity support) for specific issues.	
Mechanism for measuring financial ratios	Tests of financial ratios are generally categorized as (i) scheduled tests to meet dividend conditions; or (ii) specific tests for specific events (e.g., events of default, mandatory prepayment events, additional debt, debt buy-down, etc., as mentioned above). *Scheduled testing/calculation* The calculation date and the calculation period for the project are usually set forth in the finance documents. The selection of the calculation date and the calculation period needs to take into account the debt service cycle of the project, the project's own revenue and expenditure cycle and the financial closing cycle of the Project Company. The calculation date generally coincides with the repayment dates, but some projects choose to match the Project Company's fiscal year and financial reporting to allow financial reporting data to be referenced in the calculation. The test period is generally one or more interest periods and may also be divided into historical and forecast test periods, depending on the ratios tested. The choice of calculation date and calculation period (choice of first calculation date and historical calculation period) affects the sponsor's ability to make distributions (and when distributions will begin) and usually requires a recommendation from the lender's and borrower's financial advisors after assessing the different options. *Irregular testing/calculation* Ad hoc tests are designed to observe how the financial ratios in the financial model will react to particular events over the remaining life of the loan. For such tests, parties usually agree in advance on which events can trigger a special test and which assumptions in the financial model should be updated for such tests as driven by different events, etc.	

5.3.8.3 Completion date and completion test

"Completion" of a project can have different meanings in different contexts: "Completion" under an EPC Contract refers to the date when the contractor completes the construction under the EPC Contract and the owner confirms that the project has reached the completion specification and accepts the project, which can also be understood as the "physical completion" of a project. "Completion" under the concession agreement may be linked to the physical completion of the project, or there may be a separate concept of "operation date", which generally refers to the completion of the testing and commissioning of the project and its entry into full operation, and there is usually a final deadline of the project operation date, after which the project may lose its concession. "Completion" (sometimes referred to as Project Completion Date or Actual Completion Date) in the finance documents usually refers to the date on which the project passes all the "completion tests" required by the finance parties, which include not only physical completion of the project, but also a series of tests on the project's operational capacity, insurance acquisition, E&S matters, financial levels, legal matters, etc. (as expanded in the table below in this Sub-section). For the purposes of this guidelines, "completion" in this Sub-section means completion within the meaning of the finance documents.

The core significance of the "completion date" in the finance documents is that it marks the formal entry into operation of the project, i.e. the ability of the project to support its ongoing operating expenses and payment obligations, such as debt service, from the revenues generated by its own operations. Once the completion date is achieved, the sponsors are generally considered to be released from its completion guarantee obligations (if any), the finance parties' recourse reverts to the project itself and they begin to share in the operational risk of the project, and the sponsor may not begin to make distributions until the conditions for distributions are met (except in the case of pre-completion distributions). Therefore, for the determination of the "completion date", from the sponsor's perspective, it would like to achieve "completion" as soon as possible after the project achieves physical completion and has certain operational capacity, so that the release of the completion guarantee (if any) and dividends can be realized as soon as possible. From the finance parties' perspective, however, lenders would want to test as thoroughly, scientifically and objectively as possible whether the project is self-sustaining and sustainable before releasing the completion guarantee (if any).

In relation to the "completion date", the following related concepts are also commonly found in finance documents.

- Scheduled Completion Date: The scheduled completion date is usually based on the duration of the EPC Contract and the estimated time required for commissioning and trial operation of the project. In the financial model, the Scheduled Completion Date is generally used as a reference for preparing the drawdown and repayment schedule. The First Repayment Date in the finance documents is also usually based on the Scheduled

Completion Date (e.g., an interest period after the Scheduled Completion Date). If the project is not completed by the Scheduled Completion Date, or even by the first repayment date, and thus does not have sufficient funds to meet the first repayment, this payment risk may be covered by the Debt Service Undertaking if it is in place (e.g. Completion not yet achieved and DSU therefore not yet released); such a situation also means that the project is likely to be subject to delays or force majeure under the EPC Contract, and the relevant damages and/or insurance proceeds under the EPC Contract may also be used for the first repayment. From the sponsor's perspective, the Scheduled Completion Date should be determined in conjunction with the advice of the technical advisor to allow sufficient cushion for the time required for the project to fully meet the completion test.

➢ Completion Long-stop Date: The latest completion date acceptable to the finance parties, which is generally the end of a certain grace period (e.g. one to two years, sometimes extended in case of force majeure) after the Scheduled Completion Date, if the project has not been completed by that date, the finance parties may declare default and accelerate all debts due, and in the case of a Debt Service Undertaking, may claim repayment of all debts under the Debt Service Undertaking.

Completion tests in oil and gas projects typically encompasses the EXHIBIT 5-25:

EXHIBIT 5–25 Completion Tests for Oil and Gas Projects

Completion test	General test content (certification by the Project Company)	Independent confirmation by the finance parties' adviser
Physical completion	➢ The project has passed the relevant tests, acceptance handover under the EPC Contract	Confirmation letter from the technical adviser on the Project Company's certification is normally issued
Operational completion	➢ Physical completion test passed ➢ Achievement of specific capacity targets during a certain test period and with the operation of general operations staff ➢ No operational interruptions or equipment failures outside the permitted scope ➢ In projects with warehousing, transportation, and sales components, operational completion testing may also test the project's ability to operate in the relevant components; projects involving long-term shipping arrangements sometimes have separate transportation tests	Confirmation letter from the technical adviser on the Project Company's certification is normally issued

Continued

Completion test	General test content (certification by the Project Company)	Independent confirmation by the finance parties' adviser
Insurance completion	➢ The project has acquired all the insurance required for the operational period	Acknowledgement letter is normally issued by the insurance consultant in relation to the Project Company's certification
Financial completion	➢ Debt service reserve account is fully funded ➢ Debt-to-equity ratio meets completion requirements ➢ If it is desired to exercise the Debt Buy-down option, each forecasted DSCR period satisfies the for exercise the Debt Buy-down option	Generally no independent third-party confirmation
Environmental and social completion (E&S completion)	➢ Project meets all applicable E&S standards, E&S action programme in place (commonly referred to as ESAP)	Confirmation letter from E&S consultant on the Project Company's certification is usually issued
Legal completion	➢ Full validity of project documents, finance documents ➢ No ongoing force majeure events under the respective project documents ➢ The project has obtained all the necessary permits to operate ➢ No defects in land use rights ➢ No outstanding EPC price or unresolved disputes under the EPC Contract (except where a full retention has been made) ➢ Default under transaction documents	Generally no independent third-party confirmation

5.3.8.4 Reporting, forecasting and notification obligations

As a mitigation of construction, completion and operation risks for the finance parties, the finance documents typically require the Project Company to report regularly to the finance parties on the status of its construction and operations, to submit regular budgets for construction and operation activities and to allow regular site visits by the finance parties' technical and E&S consultants. In addition, the finance documents also require the Project Company to provide the finance parties with timely notification of the occurrence of extraordinary events.

EXHIBIT 2-26 Information Undertakings for a Project Company

Information obligations	General coverage
Construction plan and budget	Generally provided as Initial CP to drawdown (requesting an update if necessary), the content usually includes: ➢ Projected construction schedule (e.g., projected completion date for each milestone) ➢ Projected construction expenditure plan ➢ Projected drawdown plan

Continued

Information obligations	General coverage
Construction Report	Provided periodically during the construction period (e.g., monthly, quarterly), the content typically includes: ➢ Construction activities and progress ➢ Construction expenditure ➢ Whether there are significant deviations in works and/or expenditures compared to the construction period budget ➢ Status of E&S compliance and ESAP (Environmental Social Implementation Plan) implementation (separate E&S reports may also be issued periodically)
Operating budget	The first operating budget is generally submitted by a certain period prior to the completion date and is updated periodically thereafter (e.g., annually, semi-annually), usually covers: ➢ Projected operation and maintenance plan ➢ Projected operating and maintenance expenditure
Operational reports	Usually provided at regular intervals after the completion date (e.g., annual, semi-annual) and usually covers: ➢ Actual O&M expenditures compared to the budget for the relevant period ➢ Major operational activities, operational data ➢ Major repairs, maintenance, breakdowns ➢ E&S compliance and ESAP implementation status (separate E&S reports may also be issued periodically)
Other information obligations	Matters related to the project document: proposed amendments, new project documents to be signed, non-compliance under the project document, receipt or notification of termination, suspension, significant delays, force majeure events, etc. ➢ Insurance events: such as the occurrence of an insured event, renewal status, policy disputes, receipt of notice of cancellation, amendment or rescission of the policy, etc. ➢ Incidents involving litigation ➢ E&S events (e.g., pollution, protests) ➢ Revocation, change, non-renewal of major permits ➢ Government expropriation, nationalization ➢ Impairment of assets or other circumstances detrimental to the subject matter of the security ➢ Management events in the Project Company (e.g., proposed amendments to the by-laws, executive changes)

5.3.8.5 Special loan purposes, conditions precedent, representations, undertakings, events of default

Unlike general corporate finance, project finance usually contains a series of representations, commitments and events of default with respect to specific project risks. Matters worthy of the sponsor's attention include:

➢ Clear limitation of the use of the loan: The use of the loan in project finance is generally clearly limited and the Project Company may not use the loan funds for purposes other than those specified. Loans covered by tied ECA support should pay particular attention to the eligibility requirements of the relevant credit facility. Project finance generally allows loan funds to be used for project costs, operating expenses until project completion, interest during the construction period and other costs under the finance documents, although it should be noted that some finance parties (e.g. specific export credit agencies) do not allow their loan funds to be used for financing costs such as commitment fees, ECA premiums, etc.

- Conditions precedent to utilisation: Project finance relies on the soundness of the overall commercial structure of the project, as reflected in the CPs to drawdown on matters relating to the project prior to the release of funds, as exemplified by the following typical requirements.

Conditions precedent to initial drawdown.

—All (except for those that are not available) project documents have been validly signed by all parties and are fully legal and valid.

—The issuance of relevant due diligence reports by the finance parties' respective consultants.

—The initial financial model audited by an independent auditor.

—The insurance required during the construction of the project are fully in place.

—All required approvals for the project are in place.

Conditions precedent to each drawdown.

—Proof of the purpose of the funds to be withdrawn (e.g. invoices).

—A record of spending on the last withdrawal.

—Debt-to-equity ratio.

- Repeating representations: The typically long term of project finance means that the scope of repeating representations (typically repeated at each drawdown and at each interest date) may significantly affect the Project Company's compliance costs over the life of the loan. For its part, the Project Company should consider limiting the scope of repeating representations to matters that are within its control (e.g. legal personality of the Project Company, corporate authority, etc.) and that are not covered by provisions such as undertakings and events of default, and on the basis of the factual circumstances at the time of repetition.
- Project-related undertakings: Compared to general corporate finance, the borrower in project finance is normally a special purpose vehicle established to develop, construct

and operate the project and is subject to more stringent and specific restrictions on its scope of action from the finance parties. Depending on the project-specific due diligence and risk allocation, the Project Company may be required to give undertakings in relation to specific matters on the project (e.g. through the "reserved of discretion" described below), but in general finance parties in the project finance will require undertakings from the Project Company to ensure the integrity and viability of the overall commercial structure of the project in relation to:

—Positive undertakings: maintain legal and valid project documents, construct the project in accordance with the project construction plan and budget, operate and maintain the project in accordance with good industry practice, maintain the purchase and sale arrangements required by the finance parties, maintain material licenses, have the intellectual property rights required for the construction and operation of the project, comply with the project's insurance requirements, comply with the project's requirements for account supervision and cash flow arrangements, maintain E&S compliance maintain sanctions, anti-corruption, anti-money laundering, counter-terrorism financing compliance (see below), and compliance with the finance parties' "reserved discretion" (see below).

—Negative undertakings: no business other than the project, no joint ventures, equity investments, mergers and acquisitions, subsidiaries, etc. (compared to corporate finance, more stringent and usually not subject to exceptions), no debt, guarantees, asset disposals other than this financing (compared to corporate finance, more limited exceptions), no distribution without meeting distribution conditions, no off-budget operating expenses, no new material agreements without consent, etc.

—Reserved Discretion: A requirement for the Project Company to obtain prior consent from the finance parties, to act on the finance parties' instructions, or to notify the finance parties in a timely manner afterwards, with respect to specific provisions in the project documents. Through these arrangement, the finance parties intervene in specific material matters of the Project Company under the project documents, thereby "reserving" the finance parties' discretion over the Project Company, for example, by requiring the Project Company not to confirm the acceptance of the project under the EPC Contract without the consent of the finance parties. In the case of a project with a completion guarantee, the sponsors have assumed the risk in construction phase and may require the finance parties to refrain from intervening in the construction activities of the Project Company, while in the case of a project without a completion guarantee, the finance parties share the construction risk of the project and may therefore have a relatively broad need to retain discretion with respect to the activities of the Project Company under the EPC Contract (although the retention of discretion is not limited to the construction phase).

As discussed in Section 4.2.8.2 above, for the negotiation of undertakings, the Project Company should exercise some judgement as to the scope of undertakings that may be made (e.g. materiality, threshold thresholds, etc.) in the context of itself and the project.

- Scope of representations and undertakings: In oil and gas projects, particularly non-integrated projects, particular concerns include whether the representations and undertakings made by the project should cover the activities of the upstream participants, or whether the upstream participants should make certain representations and undertakings directly to the midstream finance parties in respect of their conduct and allow the finance parties to have recourse against the project (and not just against the sponsor/participant) in the event of default by an upstream participant (see "Event of default by debt service provider/shareholder" below). For non-integrated merchant structure and hybrid structures that are particularly dependent on successful upstream operations and sales, finance parties may be particularly concerned about the performance and compliance of upstream participants and are likely to require indirect commitments from the project, or direct undertaking from upstream participants, in relation to certain core commercial terms (e.g. termination of long term SPAs, amendments to price terms under long term SPAs) and upstream participant compliance issues.
- Sanctions, anti-corruption, anti-money laundering, counter-terrorism financing, etc. compliance: As discussed in Section 3.1.2.7, in oil and gas project finances that often involve complex country risks, sponsors and finance parties need to pay particular attention to relevant compliance issues and should fully assess the compliance status of the host country and relevant participants during due diligence. The extent (e.g. whether separate representations are required from shareholders, DSU providers, sponsors and other participants) and the extent (e.g. whether only for project-related conduct) of compliance representations and undertakings made by project participants

often form the focus of negotiations in finance documents. At a minimum, the finance parties will require the Project Company to represent its compliance and to undertake that it is not a sanctioned party, that it will not have any direct or indirect economic dealings with a sanctioned party, that the funds raised by the project will not be used for economic activities related to the sanctioned party and that it will not pay the project finance debt from the proceeds of economic activities related to the sanctioned party.

- Events of default and remedies: In project finance, in addition to the general events of default and remedies described in Section 4.2.9 above, the more unusual arrangements include:

—General events of default: In contrast to ordinary corporate finance, the more specific aspect of project finance in terms of events of default is the concern for the legal validity of the project documents. Failure, termination, unenforceability and material breach by the counterparty of the project documents can constitute an event of default on the project. In addition, project finance is particularly sensitive to compliance issues such as E&S and sanctions, so there are usually events of default for such compliance issues (which, depending on the negotiations, may include sanctions events affecting a sponsor, see above). For other general events of default, see Section 4.2.9.

—Fundamental event of default: In the case Debt Service Undertaking is provided, the sponsors may propose the application of the concept of "fundamental event of default". A "fundamental event of default" is the most serious of the events of default that could materially affect the economics of the project, such as insolvency of the Project Company, abandonment of the project, material destruction of the project, failure to complete the project by the final completion date, etc. During the life of the Debt Service Undertaking, as the sponsor bear the risk of completion, the finance parties may be required to accelerate repayment and make claims under the Debt Service Undertaking only upon the occurrence of the most fundamental events of default; in the event of other events of default that do not constitute "fundamental events of default", the finance parties is only entitled to limited remedial protection (e.g., the Project Company may not drawdown when the default is outstanding) and may not enforce the project. This gives the sponsor more flexibility to take remedial measures and resume construction of the project in the event of non-material events of default.

—DSU provider/shareholder events of default: Due to the principle of severability between sponsors, it is common in oil and gas project finance to identify an event of default involving an individual sponsor or its affiliates as a DSU provider/shareholder event of default, rather than an event of default on the project. For such events, the sponsor may require the finance parties to have remedies only against the defaulting party and its affiliates (such as requiring partial prepayment on a pro rata basis, payment by the defaulting DSU provider of its covered proportion of the debt, enforcement of the defaulting shareholder's share pledge, restriction of dividends to the defaulting shareholder, etc.), but not against the non-defaulting parties. It should be noted, however, that particularly for projects that bear upstream risk, the finance parties may require that a sponsor or related party default that poses a threat to the project as a whole (e.g., breach of share retention requirements, breach of sanctions, and other compliance issues) be recognized as an event of default on the project, thereby obtaining a right to recourse against the project as a whole.

—Credit default: i.e. response to the credit risk of core project participants, generally applicable at least to the Project Company, DSU providers (if any), (especially when there is no completion guarantee and the finance parties assumes the risk of shareholder capital injection during the construction period) shareholders and affiliated parties, and sometimes also to other core participants such as contractors (especially if there is no completion guarantee), O&M contractor, offtaker, etc. Specific triggering events generally include bankruptcy, cross-default, and occurrence of bankruptcy, creditor action and other similar proceedings of such entities. The finance parties will generally propose appropriate dollar thresholds based on the respective creditworthiness of the different entities. Credit default of the Project Company generally constitutes a fundamental event of default, credit default of the DSU providers (if any) or the shareholders generally constitutes a corresponding DSU provider/shareholder event of default.

—Remedies: account freeze, use of account balance for debt settlement, exercise of rights of intervention under direct agreements, assignment, etc.

5.3.9 Project Finance Operation Process

The specific operational process for project finance can be found in the EXHIBIT 5-27.

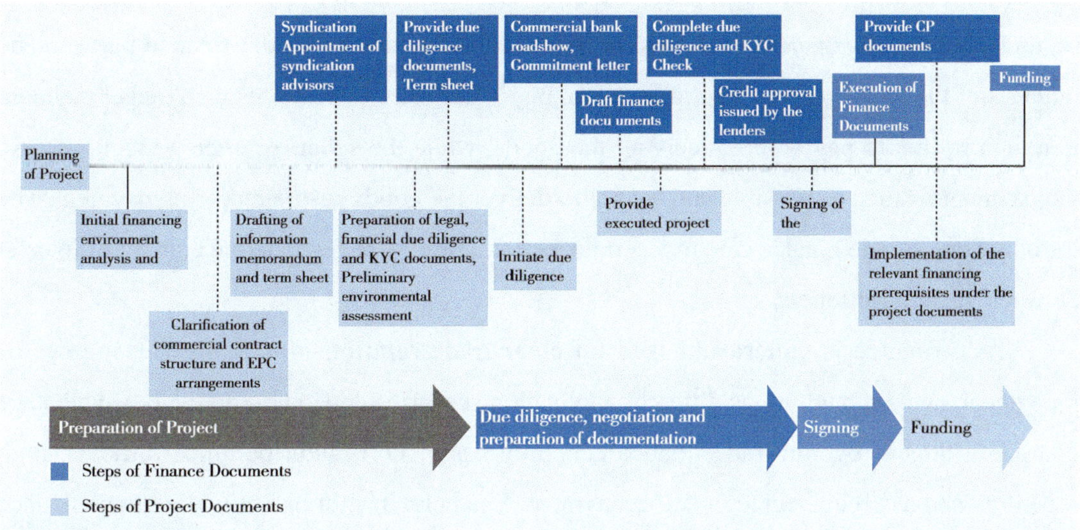

EXHIBIT 5-27 Typical Process for a Project Finance

5.4 Trade Finance

5.4.1 Trade Finance Concepts

Trade finance, a collective term for financing provided by financial institutions based on the existence of a commodity transaction or a trade relationship, takes various forms, including general loans, letters of credit, accounts receivable factoring, reserve financing and other different forms of structured trade finance. Trade finance is based on assets involved in or arising from the trade being financed, such as accounts receivable (i.e. payment obligations due from the buyer to the seller), payment commitments, orders, bulk goods, inventory, trade notes, etc., and may be used to support different parts of a trade chain including procurement, production, delivery, payment, etc. The trade being financed may also be an international import/export trade, so trade finance may also involve entities such as ECAs and insurance companies.

5.4.2 Trade Finance Features

The central feature of a trade finance is that the relationship between the two trading parties can benefit to some extent from the availability of trade finance, so trade finance should be understood as a tripartite relationship between buyer, seller and the finance parties. The interests of the trade subjects are different: the buyer/importer wants to obtain a longer payment term and try not to pay before receiving the goods, while the seller/exporter wants to receive the payment as soon as possible and try not to deliver the goods before receiving payment. The introduction of trade finance can, to a certain extent, mitigate or regulate the conflict of interest between buyers and sellers.

Trade finance is generally based on clear trade relationships and clear sources of repayment, and although it has different application scenarios depending on the type and stage of trade it targets, overall trade finance generally has a short maturity, quick turnover, high repetition and a certain degree of self-repayment. Financial institutions providing trade finance will focus on the trade business being financed and the logistics and cash flow risks involved, will usually have recourse to the goods and cash flows involved in the business being financed, and be liquidated through the disposal of the relevant goods or cash flows when the borrower defaults on repayment.

5.4.3 Types of Trade Finance

Trade finance can be broadly divided into structured trade finance and unstructured trade finance.

- Structured trade finance: Structured trade finance refers to financing based on the goods being traded or the flow of funds to be generated by the transaction, using financial structures and asset-backed packages designed to do so. Structured trade finance allows borrowers who may not be able to obtain appropriate financing on the basis of their own creditworthiness alone to raise financing based on the transaction itself. The goods or cash flows being traded will themselves be used exclusively for debt repayment, and the financial institution will be able to obtain settlement if the trade proceeds smoothly, so in theory, structured trade finance is somewhat "self-liquidating". Common types of structured trade finance include prepayment finance, pre-export finance, receivables finance, borrowing base finance and reserve finance (see Section 5.4.4 below for details).

➢ Unstructured trade finance: Unstructured trade finance, also known as transactional trade finance, is more focused on providing financing support for a particular aspect of a trade, such as the use of financial instruments [e.g. letters of credit, on demand bonds, bank payment obligations ("BPOs")] to enhance the counterparty's performance or payment obligations, as opposed to ring-fencing the underlying assets and cash flows. The most common form is for the buyer to apply to a bank for a letter of credit in favour of the seller, who can cash the letter of credit and obtain payment by issuing a shipping document to the issuing bank.

5.4.4 Trade Finance Application Scenarios

The EXHIBIT 5-28 highlights several forms of structured trade finance.

EXHIBIT 5–28 Common Forms of Structured Trade Finance

Structured trade finance	Application scenarios
Pre-payment finance	In prepayment financing, the buyer (usually an intermediary/underwriter) acts as a borrower to raise financing from financial institutions and uses the loan proceeds to prepay the seller, who receives the prepayment and produces and sells the relevant goods to the buyer, and the proceeds from the resale of the goods by the buyer are used to repay the prepayment financing[①]. The assets segregated to secure the financing include the borrower's rights under the sale and purchase contract and the resale contract and the designated collection account for the purchase price under the resale contract. See Section 5.4.7 below for operational procedures.
Pre-export finance	In pre-export finance, the producer/exporter (usually located in a developing country) acts as the borrower to raise financing from financial institutions and uses the loan proceeds to produce the goods for export, with the importing party's payment going directly to repay the pre-export finance. The assets that are segregated and used to secure this financing include, for example, the borrower's rights under the export contract and the designated collection account for the payment of the goods under the export contract. See Section 5.4.7 below for operational procedures.
Receivable financing	Receivables financing takes different forms, the most common being factoring structures where a financial institution buys the borrower's (seller's) receivable certificates at a discount to collect the receivables under those certificates from the buyer to satisfy the debt. Under a factoring structure, the borrower/seller can recover the money immediately, optimizing the cash flow arrangement and transferring the buyer's payment risk; the financial institution buys the receivables at a discount and profits from the difference between the buyer's actual payment and the discount paid. The operational process is described in Section 5.4.7 below.

① Edwin Borrini.Practical Law UK: Pre-export Finance, https://uk.practicallaw.thomsonreuters.com/1-609-7585?transitionType=DefaultcontextData=(sc.Default)&firstPage=true.

Continued

Structured trade finance	Application scenarios
Borrowing based financing	In borrowing based financing, the borrower uses the bulk of the goods as the "borrowing base" and collateral to raise financing from the financial institution up to the estimated value of the corresponding borrowing base, above which prepayment becomes mandatory. Borrowing based financing typically involves multiple jurisdictions, and there are difficulties and risks in creating and enforcing collateral in international trades. The operational process is described in Section 5.4.7 below.
Reserve based financing	In reserve based financing, the borrower uses unexploited oil and gas reserves as collateral to raise financing from financial institutions and uses the loan proceeds to develop and sell such oil and gas reserves, with the sales proceeds going directly to the repayment of the reserve based financing. The financial institution needs to conduct a rigorous technical, market and legal assessment of the oil and gas reserves and their future market value. The operational process is described in Section 5.4.7 below.

5.4.5 Key Risks Considerations

Based on the self-liquidation nature of trade finance, which relies on trade performance, the risks that may affect the successful completion of trade from the perspective of borrowers and financial institutions are issues that need to be understood and assessed: at the macro level, the country, political and compliance risks of the location of the subject of the trade and the transportation route of the goods should be identified; at the micro level, the authenticity of the specific trade and the related production and market risks should also be taken into account.

- Country, political and compliance risks: International trade involves multi-country risks, political environment and compliance issues, such as the location of the buyer and seller and the place of shipment, and events such as war, change in regime, sanctions, exchange controls, tariff levies, etc. in either country may threaten the realization of the underlying trade, and borrowers should assess such risks accordingly (see Sections 3.1.1 and 3.1.2.7). Where appropriate, consider introducing an export credit agency (see specifically Section 4.1.3.6) or taking out appropriate political insurance.[①] Of these, compliance risk should be a key concern for both the borrower and the lender. For trade finance, borrower may focus on the following information to address KYC scrutiny by financial institutions: (a) identity and location of counterparties (including buyer, seller, carrier, consignee, notifying party, etc.); (b) attributes of the goods; (c) country or

① Lexis PSL. Practice Notes: Pre-export Finance-Structure, Parties and Risks, https://www.lexisnexis.co.uk/legal/guidance/pre- export-finance-structure-parties-risks.

region of origin of the goods (including whether the goods originate from a sanctioned country); (d) trade cycle; (e) whether the ultimate owner, operator, registrant's country/region of residence involves a sanctioned entity or region, etc. [①]

- Trade authenticity risk: trade financing relies on real trade, and the risk of false trade includes, in general, the risk of the authenticity of the trade itself, including whether the financing demand is real, whether the counterparty is real, whether the contract content is real, whether the relevant elements are real, whether the financial data is real, etc.; and the risk of the authenticity of the repayment source, including the relevance of the source of repayment to the trade being financed, whether the settlement cycle and financing cycle match, etc. The risk of authenticity in trade finance can be reflected in the forgery of contracts, the forgery of accounts receivable documents and financial statements, the forgery of the authenticity of goods, the concealment of the fact of mismatch between the cycles of capital flows, the concealment of the fact of illegal operation, and the collusion between buyers and sellers to cheat on loans.
- Production, delivery and market risks: Borrowers and financing financial institutions under trade finance bear the production and delivery risks of the goods themselves under certain structures (e.g. pre-export finance). The borrowers shall assess the elements that may affect the delivery of goods, such as the nature of the goods, the technology of production, the supply of the raw materials, the capacity and authority of the manufacturers and whether there are import and export restrictions on the goods[②]. Market risk is mainly reflected in the fluctuation of commodity market prices or the overall contraction of a market. Although trade finance is generally based on a contractual relationship of sale and purchase for a clearly agreed price, overall market volatility may also play a role, to varying degrees, in the performance and insolvency risk of the counterparty and in the value of the trade finance collateral. See Section 3.1.3.1 for macroeconomic risk and commodity market risk.

---

① Lexis PSL. Practice Notes: International Sanctions-An Introduction, https://www.lexisnexis.co.uk/legal/guidance/international -sanctions-an-introduction.

② Lexis PSL. Practice Notes: Pre-export Finance-Structure, Parties and Risks, https://www.lexisnexis.co.uk/legal/guidance/pre- export-finance-structure-parties-risks.

5.4.6 Special Financing Terms

Taking advance financing and pre-export financing as examples, the more typical special financing conditions in trade finance are:

5.4.6.1 Prepayment financing

- Prepayment export contract: a contract of sale between a buyer (usually an intermediary/underwriter and also a borrower in prepayment financing) and a seller/producer under which the buyer is obliged to pay the seller a certain amount in advance, and the seller is obliged to use the advance to produce the agreed goods and deliver them to the buyer (or to the final buyer to whom it will be resold) within a certain period of time, with the advance to be returned if the goods are delivered late.
- Prepayment Loan Agreement: a loan agreement between the buyer/borrower and the finance parties whereby the buyer/borrower will apply for a drawdown based on the prepayment export contract and will apply the drawdown amount to the prepayment agreed under the prepayment export contract and will resell the goods to the ultimate buyer upon receipt of delivery from the seller/producer and apply the price received for the resale of the goods to repay the prepayment loan.
- Security interests: Under an prepayment loan, the financial institution usually has a security interest in the buyer's/borrower's interest in the prepayment export contract and the resale contract, the designated collection account for resale contract payments, the buyer's/borrower's interest in commercial insurance (if any) against the seller's/producer's risk of producing and delivering the goods, and any guarantee given by the seller/producer for the return of the advance payment (if any).
- Core considerations: Under such loan agreements, the borrower will generally focus on risk-sharing with the finance parties. The borrower should seek to limit its recourse to the financial institution to the extent possible, so that the finance parties share to some extent the risk of production and sale of the goods. For example, the finance parties may agree to have full recourse against the borrower for only an assumed 15 per cent of the loan amount and limited recourse for the remaining 85 per cent to the extent of its interest in the security package and the value of the collateral (e.g. to step in and exercise the borrower's interest under an prepayment export contract or resale contract

to urge the counterparty to meet its delivery or payment obligations; to enforce on the account charge, etc.).[①] In negotiating risk-sharing issues, the borrower may still allow the finance parties to have full recourse for certain risky matters arising from its own conducts, such as the borrower's refusal to take delivery of goods, failure to apply resale payments to repay the loan, and other defaults.

5.4.6.2 Pre-export financing

- Export contract: A contract of sale between the seller/exporter (also the borrower in pre-export financing) and the buyer/importer, whereby the buyer/importer is obliged to take delivery of the goods, pay the price, and remit the price to a designated collection account. The identity, location and creditworthiness of the buyer/importer will be a key credit assessment for the finance parties. The finance parties rely on the buyer's ultimate performance of its payment obligations under the export contract and may need to intervene in the export contract directly in an enforcement situation.
- Loan contract: A loan contract between the seller/exporter, as borrower, and the finance parties, whereby the borrower may apply for a drawdown and use the amount drawn to meet its production and delivery obligations under the export contract, and use the price received to repay the pre-export loan. In practice, the core negotiation points in such loan agreements include the extent to which the borrower agrees to cede control to the finance parties over the export contract, the borrower's own operational flexibility reserved (e.g., asset disposals allowed, thresholds for raising additional debt, etc.), financial indicators (which will typically test the borrower's corporate leverage ratio, earnings to interest ratio, minimum net worth, etc., as described in Section 4.2.7), the scope of information that the borrower needs to provide to the financial institution in relation to the export contract and its performance, etc.
- Security interests and credit enhancement: Under pre-export finance, financial institutions typically have a security interest in the borrower's interest in the export contract, any credit support provided by the buyer under the export contract (such as a letter of credit or performance bond), a designated collection account for the payment

① Edwin Borrini.Practical Law UK: Pre-export Finance, https://uk.practicallaw.thomsonreuters.com/1-609-7585?tra-nsitionType=DefaultcontextData=(sc.Default)&firstPage=true.

under the export contract, and commercial insurance purchased by the borrower to meet its export contract obligations (if any). In addition, depending on its credit assessment of the specific borrower and the export transaction, the finance parties may require additional credit enhancement from the borrower, such as pledges of equity in the borrower, guarantees created on production equipment and plant, letters of credit or bank guarantees, parent corporate guarantees, etc.

- Key Considerations: Under pre-export financing, in addition to the representations, undertakings and events of default generally contained in a loan agreement, the borrower is generally required to undertake that it will comply with and perform its obligations under the export contract, actively pursue its rights and interests under the export contract, and not make adverse modifications to the export contract without the consent of the lenders; also, the following will generally be included as events of default: termination or amendment of the export contract and material licenses, a change in the law of the borrower's or buyer's location in the field of foreign exchange, and material adverse political or economic changes in the borrower's location.
- Introduction of SPV: In practice, the borrower's group may take into account the existing contractual obligations of the producer entity (e.g. the producer already has certain debts, restrictions on financial targets, borrowing additional debt, creating additional guarantees), or to mitigate as much as possible the political, legal or other risks to which the domestic producer may be exposed, or for tax benefit reasons, by introducing a special purpose vehicle (SPV) as the borrower. In this case, the SPV would act as the borrower and pay the loan amount as an advance to the actual producer, who would then sell the goods first to the SPV, which would then resell them to the ultimate buyer. The resulting additional sales chain would also be included in the finance parties' security package.

5.4.7 Financing Process

The EXHIBIT 5-29 illustrates the typical process for such trade finance transactions using examples of prepayment financing, pre-export financing, accounts receivable financing, borrowing based financing and reserve based financing.

➢ Basic model for prepayment financing

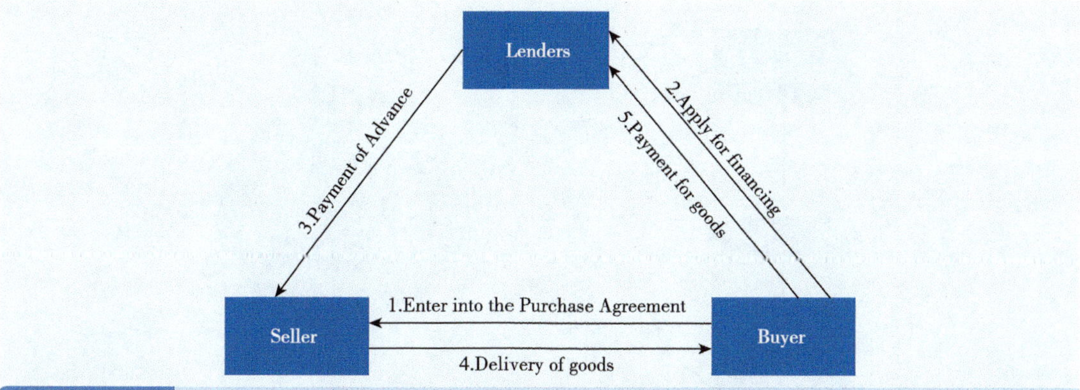

EXHIBIT 5–29A Basic Model for Prepayment Financing

➢ Basic model for pre-export finance

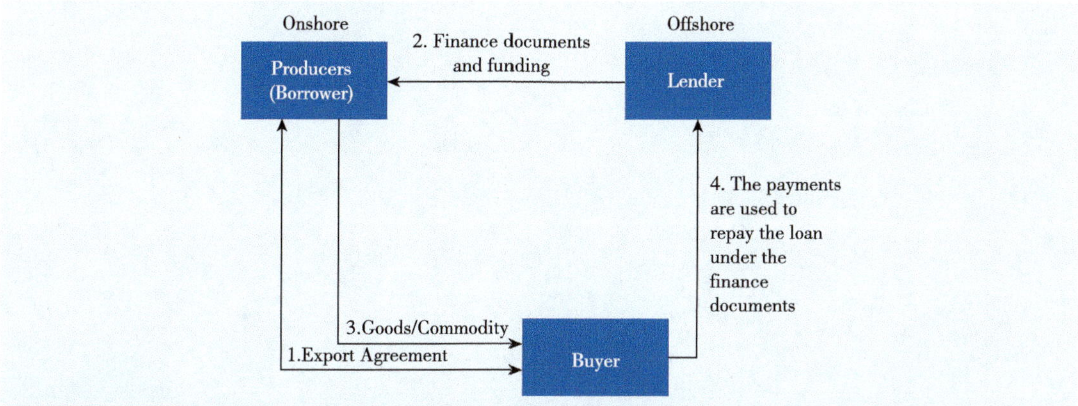

EXHIBIT 5–29B Basic Model for Pre–export Financing

➢ Basic model for receivables financing

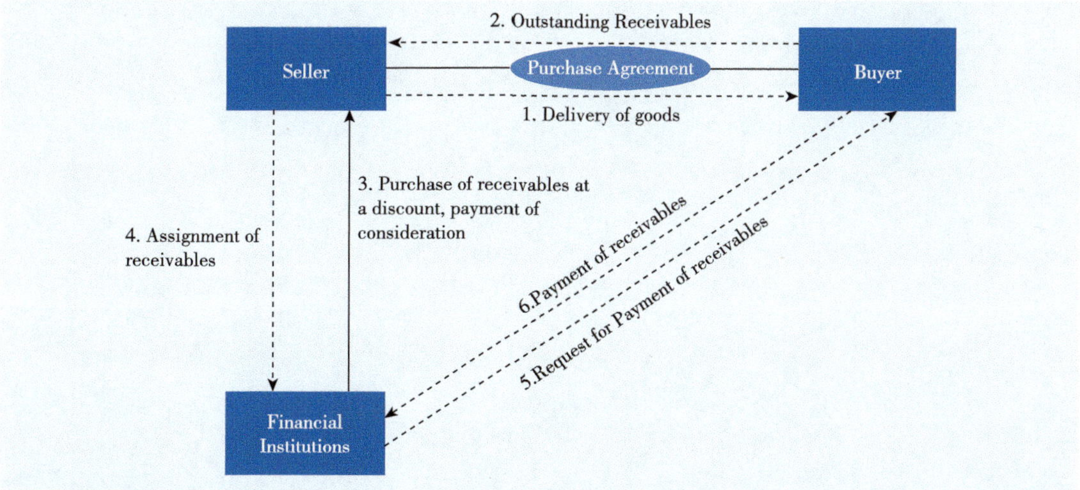

EXHIBIT 5–29C Basic Model for Receivables Financing

➢ Basic model for borrowing base financing

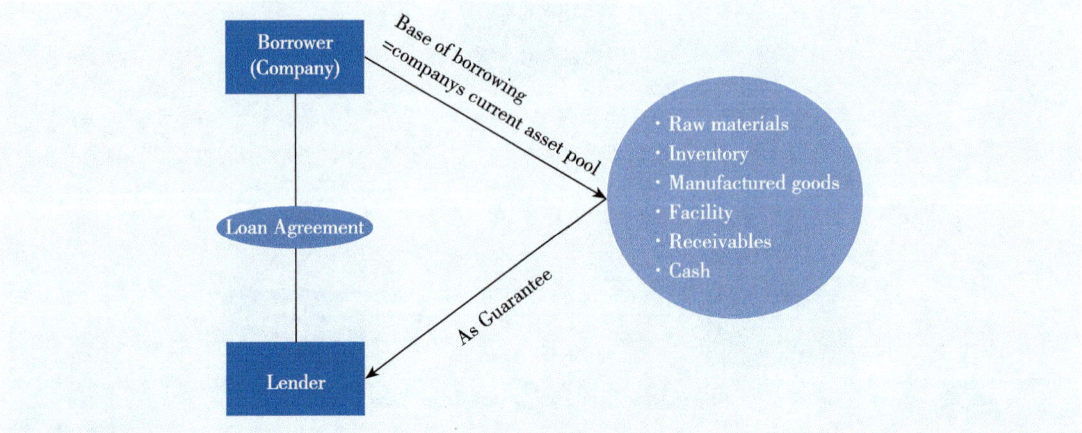

EXHIBIT 5–29D Basic Model for Borrowing Base Financing

SCHEDULE 1 Case Study

Corporate Finance and Acquisition Finance

	Corporate finance
Project overview	A Hong Kong subsidiary of Company Z (the Company) has an existing loan that is about to mature and now wishes to repay the existing loan while at the same time proposing to raise funds for the operating costs required for the day-to-day operations (referred to as Opex)of the subsidiaries within the Group.
Time plan	The financing is intended to be used for the repayment of existing loans, which have a fixed repayment date and cannot be extended, so the Company faces a relatively tight timeline for the proposed financing. The financing also involves filing and registration with the National Development and Reform Commission and the State Administration of Foreign Exchange, which also require consideration of the time required for the review and registration process by governmental authorities. The Company should communicate and coordinate with government authorities in advance regarding the financing plan and the required registration. At the same time, it generally takes 2-3 months① to negotiate and finalise the finance documents with the mandated lead arranger (the MLA), and after reaching agreement with the MLA, the finance documents will need to be reviewed by the other lenders participated in the syndicate. Once the finance documents have been signed, the Company will need to arrange for the corresponding filings, the time required will vary depending on the government authorities in different cities. The Company will need to follow up on the registration to ensure that it is completed as soon as possible in order to meet the initial drawdown conditions.
Financing needs	The proposed debt financing is in the form of a syndicated term loan.
Analysis of the financing environment	The financing structure of corporate finance is relatively simple and requires less consideration of the financing environment, and more attention needs to be paid to the time required for registration with governmental authorities and prior arrangements for the preparation of relevant documents and communication with relevant governmental authorities. Legal environment/registration: The borrower is an overseas enterprise controlled by Company Z, a PRC company, and the term of the loan is more than one year, therefore, this loan needs to be registered with NDRC as foreign debt in accordance with the requirements of NDRC 2044. Additionally, as Company Z as the parent company will provide guarantee for the financing, it constitutes a "Nei Bao Wai Dai" transaction and needs to be registered with the local State Administration of Foreign Exchange authorities.

① The time required to finalize the finance documents may vary depending on the number of syndicate participating lenders and the review comments of the participating lenders.

Continued

	Corporate finance
Analysis of the financing environment	Legal environment/taxation: Hong Kong has a favourable tax regime and no withholding tax is payable on interest paid by the Company (i.e. the Hong Kong subsidiary). Economic and financial environment/foreign exchange control: The provision of guarantees by a PRC company to offshore entities is subject to the approval of the State Administration of Foreign Exchange. There are no direct foreign exchange controls in Hong Kong. The analysis of the political, legal, economic and financial environment did not identify other risks in relation to the financing environment.
Financing plan	After analysing the aforementioned financing environment (political, legal, economic and financial environment) and the project's own factors (financing needs, time schedule, taxation, and commercial arrangements), it is agreed on the below financing plan: Borrower: The Company (i.e. the Hong Kong subsidiary of Company Z) Loan amount and Currency: US$300,000,000 Type of loan: Term Loan Purpose of the loan: To repay its existing debt, with the remaining funds to be used for expenses required for the Group's daily operations and to cover all costs associated with this financing Loan path: The Company will act as the borrower to draw down the loan, and will then first repay the existing loan and then use the remaining funds in the form of inter-company borrowing in accordance with the daily operating capital needs of other companies in the group Term: 3 years Repayment: Repayment in instalments, and the facility agreement provides the repayment date and the repayment amount for each repayment Credit enhancement: Corporate guarantee to be provided by Company Z
	Acquisition finance
Project overview	Company H intends to acquire an oil exploration company incorporated in Germany (the Target). In order to complete the acquisition, Company H intends to acquire the Target through the establishment of a Luxembourg subsidiary (the Holdco) and a German buyer (the Bidco) on a tier-by-tier basis (the Transaction). Company H, as the sponsor of the Project, intends to acquire all the shares of the Target from the sole shareholder of the Target (the Seller) through Bidco for a consideration of EUR4,000,000,000.
Time plan	There are other bidders in this acquisition, the time required by the Seller for the acquisition offer is tight, and the entire consideration has to be paid in one lump sum at the time of delivery of the acquisition, so the time for financing planning is urgent in order to meet the acquisition plan. At the same time, a commitment letter and a term sheet for the acquisition finance must be submitted together with the offer, and negotiations with the agent of the syndicate must be completed as soon as possible. The Transaction involves an offshore lender, so it is necessary to complete the corresponding administrative procedures such as registration of foreign debt with the National Development and Reform Commission before the initial drawdown (i.e. before the closing of the Transaction), which requires simultaneous planned in various aspects. After the completion of the Transaction, the security over the shares and assets of the Target and other companies in the Target Group will need to be created and the corresponding security registration procedures will need to be completed.
Financing needs	In view of the large amount of the acquisition amount and the difficulty for banks to raise the entire acquisition amount through a single debt financing due to credit risk and regulatory requirements, it is planned to raise 50% of the acquisition amount through a syndicated loan with the Bidco as the borrower, and the remaining part of the acquisition amount will be raised through equity investment by Company H's own funds. As the lenders of the acquisition finance require the Target and the Target Group's subsidiaries to provide security over certain assets, it will become difficult for the Target Group to obtain further financing from a third party based on assets with no encumbrances after the completion of the acquisition finance, so it is proposed to divide the syndicated loan into two tranches -- Tranche A is for the acquisition and Tranche B is a revolving loan for its working capital needs.

Continued

	Acquisition finance
Analysis of the financing environment	Legal environment/taxation: Acquisition finance need to be planned more on the basis of the Transaction itself, and tax planning needs to be done with due consideration of bilateral investment treaties and double taxation treaties when selecting the Bidco for the Transaction. It is also important to consider changes in the structure of the group and dividend arrangements after the completion of the acquisition. Considering the extensive network of tax treaties entered into by Luxembourg and its EU membership, an acquisition finance structure with a Luxembourg holding company between H Company and the German Bidco is used to obtain tax benefits in terms of interest payments and dividend distributions. Legal environment/thin capitalisation provisions: Germany imposes a restriction on thin capitalisation① whereby the excess interest paid to a non-resident company is not deductible for tax purposes if the debt financing by the German resident company to the non-resident is more than 1.5 times higher than the equity financing. Economic and financial environment/foreign exchange control: the outbound investments and the provisions of guarantee to offshore entities by a PRC company is subject to the approval of the State Administration of Foreign Exchange. But Germany and Luxembourg do not impose direct foreign exchange controls. The analysis of the political, legal, economic and financial environment did not screen for other financing environment risks.
Financing options	After analysing the aforementioned financing environment (political, legal, economic and financial environment) and the project's own factors financing needs, time schedule, taxation, and commercial arrangements, it is agreed on the below financing plan: Borrower: the borrower of Tranche A is the Bidco and the borrower of Tranche B is the Bidco (up to the closing) and the Target (after the closing). Loan amounts and currency: EUR2,000,000,000 for Tranche A and EUR100000,000 million for Tranche B. Type of loan: Tranche A is a term loan and Tranche B is a revolving loan. Purpose of the loan: Tranche A is for the payment of the acquisition amount and Tranche B is for the working capital needs of the Target Group Term: 5 years for Tranche A and 3 years for Tranche B. Loan path: the Bidco will draw down Tranche A to pay for the Transaction. At the same time, Company H will make capital injections to the Luxembourg Holdco and the German Bidco by way of equity through its own funds step-by-step, whereby the German Bidco received the entire acquisition amount from the syndicate and Company H in the form of loan and equity, respectively. Upon completion of the Transaction, depending on the funding needs of the Target or other subsidiaries of the Target Group, the Target will draw down loans under Tranche B as required for its own working capital needs or use the funds for the working capital needs of other subsidiaries of the Target Group through intercompany loans. Repayment arrangements: Repayment of the loan by instalments from the dividends from the Target and other subsidiaries of the Target Group. In practice, it is difficult to fully repay the loan based on the cash flow of the Target Group, so it is often necessary to plan ahead for refinancing arrangements to repay the loan at a later stage. Credit enhancement: (1) To be provided upon the closing: (i) Corporate Guarantee provided by H Company (ii) Share Mortgage in respect of the shares of the Holdco and the Bidco (2) To be provided within 3 months after the closing: (i) Share Mortgage in respect of the shares of the Target and significant subsidiaries of the Target Group (ii) Corporate Guarantee provided by the Target and significant subsidiaries of the Target Group

① Thin capitalisation refers to when the liabilities of an enterprise are significantly higher than its equity. Different countries impose different levels of restrictions on thin capitalisation.

Project Loan

	Project loan
Project overview	Company C proposes to participate in an oil field development project located in Canada (the Project). The commercial development right of the field is owned by a private oil company in Canada (the Canadian Sponsor). In order to acquire the development and operation interest in the Project, Company C intends to establish four wholly-owned subsidiaries in overseas, one by one, through Company C International Investment Company Limited (Company C International Investment Company), a Hong Kong subsidiary, a Luxembourg subsidiary, a Canadian holding company (the HoldCo) and a Canadian acquisition company (the AcqCo). At the same time, the Canadian Sponsor transfer its 50% interest in the target assets to its newly established wholly-owned subsidiary (the Canadian Subsidiary). Company C, through AcqCo, intends to acquire all the shares of the Canadian Subsidiary with a consideration of $1,000,000,000.
Time plan	The acquisition consideration is payable to the Canadian sponsors in a lump sum upon the settlement of the acquisition transaction, which is time-critical. However, the completion of the capital injection into AcqCo by Company C and then by the International Investment Company at various stages requires the completion of the relevant procedures of the National Development and Reform Commission in relation to outbound investments, including various onshore and offshore registration and incorporation procedures for the Company C International Investment Company and its relevant subsidiaries, so it is difficult to achieve the timely payment of the consideration in the form of equity capital.
Financing needs	Given the difficulty of timely funding of the consideration in the form of equity funds, the $1,000,000,000 consideration for the acquisition of all shares in the Canadian Subsidiary by Acq Co is proposed to be financed by debt in the form of project loan.
Analysis of the financing environment	Legal Environment/Taxation: There is a double taxation treaty between China and Canada and interest payments made by Canadian resident companies to Chinese companies (except where exempt from withholding tax under the relevant legislation) are subject to a 10% interest withholding tax to the Canadian government. There is no double taxation treaty between Hong Kong and Canada and a 25% interest withholding tax rate applies. A double taxation agreement exists between Canada and Luxembourg and a 10% interest withholding tax rate applies. A double taxation avoidance agreement exists between Hong Kong and Luxembourg and a 0% interest withholding tax rate applies. As a result, the C$1 billion amount avoids withholding tax if it is contributed to HoldCo and AcqCo in Canada in the form of equity capital, whereas a liability to pay withholding tax may arise if it is provided directly to HoldCo or AcqCo in the form of debt, depending on the location of the lending bank. In addition, in addition to the purchase price, AcqCo will have certain working capital requirements before and after the acquisition, which will also incur a 25% interest withholding tax if provided directly to HoldCo or AcqCo in the form of shareholder debt from the Hong Kong subsidiary. On balance, the Luxembourg subsidiary was established to benefit from the lower interest withholding tax rate between Luxembourg and Canada and to facilitate the possible future working capital requirements of the Project. Legal Environment/ thin capitalisation provisions: Canada has restrictions on thin capitalisation whereby if a Canadian resident corporation has debt financing to a non-resident that is more than twice as high as equity financing, the excess interest paid to the non-resident corporation will not be deductible for tax purposes. Economic and financial environment/exchange control risk: There are no direct foreign exchange controls in Canada. The outbound investments and the provisions of guarantee to offshore entities by a PRC company is subject to the approval of the State Administration of Foreign Exchange. Hong Kong, China has no direct foreign exchange controls. The analysis of the political, legal, economic and financial environment did not screen for other financing environment risks.

Continued

	Project loan
Financing plan	After analysing the aforementioned financing environment (political, legal, economic and financial environment) and the project's own factors financing needs, time schedule, taxation, and commercial arrangements, it is agreed on the below financing plan: Borrower: Hong Kong subsidiary of the Company C International Investment Company Loan amount and currency: $1,000,000,000 Type of loan: Short-term loan Purpose of the loan: To pay the consideration for the acquisition of all shares of the Canadian subsidiary Loan path: The Hong Kong subsidiary will use equity capital to complete the capital injection to its subsidiaries and down to the AcqCo in a step-by-step manner, thus avoiding withholding tax, simplifying the foreign control filing procedures and meeting the requirement of timely availability of funds Loan term: 1 year Repayment arrangement: Upon completion of all the approval and registration procedures, Company C will make a cash capital increase to the Company C International Investment Company, which will then complete the capital injection to AcqCo in stages, and the amount of capital injection will cover the total principal and interest of the loan Credit enhancement: Corporate guarantee issued by Company C for the entire loan amount Bank quotations: The project was quoted to three financial institutions, of which Bank A required the project to obtain the approval of the National Development and Reform Commission regarding outbound investment, and therefore could not meet the requirement of timely availability of project funds. Bank B require the adoption of internal guarantee and external loan, and require the PRC company to make a deposit pledge of an equivalent amount in the onshore branch of the bank for the total amount of the loan. Bank C quoted the same as the former, but without the aforementioned requirements, i.e. Bank C could provide financing at the lowest cost, with the best terms and in a timely manner. Therefore, Bank C is to be selected as the finance parties.

Project Finance

	Project finance
Project overview and key players	Company N intends to undertake project finance for its offshore floating midstream liquefaction processing services business (the Midstream Project) at its natural gas field in Country X, a developing country. The upstream exploration and exploitation business of the gas field (the Upstream Project) was developed by an affiliate of Company N (an international investment company), the national oil company of the host country - Country X, and an international oil and gas company (the IOC), who jointly develop through their respective affiliates (i.e. each Upstream Participant) in the form of an unincorporated joint venture pursuant to a Joint Development Agreement between the sponsors. The Midstream Project will be carried out by a special purpose vehicle (the Project Company) established as a joint venture by each of the Sponsors through their respective affiliates as equity shareholders. The Project Company finances and constructs the offshore floating LNG plant and enters into LNG processing service agreements with upstream participants to provide liquefaction and processing services for the natural gas supplied upstream. The processed products of the Midstream Project (i.e. LNG and condensate) are sold by the Upstream Participant to two underwriters, including an affiliated trading company of Company N and an affiliated trading company of an IOC, under the Long Term Purchase and Sale Agreement, with the proceeds from the sales flowing back to the Midstream Project Company in the form of liquefaction service fees through the Upstream Cash Flow Waterfall, after paying upstream taxes, operating expenses and government shares to cover the midstream Project Company's operating expenses and debt service. The EPC Contractor for the midstream project is a joint venture between two construction and engineering companies from China and Country Y. The liquefaction plant is an offshore floating structure and the technology adopted is novel and difficult. Considering the high construction and completion risks, the Sponsors propose to provide Debt Service Undertakings (DSU) for the construction period in proportion to their respective midstream shareholdings. The finance parties are proposed to introduce three export credit agencies from China (based on overseas equity investment by Company N), the country where an IOC is located (based on overseas equity investment by that country's enterprises) and Country Y (based on EPC exports by that country's enterprises), international commercial banks, and major commercial banks from the host country — Country X.
Project structure and financing options	The natural gas project is structured as a non-integrated hybrid project. The midstream project provides natural gas liquefaction processing services to the upstream project for a processing service fee, and the upstream project is responsible for the sale of the processed product. As a hybrid project, the service fees in the project are not on a pay-as-you-go basis, but are dependent to some extent on the upstream project generating sufficient sales revenue. The revenue generated by the upstream project will only be used to pay the service fee for the project once the upstream cash flow waterfall has been paid in advance (including payment of compensation to the LPG purchaser under the purchase and sale agreement, the host government's share and the upstream operating expenses). If the current cash flow is not sufficient to cover the service fee, the service fee will be deferred cumulatively. Midstream projects thus share the sales and market risk of upstream projects. Accordingly, the finance parties pays extra attention to the upstream participants' qualifications, sales arrangements and actions that may pose an impact on the midstream project, with special requirements in terms of guarantee packages, credit enhancement methods and binding clauses in the agreement.

Continued

	Project finance
Project structure and financing options	Security package: Generally, the asset package financed for non-integrated fee-for-service projects covers only the midstream project assets. However, given that the hybrid project bears the risk of upstream sales proceeds and that the bankability of the midstream project is affected by the upstream sales arrangements, the finance parties requires that the security package cover the upstream purchase and sale agreements and the upstream current accounts and cash flows (but not the participation interests of the upstream participants and the upstream assets). Although the upstream assets are not included in the guarantee package, the upstream participant provides a negative pledge in respect of these assets by undertaking not to guarantee the upstream assets to third parties without the consent of the finance parties. As for the upstream participant's participating interest, it is not pledged to the finance parties as it also covers future development interests in other projects in the gas field block in which the Project is located. Upstream Purchase and Sale Agreement: Based on the importance of the upstream purchase and sale agreement to the midstream project, the finance parties conducted detailed due diligence on it and imposed requirements on the term of the purchase and sale agreement (which was required to cover at least the loan payoff date), the offtake share (which required the total offtake share to reach the full output of the midstream project when it was operating at 100% capacity), the creditworthiness of the offtaker, the price terms (including the oil price index and slope quoted), the reconsideration clause (e.g. The requirements are set out in terms of the offtaker's creditworthiness, price terms including the oil price index and slope quoted), reconsideration terms (e.g. the first price reconsideration is required five years after the signing of the long term agreement), and amendments to the agreement (e.g. no adjustment to the index and slope quoted in the price terms). Upstream Participant Representations, Undertakings and Events of Default: Given the operation of the Upstream Project and the impact of the Upstream Participant's actions on the Midstream Project, a breach of certain representations and undertakings by an Upstream Participant that materially affects the Project as a whole will be treated as an Event of Default on the Project and not as a disjunctive event of default against such Upstream Participant or its Affiliates, giving the Finance parties recourse against the Midstream Project as a whole [and not just against associated DSU providers (prior to DSU Release) or shareholders (after DSU Release) of the defaulting sponsor party]. Such events include any upstream sponsor's default in amending a purchase and sale agreement, failure to operate and maintain upstream assets, misappropriation of upstream sales proceeds, default in amending or assigning interests under upstream documents such as Joint Development Agreements, Concession Agreements, etc.; joint breach of obligations under other material upstream project documents by all upstream sponsors, etc. Debt Service Reserve Account: In view of the fact that the debt service cash flow of the midstream project is subject to upstream sales revenue, the midstream finance parties requires the borrower to open and maintain both a Debt Service Reserve Account (DSRA) and a Liquidity Reserve Account (LRA). As a condition of the DSU Release and subsequent distributions, the finance parties requires the Project Company to deposit an amount equal to the total projected debt service for the next six months into each of these two accounts to ensure that the funds set aside in the accounts can meet the project's debt service requirements for the next year in the event of cash flow problems. Dividend conditions: In consideration of the fact that cash flows from the Midstream Project come from upstream, the finance parties has imposed strict restrictions on distributions to upstream participants. Distributions to the Midstream Project may only be made to the Upstream Participant if all of the Midstream Project's distribution conditions are met (including, among other things, that there are no service fee arrears payable, that the proceeds from the first distribution of LNG and condensate sales are sufficient to fully cover at least one instalment of the borrowings due, that the first distribution to the Upstream Participant successfully completes the sale and settlement of at least one batch of condensate, etc.) and additional specific Upstream distribution conditions (such as the absence of any LNG purchaser payables).

Continued

	Project finance
Project structure and financing options	Credit enhancement: Each sponsor's affiliate will provide a DSU to the finance parties as a DSU provider until the DSU Release conditions are met. The DSU are generally provided by each sponsor on a non-consecutive basis in accordance with its respective shareholding. Generally, any one sponsor is not liable for the acts or omissions of the other sponsors under its DSU. However, in this project, the host state oil company, which is one of the DSU providers, is not sufficiently creditworthy and there are no affiliated entities with sufficiently good creditworthiness. In view of the concerns of the finance parties with respect to the DSU (including in view of the high level of technical difficulty during the construction period of the project), the affiliated DSU providers of the other sponsors agreed that if the host country national oil company, as a DSU provider, did not meet its obligations under the DSU, the other DSU providers would meet that portion of its obligations on a pro rata basis. In addition, the IOC, based on its internal practices, offers to use a special purpose vehicle as its affiliated DSU provider and for such IOC, as the parent company, to contribute the relevant amount in the form of equity capital to such SPV when its affiliated DSU provider is due to meet any payment obligations under its DSU. such SPV will additionally enter into a loan agreement with an IOC for the amount of an IOC's capital contribution The SPV's interest in the loan agreement will be assigned to the finance parties and a separate goodwill undertaking will be given by the IOC to the finance parties in connection with the foregoing arrangement. This arrangement provides certain benefits to an IOC's internal DSU management and risk control.

SCHEDULE 2 Project Finance Short Form Term Sheet

PROJECT FINANCE SHORT FORM TERM SHEET [CURRENCY][AMOUNT] PROJECT FINANCE FACILITIES FOR

[●]PROJECT

PARTIES

1.Company:	[●].
2.Sponsors:	[●].
3.Shareholders:	[●].
4.Mandated lead arrangers:	[●].
5.Export credit agencies:	[●].
6.Lenders:	Commercial Facility Lenders -[●]. [ECA]Facility Lenders –[●].
7.Agents:	Intercreditor Agent –[●] Commercial Facility Agent -[●]. [ECA]Facility Agent –[●]. Offshore Security Agent –[●]. Onshore Security Agent –[●].
8.Account banks:	Offshore Account Bank –[●]. Onshore Account Bank –[●].
9.Majority lenders:	Lenders holding [50%]/[66⅔]%or more in value of the total commitments or,if utilisations are outstanding,the aggregate of all the outstanding utilisations and available commitments.
10.Project:	The development,financing,design,engineering,manufacturing,procurement,installation,construction,testing and commissioning of [*PROJECT FACILITY*](the Project Facility).

THE FACILITIES

1.Facilities:	Commercial Loan Facility. [ECA]Loan Facility.
2.Amount:	Commercial Loan Facility –[*CURRENCY*][*AMOUNT*] [ECA]Loan Facility –[*CURRENCY*][*AMOUNT*].
3.Purpose:	The Facilities may only be used for payment of: (a) construction costs in respect of the construction,completion and commissioning of the Project (whether or not of a capital nature); (b) pre-completion operating costs; (c) funding of the Debt Service Reserve Account;and (d) [*other*].
4.Availability period:	From the date of the relevant credit agreement up to and including the earlier: (a)the date on which the Facilities are fully utilised; (b)the date falling [●]months after the Completion Date;and (c)the first Repayment Date.
5.Repayment:	The loans must be repaid in [●]instalments [*with a flat amortization profile/equal semi-annual instalments/sculpted repayment profile*]and with the first repayment being made on the earlier of the date falling: (a) [●]months after the Completion Date;and (b) [●]months after the date of the facility agreements.
6.Voluntary prepayment:	Prepayment may be made in whole at any time on [●]business days'written notice. Prepayment of any Facility may be made in part prior to the end of the Availability Period if such prepayment is funded by Replacement Debt. Prepayment of the Facilities (on a pro-rata basis unless in connection with the refinancing of a Facility with Replacement Debt)may be made in part after the end of the Availability Period and,if in part,in a minimum amount of [*CURRENCY*][*AMOUNT*]. Voluntary partial prepayments will be applied against the outstanding repayment instalments in [chronological order of maturity]/[*pro rata across each instalment*].
7.Mandatory prepayment:	Prepayment and cancellation must be made in the following circumstances: (a) Illegality If it becomes unlawful for a Lender to perform any of its obligations as contemplated by any finance document or to fund or maintain its participation in any loan. (b) Insurance proceeds In certain circumstances where amounts standing to the credit of the compensation / insurance proceeds account are not required to meet a third party claim or reinstate damage to the Project Facility,the Company will be required to make a partial prepayment of the Facilities from a portion of such proceeds. (c) ECA guarantee If a guarantee or insurance policy issued by an ECA in respect of an ECA Facility ceases to be effective (other than as a result of an act or omission of a Lender or agent under the relevant ECA Facility),the Company will be required to prepay the outstanding advances under that ECA Facility if required by the relevant agent. Mandatory prepayments must be made together with interest accrued on the amount prepaid and,subject to breakage costs,without penalty.

8.Prepayment and cancellation or replacement of a single lender:	The Company may prepay and cancel the commitments of a Lender which makes a claim under the increased costs,tax gross-up and/or tax indemnity provisions. Alternatively,the Company may require the relevant Lender to transfer at par its commitments and outstandings to a replacement lender.
9.Voluntary cancellation:	The undrawn commitments under any Facility may be cancelled by the Company at any time on [●]business days'written notice and,if in part,in a minimum of [*CURRENCY*][*AMOUNT*]. If officially supported fixed rate funding based on the CIRR is made available under any ECA Facility,customary break costs for voluntary cancellation shall apply,otherwise such cancellation may be made without penalty.

PRICING

1.Upfront fees:	Commercial Facility:[●]%flat on the facility amount. [ECA]Facility:[●]%flat on the facility amount.
2.Commitment fee:	A commitment fee will be payable by the Company [quarterly]in arrear on undrawn and uncancelled amounts under the relevant Facility at the following rates: Commercial Facility:[●]%p.a. [ECA]Facility:[●]%p.a.
3.Margin:	Commercial Facility:[●]%p.a. [ECA]Facility:[●]%p.a.
4.Interest periods for loans:	For the purpose of calculating interest each loan will have successive Interest Periods. Each Interest Period for a loan will be of one,two,three or six months at the option of the Company,or any other period agreed between the Company and all the Lenders that have (or will have)a share in that loan.
5.Interest on loans:	The rate of interest payable on a loan for each Interest Period will be the aggregate of: (a) the applicable Margin;and (b) [*REFERENCE RATE*],or if available and agreed for an ECA Facility,the applicable CIRR rate. If officially supported fixed rate funding based on the Commercial Interest Reference Rate (CIRR)is made available under any ECA Facility,a separate agreement will be entered into between the Lenders under the relevant ECA Facility and the ECA concerned in accordance with customary market practice.
6.Default interest:	Interest on overdue amounts will be increased by [●]%per annum.

EQUITY AND SPONSOR SUPPORT

1.Equity funding:	The equity funding (Equity)of the Project will comprise: (a) share capital; (b) at the election of the Shareholders,subordinated shareholder loans; (c) debts owed by the Company to the Shareholders in respect of project costs paid by (or on behalf of)the Shareholders on behalf of the Company prior to the start of the availability period for the Facilities;and (d) pre-completion operating revenue,to the extent spent on project costs or used to fund the Debt Service Reserve Account.
2.Base equity commitment:	The Shareholders'total base equity commitment shall be an amount of [*CURRENCY*] [*AMOUNT*](representing [●]%of the total project costs set out in the original base case). The Shareholders will undertake to: (a) contribute at least [*CURRENCY*][*AMOUNT*](representing [●]%of the total project costs set out in the original base case)of such base equity prior to the date of the first advance under the Facilities. (b) provide the Offshore Security Agent with: (i) a letter of credit or bank guarantee [from a financial institution with a long term credit rating of at least [A-](or equivalent)]; or (ii) a guarantee from the Sponsors, for the remaining portion of the base equity commitment, [which shall be contributed before or pro rata with advances under the Facilities to maintain a debt to equity ratio of no more than [●]:[●].]
3.Standby equity commitment:	The Shareholders will undertake to the Company to contribute a further Equity to fund cost overruns in relation to the Project,up to a maximum amount of [*CURRENCY*] [*AMOUNT*](representing [●]%of the total project costs set out in the original base case) (Standby Equity Commitment). The Shareholders shall provide the Offshore Security Agent with: (a)a letter of credit or bank guarantee (from a financial institution with a long term credit rating of at least [*CREDIT RATING*](or equivalent));or (b)a guarantee from the Sponsors , for the amount of the Standby Equity Commitment. The Standby Equity Commitment shall automatically terminate immediately upon the occurrence of the Project Completion Date.
4.Debt service undertaking:	Each Shareholder will give a debt service undertaking (the Debt Service Undertaking)to pay all amounts falling due under the finance documents prior to the Project Completion Date. The Debt Service Undertakings will be enforceable by the Offshore Security Agent without first having recourse to the Company and without resorting to any other means of payment,provided that,where there are any amounts standing to the credit of the Debt Service Reserve Account [and the Debt Service Accrual Account],those credit amounts must be applied against the outstanding and unpaid amount before a demand may be made under the Debt Service Undertakings for any balance. The obligations of the Shareholders under the Debt Service Undertakings will be expressed as an obligation to make payment directly to the Finance Parties rather than as an obligation to put the Company in funds.If the Shareholders makes any payments direct to the Finance Parties pursuant to the Debt Service Undertakings,any obligation of the Company to reimburse the Shareholders shall be subordinated to the obligations of the Company to the Lenders.

The Debt Service Undertakings shall be automatically released immediately upon the occurrence of the Project Completion Date.

The Shareholders will have an option,exercisable at any time,to pay or procure the payment of all sums then outstanding under the Finance Documents for which there is a liability (actual or contingent)under the Debt Service Undertaking Agreement,without any penalty.This option will be structured so that the Shareholders could effect either a prepayment or repayment of the outstanding amounts or,alternatively,a purchase and transfer of the Company's obligations under the Finance Documents without any cost or liability to the Finance Parties.

5.Share retention obligations:

At all times prior to the Project Completion Date:

(i) each Shareholder shall maintain ownership of and voting rights in respect of [●]%of its respective ownership of the Company's share capital;and

(ii) each Sponsor shall maintain ownership of and voting rights in respect of [●]%of its related shareholder's share capital.

On and from the Project Completion Date,the Sponsors shall be entitled to transfer their ownership interests in the Shareholders and the Shareholders shall be entitled to transfer its ownership interest in the Company (together with any subordinated shareholder loans),to any other person subject to:

(a) [Sponsor A]maintaining,directly or indirectly,ownership of and voting rights in respect of at least [●]%of the Company's share capital;

(b) [Sponsor B]maintaining,directly or indirectly,ownership of and voting rights in respect of at least [●]%of the Company's share capital;

(c) each new shareholder:

(A) entering into a subordination agreement if it has acquired any shareholder loans made to the Company;and

(B) (other than in the case of transferees who have not acquired any shareholder loans made to the Company)providing such constitutional documents,resolutions and legal opinions in respect of that documentation as the Intercreditor Agent may reasonably require prior to any transfer becoming effective.

6.Project completion date:

The date on which the agreed completion tests are passed.These will include:

(a) construction of the Project Facility has been completed,signed off by the lenders' technical consultants;

(b) a lenders'reliability test (LRT)proving the integrated operation of the Project Facility to a specified minimum performance level,signed off by the lenders'technical consultant;

(c) no Default is outstanding;

(d) the repeating representation are true in all material respects;

(e) if the Project Facility's performance levels as tested during the LRT are below the original base case technical assumptions (i.e.,the base case agreed at financial close),satisfaction of agreed minimum forward looking DSCR calculations using the original base case pricing assumptions but updated technical assumptions and taking account of debt reduction (e.g.by voluntary prepayment);

(f) all operational phase insurances are in full force and effect;

(g) the DSRA is fully funded;

(h) the debt:equity ratio is no more than [●];

(i) a minimum required quantity of products have been delivered to the offtaker and sold;and

(j) [*others*].

ADDITIONAL DEBT

1.Replacement debt:	The Company may take on replacement debt which will benefit from the security created under the Security Documents and (if prior to the Project Completion Date)the Debt Service Undertaking pari passu with the Facilities without the need for the consent of the Lenders if: (a) an updated financial model (taking into account the Replacement Debt but without updating any of the technical or economic assumptions)is delivered which demonstrates that the projected DSCR and LLCR on each Repayment Date occurring after the date that the Replacement Debt is incurred are no less than [●]and [●]; (b) the average life of the Replacement Debt is no less than the average life of the Facilities; (c) the Replacement Debt lenders accede to the intercreditor deed and the terms and conditions (excluding pricing,repayment and tenor)of the Replacement Debt are no more favourable to the Replacement Debt lenders than the Facilities are to the Lenders; (d) no default is outstanding;and (e) the proceeds of the Replacement Debt are used to prepay the relevant Facility(ies)in full or in part and pay associated costs,fees and expenses and (if undrawn Commitments are being replaced)the purpose of any subsequent advances under the Replacement Debt will be to fund Project costs.
2.Buy-down debt:	The Company may incur additional debt (Buy-Down Debt)which will benefit from the security created under the Security Documents pari passu with the Facilities,and utilise such Buy-Down Debt to repay,refund or redeem the equity contribution made under the debt buy-down option,without the consent of the Lenders if: (a) the Buy-Down Debt is incurred within [●]months of the Company exercising the buy-down option to achieve the Project Completion Date and the Plant has subsequently passed the performance tests which were not able to be passed at the time the buy-down option was exercised; (b) the principal amount of the Buy-Down Debt does not exceed the amount of the prepayment under the debt buy-down option,together with any costs,fees and expenses associated with incurring the Buy-Down Debt;and (c) an updated financial model (taking into account the Buy-down Debt and updated technical assumptions (but not updating the economic assumptions))demonstrates that the projected DSCR and LLCR on each Repayment Date after the date of incurrence of the Buy-down Debt are no less than [●]and [●]; (d) the average life of the Buy-Down Debt is no less than the average life of the Facilities prepaid under Debt buy-down option; (e) the Buy-Down Debt lenders accede to the intercreditor deed and the terms and conditions (excluding pricing,repayment and tenor)of the Buy-Down Debt are no more favourable to the Buy-Down Debt lenders than the Facilities are to the Lenders; (f) no amount of deferred principal is outstanding;and (g) no default is outstanding.
3.Supplementary debt:	The Company may take on supplementary debt which will benefit from the security created under the Security Documents and the Debt Service Undertaking pari passu with the Facilities without the need for the consent of the Lenders if: (a) the Supplementary Debt is incurred before the Project Completion Date and the aggregate amount of all outstanding advances and all undrawn and uncancelled commitments under (i)the Facilities and (ii)the Shortfall Debt (including any previously incurred Shortfall Debt),will not exceed [●]%of the then estimated Project Costs to be incurred by the Company in achieving the Project Completion Date;

(b) the proceeds of the Supplementary Debt are used to fund Project Costs;

(c) an updated financial model (taking into account the Supplementary Debt but without updating any of the technical or economic assumptions)demonstrates that the projected DSCR and LLCR on each Repayment Date occurring after the date that the Supplementary Debt is incurred are no less than [●]and [●];

(d) the average life of the Supplementary Debt is no less than the average life of the Facilities;

(e) the Supplementary Debt lenders accede to the intercreditor deed and the terms and conditions (excluding pricing,repayment and tenor)of the Supplementary Debt are no more favourable to the Supplementary Debt lenders than the Facilities are to the Lenders;and

(f) no default is outstanding.

PROJECT ACCOUNTS

1.Project accounts:	The project accounts are expected to include: (a) Onshore and offshore disbursement accounts (into which all utilisations under the Facilities will be paid); (b) Onshore and offshore operating accounts (into which all operating revenues generated by the Project Facility must be paid); (c) compensation /insurance proceeds account outside; (d) offshore DSRA ; (e) [offshore DSAA ;]and (f) distributions account. Payments out of the project accounts will be subject to a specified waterfall of priorities.
2.Debt service reserve account (DSRA):	The Company will be required to reserve [six]months'worth of principal and interest payments in an offshore debt service reserve account (the DSRA),[which may be replaced at the Company's option by non-recourse letters of credit or guarantees from entities with suitable credit ratings].
3.[Debt service accrual account (DSAA):	The Company will be required to collect cash to fund principal and interest payments in an offshore debt service accrual account (the DSAA).
4.Shareholder distributions:	The Company may transfer funds from the operating accounts into the distribution account at any time after the first scheduled repayment date and on a [monthly/quarterly]basis if the following conditions are met: (a) the amount transferred is no more than the balance standing to the credit of the operating accounts after the payment of all financing costs on the most recent repayment date;or (b) [the DSAA holds an amount not less than that proportion of the total debt service calculated to be payable on the next repayment date as is equal to the proportion of time elapsed between the immediately preceding repayment date and that next repayment date;] (c) no Default is outstanding; (d) the DSRA is fully funded;and each of the following financial ratios has been met: (i) the backwards looking DSCR for the [●]month period falling immediately before the relevant repayment date is no less than [●]:1;and (ii) the Company has provided a cashflow forecast produced by the financial model using updated assumptions showing that the DSCR for the [●]month period immediately succeeding the relevant repayment date is no less than [●]:1.

SECURITY

Security documents:	It is intended that the security package will reflect market practice for international projects of this type,subject to the usual local law and other applicable legal and practical considerations. Subject to the above,the security package would be expected to include all or substantially all of the following: (a) Local law commercial mortgage of the Company; (b) Local law legal mortgage over the Company's rights under the lease/land use agreement for the Project Facility site; (c) English law assignment of the Company's rights under the following documents: (i) supply agreements; (ii) product offtake agreement(s); (iii) [licence agreements;] (iv) [EPC contracts;] (v) hedging agreements; (vi) subordinated shareholder loans;and (vii) [others]. (d) English law direct agreements in respect of the EPC contracts,and each of the other English law major project documents; (e) Local law direct agreements in respect of the lease/land use agreements and each other local law major project documents; (f) Local law security over those onshore project accounts; (g) English law security over those offshore project accounts (other than the distributions account);and (h) English law assignment of rights under reinsurances; (i) Local law assignment of rights under onshore insurances.

REPRESENTATIONS, COVENANTS AND EVENTS OF DEFAULT

1.Representations:	The Company will make representations as to: (a) status; (b) legal validity of the finance documents; (c) no conflict with laws,constitutional documents or other documents; (d) power and authority; (e) authorisations required for validity and admissibility in evidence in full force and effect; (f) financial statements fairly represent its financial condition; (g) amounts payable free of host country taxes; (h) no event of default or other defaults; (i) in respect of the information memorandum,no misleading information,basis of preparation of financial projections,basis and reasonableness of opinions and no misleading omissions; (j) pari passu ranking of payment obligations under the finance documents; (k) no other business other than the Project;and (l) no immunity in any legal proceedings.
2.Project information undertakings:	The Company will provide: (a) prior to the Project Completion Date,[quarterly]construction reports; (b) with each construction report,a notice (confirmed by the Lenders'technical consultant)(a Funding Confirmation)certifying that: (i) the projected costs to achieve the Project Completion Date will not exceed the available funding at that time;and (ii) the Project Completion Date is reasonably projected to occur on or prior to the longstop date; (c) [quarterly]environmental reports; (d) in each year after the Project Completion Date,an annual operating budget;and (e)in each year after the Project Completion Date an [annual]operating report.
3.Construction budget:	The Company may from time to time deliver to the Intercreditor Agent a draft revised Construction Budget. The draft revised Construction Budget shall replace the then-current Construction Budget: (a) if the increase in the total amount of project costs set out in the revised construction budget is not more than [*CURRENCY*][*AMOUNT*]above the total amount of project costs set out in the initial construction budget;or (b) if the Company has certified to the Intercreditor Agent that: (i) the projected costs to achieve the Project Completion Date will not exceed the available funding at that time;and (ii) the Improvement Project Completion Date is reasonably projected to occur on or prior to the Improvement Project Longstop Date, and the Lenders'technical consultant has confirmed such certificate;or (c) otherwise,only with the approval of the Intercreditor Agent.

4.Financial and other information undertakings:	The Company will provide: (a) audited financial statements for each of its financial years; (b) interim unaudited financial statements for each of its financial half years; (c) semi-annual compliance certificates setting out a calculation of the debt service cover ratio as at the most recent repayment date; (d) copies of all documents dispatched by the Company to its creditors (or any class)generally; (e) details of any material litigation,arbitration or administrative proceedings; (f) such other information regarding the financial condition,business and operations of the Company as any finance party may reasonably request; (g) notification of default;and (h) information required to satisfy all customer due diligence checks.
5.General undertakings:	These will include (subject to agreed exceptions and appropriate baskets for a transaction of this nature): (a) maintenance of authorisations required to enable it to implement the Project and perform its obligations under the finance documents; (b) compliance with laws and regulations; (c) pari passu ranking of obligations under the finance documents with all other unsecured,unsubordinated obligations; (d) a negative pledge and restrictions on quasi-security; (e) restriction on disposals; (f) restriction on incurring further financial indebtedness (other than the additional debt described above); (g) no merger; (h) no change of business; (i) restrictions on acquisitions; (j) compliance with applicable environmental laws and licences; (k) maintenance of appropriate insurance; (l) restriction on granting loans or guarantees; (m) restriction on changes to its constitutional documents; (n) restriction on opening further accounts; (o) restriction on distributions,other than from funds validly transferred into the distributions account; (p) compliance with anti-corruption laws applicable to the Company; (q) payment of taxes; (r) restriction on entering into contracts with affiliates,other than on arms' length terms;and (s) compliance with sanctions.
6.Project undertakings:	These will include: (a) using reasonable endeavours to implement the Project in accordance with good industry practice and ensure the Project Completion Date occurs by or promptly after the scheduled completion date; (b) restriction on incurring Project Costs in excess of the total amount stated in the current construction budget; (c) restrictions on agreeing variations under the construction contracts for the Plant (other than where costs of that variation are included in the construction budget); (d) operating and maintaining the Project Facility in accordance with good industry practice; (e) compliance with obligations under key project documents where non-compliance could reasonably be expected to have a material adverse effect;and (f) restrictions on agreeing amendments or granting waivers to key project documents which could reasonably be expected to have a material adverse effect.

7.Events of default:

These will include:

(a) non-payment;

(b) breach of other obligations under the finance documents (with a [●]day cure period for remediable breach);

(c) misrepresentation (with a [●]day cure period if circumstances giving rise to the misrepresentation are remediable);

(d) cross-default (subject to an agreed threshold);

(e) insolvency events,insolvency proceedings,creditors'process and related matters;

(f) the Company ceasing to carry on business;

(g) unlawfulness or ineffectiveness of any finance document;

(h) repudiation of finance documents;

(i) termination (without replacement)of any key project document;

(j) breach of environmental covenants or occurrence of a material environmental incident,unless rectified (or a remedial action plan is published,where rectification is not practicable)within [●]days;

(k) the Project Completion Date not occurring by the longstop date for completion;and

(l) nationalisation or expropriation of the Project Facility.

MISCELLANEOUS

1.Conditions precedent:	Customary for a transaction of this nature.
2.Conditions precedent to each utilisation:	The obligations of each Lender to participate in any advance under the Facilities are subject to the further conditions precedent that,on both the date of the request for the advance and the date of the advance: (a) the debt to equity ratio immediately following the making of the requested advance will be no greater than [●]:[●]; (b) no default is continuing or would result from the advance; (c) the repeating representations are correct in all material respects; (d) the latest preceding [quarterly]Funding Confirmation has been received by the Intercreditor Agent or,if such Funding Confirmation is in dispute,an independent expert has confirmed that the projected costs to achieve the Project Completion Date will not exceed available funding and/or the Project Completion Date is reasonably projected to occur on or prior to the longstop date in respect of such dispute;and (e) [*ECA eligibility evidence requirements*].
3.Taxes:	All payments must be made without deduction or withholding for any tax. Standard gross-up,indemnity and tax credit provisions will apply,including standard Lenders'risk FATCA wording. Stamp taxes and VAT payable in connection with the finance documents are for the account of the Company.
4.Hedging:	The Company shall not be required to enter into hedging arrangements but may enter into hedging arrangements of a non-speculative nature on terms that the hedge providers benefit from the security package in accordance with normal international project finance practice.
5.Market terms:	These will include terms dealing with: (a) market disruption; (b) breakage costs; (c) increased costs (excluding Basel II costs); (d) indemnities; (e) mitigation by the Lenders; (f) set-off;and (g) replacement of defaulting or non-consenting Lenders.
6.Costs and expenses:	All reasonable legal and other expenses incurred by the Mandated Lead Arrangers in connection with the negotiation,preparation,printing,execution,syndication and any amendment of any finance document will be for the Company's account.
7.Assignments and transfers by lenders:	A Lender may assign any of it rights or transfer by novation any of its rights and obligations to any other bank or financial institution or to a trust,fund or other entity which is regularly engaged in or established for the purpose of making,purchasing or investing in loans,securities or other financial assets. The prior written consent of the Company will be required (which must not be unreasonably withheld or delayed and will be deemed given if not expressly refused within five business days)unless the assignment or transfer is to another Lender or an affiliate of a Lender.

8.Amendments and waivers:	The Majority Lenders may agree amendments and waivers on behalf of all the Lenders (subject to agreed exceptions). The share in any loan or commitment of a Lender which does not reply to a request for consent for an amendment or waiver within [●]business days after receipt of that request will be excluded for the purpose of determining whether the required proportion of Lenders has agreed to that request.
9.Governing law:	The finance documents will be governed by English law,other than certain security documents which will be governed by local law.
10.Enforcement:	Arbitration in [●]under the rules of the [●]or (for English law documents),at the option of the finance parties,the English courts.

SCHEDULE 3 GLOSSARY

No.	Terms	Definitions
1	Acceleration	It refers to the taking of a formal step by the agent on the instructions of the majority lenders following an event of default such as demand for early repayment of the loan.
2	Account bank	It refers to the bank at which the borrower (and the guarantor, if applicable) has an account, generally as a member of the finance parties, exercising a limited transactional obligation.
3	Accounts agreement	Generally used in the area of project finance, it refers to an agreement between the finance parties (including the account bank) and the project company to agree on the arrangements for accounts and cash flows on the project.
4	Additional debt	It refers to debt that a borrower can raise in addition to existing debt if certain conditions are met, commonly including expansion debt for expansion, debottlenecking debt for capacity improvements, and permitted development debt to implement development under a statutory or certain threshold.
5	Agent	It refers to the bank or banks assigned in the financing documents to coordinate the collection and exchange of various types of information under the financing documents, the allocation of funds for receipt and disbursement, the post-loan management and enforcement of collateral, and other transactional work.
6	Agent fee	It refers to a fee paid by the borrower to the agent for the performance of its agency duties, generally for a specific amount, agreed between the borrower and the agent through a fee letter and usually payable on an annual basis.
7	All-in costs	It refers to the financing in which the bank quotes the full amount of taxes and fees it will have to bear included in the interest it proposes to charge the borrower.
8	Arrangement fees	It refers to the fee charged by the arranger for forming the syndicate and planning the loan arrangement, sometimes referred to as Upfront Fees.
9	Asset finance	It refers to a form of financing to raise funds for the acquisition of assets such as aircraft, ships, etc., financed against specific assets, with the financial institution having recourse only to the specific assets and limited or even no recourse to the shareholders and parent company of the project company.
10	Asymmetric jurisdiction clause	It refers to a jurisdictional clause where, after a dispute has arisen, the borrower can only sue or arbitrate in the jurisdiction agreed, while the finance parties can freely choose to sue in another court or arbitrate in an arbitration body.
11	Availability period	It refers to the period during which the finance parties' commitment amount is validly subsisting, i.e. the period during which the borrower may request a drawdown of the available commitment amount, generally from the date of closing (i.e. when the conditions precedent are satisfied) to the end of the certain date agreed in the facility agreement.

Continued

No.	Terms	Definitions
12	Available commitment amount	It refers to the portion of the commitment amount that has not been drawn down and is available for withdrawal.
13	Bankability	Generally used in the field of project finance, it refers to whether a project is financeable, i.e. whether the various types of risks involved and the overall economics of the project are arranged through sound commercial arrangements to a level that would make finance parties willing to lend to it with limited recourse in the form of project finance.
14	Basic equity	Generally used in the field of project finance, it refers to equity funds used to cover (at a pre-agreed debt-to-equity ratio) the capital expenditure component of project costs.
15	Basic point (bp)	It refers to a unit of measurement where one basis point is equivalent to 0.01% and is often used as a unit of spread in financing transactions.
16	Bilateral facility agreement	It refers to a loan between a single borrower and a single finance party.
17	Bill of exchange	It refers to a type of negotiable instrument that records the unconditional promise of one party to pay the other party.
18	Blocking regulations	It refers to legislation that blocks the effect of sanctions in the State for the purpose of protecting its enterprises from the sanctions of other States.
19	Bond	It refers to a negotiable instrument of indebtedness issued by a borrower (issuer) for the purpose of raising funds and promising to creditors to repay principal and interest on a specified date.
20	Bookrunner	It refers to the institution responsible for arranging syndication and distribution of new loans.
21	Borrowing based financing	It refers to a form of financing in which the borrower uses bulk goods as the "borrowing base" and collateral to finance from financial institutions, with the estimated value of the corresponding borrowing base as the financing ceiling, beyond which early repayment is mandatory, and is a form of structured trade finance.
22	Break costs	It refers to the losses, costs and expenses incurred by the lender as a result of the borrower breaking the interest period, making early repayments or cancelling the loan outside the interest date/repayment date.
23	Bridge loan	It refers to a short-term financing raised to meet a funding need or gap in a timely manner before long-term financing is in place; companies typically use the life of the bridge financing to implement the availability of medium- and long-term financing to eventually replace the bridge loan.
24	Broker letter of undertaking	Generally used in the field of project finance, it refers to a series of undertakings that the finance parties requires the (re)insurance broker engaged by the project company to give to the finance parties as part of the insurance package, such as notifying the finance parties at a certain time before the policy expires, notifying the finance parties in the case of non-payment of premiums, non-renewal of the policy by the project company, etc.
25	Bullet payment	It refers to a repayment arrangement in which the entire principal and interest repayment is made in one go on the final repayment date of the loan, and is generally applicable to loans with relatively small amounts and relatively short loan terms.

Continued

No.	Terms	Definitions
26	Bullet repayment	It refers to a lump sum repayment of principal and interest when the debt is due.
27	Buy-down	Generally used in the area of project finance, it means that in the event that production does not meet the target (but is above a certain floor), the sponsor requires that the project can make early repayments based on certain calculations in order to reduce the project debt to a level that can be supported by the project's existing production.
28	Buy-down debt	Generally used in project finance, it is a type of additional debt that is raised to exhaust the leverage space if a project exercises debt reduction to achieve completion and production returns in a subsequent period after project completion to support a higher level of debt.
29	Buyer credit	It refers to the credit support provided by export credit agencies to foreign importers.
30	Capital expenditure (Capex)	It refers to the expenditures made by a company to acquire, upgrade and maintain physical assets (such as property, plant, buildings, technology or equipment). In the area of project finance, this often includes project construction costs and expenditures for major facility expansions, upgrades or replacements after the project is in operation.
31	Capital reduction	It refers to the act of reducing the registered capital by law according to the actual situation of operating business when the company is overcapitalized or has serious losses.
32	Capitalisation of interest	It refers to a financing arrangement in which interest is not actually paid when due and the amount due is credited to the principal of the loan and rolled over to the next interest period.
33	Cash call	It rgenerally refers to the relevant mechanism under the relevant agreement (such as a shareholders' agreement or joint development agreement) by which the company requires its shareholders (or the joint development entity requires each joint development joint venture party) to inject capital into it.
34	Cash flow	It is a general term for the cash inflows, cash outflows and changes in the total amount of cash generated by an enterprise through certain economic activities (including operating activities, investing activities, financing activities and non-recurring items) during a certain accounting period.
35	Cash flow waterfall	Generally used in the field of project finance, it means that the financing documents specify the accounts and the amounts that may be remitted to and disbursed from them. Among other things, the sequence of expenditures from the project revenue account is generally regarded as the main cash flow waterfall of a project.
36	Cash sweep	It refers to an arrangement that requires the borrower to apply all or part of the cash on hand at a particular level of the cash flow waterfall from the date of a particular event to early repayment.
37	Catch-all provisions	It refers to a clause that underwrites all circumstances that are not already covered by other clauses, are difficult to cover, or are currently unpredictable.
38	Certain funds	Generally used in the area of acquisition finance and it refers to the seller's requirement for certainty that the acquirer has sufficient funds to complete the acquisition.
39	Change of control	It refers to a situation where the control of a company changes as a result of a shareholder transfer or a change in the decision-making mechanism. There may be certain requirements in the financing regarding the core controlling person of the borrower or associated company, so there are restrictions on the change of control, which may lead to consequences such as default or mandatory early repayment.

Continued

No.	Terms	Definitions
40	Charge	It refers to a form of asset security, which has different legal scope and interpretation in different jurisdictions, typically refers to a charge created by a borrower over its assets (typically movable assets), which is generally not accompanied by a transfer of possession and ownership of the movable assets, but is merely an encumbrance in rem over the assets. The chargee enjoys a degree of control over the collateral, which the chargor generally may not dispose of without the consent of the chargee; the chargee may, after a triggering circumstance such as a default by the chargor, enforce the collateral after certain procedures to satisfy the security interest in the chargor's obligation.
41	Clean-up period	Generally used in the field of acquisition finance, it refers to a period of preparation given to the borrower after the execution of the agreement on the financing documents, during which the borrower, i.e. the buyer, may rectify errors or misrepresentations and warranties relating to the subject company and its assets, or remedy defaults relating to the subject company, during which the default is only constituted by the occurrence of certain circumstances; after the end of the clearance period, the borrower and the subject company shall fully satisfy the covenants of the finance documents.
42	Commercial paper	It generally refers to short-term bonds with a maturity of between one week and several months.
43	Commitment	It refers to the amount of the loan that the finance parties has committed to disburse under the loan agreement.
44	Commitment fees	It refers to the fee payable by the borrower to the finance parties as consideration for the amount of the commitment provided by the finance parties, generally calculated as a percentage of the available commitment amount.
45	Commitment letter	It refers to a letter issued by a finance party in which it commits to provide a loan to a borrower based on specific terms.
46	Commodity hedging	It refers to hedging transactions entered into by firms to mitigate the risk of price fluctuations in commodity markets.
47	Common terms agreement (CTA)	It refers to the master agreement used to agree on the terms common to each grant and applicable to each finance parties when there are grants with different terms and conditions.
48	Completion guarantee	Generally used in project finance, it is a guarantee provided by the sponsor to the finance parties, usually in the form of an equity contribution or shareholder loan, to fund the project until completion if the project cannot be completed within the estimated expenditure or at the latest completion date, and is a form of completion support.
49	Completion support	Generally used in the field of project finance, it refers to the support provided by the sponsor to the finance parties against the risks of construction and completion of the project, usually in the form of completion guarantees, debt service commitments, etc.
50	Concession	It means that the state and local governments authorize enterprises to produce a specific product or use public property or enjoy the right to operate a certain business in a certain area according to the needs of public utilities, public safety, social welfare or as provided for by law.

Continued

No.	Terms	Definitions
51	Condition precedent (CP)	It refers to the conditions specified in the facility agreement that the borrower must satisfy prior to making a drawdown, generally divided into an initial drawdown condition precedent and various drawdown conditions precedent.
52	Condition subsequent	It refers to the conditions that should be satisfied for a period of time after drawdown and may include some of the conditions precedent that the borrower cannot satisfy prior to drawdown and that the finance parties agrees to waive.
53	Convertible bonds/ Exchangeable bonds	It refers to a bond that can be converted into new shares or exchanged for existing shares (usually preferred shares), and is a form of financing between shares and debt. The enterprise gives the bondholders the option to convert their bond holdings into shares at a certain price.
54	Corporate finance	It refers to a form of debt financing that generally refers to the core credit consideration of the borrower's qualifications and/or the company's guarantor's qualifications in order to meet the financial needs of the business in the course of its daily operations.
55	Corporate guarantee	It refers to a form of credit enhancement in which a corporate guarantor guarantees to the finance parties that the borrower will perform its specified obligations under the financing documents and will replace the borrower in the event that the borrower fails to perform its obligations as scheduled.
56	Cross default	It refers to a situation where a default under this contract will be triggered by a triggering event such as a default by the borrower or its affiliates under another agreement.
57	Cure period/Grace period	It refers to a certain cushion and relief period agreed by the parties before an act (or omission) or certain circumstances trigger an adverse consequence such as a breach of contract or termination rights of the other party under the contract; if the relevant party remedies its act or relevant circumstances during that period, the corresponding consequence is not triggered.
58	Currency hedging	It refers to a swap transaction entered into by a company with a financial institution to avoid or mitigate an unknown or anticipated change in currency exchange rates.
59	Debottlenecking debt	Generally used in the area of project finance, it refers to debt raised to cover debottlenecking expenditures, which is a form of additional debt. "Debottlenecking" generally refers to non-material adjustments to the original project to increase its capacity.
60	Debt financing	It generally refers to a form of funding that a company obtains by borrowing debt from a third party (rather than using shareholder equity funds).
61	Debt service reserve account (DSRA)	It refers to the designated account used for the deposit of debt service reserve requirements by the borrower.
62	Debt service reserve requirement	In order to ensure that the project can maintain debt service for a certain period of time in the event of cash flow issues, the finance parties requires the borrower to deposit a certain amount (e.g., equivalent to the total projected debt service for the next period or two periods) in a designated account and to use the funds in that account to cover the debt service gap when the borrower or the project does not have sufficient cash to make debt service payments as scheduled. Such amounts to be set aside are generally referred to as debt service reserve requirements.

Continued

No.	Terms	Definitions
63	Debt service undertaking (DSU)	DSU is generally used in the project finance area and it refers to a guarantee provided by the sponsor or its affiliates to the finance parties in respect of the project company's (as borrower) payment operations under the project finance arrangement, and generally include any unpaid debt of the project company due and owing prior to the release of the DSU, all debt due upon the occurrence of a specified material event of default of the project and accelerated by the finance parties, and the debt of an individual sponsor due upon the occurrence of a default of the project company and accelerated by the finance parties. DSU is generally not released until after the project has passed the completion test set by the finance parties and achieved completion.
64	Delivered at place (DAP)	It is a term commonly used in international trade that refers to a trade arrangement in which the seller is responsible for delivering the goods to the buyer at the buyer's designated destination, with the seller bearing the transportation costs and risks.
65	Demand guarantee	It refers to a an undertaking given in writing by a bank or non-bank financial institution, as issuer, to the beneficiary to pay the beneficiary a specified amount or within the maximum amount of the bond when the beneficiary requests payment and submits documents that meet the requirements of the bond.
66	Direct agreements	Generally used in project finance, it refers to a tripartite agreement signed by the finance parties with the counterparty to the project document and the project company. The core meaning of a direct agreement is to create a "direct" contractual relationship between the finance parties and the counterparties to the project document.
67	Earnings before interest, taxes, depreciation and amortization (EBITDA)	It refers to the company's earnings before interest, taxes, depreciation and amortization.
68	ECA direct financing	It refers to the loans made directly to the project company or its parent company by an export credit agency.
69	ECA guarantee	It refers to the guarantee provided by an export credit agency with certain fees to a financial institution, with the agreement that, in the event of default under the loan provided by that financial institution to the project company, the export credit agency will repay its debt in place of the project company.
70	ECA indirect financing	It refers to the loan provided by an export credit agency to an enterprise or financial institution, which makes the funds available to the project company in the form of equity or debt.
71	ECA insurance	It refers to the insurance provided by an export credit agency with certain fees to a financial institution and in the event of a default arising from an insured risk under a loan provided by the financial institution to the borrower, the financial institution may request payment from the export credit agency in accordance with the terms of the policy.
72	Economic sanction	It refers to the act of a governmental body or bodies of one or more countries to achieve specific political objectives through certain restrictive means (rather than through coercive means such as force) in the economic, financial, trade and other fields. The main instruments of economic sanctions include asset freezes, travel bans, trade sanctions, import and export restrictions on specific goods or services, and even comprehensive economic embargoes.

Continued

No.	Terms	Definitions
73	Environmental, social and corporate governance (ESG)	It refers to the overall awareness and performance of companies on social, environmental and corporate governance issues, with a focus on business models and non-financial performance, for example on carbon emissions and human rights. Many countries and international organizations have introduced ESG regulatory standards that companies should follow.
74	EPC contract (engineering, procurement and construction contract)	It refers to the general contract for the engineering, procurement and construction of the project.
75	Equator principles	It refers to a set of risk management frameworks for determining, measuring and managing environmental and social risks in project finance, established by the world's leading financial institutions in accordance with IFC and World Bank policies and guidelines, and designed to provide minimum standards for due diligence to make responsible risk decisions. Originally adopted in 2003 by a total of ten international banks, including ABN AMRO Holding N.V., Citibank and Barclays, as of March 2021, the Equator Principles have been formally adopted by 116 financial institutions in 37 countries around the world, covering the majority of cross-border project finance loans in emerging and developed markets.
76	Equity bridge loan (EBL)	Equity bridge funds means funds raised by the promoters or affiliated shareholders, not with their own funds, but through the use of external debt (generally short- and medium-term corporate finance) raised by the project company in order to meet their obligations to pay equity in the project finance. Equity bridge loan means a form of loan providing such funds.
77	Equity financing	It refers to the introduction of shareholder capital injection in the form of share issuance and capital increase by the enterprise, in exchange for shares, as opposed to debt financing.
78	Equity support, subordination and retention agreement	Generally used in the field of project finance, it refers to an agreement between the promoter and the finance parties, regarding the obligations that must be assumed by the promoter and/or its related shareholders in a specific transaction.
79	Equity true-up	Generally used in the field of project finance, it refers to an arrangement that allows the promoter/shareholder to use loan funds to replace the excess equity portion of the project after satisfying the debt-to-equity ratio and make payments to the shareholder, provided certain conditions are met.
80	Event of default (EOD)	It is a collective term for acts by the borrower and other obligors that constitute defaults under the financing, as specifically agreed in the financing documents; the triggering of an event of default usually means that the finance parties may exercise remedies such as accelerated repayment and enforcement of guarantees.
81	Exclusive jurisdiction clause	It refers to a type of jurisdictional clause where, after a dispute has arisen, either party to the agreement may only sue in an agreed jurisdictional court or arbitrate in an arbitral institution.
82	Expansion debt	Generally used in the area of project finance and it refers to debt raised to cover expansion expenditures, which is a form of additional debt. "Expansion", as distinguished from "debottlenecking", generally refers to a substantial expansion of a project (e.g. a new liquefaction line for a natural gas project).

Continued

No.	Terms	Definitions
83	Export credit agency (ECA)	Generally a country's export credit agency is designed to promote a country's exports of goods and services and investment abroad by sharing political and commercial risks among commercial banks. Common types of export credit support include ECA direct loans, ECA indirect loans, ECA guarantees and ECA insurance.
84	Facility	It refers to the specific type, currency, amount and interest rate of the loan provided by the finance parties to the borrower under the facility agreement.
85	FATCA (foreign account tax compliance act)	FATCA means the Foreign Account Taxation Act, jointly enacted by the U.S. Treasury Department and the National Tax Service, which is designed to strengthen the tax collection of foreign investments of U.S. taxpayers (including U.S. citizens and green card holders) and prevent U.S. taxpayers from avoiding taxes through foreign accounts. FATCA requires foreign financial institutions, including banks, insurance companies, trust companies, various hedge funds, private equity funds, exchanges, etc.
86	Final completion long-stop date	It refers to the latest date for completion acceptable to the finance parties, which is generally the date on which a certain grace period (e.g. one to two years, sometimes extended accordingly in the event of force majeure) after the scheduled completion date has expired.
87	Finance documents	It refers to all documents that constitute the terms of a financing arrangement between a borrower and a finance parties, typically including loan agreements, security documents, certain side letters to which the finance parties is a party, and intercreditor agreements.
88	Finance lease	It refers to a form of financing in which the lessor, according to the needs of the lessee (user), finances the purchase of the asset to be leased from the supplier and leases it to the lessee, who pays rent to the lessor in instalments and owns the right to use the asset, and the ownership of the asset is transferred to the lessee after the lease term expires, the rent is paid in full and the lessee has performed all its obligations under the financial lease contract.
89	Finance parties	It refers to the financial institution party in the financing that provides the financing, including lenders, hedging counterparties, and generally also includes transactional roles such as agents, arrangers, and security agents.
90	Financial assistance	It generally refers to the provision of financial support by a company to another party for the purchase of shares in that company, such as the provision of guarantees by the target company or its subsidiaries to finance the merger. Financial support is restricted or prohibited in some jurisdictions.
91	Financial close	It refers to the date on which all the conditions precedent to withdrawal in the loan agreement are satisfied.
92	Financial covenant	It generally refers to a commitment made by the borrower to the finance parties in the finance documents regarding the maintenance of specific financial indicators.
93	Fixed charge	It refers to a form of security over an asset that has different legal scope and interpretation in different jurisdictions, usually a mortgage created by a borrower over its specific movable assets (not involving a transfer of possession of the assets), over which the mortgagee has a degree of control and which the mortgagee generally may not dispose of without the consent of the mortgagee; the mortgagee may, after a trigger such as a default by the mortgagor, enforce the collateral after certain procedures. The mortgagee may enforce the security interest in the collateral in satisfaction of the mortgagor's obligation after a trigger such as a default by the mortgagor, subject to certain procedures.

Continued

No.	Terms	Definitions
94	Floating charge	It refers to a form of security over assets that has different legal scope and interpretation in different jurisdictions, usually a charge created by the borrower over all of its existing and future assets (not involving a transfer of possession of the assets), which allows the borrower to operate the business normally and dispose of the assets on a day-to-day basis during its normal existence. A floating charge over all property owned by the company will be converted into a fixed charge the business upon a triggering event such as default of the secured claim. A floating charge may give the chargee the right under English law to, for example, appoint an insolvency receiver or administrative receiver.
95	Foreign exchange control	It refers to restrictions imposed by a government on the purchase or sale of foreign currency by its own residents, the purchase or sale of national currency by non-residents, or any cross-border transfer of currency, including restrictions on the amount of currency that can be imported or exported, restrictions or prohibitions on the use of foreign currency, and government intervention in exchange rates.
96	Free on board (or FOB)	It is a term commonly used in international trade that refers to the mode of delivery in which the buyer is responsible for sending a ship to receive the goods and the seller loads the goods onto the ship designated by the buyer at the port of shipment and within the time limit specified in the contract. The risk is transferred from the seller to the buyer after the goods have crossed the ship's rail at the time of loading.
97	Governing law	It refers to the law applicable to an agreement, i.e. the law that will apply to all aspects of the interpretation, validity, dispute resolution, etc. of the terms of the agreement.
98	Government agreements, host government agreements, intergovernmental agreements	Generally used in the field of oil and gas project financing, it refers to an agreement signed by the host government to ensure that the rights and interests of investors are protected accordingly. intergovernmental agreements are mostly found in the context of oil and gas pipeline projects that span multiple countries or regions.
99	Greenfield project	It broadly refers to projects on undeveloped land that are not subject to prior work and are built from the ground up.
100	Hybrid project	It refers to a type of non-integrated project in project finance in the oil and gas sector, which refers to a project commercial structure that combines certain characteristics of a merchant structure and a tolling structure.
101	Illegality	It refers to a situation where a finance party can no longer legally continue to provide a loan or participate in a transaction, for whatever reason, generally as a trigger event for mandatory early repayment.
102	Indemnity	It usually refers to the contractual obligation of one party to indemnify the other party for losses suffered as a result of the conduct of the indemnifying party or any other party. Loan agreements usually contain an agreement by the borrower to indemnify the finance parties for losses suffered by the finance parties as a result of the borrower's monetary payments not being as agreed, for tax reasons, or as a result of the borrower's default.
103	Instalment payment	It refers to the repayment according to a pre-agreed repayment plan, mostly used for loans with larger amounts and longer terms; depending on the design of each mortgage amount, it can also be divided into equal mortgage, reverse method according to debt service coverage ratio (Sculpting), large final repayment (Balloon Payment), etc.

Continued

No.	Terms	Definitions
104	Integrated project	Generally used in the field of oil and gas project financing, it refers to a structure where upstream and midstream projects are financed as one, where the financed funds can be used for the overall project expenditure of the upstream and midstream projects, and where the financed asset package covers both the participating interests and assets of the upstream participants and the shares and assets of the midstream projects.
105	Intercreditor agreement (ICA)	It refers to an agreement to agree on the subordination of payments among creditors and other inter-creditor matters.
106	Interest rate hedging	It refers to a swap transaction entered into by a firm with a financial institution to avoid or mitigate an unknown or anticipated change in the base rate.
107	Islamic finance	It refers to Shariah-compliant financing products offered by financial institutions in Islamic countries. Many of the teachings under Shariah are in contradiction with the general international practice of financing, most typically including the prohibition of interest on loans.
108	Joint and several responsibility	It refers to two or more joint and several obligors are fully liable for the obligation as a whole in accordance with the provisions of the law or the agreement of the parties; in the event of non-performance by either party, the creditor may require any one of the obligors to perform the entire obligation or to assume liability.
109	Joint operation agreement	It refers to an agreement between an upstream participant organized as an unregistered joint operator regarding its participation interests in the upstream, joint operation of the upstream business, contribution and decision-making mechanisms, and rights and obligations with other participants.
110	Judicial assistance	It refers to a system whereby the courts or other bodies of one State perform certain procedural or litigation-related acts on behalf of the courts of another State, in accordance with an international treaty to which that State is a party or the principle of reciprocity. Mutual legal assistance generally includes the execution of requests for substituted service of documents, the recognition and enforcement of court decisions and awards of arbitral bodies, etc.
111	Keepwell agreement	It refers to the "goodwill" support by a parent or affiliate that does not rise to the level of a full corporate guarantee in respect of specific or indefinite obligations of the borrower under the financing documents.
112	Know your customer check	It refers to the internal customer identification procedures of individual financial institutions, also known as KYC reviews, designed to ensure that they know the true identity of the customers with whom they will enter into a trading relationship and to identify risks such as sanctions, money laundering, terrorism financing, bribery, etc.
113	Lead arranger	Lead arranger (also referred to as arranger) refers to a financial institution entrusted by the borrower to attract and assist other participating lenders to participate in the financing under an information memorandum and/or broad terms arrangement that has been initially agreed with the borrower.
114	Lender endorsement	Generally used in the field of project finance, it refers to endorsement clauses added to insurance and reinsurance contracts by insurance companies for the benefit of the finance parties.
115	Letter of credit	It refers to a conditional covenant to pay, issued by a financial institution. The financial institution pays a specified amount to a third party (beneficiary) on the basis of the corresponding voucher within an agreed period, as requested by the applicant.

Continued

No.	Terms	Definitions
116	Letters of comfort	Generally a letter of comfort is provided by the parent company of the borrower and is not legally binding or enforceable, which usually represents the parent company's knowledge and confirmation that its subsidiary has certain obligations as a borrower under the finance documents or its intention to support its subsidiary to meet its repayment obligations.
117	Leverage ratio	It refers to a type of financial indicator, broadly defined as a ratio used to reflect the level of indebtedness of a company, which may include debt-to-equity ratio, debt-to-total assets ratio, debt-to-EBITDA ratio, etc.
118	Leveraged buy-outs	It refers to a form of transaction in which the vast majority of funds are raised through debt financing to complete the acquisition of a target company.
119	Lien	It refers to a form of security over assets, which has different legal scope and interpretation in different jurisdictions, usually refers to the right of a creditor to take possession of a specific asset or document pending payment of the debtor's obligation.
120	Limited recourse financing	It generally refers to a form of financing in which a parent, sponsor or affiliate provides a corporate guarantee or asset guarantee in addition to the project's own proceeds and project assets for a certain period of time (e.g., the construction period of a greenfield project) or up to a certain amount or triggering event.
121	Liquidity support agreement	It usually refers to some commitment by the borrower's parent or affiliated company to provide the finance parties with funds to maintain the borrower's liquidity level and/or ability to make debt service payments within certain limits.
122	Loan	It refers to the loans granted by a finance parties from time to time under a credit, and may also mean the total principal amount of loans outstanding under that credit at a point in time.
123	Lock-in period	It refers to the period during which a direct or indirect shareholder may not transfer its direct or indirect shareholding.
124	London interbank offered rate (LIBOR)	It refers to the rate at which major global banks lend to other institutions on the London Interbank Offered Market (LIBOR), a type of benchmark rate.
125	Long-arm/ Extraterritorial jurisdiction	It refers to a ituation in which a court or law enforcement agency of a jurisdiction has or asserts jurisdiction over a subject or event outside that jurisdiction.
126	Loss payee clause	Generally used in the field of project finance and refers to an undertaking by a (re) insurer to remit all insurance recoveries to a designated project insurance interest account or to act on the instructions of the finance parties' agent upon default, with the exception of third-party liability insurance recoveries payable directly to third parties.
127	Mandatory prepayment	It refers to an arrangement whereby the borrower is required to make mandatory early repayment of principal and interest following the occurrence of a specified event, in accordance with the arrangements under the mandatory early repayment clause.
128	Margin	It refers to the response to bank profits in the composition of interest, where banks set margins that compensate their exposures based on their credit assessment of different financing transactions. Margins are measured in basis points.

Continued

No.	Terms	Definitions
129	Market capacity	Generally used in the field of project finance, it refers to the ability of sufficient insurance companies in the insurance market to offer the corresponding insurance contracts on terms satisfactory to the project (e.g. premiums, deductibles, exclusions) with respect to the particular project area, location, type of insurance to be taken out, etc.
130	Market disruption clause	It refers to a term that calculates interest based on an alternative method, such as the actual financing cost of the finance parties, in the event that changes in the market make the base rate unavailable and, as a result, the lending bank is unable to fund its participation at the selected base rate.
131	Medium term note	It refers to a type of bond issued by a non-financial enterprise in the interbank bond market in scheduled instalments with an agreement to repay principal and interest over a certain period of time.
132	Merchant	It refers to type of non-integrated project financing in the oil and gas sector, the midstream project company under this structure is generally responsible for the sale of the processed product, bearing the market risk and enjoying the sales proceeds.
133	Mezzanine debt	Mezzanine debt is between senior debt and subordinated debt, which is subordinated to senior debt but senior to shareholder debt and subordinated debt in order of payment.
134	Mini-perm	Generally used in the project finance, it refers to the project finance that is designed with the assumption that the borrower will replace the long-term project financing after the project has been in operation for a certain number of years (e.g. 4 to 5 years) through a refinancing at a lower financing cost (given that the project can be operated independently by then), and that failure to successfully refinance by the time of the expected refinancing may trigger a mandatory early repayment (also known as Hard Mini- Perm) or cash sweep (also known as Soft Mini-Perm) obligations.
135	Misrepresentation	It refers to the act of a disclosure obligor (borrower and other obligors) making a false statement or misleading statement contrary to the truth about the contents of the statements required to be made in the financing documents, or making an omission or improper disclosure of information in the disclosure.
136	Money laundering	It refers to the process by which a person or entity, in order to conceal the existence, nature or source of illegal proceeds, disguises them as legal income through a series of seemingly legal means, such as Placement, Layering and Integration.
137	Mortgage	It refers to a form of security over an asset that has different legal scope and interpretation in different jurisdictions, usually a mortgagor will mortgage certain immovable property as collateral to a mortgagee, who has a degree of control over the collateral and generally the mortgagor may not dispose it without the consent of the mortgagee. The mortgagee may enforce the security upon the occurrence of certain triggering event (such as a default by the mortgagor) and through certain procedures to repay the debt owed by the mortgagor.
138	Most favoured nation	It refers to a commitment by the host country to accord to investors and investments of the other contracting party treatment no less favourable than that accorded and to be accorded to investments and investors of any other contracting party.
139	Multicurrency loans	It refers to a form of loan in which the borrower and the finance parties agree on the loan amount in the local currency, and at the time of withdrawal, the finance parties may be required to lend in other currencies specified by the borrower pursuant to its capital needs.

Continued

No.	Terms	Definitions
140	Multilateral agency (MLA)	Generally, It refers to the international financial assistance organizations jointly financed by two or more sovereign countries, including through treaties, and designed to provide guarantees and loans for investments consistent with their development objectives, and to provide political risk guarantees for countries and projects with high political risk through their experience and international standing (larger MLA such as the World Bank and its subsidiaries, the International Finance Corporation the Asian Development Bank, the Asian Investment Bank, the European Bank for Reconstruction and Development).
141	National treatment	It refers to a "equivalent" treatment to foreign investors as that to domestic investors, which includes "supranational treatment" (i.e. treatment "no less favourable" to foreign investment than to domestic investment, as a sign of additional support from the host country for certain investments) and "subnational treatment" (i.e. reasonable exceptions below national treatment for reasons such as foreign investment access, national security and public order).
142	Negative pledge	It refers to the undertakings made by the borrower on not to create or permit to exist any security interest (other than a security interest to which the finance parties is entitled) or encumbrance of title over its assets.
143	Nei Bao Wai Dai	It refers to a situation where a PRC company act as a guarantor provides cross-border guarantees to offshore creditors in respect of the payment obligations of the offshore debtors.
144	Non-exclusive jurisdiction clause	It refers to a type of jurisdictional clause that allows either party to the agreement to choose to sue in an agreed jurisdictional court or arbitrate in an arbitral institution after a dispute has arisen, or to choose an alternative place of dispute resolution.
145	Non-integrated project	Generally used in the field of oil and gas project finance and refers to structures where only one or a few segments (but not the entire chain) of the oil and gas industry chain is being financed.
146	Non-recourse financing	It refers to a form of financing in which the source of repayment of the loan is limited to the proceeds of the project itself and the project assets, and in the event that the project company is unable to repay the loan, the creditor has recourse only to the project's own assets and not to its parent, sponsor or affiliates.
147	Operation & maintenance contract (O&M contract)	Generally used in the field of oil and gas project financing, it refers to a service contract between the project company and the O&M provider for the long-term operation and maintenance of the project assets.
148	Operational expenditure (Opex)	It refers to the expenses incurred by the operator to maintain the ongoing operations of the business. In the area of project finance, it generally refers to the expenditure on operation and maintenance necessary to maintain the assets in normal operation during the commissioning and operation of the project, as well as the expenses required for the day-to-day operations of the project company, including taxation expenses, debt service, operator commissions, fixed maintenance costs.
149	Ordinary shares	It refers to the shares of a company issued by an enterprise that confer voting and dividend rights on its holders, who are usually located at the end of the distribution or liquidation, but may share in the enterprise's surplus without a cap.

Continued

No.	Terms	Definitions
150	Pari passu	Latin, a general term referring to being on an equal footing. In financing, often used to describe multiple finance parties in the same paid-up pari passu, or to mean that a given sum should be used in the same pari passu to pay for different matters.
151	Performance bond	It refers to a guarantee issued by a third party (such as a bank, parent company or affiliate) to its counterparty in respect of an enterprise's obligations under a contract, which will perform to the beneficiary under the terms of the guarantee in the event of a default by the enterprise covered by the guarantee.
152	Period of grace	Broadly, it refers to a period during which the borrower has no obligation to repay principal, generally from the date of the loan agreement (in contrast, the drawdown period generally begins upon the financial close, i.e., when the conditions precedent are met) and ends on the first principal and interest repayment date.
153	Permitted development debt	Generally used in the field of project finance and refers to debt incurred to cover permitted development expenditures, which is a type of additional debt. Permitted development means, in general, adjustments to the original project that are required by law or industry, or that are voluntarily undertaken, up to a certain amount.
154	Pledge	It refers to a form of security over assets, which has different legal scope and interpretation in different jurisdictions, usually refers to a pledge created by a borrower over its assets (typically movable assets) and accompanied by a transfer of the pledge to the pledgee's possession (ownership is retained by the pledgee); the pledgee may, upon a trigger such as default by the pledgee, enforce the pledge by certain procedures to satisfy the security interest in the mortgagee's obligation.
155	Pre-export finance	It refers to a form of structured trade finance in which the producer/exporter (usually located in a developing country) acts as a borrower to a financial institution and the amount financed is used to produce the exported goods and the importing party's payment is used to repay the pre-export finance directly.
156	Preference shares	It refers to shares issued by a corporation that do not carry voting rights or carry limited voting rights, and in which the dividend or liquidation follows the common stock but the dividend is usually capped.
157	Pre-payment finance	It refers to a form of financing in which the buyer (usually an intermediary/underwriter), as the borrower, finances the seller and uses the financing amount to prepay the seller, who receives the prepayment and then produces and sells the relevant goods to the buyer for resale, and the proceeds from the resale of the goods are used by the buyer to repay the financing, which is a form of structured trade finance.
158	Priority of reimbursement	It refers to the arrangements between finance parties of different priorities in a financing transaction, and between such finance parties and the borrower, as to the priority to be paid.
159	Project company	Generally used in the field of project financing and project loans, it refers to a special purpose company, or project borrower, formed by a promoter (sometimes through affiliated shareholders) to develop, construct, finance, and operate a specific project.
160	Project finance	It refers to the limited recourse project finance, i.e. finance raised for the development, construction and operation of a particular project, where the recourse of the finance parties is usually limited to the project assets and equity in the project company, with no or only limited recourse to the promoters/shareholders.

Continued

No.	Terms	Definitions
161	Project loans	It refers to a form of financing for a specific project (including an M&A transaction project) where the future earnings of the target business of that specific project or M&A transaction are the primary source of repayment, but is distinguished from limited recourse project financing where the finance parties usually has recourse to the parent company (through a corporate guarantee).
162	Project-on-project risks	It refers to the issues of coordination, interference, competition that may arise between the financed project and other projects for different reasons.
163	Public private partnerships	It refers to a form of partnership between the government and a private enterprise that aims to allow the private enterprise to develop and operate a specific project or service with the government on specific terms through a contract such as a concession agreement.
164	Receivable financing	It refers to different forms of financing based on accounts receivable, the most common of which is a factoring structure in which a financial institution purchases the borrower's/seller's accounts receivable certificates at a discount to collect the accounts receivable under those certificates from the buyer to achieve debt repayment, which is a type of structured trade finance.
165	Recourse financing	It refers to a form of financing in which the borrower's parent, sponsor or affiliate provides a corporate guarantee or asset guarantee to the finance parties for the full amount of the debt if the borrower does not have sufficient solvency and is unable to provide adequate asset guarantees, so that the finance parties may have recourse to such guarantors if the borrower is unable to repay the loan.
166	Reference rate	It refers to the response to costs that would be incurred by the bank when raising its own funds, generally refers to the interbank offered rate recognized by the market, which fluctuates with market changes.
167	Refinancing	It refers to the act of replacing or substituting existing financing with new financing, through repayment.
168	Replacement debt	Generally used in the field of project finance, it refers to debt raised to repay, replace (i.e. refinance) existing debt finance (with higher cost) and is a form of additional debt.
169	Replacement of screen rate	It refers to the terms of how the finance parties and the borrower determine, and implement, an alternative benchmark interest rate in the event that the benchmark interest rate is materially changed, discontinued, or can no longer be used as a benchmark for accurately calculating the interest rate on the loan.
170	Representations and warranties	It refers to the factual assertion in the financing documents means a representation made by the borrower to the finance parties on a particular matter in relation to its "present" condition and actual circumstances.
171	Reserves based financing	It refers to a form of financing in which the borrower uses undeveloped oil and gas reserves as collateral to finance a financial institution, and the financing amount will be used to develop and sell such reserves, and the sales proceeds will be used to repay the financing directly, which is a form of structured trade finance.
172	Revolving loan	It refers to loans that can be borrowed repeatedly on a revolving lending basis. Borrowers may apply for revolving withdrawals up to the credit limit during the commitment period, and the credit limit reverts to a re-borrowable status after each loan is repaid.

Continued

No.	Terms	Definitions
173	Roll-over	It refers to the repayment under a revolving loan in which the overall revolving credit is still available and continues to be borrowed after the maturity of a single loan, i.e., the loan is treated nominally as if it had been re-borrowed immediately after repayment, while in reality there is no cash flow.
174	Sale and leaseback	It refers to the financing of a lessee's purchase of assets, their subsequent sale to a lessor, and the leasing back of those assets from the lessor.
175	Secured financing	It refers to the financing method in which a company provides an asset guarantee or warranty for its obligation, and in the event of an event of default by the borrower, the finance parties can be reimbursed from the enforcement proceeds through the enforcement of the guarantee.
176	Security	It refers to an interest in real property, such as a mortgage, charge, pledge or lien on real property, provided by an asset-based security provider to a finance parties as a form of credit enhancement.
177	Security document	It is a general term for contracts that create a security interest in favour of the finance parties, which may include corporate guarantees and other security agreements that create a security interest over the assets.
178	Seller credit	It refers to the credit support provided by export credit agencies to domestic exporters.
179	Senior debt	It refers to a debt that has priority in priority of payment over other claims.
180	Senior sponsor debt	It refers to a medium to long term loan provided to a project by a promoter, affiliated shareholder or other associated company as finance parties, in subordination to the senior debt to be repaid.
181	Senior term facility	It refers to the primary funding modality in a project financing, i.e., a medium-term to long-term loan provided by the finance parties to the project company under project finance and is in the form of senior debt subject to subordination.
182	Sensitivity analysis	Generally used in the field of project finance, it refers to the testing of different combinations of different assumptions made during the construction of the financial model to test the economic robustness of the project under various adverse conditions.
183	Share repurchase	It refers to the repurchase by a company of shares of the company that are issued or outstanding in accordance with certain procedures.
184	Shareholder debt	It refers to a loan obtained by a company from its shareholders or affiliates.
185	Special purpose vehicle	It refers to a subsidiary established by a parent company specifically to carry on a particular business and/or hold particular assets.
186	Sponsor	Generally used in the field of project finance, it refers to the investor who is actually responsible for the promotion and development of the project, and is generally a direct or indirect shareholder of the project company.
187	Sponsor support	Generally used in the field of project finance, it refers to limited credit enhancement arrangements provided by the promoter for the performance of the project company's debts under the framework of limited recourse financing, which may include completion guarantees, debt service commitments, maintenance agreements, liquidity support commitments, standby shareholder loans, etc.

Continued

No.	Terms	Definitions
188	Sponsor-backed acquisition finance	It refers to the financing method in which a loan is made to a finance parties to carry out an M&A transaction with a corporate guarantee provided by the sponsor or an affiliate.
189	Standby debt	Generally used in the field of project finance, it refers to the funds used to cover the portion of project costs (at a pre-agreed debt-to-equity ratio) that has been set aside in advance for contingent expenditure.
190	Standby equity	Generally used in the field of project finance, it refers to equity funds used to cover (in a pre-agreed debt-to-equity ratio) the portion of project costs set aside in advance for contingent expenses.
191	Standstill period	Generally used in the field of project finance, it refers to a certain period of time during which the counterparty undertakes to grant relief to the project company and the finance parties in the event of a default by the project company under the relevant project document in a direct agreement to the project document. Typically, during that period, the project company may remedy the relevant default and the finance parties may exercise its right to intervene, and only if the default is not remedied at the end of the cooling-off period may the counterparty take enforcement actions against the project company under the project document, such as suspension of performance, termination of the contract or initiation of litigation.
192	Step-in right	Generally used in the field of project finance, it refers to a direct agreement under a project document whereby the financing party may intervene in the performance of that project document under certain conditions (e.g. default by the project company), replacing the right of the project company to exercise its rights and perform its obligations under the contract.
193	Subordinated debt	It refers to debt that is inferior in order of payment to senior loans.
194	Subordination	It refers to a contractual agreement or structural arrangement whereby a person is paid in a later position in the order of satisfaction.
195	Supplemental debt	Generally used in the field of project finance, it is a type of additional debt that is raised to cover project costs that remain unpaid until the project is completed.
196	Syndicated loan	It refers to loans made by a syndicate of multiple finance parties.
197	Take-or-pay	It refers to a commercial arrangement whereby if the buyer, through no fault of its own (generally other than force majeure), fails to purchase or take delivery of an agreed minimum quantity of goods or services as agreed, payment for those goods or services is still required.
198	Tax gross-up	It refers to an undertaking by the borrower to the finance parties to make an additional payment to the finance parties equal to the amount of withholding tax and/or other taxes relating to the loan when the finance parties is required to pay such taxes so that the finance parties actually receives an amount equal to the amount it would have received if it had not been required to pay such taxes.
199	Term	It refers to the period between the date of execution of the financing documents or the date of borrowing of the loan and the final repayment date.
200	Term loan	It refers to a loan with a fixed period of lending and repayment. The borrower may request a drawdown up to the credit limit during the commitment period and may not borrow again after the loan has been repaid.

Continued

No.	Terms	Definitions
201	Term sheet	It refers to a document that sets out the core commercial terms of a loan, generally used in the early stages of market enquiries and financing negotiations, and usually not legally binding.
202	Terrorism financing	It refers to the provision of funds or other forms of financial support for the purposes of or in support of terrorism, whether such funds are lawfully earned or unlawfully obtained.
203	Tied ECA financing	It refers to a credit support provided by an export credit agency in connection with the export of its domestic goods or services.
204	Tolling structure	It refers to a type of non-integrated project financing in the oil and gas sector, under which the midstream project is generally only responsible for processing the oil and gas raw materials provided by the upstream project and receiving service fees; the upstream project retains ownership of the oil and gas raw materials and processed products, assumes the risk of sales and enjoys the sales proceeds.
205	Trade finance	It is a collective term for financing provided by a finance parties based on the existence of a commodity transaction or a trade relationship in various forms, including general loans, letters of credit, accounts receivable factoring, reserve financing, and other different forms of structured trade finance.
206	Tranche	It refers to the subloans/tranches under a financing program that are divided according to different credit terms or lenders.
207	Transfer pricing	Generally speaking, it refers to the arrangement that multinational companies of a certain scale take advantage of the differences in tax rates and tax exemptions in different regions and transfer profits/losses to branches that can enjoy lower tax rates or reduced tax rates through inter-subsidiary pricing arrangements, so as to achieve the optimization of the group's overall taxation.
208	Trust	A trust is established for the purpose of securing the trust property and protecting the legal rights and interests of the principal. The principal transfers the trust property or interest to the trustee (the Security Trustee), who has custody of the trust property or interest for the duration of the trust, and is responsible for the administration and distribution of the proceeds of the trust property or interest upon execution.
209	Undertakings / Covenants	It refers to a continuing promise by a borrower in the finance documents that it will act accordingly in the future, which can generally be divided into positive and negative undertakings: under a positive undertaking, the borrower undertakes to actively perform an obligation or take an action; under a negative undertaking, the borrower undertakes not to engage in an act or take an action without the consent of the finance parties.
210	Unincorporated joint venture (UJV)	Also known as contractual joint venture structures, it refers to the joint ventures and partnerships between investors organized on a contractual basis (rather than as a registered company), where the investors are usually directly entitled to their participation interests in a project and the benefits arising from those interests, and are usually treated differently than a registered company in terms of taxation, finance depending on the jurisdiction involved.
211	Unsecured financing	It refers to a form of financing in which a company borrows from creditors on the credit of the business alone without providing asset guarantees or corporate guarantees.

Continued

No.	Terms	Definitions
212	Untied ECA financing	It refers to the credit support provided by export credit agencies which is not directly tied to the export of domestic goods or services, provided that the transaction or project being supported is capable of generating some positive benefits for the domestic economy.
213	Voluntary prepayment	It refers to the right of the borrower to choose, at his or her option, to repay all or part of the outstanding principal and interest in advance.
214	Withholding tax	It refers to a method of tax collection by withholding at source, where the payee is the person liable for the tax and the payor is the person liable for the withholding, and the tax is withheld by the payer from each payment to the payee (e.g. personal income, interest on deposits).
215	Working capital facility (WCF)	It refers to loans that are used in general for the working capital gap of the enterprise and can take the form of corporate financing or be provided in the framework of project financing.